R 1906.
3.J.6.

ESSAI SUR L'HISTOIRE

DE

LA PHILOSOPHIE

EN FRANCE

AU DIX-NEUVIÈME SIÈCLE.

IMPRIMERIE DE GUIRAUDET,
RUE SAINT-HONORÉ, n° 315.

ESSAI SUR L'HISTOIRE

DE

LA PHILOSOPHIE

EN FRANCE

AU DIX-NEUVIÈME SIÈCLE,

PAR

M. PH. DAMIRON,

ÉLÈVE DE L'ANCIENNE ÉCOLE NORMALE,
PROFESSEUR DE PHILOSOPHIE AU COLLÉGE ROYAL
DE BOURBON.

Paris,

PONTHIEU ET COMPAGNIE, LIBRAIRE,
PALAIS-ROYAL, ET QUAI MALAQUAIS, N° 1;

LEIPSIG,

PONTHIEU, MICHELSEN ET Cie.

1828.

AVANT-PROPOS.

L'état de la philosophie en France, jusqu'à la fin du dix-huitième siècle, est suffisamment connu par l'exposé qu'en ont tracé les derniers historiens de la philosophie moderne, Buhle et Stewart en particulier. Mais cet exposé ne va pas au-delà; il ne vient pas jusqu'à nous, il n'entre pas dans notre siècle. Le moment de le reprendre est peut-être arrivé. Il y a quinze ans, c'eût été peu utile; le sujet aurait manqué; on n'aurait eu à rendre compte que d'une espèce de philosophie, celle de la sensation, la seule qui fût alors. Mais depuis, deux nouvelles écoles se sont formées, qui, jointes au *sensualisme*, offrent en quelque sorte en abrégé le tableau de tous les systèmes qui se partagent l'esprit humain. Tous en effet ne reviennent-ils pas à l'un des trois principes qui, pris chacun d'une manière plus ou moins exclusive, font la base des opinions que notre siècle a vu naître; tous ne reviennent-ils pas, en dernière analyse, à la sensation, à la conscience, ou à l'autorité; à l'explication des choses par l'idée du monde, celle de l'homme ou celle de Dieu? Et y a-t-il rien là qui ne soit aussi dans la pensée des philosophes qui ont fleuri de nos jours en France? On le reconnaîtra par la suite, lorsqu'on les passera en revue, il n'en est aucun dont la doctrine ne s'appuie plus ou moins sur l'un de ces trois principes : matérialisme, spiritualisme et théologie, physique, psychologie et révélation, voilà le cercle où ils se renferment, et dans lequel, tout au plus, au lieu de se fixer à un de ces points, quelques uns, moins exclusifs, vont de l'un à l'autre, pour y chercher la vérité qui peut y être. Quelque intérêt s'attache donc aujourd'hui à l'examen historique de la philosophie en France pendant les trente années qui viennent de s'écouler, et il n'est pas sans utilité d'en soumettre au public les principaux résultats. C'est une tâche qui nous a plu, quoiqu'elle eût bien des difficultés. Nous nous en sommes chargé à tout hasard. De quelque manière que nous l'ayons remplie, notre travail ne sera pas vain, si du moins il fournit à d'autres des matériaux et des données.

Notre dessein n'a pas été de tout embrasser dans cet *Essai*, et, sous le titre de philosophie, de traiter de toutes les sciences qui tiennent de quelque façon à la philosophie proprement dite, comme la politique et les lois, la religion et les arts, et même la physique et la physiologie : c'eût été entreprendre l'histoire de toutes les opinions, et non pas seulement celle des opinions métaphysiques. Nous avons dû nous borner, et ne prendre du sujet que ce qui était bien de notre ressort.

M. Portalis, dans son ouvrage *De l'usage et de l'abus de l'esprit philosophique au dix-huitième siècle*, s'est attaché à en montrer la naissance et le développement, les progrès et les écarts : c'est une vue générale sur un grand mouvement d'idées, qui, nous nous hâtons de le dire, est pleine de sagesse et d'élévation ; mais ce n'est pas un jugement sur chaque homme et sur chaque doctrine. On n'y apprendrait pas précisément le système qu'a professé tel ou tel écrivain, et la manière dont il convient d'apprécier ce système. On n'y apprend que les principes qui, abstraction faite des individus, sont communs au siècle en masse, et forment ce que l'on appelle la philosophie du dix-huitième siècle. Cette méthode était bonne relativement à une époque dont les opinions ont eu tant d'éclat et d'unité ; mais elle ne saurait convenir à une époque moins saillante. Le dix-neuvième siècle n'est point assez caractérisé, il n'a pas dans ses idées assez d'unité et de relief, pour qu'on puisse bien le faire connaître par de simples généralités. Il a besoin, avant tout, d'être étudié dans ses hommes, dans les doctrines de ces hommes ; il faut le prendre dans les détails, sauf à tirer ensuite de ces détails quelques légitimes inductions ; en un mot, il demande à être traité par voie de division et d'analyse. C'est la marche que nous avons suivie ; elle nous a paru à la fois la plus facile et la plus sûre.

Nous avons donc pris à part les principaux philosophes qui ont écrit de nos jours, et, les rangeant par écoles, les plaçant dans ces écoles, tantôt par ordre de date, tantôt d'après d'autres rapports, selon le besoin, nous avons successivement exposé, discuté et jugé les théories qu'ils ont développées.

Il y avait peut-être à dire de chacun d'eux quelque chose de plus que ce que nous en avons dit; il y avait à montrer comment, à part leur génie ou leur talent, les circonstances, leur éducation, leurs relations, leurs études et toute leur vie, les ont amenés aux idées qu'ils ont exprimées dans leurs écrits. C'était la biographie à appliquer à la critique philosophique ; mais le métier de biographe était assez difficile avec des hommes qui, pour la plupart, sont vivants, et n'ont eu qu'une existence en général exempte de particularités extraordinaires et d'événements décisifs pour la pensée ; et puis, en philosophie moins qu'en toute autre chose, les impressions extérieures ont un effet sensible sur l'esprit. Il n'en est pas du philosophe comme du poète et de l'orateur : il se fait beaucoup moins par sensation et imagination. Il n'y a réellement qu'au début et à son premier choix d'idées que le monde est pour quelque chose dans l'opinion qu'il se forme ; mais quand une fois il a ses principes, il déduit et raisonne, et alors ses idées suivent la loi de la logique, et non celle des circonstances. Il développe son système indépendamment de ses impressions.

Nous aurions donc pu donner quelques détails sur la vie des écrivains dont nous avions à parler ; mais, outre que la plupart eussent été incomplets, souvent ils auraient manqué d'importance et d'utilité : amusants tout au plus, et nullement explicatifs, ils eussent satisfait la curiosité, sans beaucoup l'éclairer ; c'eût été de la biographie, à propos de systèmes avec lesquels elle n'aurait eu qu'un rapport très indirect. Nous avons renoncé à cet accessoire, et, dans un livre décidément grave, nous n'avons pas cru nécessaire de recourir à ce moyen d'attirer les lecteurs. Les matières seules, s'ils les aiment, suffiront pour les attacher ; et, s'ils n'en ont pas le goût, ce ne seraient pas quelques anecdotes qui pourraient le leur donner.

Ainsi, nous n'avons en général considéré que les doctrines et le talent des écrivains.

Nous l'avons fait, nous le croyons, avec justice et impartialité, comme il convient à quiconque aspire à mériter la confiance du public ; cependant, comme nous avons eu affaire à trois différentes écoles, et que nous ne pouvions pas avoir même sympathie pour toutes trois, on remarquera peut-être de notre part plus de penchant pour l'une d'elles. Mais si c'est plus de faveur pour celle-ci, ce n'est pas plus de rigueur pour les autres. Nous avons pris à tâche de porter dans nos jugements, même quand ils ont été contraires, tout le respect et toute la mesure qui étaient dus à des hommes honorables par leur génie, leurs travaux et leur caractère.

Nous avons maintenant à remercier *le Globe* pour la place qu'il a bien voulu donner à quelques morceaux extraits du travail que nous livrons aujourd'hui au public. Ils y ont été insérés sous le titre d'*Histoire de la philosophie en France au dix-neuvième sècle*, et avec l'initiale *Ph*. Nous tenons à honneur de le déclarer, parce que cet accueil a été pour nous un motif d'encouragement et une raison de persévérance. Nous le remercions aussi pour les emprunts que nous lui avons faits quand nous n'avons vu rien de mieux que de citer, de ses articles, ce qui se rapportait à notre sujet.

Avril 1828.

TABLE
DES MATIÈRES.

	Pages
INTRODUCTION.	i

ECOLE SENSUALISTE.

Cabanis.	1
M. Destutt de Tracy.	14
Volney.	52
Garat.	55
M. Laromiguière.	64
Le docteur Gall.	81
M. Azaïs.	92

ÉCOLE THÉOLOGIQUE.

M. le comte Joseph de Maistre.	105
M. de Lamennais.	129
M. de Bonald.	157
M. le baron d'Eckstein.	179

ÉCOLE ÉCLECTIQUE.

M. Bérard.	197
M. Virey.	212
M. Kératry.	229
M. Massias.	245
M. Bonstetten.	250
M. Ancillon.	261
M. Droz.	269

M. de Gérando. 280
M. Maine de Biran. 294
M. Royer-Collard. 306
M. Cousin. 325
M. Th. Jouffroy. 364

CONCLUSION.

Première partie. 385
Deuxième partie. 419

FIN DE LA TABLE.

ESSAI SUR L'HISTOIRE

DE

LA PHILOSOPHIE

EN FRANCE

AU DIX-NEUVIÈME SIÈCLE.

INTRODUCTION.

Il y a loin sans doute des simples croyances aux systèmes, et des opinions populaires aux théories philosophiques. Ce sont des manières de voir tout-à-fait différentes. Ici tout est réflexion et raisonnement, là tout est sentiment et foi. Le peuple juge d'inspiration ou de confiance ; il comprend peu, entrevoit, devine ou reçoit la vérité ; ses principes sont des dogmes, et sa science, de la religion. Les philosophes au contraire regardent avant de juger, étudient afin de connaître, n'apprennent rien que par eux-mêmes, ou vérifient ce qu'on leur apprend ; ils se soucient moins d'inspiration que d'instruction, et d'autorité que d'évidence : ce qu'ils veulent, c'est le savoir. Le peuple et les philosophes ne pensent donc pas de la même façon. Cependant leurs idées ne se repoussent pas ; elles diffèrent sans se combattre, et se rapportent au fond malgré la forme ; au fond elles se tiennent et se touchent. Pour s'en convaincre, il n'y a qu'à voir les deux cas généraux que présente le développement intellectuel des sociétés.

Ou ce sont les masses qui commencent, et d'un mouvement spontané se portent vers la lumière : et alors livrées à elles-mêmes, sans maîtres et sans guides, elles font comme elles peuvent, s'éclairent par instinct, et ne croient que d'impression. Leur sens est des plus simples : confus, enveloppé, incapable de s'expliquer et de se démontrer, ce n'est encore qu'une perception d'enfant et une vue sans raison. Ce n'est pas assez pour les satisfaire long-temps ; bientôt elles ont besoin de quelque chose de mieux. Alors elles s'inquiètent, s'agitent, et commencent à réfléchir. L'état de vague admiration dans lequel elles étaient d'abord fait place en elles à une sorte de méditation contemplative ; elles essaient de saisir cette vérité qu'elles entrevoient, elles s'y appliquent de toutes leurs forces. Mais comme elles manquent d'expérience, elles précipitent leurs recherches au lieu de les diriger, et poussent leurs études sans ordre et sans mesure. Elles ne doutent de rien avec leur génie demi-naïf ; génie si jeune, si vivant, si vaste, mais encore si indompté et si malhabile. Elles ont des audaces de géants, mais ce n'est pas sans péril et sans chute. En même temps qu'on admire la grandeur de leurs conceptions, l'originalité de leurs hypothèses, leurs imagination extraordinaires et leurs soupçons sublimes, on reconnaît aussi tout ce qu'il y a de mystérieux, de vague et de hasardé dans ces idées à demi réfléchies. Elles-mêmes finissent par s'en apercevoir et par y chercher remède. Que font-elles alors? Elles expriment ce besoin, et, d'une voix commune, elles demandent de la science et invoquent la philosophie. Un tel vœu, le vœu de toute une société, ne se fait pas entendre en vain. Il éveille le génie, il lui révèle sa mission, l'inspire et le soutient dans ses nobles travaux. Le peuple a voulu des chefs spirituels, il a ces chefs ; il a des philosophes, qui, d'accord avec lui et puisant au même fonds, réfléchissent à son profit et analysent dans son sens. Ils expliquent ses impressions, et éclaircissent ses sentiments: leur théorie n'est que sa conscience réduite à une expression scientifique. Ainsi les philosophes ne font qu'un avec le peuple ; leur pensée n'est que sa pensée, leurs doctrines ne sont que sa foi ; elles en viennent et y tiennent intimement ; c'est comme l'unité qui règne en politique entre les électeurs et les élus, quand ceux-ci ne sont choisis que par sympathie naturelle et libre mouvement : ils ont l'âme de leurs mandataires, ils en ont les idées ; ils n'en diffèrent que par le degré d'intelligence. De même les philosophes dans le cas dont nous parlons : ils ont caractère d'élus; ils sont les représentants d'une opinion qu'ils ont comme tout le monde, mais que seulement ils entendent mieux que tout le monde. Ainsi déjà, dans ce point de vue, la philosophie peut être considérée comme l'expression du sens commun.

Mais les choses ne se passent pas toujours comme nous venons de le voir. Au lieu d'aller du peuple aux penseurs, le mouvement intellectuel va quelquefois des penseurs au peuple. La science préexiste, secrète, privée, réduite au petit nombre; après quoi elle se répand peu à peu, se communique, se publie, et finit avec le temps par gagner la société. Expliquons le fait : on ne conçoit pas que des hommes placés au sein d'un monde tout ignorant puissent, quel que soit leur génie, s'élever seuls et d'eux-mêmes à la connaissance philosophique de la vérité. Il y aurait là du moins un prodige extraordinaire. Ce n'est pas ainsi que se montrent dans la foule ces sages hors de ligne, qui, éclairés avant tout le monde, sont philosophes dans le même temps qu'autour d'eux il n'y a qu'idées vagues. S'ils y paraissent, c'est après avoir été chercher toute faite au-dehors la science qu'ils n'avaient pas chez eux; c'est lorsque, après l'avoir empruntée à un autre pays, ils la rapportent au leur, l'y annoncent et l'y enseignent. C'est encore lorsque, étrangers et venus d'ailleurs, ils arrivent avec tous les trésors d'une civilisation inconnue chez des hommes ignorants. Tels furent d'un côté ces Grecs curieux qui, voyageant pour la science, allèrent recueillir dans l'Orient les principes d'une philosophie qui leur manquait; tels furent, de l'autre, ces missionnaires chrétiens qui, du sein de notre Europe, portèrent leurs doctrines et leur foi chez les sauvages de l'Amérique. Voilà, ce nous semble, les deux conditions nécessaires de l'existence dans les sociétés des hommes dont nous parlons.

Dès qu'ils y sont, leur présence s'y fait sentir; enseignant et prêchant, il est impossible qu'ils ne mettent pas tôt ou tard les intelligences en mouvement. Quand ils n'auraient en commençant que quelques disciples, qu'une école, quand ils seraient sans appui extérieur, sans moyen politique de propager leurs principes, s'ils savent les exposer avec cette raison active ou ce puissant enthousiasme qui saisissent les consciences, ils ne perdront pas leurs paroles. L'école nouvelle fera elle-même école; les disciples auront des disciples: l'enseignement descendra en s'étendant; il descendra aux masses, et finira par en former l'opinion et la foi. Le peuple pensera alors comme les philosophes, il professera leurs principes, il sera leur disciple à sa manière. En sorte que, dans ce cas comme dans l'autre, la philosophie pourra encore être considérée dans sa généralité comme l'expression du sentiment commun.

Ainsi, de quelque côté qu'on la regarde, qu'on y voie le dernier développement ou le premier principe, la production ou la conséquence des idées populaires, la philosophie en est toujours la représentation exacte. Remarquons seulement, pour prévenir toute méprise, qu'en parlant ainsi de la philosophie, nous n'entendons pas parler de ces théories vaines, qui ne répondent à rien, ne tiennent à rien, naissent et meurent étrangères aux sociétés, qui les ignorent : celles-là ne comptent pas dans les annales philosophiques. Ce que nous voulons dire, c'est qu'il n'y a pas de doctrine vraie, grande, puissante et publique, qui n'ait eu ses analogies avec les croyances dominantes du pays et du temps dans lesquels elle a paru.

La conclusion que nous venons de tirer, déjà assez importante en elle-même, conduit à une autre qui ne l'est pas moins. S'il est vrai que les systèmes représentent les croyances, l'histoire des systèmes sera donc celle des croyances ; exposer les uns dans leur ordre et leurs rapports, ce sera indirectement exposer les autres dans le même ordre et les mêmes rapports ; ce sera porter la lumière dans cette conscience du genre humain, qui, surtout vue de loin et dans son expression populaire, est quelquefois si difficile à démêler et à comprendre ; ce sera, par le secret des philosophes, trouver celui du vulgaire.

Et ce n'est pas peu de chose. Combien en effet, le plus souvent, n'a-t-on pas de peine à se rendre compte des opinions d'un peuple! On s'y prend de mille manières : on interroge les arts, la religion et les mœurs. Et cependant à quoi arrive-t-on ? A des conjectures, à des notions vagues : il n'en peut être autrement. Les peuples parlent sans doute par les arts, les mœurs et la religion ; mais ils parlent pour eux, sans autre besoin que de s'entendre, sans autre but que de donner une forme à leur pensée. Ils ne pensent pas à vous quand ils professent leur foi ;

ils ne la professent que par conscience. Il n'est donc pas étonnant que vous les compreniez si peu : leur langage est à eux, et n'a pas été fait pour vous. Si vous voulez saisir leurs idées, ne les cherchez pas sous les formes naïves ou arbitraires qu'ils se sont plu à leur donner : cherchez-les dans les livres des philosophes, quand ils ont eu des philosophes. Étudiez-les dans les systèmes : c'est là seulement que vous les trouverez dégagées, abstraites, simplifiées, telles en un mot qu'elles doivent être pour être comprises exactement.

L'histoire de la philosophie est celle des croyances. Or il n'est pas difficile de montrer quelle part ont ces croyances dans les affaires humaines : car il en est des nations comme des individus, elles ne font que ce qu'elles croient. Quand un homme a sa foi, quels qu'en soient d'ailleurs le motif et l'objet, par cela seul qu'elle est sa foi, qu'elle a vie dans sa conscience, il agit à son ordre, et ne veut que ce qu'elle lui inspire. Tout entier à sa conviction, il ne prend parti sur quoi que ce soit qu'il n'y soit porté par son sentiment. De même les nations. Chez elles aussi, la foi fait tout. Gouvernées par leurs idées, elles en ont de fixes et de durables, dont elles reçoivent leurs mœurs, leurs usages et leurs lois; elles en ont d'accidentelles et de temporaires, d'où viennent ces mouvements imprévus et ces résolutions éventuelles qui varient leur existence. Ce qui reste en elle comme ce qui passe, leurs habitudes et leurs positions, leur caractère et leur fortune, il n'est rien qui ne s'explique par la croyance qui les anime: toute leur destinée est dans leur conscience.

Cela est vrai surtout des sociétés dans lesquelles se manifeste une exaltation d'esprit énergique et durable : elles remuent tout de leur pensée. Voyez les prodiges de la société chrétienne : elle n'a dans l'origine de puissance que sa foi, mais avec le temps sa foi lui vaut l'empire. Voyez aussi les Arabes, dès qu'inspirés et unis par Mahomet, ils se mettent en mouvement : le Coran leur prête force, et leur puissance vient du dogme; le glaive n'en est que l'instrument. Et il ne faut pas croire que les religions seules aient cette vertu : les idées politiques, industrielles, poétiques, toutes les idées en général qui sont à fond dans les consciences, ont cette vertu et cet effet. L'histoire de l'humanité n'en est qu'un long exemple. C'est pourquoi, pour comprendre cette histoire, il faut nécessairement connaître les opinions qui ont dominé dans les siècles et les pays divers. Or ces opinions, dont on n'a jamais bien le sens tant qu'on ne les voit que sous les formes populaires, ne se trouvent nulle part plus simples et plus précises que dans les systèmes qui les représentent. Mystères, dogmes obscurs, symboles souvent inintelligibles, à ne les juger que dans l'expression du vulgaire, elles sont claires et intelligibles dans les livres des philosophes; elles s'y montrent sans voile et sans figure. Sous le rapport de l'art, elles y perdent sans doute ; elles y perdent cet air de révélation, d'inspiration naïve, cette poésie de sentiment, cette originalité de couleur, qui font leur charme et leur puissance; mais elles y gagnent en clarté, elles sont plus scientifiques. Tandis que le peuple exprime comme il l'entend ce qu'il croit comme il peut, les philosophes, plus maîtres de leur pensée, la rendent avec plus de rigueur. Avec eux, pour comprendre, il suffit de raisonner; avec le peuple, il faut deviner. On n'est bien dans son secret que quand on y est initié par les hommes qui, en le partageant, l'ont médité et éclairci. C'est donc dans les théories philosophiques d'une époque et d'un pays qu'il faut chercher l'état exact des croyances de cette époque et de ce pays. Et alors on pourra avec certitude se rendre raison des faits matériels dont d'ordinaire l'histoire se borne à nous tracer le tableau. Alors aussi l'histoire trouvera son complément et son commentaire dans l'analyse chronologique et critique des systèmes de philosophie. On saura par les systèmes les croyances, et par les croyances les motifs et les causes des actions.

Envisagée sous ce rapport, l'histoire de la philosophie n'est plus la revue simplement curieuse des idées de quelques hommes qui ont pensé à part et comme en dehors de la société; ce n'est plus l'exposition sans application pratique de doctrines solitaires et étrangères au monde : elle a plus d'utilité; ce sont des opinions humaines et sociales qu'elle recueille et examine. En les rappelant, elle rappelle des idées qui ont eu efficacité et puissance, elle y montre les mobiles des grands mouvements du genre humain. Les penseurs à ses yeux ne sont pas seulement des penseurs : ce sont les représensants de l'humanité; en les étudiant, elle l'étudie; en les comprenant, elle la comprend ; en les jugeant, elle la juge. Du même regard qu'elle porte sur les doctrines des philosophes, elle embrasse les croyances populaires, les volontés populaires, les actions populaires. Elle va jusqu'aux affaires, elle les explique, les conçoit, les rattache à leurs principes.

Il y a long-temps que ce rapport entre l'histoire de la philosophie et l'histoire proprement dite est entrevu et senti; mais peut-être n'a-t-il pas encore été suffisamment démontré et apprécié. On a souvent dit qu'il n'y a pas de véritable histoire sans la connaissance des hommes, mais on n'a point assez dit comment il faut s'y prendre pour acquérir cette connaissance. On n'a point assez prouvé que le meilleur moyen d'y parvenir est de se familiariser par de sérieuses études avec les systèmes qui ont successivement été l'expression de l'opinion humaine. On n'a point assez prouvé comment ces systèmes en général ne sont et ne peuvent être que l'expression de cette opinion. Si l'on eût mieux compris que la philosophie n'est que la foi des peuples réfléchie et expliquée, on eût certainement tiré meilleur parti des données qu'eût fournies cette remarque; on eût fait davantage pour éclairer les livres des historiens par ceux des philosophes, et on eût plus avancé dans les recherches qui ont pour objet de reconnaître les lois générales des faits sociaux : car ces lois ne sont que celles de la pensée humaine, et nulle part cette pensée n'est plus à découvert que dans les doctrines philosophiques. Les lois des sociétés, aujourd'hui que tant de sociétés ont vieilli, que tant d'autres ont déjà accompli leur destinée, voilà ce que de plus en plus on demande à l'histoire d'éclaircir : or elle n'éclaircira rien qu'en appelant à son aide l'histoire de la philosophie.

Cette vérité s'applique sans peine à notre époque. Il y a eu en France trois principales écoles durant l'espace de temps que nous embrassons dans cet *Essai* : l'école de la *sensation*, représentée par Cabanis, Destutt de Tracy, Garat et Volney ; celle de la *révélation*, qui compte pour chefs MM. de Maistre, de Bonald et de Lamennais ; celle enfin de l'*éclectisme* ou du spiritualisme rationnel, qui, plus diverse et plus confuse, a plus de peine à se rallier à des noms et à un drapeau. Ce sont autant de philosophies différentes ; principes et conséquences, tout en elle est distinct, souvent même opposé ; si elles s'accordent sur quelques points, sur tant d'autres elles se divisent, et leurs rapports sont si partiels, leurs divergences si générales, qu'il n'y a pas à se tromper sur leur caractère respectif. Pour peu qu'on les connaisse, on ne saurait les confondre : de la simple psychologie à la métaphysique, en morale comme dans les arts, en politique comme en religion, sur toute question fondamentale, leurs doctrines se divisent et font système à part.

A quelque titre que l'école de la *sensation* prenne le fait dont elle part pour principe de sa théorie, qu'elle l'explique par l'organisme, ou par l'action d'une force simple, matérialiste ou spiritualiste, peu importe, elle n'en pose pas moins la sensation comme le fondement unique de toute sa philosophie. Ni le sens moral avec ses données, ni les conclusions de ces données, ni les notions d'aucunes sortes qui se rapportent à l'âme et aux faits intimes, elle ne les admet ni n'en tient compte; elle se borne exclusivement à la sensation, à la connaissance sensible. Or la sensation n'a pour objet que la matière et les choses physiques; les corps et leurs qualités, le monde et ses rapports, l'univers et ses lois, voilà tout ce qu'elle regarde. Hors de là, elle ne saisit rien. Ainsi, l'être dont elle est la faculté, et la seule faculté, n'a idée que de la matière. Fût-il esprit lui-même, comme il n'a pas la conscience, il s'ignore sous ce rapport; il ne se sent et ne se connaît que dans son existence organique. La nature est son tout; il peut autant qu'il le veut l'étudier, l'observer, en rechercher les propriétés, en constater les lois. Mais pour passer à autre chose, pour s'enquérir d'un autre sujet, pour pénétrer jusqu'aux âmes, jusqu'aux forces et aux actions, il n'a ni sens ni pouvoir; il n'en sait rien par expérience, il n'en sait rien par raisonnement; ce ne sont pas mêmes des *inconnus;* elles ne sont pas, ou elles sont sans données qui les révèlent. Telle est la sphère de son intelligence, telle est aussi celle de sa volonté et de son activité pratique : car on ne veut et on ne fait que ce qui est réellement dans sa pensée. L'homme réduit à la sensation n'a donc que la matière pour but moral.

INTRODUCTION. xiii

Son corps et pour son corps tout ce qui en intéresse le bien-être, les organes avec les choses qui leur sont bonnes ou mauvaises, c'est là ce qu'il doit se proposer dans toutes ses décisions. Se conserver avant tout, et puis se procurer tous les plaisirs que permet la conservation de soi-même, étudier dans ce dessein l'univers et ses lois, et à l'aide de la science travailler à son bonheur, tel est son devoir suprême et sa grande règle de conduite : toute action qui s'y conforme est légitime et bonne, toute action qui s'en écarte est mauvaise et illégitime ; le vice et la vertu ne sont que l'habitude de violer ou de remplir les commandements qu'elle prescrit. Lisez plutôt Volney, et voyez si son *Catéchisme* n'enseigne pas cette doctrine. Il n'en peut être autrement : car le *sensualisme* moral est dans le *sensualisme* psychologique, et quand on admet celui-ci, on est bien forcé d'admettre celui-là.

Il en est de même de la politique ; déduite des mêmes principes, elle a des maximes analogues. Elle matérialise également le but qu'elle se propose, elle le circonscrit également dans l'utilité *sensible :* tout autre intérêt que celui-là elle n'y croit pas et n'en tient pas compte. Elle aime l'ordre, parce que sans l'ordre il n'y a que péril et misère ; mais elle l'aime quel qu'il soit, pourvu qu'il garantisse aux individus le seul droit qu'elle leur reconnaît, celui de vivre et de jouir des biens que demande la sensation ; elle préfère la liberté, mais elle s'accommoderait du despotisme : le système de Hobbes en est la preuve. L'essentiel à ses yeux est le *bien* tel qu'elle l'entend; peu lui importe le régime, pourvu que ce régime le produise. Pouvoirs de toute espèce et de tout degré, législation, justice, force publique et religion, de toutes ces choses elle ne considère que ce qui convient à son dessein. Elle arrange tout selon ses vues, pénètre tout de son esprit: c'est l'*industrialisme*, qui ne conçoit le gouvernement que dans le sens physique et matériel.

La philosophie de la *sensation* est une et se suit de point en point. Qu'il s'agisse de bien ou de beau, ses idées sont toujours les mêmes; elle n'a qu'une opinion pour la poésie comme pour la morale. Qu'est-ce en effet que le beau pour elle? Rien de spirituel ni d'intime. Ce n'est pas l'âme ou la vie imprimant de leur action un appareil organique et y répandant avec harmonie l'unité et la variété, la mesure et l'énergie; rien de semblable: elle n'y voit que la matière faisant plaisir à quelque sens; elle le définit par des couleurs, des figures, des mouvements ou des sons. L'homme dans sa beauté n'est qu'un beau corps, et l'univers dans son éclat qu'un composé de belles masses. L'esprit n'entre pour rien dans ces merveilles. Ainsi qu'est-ce que la poésie? Une sensation exquise, une finesse dans les sens, un art ou un instinct de l'œil ou de l'oreille; mais de conscience, point; d'idées morales, aucune. Tout qui est âme lui échappe. Elle peut chanter le monde visible; mais le monde invisible, mais l'homme et Dieu dans leur essence, elle ne les conçoit ni ne les admire, elle n'a point d'hymnes en leur honneur. La nature matérielle, sans caractère symbolique, sans figure ni expression, est donc le seul objet de ses impressions et de ses tableaux. Elle s'y tient étroitement, de peur qu'en cherchant autre chose, elle ne se perde en rêveries, et en imaginations sans vérité. Telle est la poétique du *sensualisme*, et elle ne peut être différente : c'est ce que le raisonnement met hors de doute. Mais de fait rien n'est plus constant : toutes les fois que cette doctrine, régnant chez tout le monde, a régné chez les poètes, l'art a pris entre leurs mains une direction matérialiste; littérateurs, musiciens, peintres, statuaires, artistes de tout genre, de tout génie, ce qu'ils ont cherché dans leurs ouvrages, c'est l'expression de la nature dans sa *vérité sensible*. Mais l'idéal qu'elle révèle, mais l'esprit qu'elle porte en elle, ils ne l'ont ni connu, ni exprimé, ou du moins s'ils l'ont exprimé, c'est sans le savoir, sans le vouloir, et plutôt par une fidélité mécanique que par une imitation intelligente; ils ne sont poètes qu'à moitié. A peu près comme ceux qui, dans un sens opposé, plus attentifs à l'esprit qu'occupés de la forme, sentimentalistes avant tout et fort peu naturalistes, ont négligé la figure et la réalité physique pour rendre exclusivement des choses intimes et morales. Leur pensée trop métaphysique manque de couleur et de relief, et leur style sans images est tout empreint de mysticisme; ils n'ont que le génie du sens intime, ils n'ont pas celui de la sensation. Chez les autres, c'est le contraire : ils ont l'inspiration de la sensation, ils n'ont pas celle du sentiment; ils pèchent ainsi par la partie la plus importante de leur art, car, sans doute, si la beauté n'est pas uniquement dans l'esprit, elle est encore bien moins uniquement dans la matière et dans la forme inexpressive.

La poésie touche toujours de si près à la religion, que le système de philosophie qui entend l'une d'une façon doit nécessairement entendre l'autre d'une façon à peu près semblable. Qu'est-ce, en effet, que Dieu, pour qui ne conçoit que l'étendue? Simplement de l'étendue; et que serait-il autre chose? Mais, ce Dieu une fois admis, deux explications opposées se présentent sur sa nature : ou bien il n'est qu'un tout, qu'une vaste et pleine existence, le grand corps, l'être unique dont les prétendus individus ne sont que des membres ou des modes, et c'est là le point de vue de ceux qui se préoccupent de l'unité, c'est le matérialisme panthéiste ; ou bien ce Dieu est multiple, et se résout en une foule d'êtres qui tous existent à part, et alors il n'est plus ce *pan* immense où tout s'absorbe, il est chacun des éléments dont se compose l'univers ; chaque élément est dieu, il n'y a plus un dieu, il y en a mille ; c'est un polythéisme qui ne finit pas, c'est *l'atomisme* d'Epicure. Dès qu'on ne voit au fond des choses que pluralité et totalité, la conséquence forcée est la religion épicurienne, où le matérialisme panthéiste. Quant au sentiment que doit inspirer aux partisans de ces deux opinions l'idée qu'ils se font du dieu ou des dieux qu'ils imaginent, ce ne peut être qu'une affection sans spiritualité ni moralité; comme ils n'ont foi, de part et d'autre, qu'à l'être physique et à ses attributs, qu'ils ne lui supposent en conséquence ni intelligence ni volonté, le bien ou le mal qu'ils en reçoivent n'ont à leurs yeux aucun caractère de providence et de bonté; ils en jouissent ou ils en souffrent comme de faits inévitables; ils n'expliquent rien par un dessein, et leur religion n'est que le culte d'une fatalité brute et sans pensée; point de piété ni de reconnaissance, point de sainte résignation, point de prière ni de confiance en une justice à venir, mais des émotions sans enthousiasme, un amour sans gratitude, une froide sympathie, de l'espérance à tout hasard, une adoration qui reste à terre, rien d'idéal ni d'inspiré.

Nous ne nous arrêterons pas à présenter la critique du système dont nous venons de parcourir quelques uns des points principaux. La manière seule dont nous avons eu soin d'en dégager le principe, et d'en presser les conséquences, suffit de reste pour montrer ce qu'il a de vrai et de faux, de bon et de mauvais. Nous aurons d'ailleurs par la suite plus d'une occasion de le discuter. Tout ce qu'il importe de remarquer, c'est l'élément exclusif des théories dont il se compose, afin que, si on veut le comparer aux systèmes des autres écoles, on sache où le prendre précisément, pour ne pas tomber dans le vague. Cet élément exclusif est la sensation et tout ce qui vient de la sensation.

L'*école théologique* a son principe comme le *sensualisme*; mais, nous n'avons pas besoin de le dire, ce principe est bien différent : au lieu de ne voir dans l'homme que des organes et la sensation, elle y voit une intelligence servie par des organes, elle y voit surtout une intelligence ; elle est éminemment spiritualiste, mais elle l'est selon l'Église, c'est-à-dire qu'à son idée psychologique elle mêle un dogme de tradition qui produit une théorie plus mystique que scientifique, meilleure pour la foi que pour la raison. Ce dogme est celui du *péché originel :* en effet, elle croit que le premier homme a failli, et en lui toute sa race ; que sa faute est devenue celle de ses enfants, et des enfants de ses enfants, jusqu'à la dernière génération ; qu'il nous a tous faits semblables à lui, tous coupables comme lui, tous méchants de sa malice ; de sorte que le *péché* nous vient avec la vie, et que nul ne saurait y échapper. Mais s'il est impossible de s'y soustraire, il ne l'est pas de l'expier; et il dépend de chaque conscience de se purifier par la vertu et de se racheter par la religion. Telle est la loi du genre humain. Sa destinée est de recouvrer par le repentir le bien dont il est déchu par le malheur de sa naissance; elle est pénible et douloureuse, parce qu'elle est une punition. Le monde n'est pour notre race qu'un lieu d'expiation ; rien n'y arrive que dans un but de satisfaction et de justice ; les maux dont il est plein ne sont pas de simples épreuves, ce sont des peines et des châtiments. Des créatures qui naîtraient faibles mais innocentes, imparfaites mais sans vice, ne devraient être exposées qu'aux afflictions nécessaires à leur meilleure éducation ; la douleur et le besoin conviendraient à leur état comme motif et moyen de perfectionnement et de vertu ; la punition serait injuste. Si elles naissent au contraire coupables et vicieuses, leur condition n'est plus la même, et, pour l'ordre, il faut que leur vie soit expiatoire. Il importe de le remarquer, car c'est là le grand principe de la morale *théologique*, la vie est avant tout un régime pénitentiaire.

Et comme l'homme peut encore à son *péché originel* ajouter des vices *acquis* et des crimes *accidentels*, et mériter en conséquence un surcroît de corrections, il n'y a pas seulement sur terre les maux du droit commun, il y en a de particuliers réservés à certains coupables. Mais s'il est des hommes assez méchants pour accumuler vice sur vice et être pécheurs à la fois du chef de leurs pères et de leur propre chef, il en est d'autres qui, plus heureux, non seulement paient pour leur compte, mais qui, leur dette une fois payée, ont en sus assez de mérites pour pouvoir être cautions de leurs frères en détresse, et s'offrir à Dieu en sacrifice afin de les racheter du péché. Dès qu'ils le peuvent, ils le doivent ; la charité leur en fait une loi, et le fils de Dieu n'est venu au monde que pour leur en donner divinement et le précepte et l'exemple.

En général, l'humanité n'est pas bonne, et elle a besoin de sévérité. Si les chefs qui la gouvernent ne règnent pas d'après ce principe, il est à craindre qu'elle ne tombe dans des désordres de toute espèce. Il lui faut des maîtres qui la contiennent, la soumettent et lui fassent remplir de force les conditions de sa destinée. Elle se perdrait par la liberté : car certainement elle ne l'emploierait pas dans un but d'expiation, et n'en userait pas pour son salut. Il ne la lui faudrait du moins qu'à la discrétion de l'autorité. Ce pourrait être une concession locale et temporaire, mais non un droit essentiel, national et général. Si donc les gouvernements veulent répondre dans les sociétés aux besoins qui les y instituent, s'ils veulent aller selon la loi que Dieu a tracée à leur pouvoir, il importe qu'ils se conduisent d'après le principe de l'*expiation*, qu'ils ne fléchissent pas devant les peuples, mais qu'ils les dominent avec empire et les traitent souverainement. Ils sont pour les peuples bien plus que des instituteurs ou des tuteurs : ils en sont les juges, les correcteurs ; ce sont des méchants qu'ils ont à mener. Telles sont, dans leur plus grande généralité, les applications politiques de la doctrine *théologique*. De là ces opinions illibérales des partisans de cette doctrine, de là leur opposition systématique à toute espèce de liberté, de là le plein pouvoir qu'ils invoquent pour le prince et l'état. Il est vrai que, selon eux, le prince n'a pas seulement la force, qu'il a aussi son esprit, ses principes, sa religion ; mais sa religion, où la prend-il ? Au Saint-Siége, dont il ne doit être que le disciple et le sujet spirituel. Ainsi, le prince et le pape, le prince sous le pape, le pouvoir absolu sous la loi de la théocratie, voilà où aboutit définitivement toute politique catholique.

Nous n'avons pas besoin d'ajouter que ce sont là

les conséquences nues, sans tempérament ni ménagement, du système que nous exposons. Elles peuvent être modifiées, adoucies, arrangées pour la pratique par ceux qui les avouent : ceci est l'affaire des hommes, qui jamais ne sont toute leur théorie; mais, en logique et sur le papier, il n'y a rien à en retrancher ou en modifier; elles sortent entières et inattaquables du principe dont elles dérivent.

Ce même principe, cela va sans dire, a aussi son point de vue religieux. Bornons-nous à l'indiquer. Puisque l'homme est un esprit, il est immortel par là même; et puisqu'il est moral, il ne saurait être immortel sans les conditions de la moralité, c'est-à-dire sans les récompenses ou les peines qu'il a méritées dans sa vie. Ce serait contradictoire, en conséquence, qu'il n'y eût pas au-dessus de lui un Dieu, esprit aussi, qui, l'œil sur sa créature, son juge et son souverain, lui tînt compte de ses œuvres, pesant tout, compensant tout, faisant justice pour toute chose. Tel est le Dieu de la foi chrétienne, le vrai Dieu, le Dieu moral. Seulement, peut-être, le catholicisme, trop préoccupé de tradition, et prenant trop à la lettre certains dogmes de son église, prête-t-il à la providence des attributs et des rapports qui la rapprochent un peu trop d'une puissance de ce monde; il la fait intervenir, gouverner et assister, on dirait presque comme un prince, comme un roi de la terre. Non seulement il la suppose présente et active dans l'univers, mais il la suppose presque visible et sensible, tant il parle de ses décrets, interprête ses conseils, démontre et suit tous ses actes. Il ne se borne pas à la voir dans l'ordre général des choses, dans les lois et les principes du monde moral et matériel : il lui croit une action expresse, une manière spéciale de se mêler des événements; il l'humanise en quelque sorte à force de vouloir la faire sentir dans les choses et la vie de l'homme. Sans doute c'est un autre excès, et sans aucun doute plus fâcheux que de concevoir Dieu comme « un roi solitaire, relégué par de là la création sur le trône désert d'une éternité silencieuse et d'une existence qui ressemble au néant même de l'existence (1). » Mais c'en est un aussi que de le faire intervenir à tout propos, immédiatement et en personne, dans des faits qui ont leurs causes naturelles, générales, divines aussi, puisqu'elles viennent de Dieu, mais qui ne sont pas Dieu lui-même. Cette façon, en apparence plus précise et plus réelle, de saisir Dieu et ses attributs, au fond n'est cependant que mystique et incertaine : c'est plutôt en religion de la poésie que de la science; ce n'est pas de la vraie *théodicée*. Ajoutons que dans un système *un* l'idée qu'on a de l'homme doit nécessairement donner celle qu'on a de Dieu même; et qu'ainsi l'homme conçu comme mauvais *d'origine*, et ayant par conséquent l'expiation pour destinée, doit nécessairement être soumis à un maître sévère et prêt à punir. C'est ce qui fait que dans le catholicisme quelques ardentes

---

(1) Préface des *Fragments* de M. Cousin.

imaginations ne se représentent Dieu que comme vengeur, et ne lui prêtent que les attributs d'une justice rigoureuse : il le faut bien, puisque à leurs yeux il n'a affaire qu'à des méchants.

Quant aux arts, dans ce système, une âme qui le croirait et lui donnerait dans sa pensée le caractère de la poésie, tout inspirée de spiritualisme, mais mystique et dévote, verrait la beauté dans l'esprit, ne la verrait dans la matière que sous voile et expression, et n'en chercherait le secret que dans l'intimité du sentiment; lyrique, avant tout elle rendrait son émotion par des accents plus que par des images, et par des mots de cœur plus que par des tableaux ; il se pourrait même qu'inattentive au spectacle de la nature, elle dédaignât d'y emprunter des figures et des couleurs, et se renfermât dans un style mystique et abstrait. Ce serait là le faux romantisme ou l'abus du spiritualisme en matière de poésie. Mais si, tempérant avec bonheur le sentiment par les images, et fidèle à la matière en même temps qu'à l'esprit, elle en offrait dans ses ouvrages l'accord naturel et harmonieux, idéale et vraie tout à la fois, elle produirait le beau tel qu'il est, avec sa pureté et sa vie intime, ses apparences et ses formes sensibles. Et si du reste c'était l'homme qu'elle prît pour sujet de son travail, comme par exemple dans la tragédie, elle y mettrait toute sa religion; tous ses dogmes y paraîtraient, sans même qu'elle y pensât ; ils viendraient comme d'eux-mêmes se mêler au drame qu'elle traiterait. La tentation, la chute, l'expiation, la liberté avec ses faiblesses et ses vertus, et par-dessus tout la providence avec ses conseils et ses jugements, tout s'y montrerait à travers les personnages et les incidents, tout y serait en action. Et si l'art catholique, épris surtout de la nature, se complaisait à la chanter, les images qu'il en tracerait seraient toujours selon la foi, il les empreindrait de son idée, il les teindrait de mysticisme, il ne les ferait pas semblables à celles que peindrait le matérialisme.

Passons à *l'école éclectique*. Tout éclectisme en général se conçoit et s'explique par les systèmes opposés au milieu desquels il intervient. Par ce qu'il en admet et ce qu'il en rejette, par ce qu'il en modifie et par ce qu'il en conserve, par la manière dont il les traite, il est aisé de déterminer ce qu'il doit être, ce qu'il est. L'éclectisme de notre âge ne déroge point à cette loi. Il est ce qu'il doit être en venant prendre place entre le *sensualisme* d'une part, et le *catholicisme* de l'autre.

En supposant qu'il ait cette unité systématique qu'il est sans doute loin d'avoir chez les écrivains où il se trouve, mais qu'il est aisé de lui prêter, et, pour ainsi dire, de lui faire, d'après les données qu'il y présente, voici, ce nous semble, à quelles idées il pourrait se réduire en général.

Le point de départ du *sensualisme* est la *sensation*; de la sensation se tire le matérialisme métaphysique, moral, politique, æsthétique et religieux. Le principe du *catholicisme* est la révélation; des dogmes de la révélation se tire une psychologie, une morale, une politique, un art et une religion mêlés de spiritualisme et de mysticisme. L'*éclectisme* ne procède ni de la sensation, ni de la révélation, quoiqu'il reconnaisse l'une et l'autre, et les apprécie à leur valeur; il procède de la conscience ou de la connaissance de l'homme, et en déduit par la raison une théorie philosophique qui complète ou éclaircit les deux systèmes entre lesquels il se porte médiateur. Il ne récuse pas les sens, mais il ne les croit qu'en ce qui les regarde; il ne rejette pas l'autorité, mais il ne l'admet que dans ses limites. Faits des sens et de l'autorité, impressions et traditions, physique et histoire, il accueille tout, mais à une condition : c'est de tout concilier avec cette science de soi-même, directe, immédiate, contre laquelle rien ne prévaut. Il conçoit de la vérité dans la nature, il en conçoit dans le témoignage; mais cette vérité tout extérieure, il la subordonne à une autre, à la vérité intime, avec laquelle il juge tout. Ainsi, d'abord se connaître soi-même, puis connaître les choses sensibles, puis enfin les choses anciennes; prendre en soi son premier principe, y joindre avec critique les principes que peuvent fournir la sensation et la révélation, telle lui paraît devoir être la méthode du philosophe.

L'*éclectisme* en conséquence, considéré dans son rapport avec le *sensualisme*, ne le repousse ni ne l'admet : il le limite. A cette condition, il ne fait point difficulté de partager curieusement ses études sur l'organisme, ses recherches sur l'*utilité*, sur l'industrialisme social, son entente des formes, et son admiration pour la nature; mais aussi il n'entend pas que le corps soit tout l'homme, l'*utilité* tout le bien, les formes tout le beau, la nature tout le divin : il ne les prend que pour des points de vue à coordonner avec d'autres dans un système plus général.

Il en agit de même avec le *catholicisme*. Il n'en repousse ni n'en admet toutes les données, tous les dogmes ; mais il cherche à les éclaircir, et à en dégager des principes qui, au lieu de mystères, offrent de simples et grandes vérités. Il n'est à son égard ni croyant, ni incrédule : il est critique impartial. Ainsi, comme lui spiritualiste, mais non pas mystiquement, il adhérerait sans peine à ses idées sur l'âme, si elles étaient plus larges et plus claires en même temps; si, au lieu d'être empruntées au témoignage et à la tradition, elles étaient prises dans la conscience et l'expérience psychologique. Le dogme du *péché originel* ne l'effraierait même pas, pourvu qu'en place d'un mystère que la raison ne comprend point, il y trouvât une connaissance de haute philosophie: la connaissance d'une force qui créée non pas coupable, mais imparfaite, non pas méchante, mais faible, aurait pour destinée non l'expiation, mais l'épreuve, non le châtiment, mais l'exercice. En politique, même position. Il consentirait bien à regarder les sociétés comme mises au monde pour le travail et l'action, par conséquent avec les conditions du travail et de l'action, avec le besoin, la douleur, les obstacles de toutes espèces; mais il ne voudrait pas n'y voir que des troupes de méchants, mises aux mains des gouvernements pour être contenues et châtiées ; il ne voudrait pas faire de la civilisation une affaire de punition, et du régime social un régime pénitentiaire. Au contraire, il demanderait au pouvoir, au nom des peuples, non pas de la contrainte et des rigueurs, mais de la liberté et de la sympathie ; et les princes et les rois, les gouvernements de toutes sortes, il ne les érigerait pas en juges, en exécuteurs de sentence, en maîtres impitoyables, mais en instituteurs, en pères de leurs sujets ; en un mot, il songerait à l'éducation bien plus qu'à la punition et au châtiment du genre humain.

En religion, il entrerait dans les mêmes accommodements, mais aux mêmes conditions. Il accepterait de la *théologie* tout ce qu'elle enseigne de Dieu et de l'immortalité de l'âme, moins ce qu'elle mêle à ces vérités de son mysticisme sur la nature et la destinée de l'homme.

Quant à l'art, il serait tout prêt à le fonder sur le spiritualisme, à lui donner pour objet le beau, vu dans son essence, dans la force, dans l'esprit ; mais il tiendrait en même temps à ne pas le mêler de mysticisme, à le rendre clair et intelligible, à lui laisser l'idéal sans lui ôter la raison. La poésie du catholicisme lui semblerait vraie au fond, profonde et religieuse ; mais il lui trouverait trop de penchant à la foi, trop de dédain de la lumière, trop de négligence pour les formes ; toute aux choses du dedans, tout inspirée de révélation, métaphysique et obscure, il lui proposerait de tempérer les vues intimes par les images, la religion par les idées, le sentiment par la sensation. Elle en serait moins lyrique, elle aurait moins d'hymnes et de cantiques, elle aurait moins de méditations; mais elle serait mieux dans la nature, elle entendrait mieux l'expression ; plus touchée des symboles, et plus sensible aux figures, elle ne s'écrierait pas seulement, elle peindrait et décrirait, et, propre à plus d'un genre, rien n'empêcherait qu'à la fois spiritualiste et matérialiste, pleine de l'âme et du monde, prenant les choses telles qu'elles sont, elle ne fît servir la forme à rendre la pensée, et la pensée à animer, à vivifier la forme. Admirable alliance du visible et de l'invisible, d'où sortiraient naturellement des compositions dans lesquelles l'esprit ne paraîtrait pas nu, subtil, vague et abstrait, ni la matière morte, vide de sens et inexpressive, mais qui offrirait le tableau de ce qui se voit de toute part dans l'homme comme dans l'animal, sur la terre comme dans les cieux, c'est-à-dire l'harmonie de la force et de la matière, du principe actif et de son sujet, de la vie et de ses organes; la poésie catholique, exclusivement catholique, n'aurait de l'art qu'une partie, la meilleure il est vrai, mais elle n'en serait pas moins défectueuse; il lui manquerait le monde visible; en passant à l'éclectisme, en y passant avec génie, elle garderait tout ce qu'elle a, et acquerrait tout ce qu'elle n'a pas; elle serait plus près de la perfection.

Telles sont, en aperçu, sur quelques points de la science, les trois grandes opinions qui ont régné de notre temps. Aucune ne se trouve dans son entier, et avec la rigueur que nous y avons mise, dans les divers écrivains qui les embrassent et les soutiennent : c'est ce que feront assez voir les analyses qui vont suivre. Mais si elles ne sont pas toutes déduites dans chaque partisan de l'une d'elles, elles y sont en germes, ou par parties; en sorte que, si l'on veut ou développer ces germes ou coordonner ces parties, on arrive infailliblement aux systèmes généraux que nous venons d'esquisser. Ce sont donc bien trois systèmes qui, implicitement ou explicitement, à propos de tels auteurs ou de tels autres, se présenteront à nous dans la revue que nous allons faire. Ils se partagent entre eux toute la philosophie qui a paru en France durant ces trente dernières années.

Si maintenant nous revenons à l'idée exposée au commencement de cette *Introduction*, sur les rapports qui existent entre l'histoire de la philosophie et l'histoire proprement dite, et que nous cherchions en conséquence à saisir ceux qui unissent les systèmes et les faits qui se sont produits dans notre pays pendant l'époque que nous embrassons, il sera aisé de reconnaître que la plus grande analogie règne entre les uns et les autres.

En effet, des trois doctrines qui remplissent ce période, le sensualisme, le premier, a été puissant sur le public. Jusque vers la fin de l'empire, c'est son crédit qui l'emporte. Le xviiie siècle est encore comme le tuteur du xixe; il le tient sous sa loi, et le nourrit de sa pensée. Il se fait cependant quelque mouvement qui annonce l'émancipation et un changement de philosophie; mais il est secret, contenu, sans grand effet extérieur. A la restauration, tout se déclare; l'école *éclectique* (ou spiritualiste rationnelle), et l'école *théologique*, se constituent l'une et l'autre; mais la première, faible encore, sans principes bien arrêtés, et pour le moment du moins plus critique que positive, dispose les esprits plutôt qu'elle ne les gouverne ; elle commence à percer, mais ne règne pas encore. La seconde, au contraire, pleine de force et d'éclat, et comme armée de toutes pièces, a d'abord une action assez vive et assez étendue. Par le clergé, qui la propage, et le pouvoir, qui la favorise, elle a bientôt un public. Mais ensuite elle défaille, et commence à perdre crédit. Aujourd'hui elle est peu puissante. De son côté, l'éclectisme a grandi et s'est développé ; il a gagné sur tous les points, et le grand nombre est à lui ; il a presque passé dans les journaux, et dans les plus populaires des journaux : preuve qu'il arrive à l'empire.

Telle est la position relative de chacune de ces philosophies.

Or qu'on jette un coup-d'œil sur l'histoire de ces années, et qu'on juge si ce qu'elle renferme n'est pas fidèlement représenté par les trois classes de systèmes qui viennent d'être exposées. Au *sensualisme* correspond, sous le directoire et sous l'empire, le peu de foi aux choses morales, la corruption des consciences ou leur basse servilité, la conduite brutale du pouvoir, le matérialisme des arts et le dédain de la religion. S'il s'y mêle de la grandeur et une belle gloire militaire, c'est qu'il reste encore aux âmes un peu d'enthousiasme patriotique ; c'est qu'il y a là un génie qui, comme génie et par un privilége commun à toutes les hautes intelligences, élève et soutient les esprits alors même qu'il les opprime ; c'est enfin que le sentimentalisme, meilleur que le sensualisme, qu'il surpasse en noblesse, mis en crédit par quelques âmes, tempère par un peu de bien le mal que fait le matérialisme ; mais, du reste, ce qui domine, c'est la disposition à agir sous l'influence des idées physiques.

Quand à son tour le *catholicisme* paraît et entre en scène avec l'éclat et l'appui des noms qui le soutiennent, tout s'en ressent aussitôt ; la foi semble renaître, elle gagne le pouvoir, passe dans les mœurs et dans les arts ; elle a son gouvernement, ses hommes, ses savants, ses poètes, qui, les uns par un motif, les autres par un autre, ceux-ci par conviction, ceux-là par imitation, un plus grand nombre par intérêt, réalisent dans la pratique les idées qu'elle leur impose. Vient, par-dessus tout, le jésuitisme, qui, avec son savoir-faire, son ambition et sa police, porte partout son esprit, et corrompt l'état, les mœurs, la poésie et jusqu'à la religion.

Quant à l'*éclectisme*, plus il se répand, plus on voit les principes qu'il propose et qu'il enseigne passer dans la pratique et se réaliser par les actions. Il n'en faudrait pour preuve que la manière dont aujourd'hui les mœurs politiques et privées, les arts et la religion, et le gouvernement lui-même, se tempèrent et se modifient dans le sens d'une philosophie impartiale et large, qui, des idées extrêmes entre lesquelles elle se place, ne repousse que le faux, et admet tout le reste. La fermeté des volontés à faire valoir tous les droits, à tous les respecter; les essais de la littérature pour renouveler ses inspirations, la tolérance religieuse qu'on réclame de toute part et de toute part avec conscience, l'espèce de modération que paraît prendre le pouvoir, tout est l'expression de cet esprit qui, grâce à l'éclectisme, a pénétré dans les consciences, et s'est répandu dans la société.

En considérant ce rapport de la philosophie aux faits de notre époque, rapport, du reste, que nous indiquons, mais qu'il n'est pas de notre sujet de développer, nous avons pensé qu'il ne serait pas sans intérêt de montrer, dans une suite d'esquisses groupées par sectes et par écoles, les principaux systèmes qui ont paru en France de nos jours. Ce sera comme une galerie, comme une *chambre philosophique*, où se trouveront réunis et classés, d'après leurs analogies et leurs nuances, les représentants les plus distingués des opinions métaphysiques. On y reconnaîtra toutes les doctrines qui depuis trente ans ont agi avec plus ou moins d'autorité sur toutes les parties de l'état social : ce sera le moyen de l'expliquer. Notre but serait rempli si, en facilitant cette explication par l'Essai que nous avons entrepris, nous pouvions rendre, quoique de loin, quelque service à notre pays.

ÉCOLE SENSUALISTE.

CABANIS,

Né en 1757, mort en 1808.

Descartes avait ce qu'il fallait pour triompher de l'*école* et devenir le philosophe de son siècle. Indépendance et puissance de génie, nouveauté de système, hardiesse d'idées, vivacité et adresse pour attaquer et se défendre, tout devait contribuer à répandre et à établir ses doctrines. Aussi le cartésianisme eut bientôt gagné les esprits; il décida la vocation de Mallebranche, il enchanta le génie de Fénelon, il eut la foi de Bossuet, et il prêta des vues à Spinosa et à Leibnitz. Toutefois il devait, avec le temps, perdre de son autorité: il avait quelques côtés évidemment trop faibles pour satisfaire la raison sévère et difficile du dix-huitième siècle; et comme alors en France, sur l'avis de Voltaire, on commençait à étudier les ouvrages de Locke, et qu'on y trouvait des théories dont le sens commun s'accommodait mieux que de celles de Descartes, on laissa la philosophie des *Méditations* pour celle de l'*Essai sur l'entendement humain;* on changea de croyance; et bientôt Condillac, habile à réduire à leur plus simple expression les idées du philosophe anglais, fut le maître commun de tous ceux qui se livrèrent après lui aux recherches philosophiques. Il y eut certainement à cette époque d'autres philosophes en crédit, Helvétius, d'Holbach, Diderot; mais comme ils avaient plutôt une opinion qu'un système, ou que leur système parut d'abord défectueux, Condillac seul fit école, grâce à l'exactitude de son langage, à la simplicité de ses déductions, et au caractère de ses doctrines, qui étaient tout-à-fait dans l'esprit du temps.

Cabanis fut au nombre de ses disciples. Esprit sérieux, et de grande activité, il s'appliqua d'abord aux lettres, dont il espérait quelque gloire; mais, comme il n'y trouva pas de quoi contenter son opiniâtre curiosité et ce grand besoin d'occupation qu'il éprouvait et qui le plongeait dans l'ennui, il se tourna vers des travaux plus forts et mieux faits pour captiver sa pensée; il se livra à la médecine, et en même temps cultiva la philosophie. Déjà familier avec les principes de Locke, dont il avait commencé de bonne heure à lire et méditer les ouvrages, il était bien préparé par cette étude à comprendre et à croire Condillac. Ajoutez à cela qu'il vécut dans sa société, qu'il eut son amitié, qu'il reçut de lui, dans de fréquents entretiens, des lumières qui durent de plus en plus disposer son esprit en faveur de la doctrine nouvelle. Voilà où en était Cabanis lorsque la révolution commença. En ce moment la politique l'entraîna et ne lui permit guère de suivre des études qui demandent tant de calme et de tranquillité d'esprit ; mais, dès qu'il put retrouver quelque loisir, il reprit ses travaux, et s'occupa dès lors de son grand ouvrage sur les *Rapports du physique et du moral de l'homme* (1).

Son point de départ fut le *Traité des Sensations*. Condillac avait expliqué tous les faits de l'âme par la sensation ; Cabanis accepta ce système, mais il eut la pensée de le compléter en reconnaissant la nature et l'origine de la sensation, et ses recherches le conduisirent à la doctrine que nous allons exposer.

Il n'est pas certain que chez tous les animaux la sensation, ou plutôt la sensibilité, soit une propriété des nerfs : car il en est, tels que les polypes et les insectes infusoires, qui sentent, et cependant paraissent privés de tout appareil nerveux. Mais dans les organisations qui se rapprochent de celle de l'homme, et dans celle de l'homme en particulier, ce sont exclusivement les nerfs qui possèdent la sensibilité. Une expérience bien simple le démontre : on n'a qu'à lier ou couper les troncs des nerfs d'une partie, et aussitôt elle devient insensible.

Du reste il n'y aurait jamais de sensation parfaite, si après l'impression reçue il ne se faisait une réaction du centre de l'organe vers les extrémités ; en sorte que la sensibilité ne se déploie tout-à-fait qu'en deux temps distincts. Dans le premier elle agit, dans le deuxième elle réagit ; dans le premier elle reflue de la circonférence au centre de

---

(1) Paris, 1802, 2 vol. in-8°.

l'organe, dans le deuxième elle revient du centre à la circonférence : on dirait un fluide qui, soudain dégagé dans les nerfs par la présence de quelque cause, n'a son plein effet qu'après les avoir parcourus dans deux sens opposés.

Quoi qu'il en soit, c'est dans les nerfs que réside la sensibilité, et par suite toutes les facultés morales, l'intelligence, la volonté, etc. L'homme n'est un être moral que parce qu'il est sensible ; il n'est sensible que parce qu'il a des nerfs : les nerfs, voilà tout homme.

Tels sont les principes qu'on trouve développés dans le livre des *Rapports*.

Avant de les juger, il faut d'abord en admirer l'extrême simplicité : une impression reçue, l'action et la réaction des nerfs, le sentiment qui en est la suite, voilà toute la théorie. Plus de difficultés sur les rapports du physique et du moral. Le moral et le physique ne sont plus entre eux que comme l'effet et la cause ; l'un suit de l'autre, et le sentiment est tout à la fois le dernier terme des phénomènes qui constituent la vie et le premier de ceux qui se rapportent à l'esprit.

Remarquons encore avec quelle facilité cette théorie se prête à une foule d'applications particulières. On sait par exemple que l'âge, le sexe, le tempérament, le régime, le climat, exercent une grande influence sur le moral des individus. Rien de si simple à concevoir : ce sont là autant de circonstances qui affectent et modifient le système nerveux, et par le système nerveux la sensibilité, l'intelligence, la volonté, etc. Remontez aux causes qui font impression sur les nerfs, à l'état des nerfs, au sentiment qui en résulte, et vous pourrez aisément vous rendre compte de tous les phénomènes moraux de l'âme humaine.

Mais tout cela est-il la vérité? Et d'abord, ce qui est vrai, c'est que, dans l'état actuel de notre existence, l'action régulière des nerfs est une condition nécessaire de tout sentiment, de toute perception, de toute idée ; je n'en excepte pas même celle du *moi*, car elle ne nous vient qu'au moment où nous avons une sensation, et il n'y a point de sensation sans affection nerveuse. Que dans une autre vie, et au sein de rapports tout autres que ceux dans lesquels nous sommes ici-bas, nous sentions, si nous devons sentir, par une cause tout-à-fait différente, c'est non seulement possible, c'est probable au dernier point. Mais, dans notre condition présente, l'exercice et le développement de cette faculté dépendent nécessairement du système nerveux.

Il ne faut pas nier cette vérité, et il ne faut pas non plus s'en effrayer, car il ne s'ensuit aucune conséquence fâcheuse. La reconnaître, c'est simplement avouer, ce qui est bien évident, que les nerfs sont les conditions ou les organes de la sensation ; mais ce n'est pas dire qu'il n'y a pas un principe, un et simple, qui, mis en rapport avec le centre général, les centres particuliers, avec toutes les parties du système nerveux, ne sente en lui, dans son *moi*, les impressions que lui transmettent les nerfs; ce n'est rien dire contre l'existence et la simplicité de l'âme; ce n'est surtout pas une raison pour penser avec Cabanis que la sensibilité est une faculté des nerfs. On peut admettre avec lui tout ce que l'expérience physiologique apprend de l'influence qu'exerce l'organisation sur le moral, et cependant ne pas regarder le moral comme le résultat de l'organisation.

Et en effet, de grandes difficultés s'élèvent contre cette hypothèse. En premier lieu on ne comprend pas bien comment le sentiment résulte de l'action et de la réaction des nerfs. La raison de l'action se voit : c'est la cause qui affecte l'organe sensitif, le stimule et l'ébranle ; mais la réaction, d'où vient-elle ? d'où vient cette nouvelle action qui se répand dans l'organe, du centre à la circonférence, comme l'autre de la circonférence au centre ? Qu'y a-t-il aux extrémités intérieures des nerfs pour renvoyer l'action vers les extrémités extérieures ? Ne faudrait-il pas pour cela quelque agent particulier, intérieur et secret, qui fît impression du dedans au dehors comme l'agent extérieur du dehors au dedans ? En second lieu, on prête le sentiment aux nerfs. Mais, s'ils sentent, ils ont conscience des impressions qu'ils reçoivent; ils se voient affectés ; ils ont l'idée de leur manière d'être, de leur existence, de leur *moi;* ils sont *moi* à leurs propres yeux ; ils sont *moi*, ou, s'ils ne le sont pas, ils ne sont pas doués de sensibilité, car sentir c'est se voir, se savoir affecté de telle ou telle façon. Or, si on admet que les nerfs sentent, qu'ils sont *moi*, tout nerf a sa personnalité; il y a en nous autant de *moi* que de nerfs; il y a pluralité de *moi*. Cette conséquence ne saurait s'accorder avec l'idée claire et certaine que nous avons de l'unité de notre personne.

Mais peut-être dira-t-on : Quoiqu'il y ait un grand nombre de nerfs, il n'y a qu'un moi. En effet, tous ces nerfs n'ont leur propriété de sentir qu'autant que des points extérieurs auxquels ils aboutissent ils se rapprochent à l'intérieur, se combinent entre eux, se concentrent, se réunissent dans un même centre, et de cette manière sentent en commun, et n'ont plus qu'une âme, qu'une pensée, qu'un moi : ainsi se fait l'unité du moi. Mais n'est-ce pas là confondre les mots avec les choses? n'est-ce pas prendre une unité simplement nominale pour une unité réelle et véritable? Ce centre nerveux, qu'on regarde comme *un*, est-il autre chose qu'une collection de nerfs désignés par un nom commun? est-il autre chose que des nerfs concentrés? et encore une fois, si la propriété de ces nerfs est de sentir, ne doivent-ils pas être *moi* chacun à leur manière, et former, quelle que soit d'ailleurs l'intimité de leurs rapports, une pluralité de *moi*, et non un *moi*, un de cette unité que nous atteste la conscience (1)?

(1) Nous n'avons sans doute pas besoin d'avertir nos lecteurs que nous ne prétendons pas avoir traité ici toute la question du spiritualisme. Nous n'avons fait qu'opposer à

Malgré ces défauts de vérité que la critique a le droit de relever dans l'ouvrage de Cabanis, il n'est pas moins un des plus beaux monuments dont puisse s'honorer la philosophie du dix-neuvième siècle. Il présente un tableau si complet et si frappant de tous les genres d'actions que la nature extérieure et les organes exercent sur le moral des individus, que la foi du spiritualiste lui-même est un moment ébranlée. Pour revenir du premier effet qu'il produit sur la pensée, il faut toute la raison du philosophe, qui, sachant bien que l'homme n'est ni tout esprit ni tout matière, se défie d'une hypothèse dans laquelle il y a plus de simplicité que dans la nature, lui demande un compte sévère de tous les faits qu'elle prétend expliquer, et aperçoit enfin comment elle est exclusive et inexacte.

Lorsque le livre des *Rapports du physique et du moral* parut (1), il eut un grand succès. Écrit d'une

---

l'argument de Cabanis l'argument qui y répond : c'est une critique toute spéciale, et non une discussion générale. Ailleurs, et particulièrement au chapitre de M. Bérard, la question reviendra. Alors nous la reprendrons et l'examinerons de nouveau. Peut-être s'éclaircira-t-elle et semblera-t-elle à la fin d'une solution satisfaisante. Nous n'avons pas dû tout dire de suite, mais nous borner uniquement à ce qui convenait à notre sujet.

(1) En 1802, et dès l'année suivante, on en donna une seconde édition augmentée par l'auteur, et accompagnée d'un extrait raisonné servant de table analytique, par Destutt de Tracy.

manière simple, claire et élégante, riche d'idées neuves et variées, plein de science sans être technique, consacré d'ailleurs à des questions importantes, difficiles et curieuses, il dut faire une grande impression sur le public. Depuis long-temps on n'avait point eu un ouvrage de ce genre aussi fort et aussi satisfaisant. Les médecins surent gré à l'auteur de la savante explication physiologique qu'il donnait du moral de l'homme; les philosophes, même ceux qui n'adoptèrent pas son explication, aimèrent à voir exposer avec lumière tous les rapports qui unissent l'âme au corps; les demi-savants crurent, à la facilité avec laquelle ils le lisaient, apprendre deux sciences à la fois, la physiologie et la psychologie; chacun profita ou crut profiter de ses idées.

Cependant, il faut le dire, ses doctrines pouvaient avoir un effet fâcheux : elles conduisaient, en morale, à un sensualisme étroit et grossier; en politique, au mépris de l'homme, de ses droits et de ses plus nobles facultés; en religion, à l'incrédulité sur des dogmes consolants et salutaires; et ce sont là de graves conséquences. Cabanis ne les voulait pas, mais sa philosophie, plus forte que sa volonté, les entraînait; c'était une chose inévitable. Nous insisterions davantage sur ce point, s'il n'était de mode aujourd'hui de déclamer contre le matérialisme; si surtout l'attaquer, ce n'était pas seulement le traduire au tribunal de la science pour le convaincre de simple erreur, mais le désigner aux poursuites d'une philosophie fanatique qui voudrait le punir comme un crime. Pour notre objet nous en avons dit assez (1).

Nous avons exposé les principes généraux de la philosophie de Cabanis tels qu'ils nous ont paru développés dans le livre des *Rapports du physique et du moral*. Nous allons les présenter ici tels que nous les avons trouvés dans sa *Lettre sur les causes finales* (2).

Cabanis pense, dans son premier ouvrage, que l'âme n'est point un principe à part, un être réel, mais un résultat du système nerveux.

Dans sa *Lettre*, il pense au contraire que l'âme, ou le principe vital, doit être regardé, non comme « le résultat de l'action des parties, ou comme une « propriété particulière attachée à la combinaison « animale, mais comme une substance, un être « réel, qui, par sa présence, imprime aux organes « tous les mouvements dont se composent leurs « fonctions; qui retient liés entre eux les divers élé- « ments employés par la nature dans leur composi- « tion régulière, et les laisse livrés à la décomposi- « tion, du moment qu'il s'en est séparé définitive- « ment sans retour. » Et les principales raisons qu'il donne à l'appui de son opinion nouvelle sont ti-

---

(1) Nous ferons ici une remarque analogue à celle que nous avons faite plus haut; nous ajournons ces développements, parce qu'ils viendront mieux ailleurs.

(2) Ouvrage posthume publié par M. Bérard en 1824.

rées de l'impossibilité d'expliquer la formation, l'animation, la conservation et la réparation des différentes parties de l'organisme, sans une force vivante et vivifiante qui les pénètre et s'y maintienne tout le temps que le veulent les lois de la nature.

Le changement de doctrine est sensible ; mais comment l'expliquer ? Cabanis ne rend pas compte des motifs qui l'y ont déterminé. S'il faut en croire l'éditeur, cédant par condescendance, plutôt que par conviction, à l'esprit dominant de son époque, il n'aurait donné une couleur matérialiste à ses idées que par respect humain, et dans la liberté du commerce intime il aurait avoué ses doutes et ses incertitudes ; plus tard, éclairé par de plus sérieuses réflexions, et penseur plus sincère et plus libre, il serait arrivé à des croyances à la fois plus vraies et mieux arrêtées. Tout cela n'est pas impossible ; mais nous aimons mieux croire que d'abord, tout préoccupé du dessein de compléter le *Traité des Sensations* par une théorie physiologique, il a compté pour peu de chose dans cette étude l'essence même et la nature de la sensation ; qu'il en a recherché les conditions organiques, en s'attachant principalement à voir comment, modifiées par l'âge, le sexe, le tempérament, etc., elles modifient à leur tour la sensation ; et, du reste, prenant la sensation comme on la prenait alors, l'expliquant comme on l'expliquait, il a pu dire qu'elle réside dans les nerfs, qu'elle est la propriété du système nerveux. Mais, revenant ensuite avec plus de soin sur le point de vue psychologique de son sujet, et voulant l'éclaircir à fond, il aura retiré de cet examen les idées consignées dans sa *Lettre*. Tant qu'il n'a été que physiologiste, il n'a eu qu'une vue incomplète de son objet ; en se livrant à la philosophie, il s'est placé plus près de la vérité. Rien de mieux pour la science qu'un tel mouvement d'esprit. Il prouve, dans une intelligence, non pas instabilité et inconséquence, mais force, étendue, et progrès. La gloire de Cabanis eût été de développer dans un long ouvrage le système psychologique dont il n'a donné qu'une ébauche dans sa *Lettre*.

Quant à ses opinions religieuses, indiquées à peine et nullement discutées dans le livre des *Rapports*, il les présente ici d'une manière plus positive. Après avoir établi, par les raisonnements les plus solides, l'existence, l'intelligence et la volonté d'une cause première et universelle, il ajoute : « L'esprit
« de l'homme n'est pas fait pour comprendre que
« tout cela (les phénomènes de la nature) s'opère
« sans prévoyance et sans but, sans intelligence et
« sans volonté. Aucune analogie, aucune vraisem-
« blance ne peut le conduire à un semblable résul-
« tat ; toutes au contraire le portent à regarder les
« ouvrages de la nature comme produits par des
« opérations comparables à celles de son propre
« esprit dans la production des ouvrages les plus
« savamment combinés, et qui n'en diffèrent que
« par un degré de perfection mille fois plus grand :
« d'où résulte pour lui l'idée d'une sagesse qui les a
« conçus, et d'une volonté qui les a mis à exécu-
« tion, mais de la plus haute sagesse, et de la volonté

« la plus attentive à tous les détails, exerçant le pou-
« voir le plus étendu avec la plus minutieuse pré-
« cision. » Et plus loin : « Je l'avoue, il me semble,
« ainsi qu'à plusieurs philosophes auxquels on ne
« pouvait pas d'ailleurs reprocher beaucoup de cré-
« dulité, que l'imagination se refuse à concevoir
« comment une cause ou des causes dépourvues d'in-
« telligence peuvent en douer ces produits; et je
« pense, avec le grand Bacon, qu'il faut être aussi
« crédule pour la refuser d'une manière formelle et
« positive à la cause première, que pour croire à
« toutes les fables de la mythologie et du Talmud. »

Telle est en somme la *Lettre* de Cabanis. Nous
regrettons que M. Bérard, qui en est l'éditeur, en
relevant les erreurs philosophiques qui peuvent encore s'y trouver, n'ait pas plus insisté sur ce qu'il y
a de grand et de beau dans cette conversion d'un
esprit supérieur qui passe, par un motif purement
scientifique, d'un système incomplet à une théorie
plus large et plus voisine de la vérité. C'était le cas
de demander réparation pour la mémoire d'un homme dont le génie a été si souvent mal jugé et calom-
nié. La critique devait avoir le ton de l'admiration
plutôt que celui de la sévérité et de l'amertume,
pour se montrer vraiment équitable et impartiale.
De cette manière elle n'aurait pas eu l'air d'être dirigée par l'esprit de secte et de parti, et M. Bérard
lui-même, mieux jugé, ne paraîtrait pas à quelques
personnes avoir usé de la pièce qu'il a publiée dans
un intérêt étranger à celui de la vraie philosophie.

M. DESTUTT DE TRACY.

Cabanis, comme on l'a vu, s'est peu occupé de la sensation, et s'il est sensualiste, c'est bien moins par l'étude qu'il fait de cette faculté, que par l'hypothèse physiologique qu'il propose pour l'expliquer. Il tient au *condillacisme* plus comme naturaliste que comme philosophe. Il y a peu d'idéologie dans son livre des *Rapports*. C'est le contraire chez M. de Tracy : il adopte implicitement le principe physiologique de Cabanis, mais il ne l'expose ni ne l'analyse ; en revanche, il présente une théorie de la sensation qui peut servir de complément à l'autre partie du système. Il est le métaphysicien de l'école dont Cabanis est le physiologiste.

Le caractère qui nous paraît dominer dans son esprit est le désir et le talent de la simplicité logique. Il se complaît et excelle à abstraire, à généraliser, à réduire une idée à sa plus simple expression. Analyste plus qu'observateur, il raisonne avec rigueur sur les données dont il part ; mais pour avoir ces données, pour les avoir complètes, il n'a pas assez recours au procédé qui les fournit. Il ne prend point assez garde aux faits, et en vient trop vite à l'analyse. L'art même avec lequel il l'emploie et la manie, cette facilité supérieure à formuler ses idées, à les mettre en équations, à les traiter comme des équations, cette habitude d'algébriste portée dans la philosophie, a des inconvénients qui doivent nuire à la pure observation. Elle ne laisse pas faire la conscience ; elle la gêne et la paralyse : elle lui ôte cette vue large qui s'étend à tous les faits, les saisit tous, les embrasse tous. Elle lui donne de la netteté, mais c'est aux dépens de la vérité ; elle la précise, mais la réduit ; elle en fait un sens mathématique, au lieu de la laisser ce qu'elle doit être, un sens moral et psychologique.

La manière de M. de Tracy a quelques uns de ces défauts : son *Idéologie* (1) satisfait, quand on n'y considère que le raisonnement, mais quand on en examine les principes, on les touve en plus d'un point inexacts et défectueux. Il est trop logicien et pas assez psychologue.

Sa théorie de la pensée est par là même très simple. La pensée, selon lui, n'est autre chose que la sensation, ou plutôt la sensibilité, dont la sensation est l'exercice. La sensibilité est susceptible de divers genres d'impressions : 1° de celles qui résultent de l'action présente des objets sur les organes ; 2° de celles qui résultent de leur action passée, au moyen d'une disposition particulière que cette action a laissée dans les organes ; 3° de celles des choses qui ont des rapports entre elles et peuvent être comparées ; 4° de celles enfin qui naissent de nos besoins et nous portent à les satisfaire. Quand la sensibilité per-

---

(1) *Eléments d'idéologie*, 3ᵉ édit. 3 vol. in-8°, 1817.

çoit les premières, elle sent purement et simplement; quand elle perçoit les secondes, elle ressent ou se souvient; quand les troisièmes, elle sent des rapports ou juge : et les quatrièmes, elle a des désirs ou veut. Elle est ainsi successivement, et selon la nature de ses objets, pure perception, mémoire, jugement et volonté : c'est-à-dire qu'elle est le principe de toutes nos facultés : car il n'en est aucune qui ne revienne à l'une des formes qu'elle peut prendre.

Cette théorie est très simple, nous le répétons, et d'une expression très exacte ; mais est-elle aussi vraie qu'elle est logique, et aussi large qu'elle est précise? C'est une question à laquelle il y aurait à répondre par bien des objections; nous ne les présenterons pas toutes, mais celles que nous ferons suffiront sans doute pour justifier le jugement que nous porterons.

Commençons, pour aller plus vite, par écarter celles qui sont relatives à l'opinion physiologique que l'auteur partage avec Cabanis sur l'origine et la nature de la faculté de sentir. Cette opinion n'est chez lui ni assez développée ni assez expresse pour que nous nous arrêtions à la combattre : nous en aurons mieux l'occasion ailleurs, et nous l'avons déjà eue précédemment.

N'insistons pas non plus sur la fausseté qu'il peut y avoir à reconnaître la sensation pour principe de la connaissance, et sur les conséquences fâcheuses qui dérivent en plus d'un genre de cette erreur psychologique. Cette discussion aura son tour.

Ne remarquons même qu'en passant que, pour être réduite à la sensation, la pensée n'en doit pas moins avoir toutes les facultés qui lui sont propres, et que M. de Tracy dans son système ne lui en accorde que quelques unes. En effet, s'il lui attribue la *perception*, la *mémoire*, le *jugement* et la *raison*, il y a d'autres manières de voir, telles que la *généralisation* et l'*imagination*, dont il ne lui tient aucun compte, ou qu'il suppose à tort identiques à celles qu'il lui prête. Ainsi la *généralisation* n'est pas la *perception*, le *souvenir*, ni le *jugement*, quoique certainement elle les présuppose. Elle est le pouvoir de saisir ce qu'il y a de général et de commun dans un certain nombre de faits observés et comparés. De même l'*imagination* : elle s'aide sans contredit de la *perception* et de la *mémoire*, mais c'est pour faire quelque chose de plus, c'est pour se représenter en idée, tout autres qu'elles ne sont réellement, les choses senties et rappelées.

Mais il est un fait assez important sur lequel, avant tout, nous fixerons notre attention, parce qu'il nous semble méconnu, ou du moins négligé par l'auteur de l'*Idéologie*. Ce fait est celui de la vue *instinctive* et *réfléchie*.

Quand l'âme vient d'avoir la pensée et commence à en jouir, son début n'est pas l'idée, c'est la simple perception; ce n'est pas la connaissance, c'est la notion ou l'intuition. La lumière est venue, et elle voit; un objet se montre, et elle le sent. Il n'y a rien là que de fatal. Elle n'est pas inerte en cet état, car, en devenant intelligente, en passant si rapidement du sommeil au réveil, de l'ignorance au sentiment, elle agit et se modifie, même avec une grande vivacité, mais elle ne se possède ni ne se gouverne : attirée et ravie par le spectacle qui la frappe, elle s'y fixe tant qu'il la captive; elle le quitte dès qu'un autre vient. Toute aux objets qui la séduisent, elle ne se tient pas de curiosité ; et cela dure jusqu'à ce qu'elle ait appris à modérer son regard, à se recueillir et à réfléchir : encore souvent arrive-t-il qu'à l'apparition d'une nouveauté, elle s'oublie malgré tout, et retourne d'entraînement à ces vives et simples perceptions.

Par là même qu'elle ne fait alors que céder naïvement aux impressions qu'elle reçoit, elle ne s'efforce ni ne se contraint, elle se laisse aller, s'abandonne, court à tout, embrasse tout, et, sauf à ne voir que par masses, accueille tout dans son idée. Aussi n'y a-t-il alors si haut sujet qui lui échappe, si grande vérité qu'elle n'aborde : elle saisit tout, seulement c'est sans science, sans raison, comme un enfant, avec la facilité et la crédulité d'un enfant. De là sans doute des erreurs, et de singulières illusions; mais de là aussi la grandeur et la poésie de ses points de vue, surtout si elle en est encore à son premier âge de naïveté : car alors elle prend les choses telles que Dieu les a faites; elle ne songe pas à les expliquer, à y mêler des systèmes. Il n'y a pas l'ombre de philosophie dans le regard qu'elle y porte: elle admire, elle adore; elle ne cherche ni ne raisonne. Une sorte de mystère religieux règne à ses yeux sur l'univers; mais elle n'en est point troublée, elle en jouit plutôt: c'est comme une lumière demi-éclose, qui, ne marquant que les masses, ne lui envoie que des images simples, vastes et imposantes. A cet aspect elle s'inspire, elle s'anime, se remplit de la plus pure poésie, de la seule peut-être qui soit de cœur, et elle l'exhale aussitôt en chants d'amour et de religion.

En même temps lui apparaissent des objets qui par eux-mêmes sont si simples et si clairs, qu'à peine présents, ils lui laissent voir ce qu'au sein de leurs circonstances accidentelles et variables ils ont d'essentiel et d'absolu; il ne lui faut qu'y regarder, pour y saisir un principe. Point d'expériences à tenter, point d'observations à faire, point de comparaisons à établir; rien de ce qui mène par la réflexion aux généralités inductives. D'un coup-d'œil, de prime abord, elle sent ce qu'il y a là de constant et d'universel; elle le trouve comme d'instinct, sans y penser ni le vouloir. Et quand elle a sous les yeux des vérités de cette espèce, elle ne se dit, comme quelquefois, *il me semble, il me paraît;* elle dit, *il est;* et cela sans hésiter, sans chercher un moment. Ce n'est pas une opinion, c'est un axiome qu'elle possède, c'est de la foi la plus ferme et en même temps la plus vraie. C'est de la pure révélation; seulement c'est une révélation qui ne porte pas sur des mystères, mais sur des principes rationnels, et si ces principes ne peuvent être ni démontrés, ni expliqués, ils n'en ont nul besoin; ils sont aussi intelligibles que possible, rien n'est plus compréhensible. De ce nombre sont tous les axiomes physiques, mathématiques, métaphysiques et moraux, comme par exemple: *Tout corps est étendu, figuré, etc. La ligne droite, etc. Tout effet suppose une cause. Rendre à chacun ce qui lui appartient, etc.*

Qu'on y fasse attention, aucune de ces vérités, ni de celles qui leur ressemblent, ne se montre à nos yeux dans quelque cas particulier, sans qu'aussitôt nous ne soyons frappés de leur invariable généralité; et jamais il ne nous arrive, faute de lumière et de certitude, de nous y prendre à plusieurs fois pour porter notre jugement; nous n'avons ni la nécessité ni le pouvoir d'user de telle prudence; du premier coup nous prononçons avec pleine conscience et d'une manière irrévocable. La liberté, cette faculté qui se mêle plus ou moins à toutes les idées expérimentales, n'intervient point ici; tout se fait sans elle, et avant elle. Elle peut aider à *observer,* mais non pas à *opérer* le phénomène dont il s'agit; elle ne peut faire la *philosophie,* elle n'en saurait faire *l'opération*. L'*Idéologie* de M. de Tracy ne reconnaît bien ni l'origine générale des idées de cette espèce, ni les circonstances particulières dans lesquelles naît chacune d'elles. Celle de Reid et de Kant est beaucoup plus satisfaisante, et les développements lumineux et les heureuses simplifications que M. Cousin y a ajoutés ont achevé d'éclaircir, autant que le permettent les matières la question si débattue des *premiers principes*, des *catégories* ou des lois de l'entendement.

M. de Tracy n'a tenu presque aucun compte de cette disposition d'esprit; il a mieux expliqué la *réflexion*, particulièrement en ce qui regarde le procédé du raisonnement. Il en expose une théorie simple et ingénieuse à la fois. Il la fonde sur ce principe, que, dans une suite de propositions, le premier terme renfermant le second, et le second le troisième, etc., le premier renferme nécessairement et le troisième et le quatrième, et tous les autres jusqu'au dernier. Il consacre une partie de sa *logique* à développer et à appliquer ce principe fondamental. Il s'arrête avec complaisance à en établir la vérité, à en montrer l'utilité, et il y parvient avec bonheur. Mais il y a dans la *réflexion* autre chose que le raisonnement: il y a aussi l'*observation*. L'auteur la reconnait, mais il ne l'analyse pas; il la recommande en passant, mais il ne l'enseigne pas expressément; il n'en dit pas tous les actes, il n'en donne pas le procédé. C'est une omission assez importante; nous nous bornons à l'indiquer. En rendant compte ultérieurement de la *préface* de M. Jouffroy, nous tâcherons de faire voir comment on pourrait la réparer.

Passons à un autre point. Selon nous il y a trois grands faits dans l'âme humaine, l'intelligence, la passion et la liberté. On peut sans doute dans ses recherches se borner à l'un des trois, à l'intelligence par exemple, et ne s'occuper en conséquence que de pure et simple idéologie. C'est à cela qu'en général s'est borné M. de Tracy. Cependant comme il a aussi touché aux autres faits, qu'il en a eu une opinion, nous examinerons si sous ce rapport sa philosophie ne prête pas à quelques critiques particulières. Et d'abord pour la liberté, si nos souvenirs ne nous trompent pas, il la considère seulement comme le pouvoir de faire, comme la puissance. Elle est à ses yeux l'acte physique au moyen duquel la volonté s'accomplit et se réalise. C'est à ce titre qu'il l'admet, et à ce titre uniquement. Ainsi l'homme est libre en tant qu'il peut; plus il peut, plus il est libre; il n'a d'indépendance que dans l'empire. Ceci a besoin d'explication. Si la liberté est dans la puissance, et seulement dans la puissance, elle n'est certainement pas dans ce qui précède la puissance, dans la volonté qui la met en jeu, dans le conseil qui la prépare, dans le sentiment qui la provoque; elle n'est dans rien de ce qui préexiste à l'acte propre qui la constitue : il y a donc fatalité partout ailleurs que dans l'exécution ; mais l'exécution elle-même ne dépend-elle pas de la volonté, n'en est-elle pas le résultat, n'en a-t-elle pas le caractère, et par conséquent la fatalité? Est-elle libre dans le sens que d'ordinaire on donne à ce mot? C'est certainement de la puissance, mais est-ce du libre arbitre? Est-ce cette faculté de se posséder, ce pouvoir sur soi-même en vertu duquel l'homme se contient, délibère, se résout, et réalise sa volonté?

Est-ce bien de la liberté ? Non : de fait, c'est de la nécessité ; c'est quelque chose de fatal ; c'est de la force, et rien de plus. Et on peut bien sans contredit tenir compte de ce phénomène ; il le faut même, pour ne pas laisser une lacune dans la science. Mais il importe de ne pas lui sacrifier un autre fait qui a aussi ses droits, le fait réel de la liberté. Or nous ne voyons pas que M. de Tracy l'ait reconnu, comme il le devait ; il l'a nommé, mais ne l'a pas vu, ou, pour mieux dire, en le nommant il en a vu un différent. Sa liberté n'est que de mot ; il méconnaît la réalité. Nous ne disserterons pas longuement pour prouver que l'homme est libre : on est las de ces discussions ; nous nous bornerons à un exposé qui suffira, nous le pensons. L'âme est à chaque instant dans deux positions si différentes qu'on ne saurait la concevoir comme nécessitée dans la première, sans la regarder en même temps comme libre dans la seconde. Tantôt, au sentiment des impressions qu'elle reçoit, elle se livre d'entraînement à l'émotion qui en est la suite : elle jouit ou souffre, aime ou déteste, désire ou repousse, sans qu'il lui soit possible d'empêcher ces affections ; et alors elle se laisse aller, elle se laisse agiter et emporter ; toujours active, très active, mais sans empire sur son activité. C'est une force qui se précipite, s'échappe, et va si vite en son cours, qu'elle arrive au point fatal avant d'avoir rien fait pour se contenir et se modérer. Quoique capable, par sa nature, de calme et de réflexion, l'instinct prévaut ici : elle ne se connaît ni ne se possède ; pour le moment elle n'est pas libre, pas plus que les forces de l'univers, qui manquent de conscience et de volonté. Mais d'autres fois elle est plus à elle : bien qu'elle soit encore émue, elle ne l'est cependant pas assez pour être dominée comme auparavant ; elle est plutôt sollicitée qu'entraînée, stimulée que transportée ; rien n'empêche, en cet état, que, recueillant son expérience, et appelant à elle sa sagesse, elle ne se défie de sa passion, ne délibère avant d'agir et n'agisse qu'après conseil. Et quand même elle suivrait encore l'impulsion de son sentiment, du moment qu'elle y a pensé, qu'elle s'y est décidée avec réflexion, elle n'est plus comme quand elle cédait à une pure et simple fatalité, elle est maîtresse d'elle-même et librement active. Et qu'on n'objecte pas la contradiction qu'il peut y avoir à reconnaître à l'âme deux attributs opposés : lorsque nous la disons fatale et libre, nous n'entendons pas que ce soit dans le même temps, dans le même acte, mais dans des actes successifs ; ce qui s'explique en ce que, tantôt trop faible pour ne pas céder, tantôt assez forte pour résister, elle subit le joug ou s'affranchit selon la situation dans laquelle elle se trouve. D'une activité très variable, elle n'est destinée par son essence ni à être toujours esclave, ni à être toujours indépendante. Son rôle tient de deux genres : elle n'a pas tout de Dieu, elle n'a pas tout du monde ; elle a quelque chose de l'un et de l'autre ; elle a, dans des limites, de celui-ci la sujétion, de celui-là la liberté ; et elle n'est pas la contradiction, mais la conciliation de deux natures.

L'homme est libre ; mais est-il indifférent qu'il le soit ou ne le soit pas? S'il ne l'était pas, et que ce fût là une vérité à reconnaître, cela suffirait-il pour dire que sa dignité ni sa destinée ne perdent rien à cette privation. De ce qu'il ne serait pas ce que nous le croyons, de ce qu'il n'aurait pas la faculté au nom de laquelle on lui fait honneur de ses vertus et de ses travaux, ne s'ensuivrait-il pour lui ni abaissement, ni déchéance? aurait-il droit à la même estime? Sans doute tout est bien dans l'ordre de la création, tout y a sa place et sa valeur, tout y représente plus ou moins l'être parfait qui s'y révèle ; mais pourtant il y a des rangs : du grain de sable à la montagne, de la goutte d'eau à l'Océan, du brin d'herbe à la forêt, il y a des différences de grandeur et de beauté ; n'y en aurait-il aucune de l'être libre à l'être fatal? L'œuvre de Dieu est admirable, uniquement admirable, quand on la regarde dans son ensemble. Mais quand on la prend dans ses parties, n'a-t-elle pas ses degrés et ses nuances? En elles-mêmes, toutes les créatures qui sont selon leur loi sont bien, sans contredit ; mais comparées les unes aux autres, elles ne sont pas également bien ; sous mille rapports elles présentent des infériorités ou des prééminences. Si donc l'homme n'avait pas de liberté, pas de moralité par conséquent, quoique ce fût là un fait, un fait voulu par Dieu, il n'en serait pas moins au-dessous de tout ce qui jouirait de la liberté ; et si nul ne possédait ce don précieux, malgré le fait, il y aurait au monde quelque chose de moins admirable que si la liberté s'y déployait avec son cortége ordinaire de talents, de vertus ; ce serait une perfection de moins dans l'œuvre de la création. Il n'y aurait plus d'ordre moral; l'homme rentrerait dans la nature, dont il ne serait qu'un des agents ; il ne s'élèverait jamais jusqu'à la gloire de mieux faire que la plante ou l'animal; il serait leur semblable, leur émule ; il ne serait pas leur maître. Nous avons insisté sur cette pensée, parce qu'elle répond à une raison dont on appuie quelquefois le système que nous combattons. Cette raison n'a pas de force : car il est faux que, si l'âme humaine n'était plus libre ni morale, elle eût encore la dignité, et la destinée que nous lui trouvons.

Un autre grand fait de la science est celui de la passion. M. de Tracy n'en a presque rien dit. Quelques pages sur l'amour, qui sont restées inachevées ; quelques réflexions particulières semées çà et là dans ses écrits, ne peuvent être regardées comme formant une théorie. Il y a donc encore une omission sur ce point de la psychologie. Nous ne chercherons pas à la rétablir, ce serait une trop longue tâche ; nous nous bornerons à des indications.

Tout ce qui est tend à être, l'âme humaine comme toute chose; et non seulement elle tend à être, mais elle a le sentiment de ce besoin, elle a le besoin senti d'être ce qu'elle est, d'être âme, de rester âme, de le devenir le plus qu'elle peut.

Ce besoin est l'amour de soi. Grâce à l'amour de soi, elle est susceptible d'impression, elle s'affecte et s'émeut : c'est de joie si elle se trouve à l'aise, c'est de douleur si c'est le contraire ; et, pour peu que l'émotion dure, elle n'en reste pas à la joie et ne s'arrête pas à la douleur ; elle aime et désire ce qui lui cause l'une, hait et repousse ce qui lui cause l'autre. Joie, amour, désir, douleur, haine et aversion, voilà donc la double passion qui naît de l'amour de soi. Cette passion a ses variétés ; cela dépend de la nature des objets auxquels elle se rapporte : physique quand c'est au monde, sociale quand c'est à l'homme, religieuse quand c'est à Dieu, elle développe dans ces trois cas des affections de toute espèce, l'appétit et la répugnance, la bienveillance et la malveillance, la piété et l'impiété, avec toutes leurs différences de degrés, de caractères et de tendances. Et non seulement le présent touche l'âme et l'intéresse, le passé la touche aussi. Au souvenir d'un bien perdu, elle s'attriste et s'afflige ; à l'idée d'un mal qui a cessé, elle se réjouit et se console. L'avenir lui-même lui est ouvert ; elle y prévoit mille chances favorables ou contraires ; elle espère ou elle craint ; elle pressent en quelque sorte les émotions qu'elle doit avoir, souvent avec plus de force qu'elle ne les sentira réellement. La passion une fois expliquée, il s'agit de la juger. Or comment la juger ? En voyant si elle est dans l'ordre. Et comment est-elle dans l'ordre ? C'est d'abord quand elle est vraie, c'est-à-dire quand elle ne se trompe pas sur la nature de son objet, quand elle ne prend pas un bien pour un mal ou un mal pour un bien, un bien apparent pour un bien réel, un mal imaginaire pour un mal constant. C'est de plus quand elle se mesure convenablement à son objet, quand elle ne met pas à le poursuivre ou à le repousser trop ou trop peu d'énergie, quand elle ne pèche par conséquent ni par exaltation ni par apathie, car ce sont là deux défauts qui la corrompent également. Tel est le cadre dans lequel nous proposerions de renfermer les développements philosophiques auxquels le fait de la passion pourrait donner naissance. Il nous semble assez vrai et assez large pour tout contenir et ne rien fausser.

Insuffisante en plusieurs points, inexacte en plusieurs autres, la philosophie de M. de Tracy ne saurait être considérée comme une théorie satisfaisante. Elle pèche par sa base, en se fondant sur la physiologie; elle est en défaut dans ses explications, parcequ'elle omet ou méconnaît des faits importants dans la science. En cet état il serait difficile que la morale qui en dérive fût exempte d'objections; celle que l'auteur en a déduite, par indications, il est vrai, donnerait lieu, sans contredit, à des critiques assez graves. Mais, comme il l'a à peine esquissée, et que d'ailleurs nous la retrouvons exposée et commentée dans le *catéchisme* de Volney, nous attendrons pour la juger que nous nous occupions de cet ouvrage. Elle deviendra alors l'objet d'un examen spécial. Pour le moment, qu'il nous suffise de dire que, si l'homme n'est que matière, et n'a d'intelligence que pour la matière, il ne peut être question pour lui que de la vie physique et des soins du corps. Point d'autres devoirs que ceux-là : conservation et bien-être, voilà tout le but de sa destinée. Mais quoi! tous ces dévouements héroïques dont l'histoire nous entretient, et ces vertus moins éclatantes que nous admirons autour de nous, nos propres résolutions quand elles ont quelque chose de moral, et de religieux, tout est-il vain et sans objet? En serions-nous donc réduits à n'estimer que la tempérance, à n'honorer que l'industrie ; et pour toute gloire à acquérir, n'y aurait-il véritablement qu'à s'enrichir et à se bien porter? Hors de l'utile, et de l'utile de cette espèce, n'y aurait-il rien de vrai, de bon, de beau et d'honorable? Avec quelque art que l'on ménage les conséquences d'un tel système, quelque bon sens que l'on apporte à l'appliquer convenablement, quelle que soit même la pureté des vues de ceux qui le proposent, toujours trahit-il de quelque façon le vice et le faux de son principe. Il n'a réellement quelque valeur que dans des limites et à des conditions que plus tard nous marquerons. Hors de là il est étroit, petit, et ne peut donner qu'une sagesse du second ordre et une morale du bas étage.

Nous le disons, et c'est à regret, on trouve dans le livre de l'*Idéologie* le principe d'une telle doctrine ; il n'y est pas expliqué ni surtout exposé avec les choses fâcheuses auxquelles il peut conduire, mais il y est implicitement, et pour l'y saisir il ne faut qu'y regarder.

Cependant voulons-nous qu'on impute au philosophe les torts qui ne sont qu'à son opinion? Nous protestons contre une telle idée; et cela, non par vain égard pour l'honorable M. de Tracy, dont le caractère n'a besoin d'apologie ni de ménagement : notre motif est meilleur, il est mieux dans la vérité. Il arrive rarement qu'avec une théorie même exacte, un philosophe puisse être constamment l'homme et le fait de cette théorie. les inconséquences échappent si vite ! La foi qu'il porte à ses principes n'est pas si vive et si présente qu'elle ne manque pas un seul instant de présider à ses actions ; il l'oublie en bien des cas et se laisse aller à d'autres idées : à plus forte raison quand sa théorie n'est nullement satisfaisante. Car alors, quoi qu'il fasse, il ne peut y croire de toute conscience. Il y croit spéculativement, avec son esprit et sa logique, mais il n'y croit pas avec son âme ; c'est chez lui affaire de tête, et non conviction de cœur. Aussi ne la suivra-t-il dans la pratique qu'avec incertitude et restriction ; le plus souvent même il s'en écartera, ou la corrigera habilement ; il y prendra ce qu'il y a de bien, et y laissera ce qu'il y a de mal ; il y mêlera des émotions, des affections, des pensées de bonté et d'honneur, qui en effaceront heureusement le vice métaphysique. Il pourra se montrer humain, généreux, ferme et droit dans sa conduite ; sa vie sera selon son âme, et son livre selon son esprit: heureuse

contradiction dont doit profiter la critique, afin
d'accorder à l'écrivain toute l'estime que la vérité
lui force de refuser au système. Avons-nous besoin
d'ajouter que nous nous félicitons d'avoir à appliquer ces réflexions à un homme qui plus que personne a droit à un tel jugement.

N. B. Nous n'avons eu en vue, dans l'examen que nous venons de faire, ni l'*Économie politique*, ni la *Politique* de M. de Tracy, dont l'une se trouve dans le *Traité de la Volonté*, et l'autre dans le *Commentaire de l'esprit des lois* (1). Ce sont des questions qui ne sont pas sans rapport avec notre sujet, mais qui cependant n'en font pas partie. Nous nous bornons à la pure philosophie.

(1) Les œuvres complètes de M. Destutt de Tracy, in-18, se composent ainsi qu'il suit : *Idéologie* proprement dite, première partie, un vol., 1827; *Grammaire raisonnée*, deuxième partie, un vol., 1825; *Logique*, suivie de plusieurs ouvrages relatifs à l'instruction publique, la plupart inédits, troisième partie, 2 vol., 1825; *Traité de la Volonté et de ses effets*, ou *Traité d'Économie politique*, augmenté du premier chapitre de la *Morale*; quatrième et cinquième partie, un vol., 1826; *Commentaire sur l'esprit des lois*, de Montesquieu, un vol., 1828.

VOLNEY,

Né en 1757, mort en 1820.

Volney a été de nos jours le moraliste de l'école dont Cabanis a été le physiologiste, et M. de Tracy le métaphysicien : il a naturellement sa place dans l'examen critique de la philosophie du dix-neuvième siècle.

Il y a peu d'originalité dans la morale de Volney : elle est celle de tous les partisans du système sensualiste ; elle est celle, en particulier, d'Helvétius, de d'Holbach, et de Saint-Lambert. Il n'a fait que la réduire à sa plus simple expression.

Son principe est bien clair : il pense que l'homme ne doit agir que dans la vue de se *conserver*. Se *conserver*, et, pour cela, tout tenter et tout faire, telle est selon lui la grande loi de la nature humaine. Et il ne faut pas croire qu'il attache à ce terme un sens extraordinaire ou profond : il l'entend comme tout le monde ; il veut simplement dire que le devoir est de vivre, de veiller à la vie, d'en assurer avec soin le cours et le bien-être. Il n'y a sur ce point aucun doute à avoir ; et il y en aurait, qu'il suffirait pour le dissiper de remarquer à quel système métaphysique l'auteur emprunte sa morale. Partisan de l'hypothèse physiologique, il ne peut pas ne pas voir l'homme tout entier dans les organes, et par conséquent ne pas regarder le bon état des organes, leur intégrité, leur exercice, comme l'unique fin des actions que doit se proposer la volonté. En niant l'âme, ou, ce qui est la même chose, en ne l'admettant que comme un résultat de la matière organisée, il s'engage à n'en tenir aucun compte dans ses préceptes, ou à n'en parler que pour la comprendre au nombre des fonctions de la vie, et la mettre à ce titre, mais à ce titre seulement, sous la sauvegarde de la loi qui ordonne de se conserver. Or il n'est pas homme à ne pas suivre son opinion jusqu'au bout et à reculer devant les conséquences qu'elle entraîne après elle ; il y va sans fléchir, et, fort de raisonnement, il adopte sans détour le principe de la conservation.

Les applications vont d'elles-mêmes. Elles sont toutes en harmonie avec l'idée générale dont elles dérivent. S'agit-il en effet de savoir ce que c'est que le bien, ce que c'est que le mal, la réponse est aisée : le bien est tout ce qui tend à conserver et à perfectionner l'homme, c'est-à-dire l'organisme ; le mal, tout ce qui tend à le détruire ou à le détériorer. Le plus grand bien est la vie, le plus grand mal est la mort. Rien au-dessus du bonheur physique, rien de pis que la souffrance du corps ; le bien suprême est la santé. Aussi le vice et la vertu ne sont et ne peuvent-ils être que l'habitude volontaire des actes contraires ou conformes à la loi de la conservation ; et quant aux vertus et aux vices en particulier, les unes sont toutes les pratiques conservatrices, les autres toutes les pratiques funestes, auxquelles l'homme peut se livrer comme individu, comme membre d'une famille ou d'une société. La science, la tempérance, le courage, l'activité, la propreté, sont des vertus individuelles, parce qu'elles sont toutes pour l'individu d'excellentes manières de veiller par lui-même à sa conservation. Les vertus domestiques ont le même fondement, parce qu'elles ont la même utilité. L'économie est à la fois une source et une garantie de jouissances ; l'accomplissement des devoirs d'époux, de parents, d'enfants, de frères, de maîtres et de serviteurs, répand et entretient la paix dans la famille, et procure à ceux qui la composent cette sécurité, cette assiduité de secours, cette bienveillance officieuse, qui contribuent si puissamment au bien-être de la vie. Il en est de même des vertus sociales : justice, probité, humanité, modestie et simplicité de mœurs, tout cela porte fruit et sert à passer des jours exempts de douleur et de trouble. Les vices au contraire, sous les mêmes rapports, c'est-à-dire en tant qu'individuels, domestiques ou sociaux, sont tous mauvais, parce qu'ils exposent l'homme au malaise et à la souffrance.

Tel est le fond du *Catéchisme* de Volney ; c'est là toute sa théorie. Quelle est la vérité de cette théorie ?

Pour en bien juger, commençons par y distinguer deux choses, le bien et la pratique du bien ; le but que l'homme doit se proposer en agissant, et les actions qu'il doit faire pour parvenir à ce but. Ces deux

parties de la science n'y sont pas traitées de la même
manière. En ce qui tient à la pratique, l'auteur est
à peu près irréprochable ; tout ce qu'il donne pour
vertu est vertu, tout ce qu'il qualifie vice est vice ;
il ne dit pas tout sur la question, mais ce qu'il dit
est vrai. C'est même une remarque à faire de presque
tous les systèmes moraux : une fois qu'ils touchent
aux pratiques, il est rare qu'ils soient faux ;
quelque chose les force à être vrais ; ils perdraient
tout crédit s'ils venaient à prescrire des actes sans
vérité, par conséquent sans honnêteté. La morale
de Volney satisfait donc sous ce rapport. On regrette
seulement d'y trouver deux lacunes assez graves,
l'une relative aux arts et l'autre à la religion.
Sans doute, il ne juge pas ces deux formes de l'activité
humaine assez positivement utiles à la conservation
de l'individu, pour en tenir compte et en
recommander l'usage. C'est un tort et une erreur.
Car d'abord il y a dans la culture des arts un charme
honnête et une puissance morale qui élève l'âme et
la rend meilleure. La poésie est une manière d'aller
au bien, tout comme le travail et l'industrie ; on y
arrive même un peu mieux par la production du
beau que par celle de l'utile. L'artiste, le véritable
artiste, a toujours quelque chose de bon dans l'âme,
comme artiste d'abord et par son génie même, et
ensuite par son désintéressement, sa liberté, les vifs
et bons mouvements de cœur dont il prend l'habitude
dans l'exercice de ses facultés et de son talent.
Les arts ne sont un amusement que dans un sens

frivole et peu philosophique : dans le vrai, ils sont un perfectionnement, un travail de l'homme sur lui-même, travail sérieux et de dure pratique, qui a ses épreuves comme ses succès, ses combats comme ses victoires, et, si on nous permet de le dire, ses vertus et ses mérites. Les arts seuls ne font pas l'homme; mais l'homme sans les arts, sans quelque art, sans goût, sans idée ou sens du beau, est incomplet, et comme corrompu: il y a vice chez lui, si c'est de sa faute; sinon, il y a au moins abrutissement. Ce n'est plus l'âme comme elle doit être, avec toutes ses facultés et tout son développement. Il manque au bien qu'elle peut faire le beau dont elle n'a pas le sentiment; et, quelque excellente qu'elle soit d'ailleurs, elle pèche certainement par ce côté. Sans doute il ne faudrait pas, par un excès déraisonnable, se vouer tellement à l'art qu'on ne pensât plus à rien, et que, même avec du génie, et pour être mieux à son génie, on négligeât d'autres parties de sa vie et de sa destinée. Le poète qui ne serait que poète, et le serait aux dépens de tous ses autres devoirs, mériterait à bon droit le mépris et la pitié. Mais, du moment qu'il est dans l'ordre, son talent lui vaut mérite; c'est une perfection de plus dont il honore son existence. Les arts, en un mot, sont moins graves que la religion, que la politique, que la morale; ils touchent à un point moins essentiel de la destinée humaine, mais ils l'intéressent cependant, et entrent, à leur place il est vrai, en concours avec le culte, la potique et les mœurs, pour coopérer à l'éducation et à l'élévation de notre nature. Ils doivent compter parmi les pratiques qui servent en commun à nous rendre meilleurs. Qu'on regarde, pour en mieux juger, les sociétés et les masses, là où tous les effets mauvais ou bons paraissent en grand et sur une large échelle, et qu'on dise ce que semblerait un peuple auquel il arriverait de manquer de toute espèce d'art et de tout sentiment du beau. Il serait culte et barbare ; sa civilisation serait en défaut. Il y aurait même barbarie et même grossièreté dans l'homme qui serait privé des mêmes qualités.

Quant au sentiment religieux, l'auteur fait plus que le négliger : il le repousse et le proscrit : il ne veut ni de la foi ni de l'espérance. Ce sont, dit-il, *les vertus des dupes au profit des fripons.* La sentence est bien dure, voyons si elle est juste. Et d'abord, l'espérance et la foi ne fussent-elles que des illusions, il semblerait encore qu'il faudrait les laisser aux âmes qu'elles soutiennent, puisque après tout il n'y a pas grand mal à croire en Dieu et à l'adorer. Mais sont-elles en effet sans réalité ni raison ? Nous ne le pensons pas, et nous avons de notre avis l'humanité tout entière : toujours et partout religieuse, elle a constamment conclu, de ce qu'elle sait ici-bas du monde et d'elle-même, un être premier, suprême, éternel, tout-puissant, sous la loi duquel elle est destinée à vivre d'abord de la vie présente, et puis d'une autre vie qui sert de complément et d'explication à la première. Voilà sa croyance universelle.

La forme n'y fait rien ; elle tient au développement de facultés extérieures et variables. Variable elle-même, elle change selon les temps et les pays ; mais le fond, toujours le même, tient au plus profond de la conscience, et repose sur le sentiment si vrai de ce qu'il y a d'obscur, d'incomplet et d'absurde dans l'existence humaine, à défaut de providence et d'avenir. Sans chercher d'autres preuves, sans discuter en elle-même une question que nous ne voudrions pas traiter à demi, et que cependant nous ne pourrions pas traiter ici dans toute son étendue, nous pensons qu'il y a du vrai dans les croyances religieuses ; qu'il y a du bon, puisqu'il y a du vrai. Et, dans le fait, que ne gagne pas l'homme à avoir ces sentiments, pourvu qu'ils soient sincères. Loin d'être détourné par eux d'aucune des vertus de ce monde, il en a plus de courage pour les pratiquer toutes ; il en est plus propre à l'accomplissement de tous les genres de travaux et de devoirs auxquels sa condition l'oblige ; il en sent mieux la raison, il en conçoit mieux le but et la conséquence : c'est l'essentiel. Mais en outre ne gagne-t-il rien à se tourner vers Dieu, à s'élever à lui, à vivre, au moins par moments, comme en sa présence et dans son union ? Ne puise-t-il pas dans ce saint et mystérieux commerce une vie toute nouvelle, une ardeur presque divine, une grâce singulière ? Dieu est la force des forces, la force par excellence, le bien sans limites et sans défauts. Pour une force imparfaite et bornée comme est l'homme, aspirer à Dieu, s'unir à lui, n'est-ce pas se fortifier, se relever, se recréer en quelque sorte, et prendre la vertu à sa source? L'âme vaut toujours mieux après s'être ainsi rapprochée de son principe. Elle se sent plus grande, plus pure et plus heureuse; elle éprouve à la suite de cette élévation religieuse quelque chose de ce qu'elle éprouve au spectacle majestueux de la nature; elle est plus aise de l'existence, elle se trouve mieux comme âme. Ainsi, quelque vague et mystérieux que puisse être ce mouvement qui porte l'homme vers l'auteur de son être, il n'est pas sans objet, il n'est pas sans effet: il ne faut donc ni le méconnaître ni le combattre. Mais on craint qu'en s'y livrant, l'homme ne soit dupe et victime? Y a-t-il à cela quelque raison? Il se peut. Aujourd'hui comme autrefois, et chez nous comme ailleurs, des prêtres incrédules ont pu faire métier de leur titre, et prêcher à leur profit une foi qu'ils n'avaient pas. Mais d'abord notons le fait comme exception, car ce n'est pas là la loi commune. D'ordinaire, le prêtre est comme le peuple, il croit comme le peuple; il est peuple, sauf un sentiment plus vif ou des études plus profondes des vérités religieuses. En général, le prêtre ne se fait pas plus par calcul que l'artiste et le poète. Il se trouve plus religieux que le commun, et il devient l'interprète de l'opinion commune. Son existence est un fait naturel dans les sociétés, comme celle de tout homme que son génie et les circonstances appellent à être sous quelque rapport le représentant et comme l'expression vivante de la société. Quand le sacerdoce a ce caractère, il n'y a ni dupe ni fripon; tout le monde est de bonne foi. Que si, par cas rare, le prêtre n'est plus prêtre, mais trompeur et sans croyance, l'inconvénient n'est pas grave et n'a pas longue durée. On ne joue pas si mauvais rôle sans bientôt se démasquer : la religion ne se feint guère; tout trahit le faux dévot, comme tout trahit le faux poëte; et, dès que le personnage est découvert, il n'y a plus à craindre qu'il fasse des dupes. Le peuple peut donc espérer et croire, sans danger de se livrer. S'il voit de l'artifice dans le sacerdoce, qu'il laisse le sacerdoce ou le rende meilleur; qu'il adore comme il l'entend le dieu qu'il connaît, libre à lui; mais que, par mauvaise crainte et vaine alarme, il ne laisse pas des croyances au fond desquelles il y a tant de bien.

Cependant le point sur lequel la théorie du *Catéchisme* de Volney nous paraît le plus prêter aux objections de la critique est celui dans lequel est exposée l'idée du bien ou de la destinée humaine, car c'est la même chose. Selon l'auteur, se *conserver* est le bien suprême. Or, s'il est vrai, dans un sens, qu'il n'y ait rien de mieux que de se conserver, ce sens tout spiritualiste n'est pas celui que Volney adopte. Ce qu'il entend par conservation, c'est, comme nous l'avons montré, le soin de l'existence matérielle. Alors son principe n'est plus l'expression de cette philosophie impartiale, qui, fondée sur l'expérience et admettant tous les faits, voit dans l'homme une force et des organes qui la servent, et déduit de cette idée la loi générale de son existence. Il n'est que l'expression d'un matérialisme exclusif. Exclusif lui-même, il est défectueux et faux. Pour qu'il fût vrai, il faudrait qu'il prît une tout autre extension. De ce que l'homme est une force, conclure qu'il doit, fidèle à sa nature, rester force, devenir force de plus en plus, agir de son mieux, tendre au plus complet développement de cette vie intime qui est le fond même de son être ; qu'il doit veiller au corps comme à la condition matérielle de l'exercice de ses facultés, mais n'y pas veiller avant tout, quelquefois même l'oublier pour une plus haute fin, se dévouer, mourir quand il le faut, et songer que ce n'est pas là se détruire et finir, mais s'élever par un effort sublime, et passer plein de gloire, de vertu, et de vraie vie, à des rapports nouveaux, voilà dans quel sens plus singulier et plus profond il peut être vrai que se conserver est le bien souverain et la suprême loi. L'autre sens est trop étroit. Il a cependant sa part de vérité, que nous allons tâcher de lui faire avec justice.

Il ne faut pas grande philosophie pour savoir quelle influence le physique exerce sur le moral. C'est un fait connu de tous. La conséquence nécessaire de ce fait, c'est que certains états du corps sont favorables ou contraires au développement naturel de l'activité de l'âme. Quand les organes s'y prêtent, tout va bien en nous, sentiment, pensée et volonté; la vie morale a son cours sans obstacle. Mais, si les nerfs s'y refusent, tout s'arrête et se trouble; nous sentons mal, nous ne pensons pas, nous voulons sans vivacité et sans persévérance. Pour avoir le libre et bon usage de nos facultés, ce que nous avons à faire alors, c'est donc de prendre soin du corps comme d'un instrument à ménager. Sous ce rapport, se conserver est bien; se conserver est un acte par lequel ce qu'on accorde aux sens tourne au profit de l'esprit, et dont en dernière analyse le bon effet est tout moral; c'est le régime matériel employé au perfectionnement de l'âme. Il n'y a rien là que de légitime; il n'y a au contraire rien que d'illégitime à refuser au corps, par intempérance ou par imprudence, des soins dont le défaut peut entraîner le désordre des passions, des idées ou de la volonté. Souffrir alors et périr est plus qu'un malheur : c'est une faiblesse, c'est une faute. Celui qui s'en rend coupable ne l'est pas moins que s'il faisait le mal d'une autre manière : dès que le mal se fait, qu'importe comment?

Il est un autre point de vue sous lequel le principe de Volney paraît encore avec avantage. C'est celui où il se présente comme l'expression d'un devoir relatif à la société. Il est juste en effet de se conserver, parce que c'est le moyen de rester plus long-temps utile à ses semblables. Quiconque, oubliant une obligation si sainte, se jouerait de son existence avec une légèreté coupable, mériterait bien mal de ceux auxquels il se doit; à plus d'un titre, il aurait des torts. On doit compter la vie pour quelque chose, quand on en a besoin pour ses amis, sa famille, sa patrie, peut-être pour l'humanité. C'est du temps donné pour faire le bien : on n'en a jamais trop. Il faut donc vivre par conscience, et tenir au monde pour y remplir la tâche de justice et de bienveillance que comporte la destinée de l'homme.

Mais si, dans ces deux cas et dans d'autres semblables, le principe de la conservation a de la vérité et de la justesse, c'est toujours à condition qu'il reste particulier. En s'universalisant, il se fausse et ne peut plus être la loi de l'activité humaine. Car le devoir n'est pas de se conserver pour se conserver, sans autre but ultérieur, mais de se conserver afin d'être capable de toutes les pratiques vertueuses pour lesquelles on a besoin de plus que de son âme.

C'est pourquoi le système de Volney, qui, réduit à de justes limites, pourrait être une assez bonne morale de second ordre, n'est, quand il prétend à l'universalité, qu'une morale étroite et petite. Nous concevons sa place et sa vérité dans une théorie générale du bien. Il y a son rang comme d'autres systèmes qui se proposent de régler les actions de l'homme sous tels ou tels autres rapports, comme l'industrie, les beaux-arts, la politique, etc. (1)

---

(1) D'après ce que nous venons de dire, on peut voir ce que nous entendons par la *morale* générale ; elle n'a pas, selon nous, pour unique objet l'*honnête*, le *juste*, comme

Mais du moment où l'on fait de l'art de se conserver l'art du bien suprême et la morale par excellence, on tombe nécessairement dans une erreur fâcheuse, et on sacrifie bien des vérités à un principe faux et funeste. Tel est le défaut capital du *Catéchisme de la loi naturelle*.

Après les critiques générales que nous venons de présenter, il en est de particulières qui, sans avoir la même importance philosophique, méritent cependant quelque attention. L'auteur est partout conséquent, et nous sommes loin de lui en faire un reproche; mais quelquefois l'extrême conséquence de ses déductions le mène à des conclusions qui trahissent le vice de l'idée générale dont elles dérivent. Ainsi, par exemple, n'est-on pas un peu étonné de voir la propreté mise au rang des vertus? Logiquement, sans doute, puisque qu'elle est un moyen de se conserver, elle doit jouir de toute l'estime qui est accordée par l'auteur aux pratiques de cette sorte. Mais, en vérité, quand on considère les choses de plus haut, ne paraît-il pas inconvenant de placer à côté et peut-être au-dessus de vertus vraiment morales une habitude qui, après tout, ne fait pas des saints ni des héros? Il ne faut pas prostituer ainsi les mots de vertu et de devoir. Le même esprit de

---

on le pense ordinairement; mais le *bien*, qui comprend toutes les espèces de perfectionnements dont l'homme est susceptible, tout exercice légitime de ses facultés en elles-mêmes et dans leurs rapports avec Dieu, l'homme et la nature.

rigueur systématique fait dire à Volney dans un autre endroit que *le meurtre est défendu par les plus puissants motifs de la conservation de soi-même :* 1° *car l'homme qui attaque s'expose à être tué par droit de défense ;* 2° *s'il tue, il donne aux parents, aux amis de la victime, et à toute la société, un droit égal, celui d'être tué lui-même, et il ne vit plus en sûreté.* Que ce soit là l'unique sanction de la loi positive, on le conçoit : le législateur peut politiquement ne pas proposer d'autres raisons d'obéissance ; mais, en morale, il y a quelque chose de trop mesquinement raisonnable à dire qu'il ne faut pas tuer de peur d'être tué. Car enfin, d'après cela, il suffirait de ne rien craindre, pour n'avoir plus de motifs de retenue : comme si ce qu'on doit aux autres, ce qu'on se doit à soi-même, non plus seulement sous le rapport du bien physique, mais sous tous les rapports et dans la plus large acception du bien, ne commandait pas le respect de la personne d'autrui, alors même qu'elle serait sans défense, sans moyen de justice et de représailles ; comme si, indépendamment de la crainte d'être repoussé ou puni, et dans la simple obligation de n'être pas cruel, il n'y avait pas un engagement assez fort et assez sacré de s'abstenir scrupuleusement de tout acte de violence. L'homme manque à sa destinée du moment qu'il porte atteinte à la destinée d'autrui ; il le sait, il le sent, surtout quand l'atteinte qu'il y porte est sanglante et terrible. Or c'est dans ce sentiment bien plus que dans celui de la douleur corporelle qu'il doit trouver des scrupules et puiser des raisons de faire ou de ne pas faire. Ce qu'il y aurait même de mieux, c'est que, pour s'exciter au bien, il n'eût jamais recours aux motifs si peu relevés de la conservation, et qu'il cherchât ses raisons dans un ordre de considérations plus pur et plus moral; il en aurait plus de dignité et en même temps plus de bonheur. Car, qu'on ne croie pas que nous lui proposions un stoïcisme excessif, qui ne serait pas plus dans la nature que l'épicuréisme grossier dont nous voudrions le détourner. Nous lui proposons le bien, le bien tout entier et pour le bien lui-même; mais encore une fois qu'est-ce que le bien auquel il est appelé, si ce n'est le plus légitime et le plus grand développement de ses facultés? et, s'il en est ainsi, comment ferait-il le bien sans savoir que de la sorte il satisfait à sa nature, qu'il accomplit sa destinée, qu'il est ce qu'il doit être, sans par conséquent être heureux de cette idée, de cette conscience? C'est un fait psychologique des plus évidents et des plus simples que l'homme a le sentiment de son activité; qu'il est heureux ou malheureux de ce sentiment intime, selon que cette activité s'exerce bien ou mal. Il peut se tromper quelquefois, et croire qu'il agit bien quand au contraire il agit mal, et par suite de cette erreur jouir et se féliciter d'une action contraire à l'ordre. C'est le cas de la vengeance satisfaite. Il se peut aussi que, par une illusion différente mais plus rare, il ait douleur et regret d'une action conforme au bien ; il se peut même qu'il ait raison jusqu'à un certain point de s'applaudir d'une faute qui a sa grandeur et de souffrir d'une vertu qui n'est pas sans faiblesse. Mais au fond, s'il se sent réellement vertueux, c'est-à-dire réellement actif et fort, il est nécessairement heureux, car le bonheur, après tout, n'est que le sentiment du bien. Si donc nous demandons qu'au lieu de se déterminer à respecter la vie d'autrui par un motif de sûreté personnelle, l'homme voie le bien de plus haut et le veuille avec plus de pureté, nous faisons plus pour son bonheur que ceux qui lui proposent comme fin dernière le plaisir grossier de vivre sans péril. Nous sommes mieux ses amis ; si nous exigeons plus de lui, nous lui promettons davantage. Et d'ailleurs exiger, est-ce le mot? En concevant le bien, beau, vaste, grand comme il est, en l'apercevant partout où il est, dans les merveilles de l'industrie, dans les chefs-d'œuvre des arts, dans le bon ordre social et dans les bienfaits de la religion, en se pénétrant de ces idées, en s'animant de ces motifs, l'âme ne sera-t-elle pas comme séduite, n'aura-t-elle pas cet enthousiasme qui porte d'élan aux bonnes actions? Certes alors elle voit trop ce qu'il y a là de convenable, de doux, d'honnête, d'élevé, elle a trop le sentiment de sa nature et de sa destinée, pour résister à tant d'attraits et s'effrayer de quelques misères qu'elle peut rencontrer sur son chemin. Il faut seulement qu'on l'éclaire sur sa vraie direction et qu'on ne l'égare pas en lui traçant une fausse route. Il ne faut que lui parler du bien avec vérité et simplicité, pour lui en donner aussitôt la croyance et le goût.

Il y aurait sans doute encore plus d'une critique à faire de l'ouvrage de Volney; mais, comme elles seraient de peu d'importance ou qu'elles rentreraient dans celles qui ont été présentées, nous cédons volontiers à la répugnance que nous aurions à continuer cet examen peu agréable.

Sans être hostile ni injuste, notre critique a été sévère : nous le savons, et nous savons aussi que, par le temps qui court, il n'est pas sans inconvénient d'attaquer de cette manière un des représentants les plus populaires de la morale du dix-huitième siècle. Il semble que ce soit attaquer ce siècle lui-même, et lui faire, sans reconnaissance, un procès dont il faudrait laisser tout l'odieux à ses ennemis. On peut le penser, mais c'est à tort : pour personne il n'y a lieu de croire que notre dessein soit de nous tourner contre le dix-huitième siècle. Objet de notre admiration ainsi que de notre gratitude pour tout ce qu'il a fait de grand, de beau et d'utile, nous sommes si loin de le combattre, que chaque jour nous reconnaissons tous les services qu'il a rendus. Il est le père de notre âge, il l'a fait ce qu'il est; il l'a servi à la fois et par les vérités qu'il a lui transmises, et par les erreurs même où il est tombé. Ce sont des titres à ne pas oublier; mais il faut lui être fidèle, comme il mérite qu'on le soit, sans servitude ni fanatisme, en le jugeant pour le mieux comprendre, et en imitant sa liberté. Pour ce qui est de Volney, une considération supérieure nous a déterminé à faire une critique rigoureuse de la morale qu'il professe. Son *Catéchisme* règne presque partout où celui de l'église ne fait plus loi. C'est le catéchisme de la plupart des indifférents en religion : à ce compte, il serait déjà le catéchisme du plus grand nombre. Mais il y a encore une autre raison, c'est son mérite comme livre. Simple, clair, et conséquent, démontrant tout par son principe, ce principe une fois admis, il présente au plus haut point le caractère philosophique. La science y est fausse, nous le pensons sans aucun doute; mais elle y est précise, suivie, aisée à comprendre : on dirait le raisonnement mathématique transporté dans la morale; c'est presque une application de l'algèbre à cette branche de la philosophie. Rien ne pouvait mieux convenir à beaucoup d'esprits du temps, qui, par l'effet de leurs études, n'ont de goût et d'estime que pour les sciences exactes. Aussi une classe nombreuse de lecteurs, celle qui s'occupe spécialement des théories mathématiques et physiques, est-elle disposée à faire, presque exclusivement, du *Catéchisme* de Volney son code moral et son évangile. Elle y croit comme à un traité de mécanique ou de chimie; elle en juge par ressemblance. Elle ne connaît pas du fond, mais la forme la séduit; de sorte que bien des lecteurs, qui n'ont pas le loisir ou le goût de de faire eux-mêmes leur philosophie, la prennent naturellement toute faite, là où elle s'offre à eux avec l'extérieur des livres qui ont leur confiance et leur familiarité. De là tant de bons esprits qui tiennent pour un système qu'ils n'ont certainement pas jugé ; de là tant de partisans de Volney, qui, tout éclairés qu'ils sont d'ailleurs, adoptent sa morale, sans se rendre un compte assez sévère du principe qui en fait le fond.

Or ceci mérite attention. Bien que les doctrines n'aient pas toujours sur la conduite de ceux qui les embrassent tout l'effet que l'on pourrait croire, et que souvent des idées ou des sentiments contraires en combattent l'action, cependant, à la longue, elles l'emportent et triomphent, pour peu qu'elles se soutiennent par le raisonnement et l'autorité. Insensiblement elles deviennent dogmes et croyances ; elles règnent en croyances, et gouvernent la volonté. Car, il faut bien le remarquer, on veut tout ce qu'on croit, on ne veut que ce qu'on croit. S'il arrive qu'on ne se conforme pas dans la pratique aux principes de la théorie, c'est qu'on n'a pas aux principes une assez vive foi, c'est qu'on a foi à quelque autre chose qui prévaut sur les principes. Mais à mesure qu'ils gagnent l'âme, qu'ils descendent et prennent pied dans la conscience, *ils* dominent à leur tour, ils entrent dans la pratique ; ils pénètrent dans le caractère, les habitudes et les actions. C'est pourquoi il serait à craindre que les mœurs de notre temps ne ressentissent quelque atteinte du système de Volney. Il est très répandu, c'est un fait, et cette publicité n'est pas un signe de discrédit. Il pousse à la pratique, il tend à gouverner. Si jamais il y parvenait, n'en serait-il rien pour nos mœurs, n'en souffriraient-elles pas? ne perdraient-elles pas un peu de cette grâce aimable, de cette vive loyauté, de ce noble enthousiasme pour le beau et le bien, pour prendre un caractère de petit calcul, de fausse sagesse, d'égoïsme grossier, qui avec le temps les corromprait et les perdrait. Réduites à n'être qu'une industrie de *conservation*, se prêteraient-elles encore aux promptes inspirations des arts, de l'honneur et du patriotisme ? retiendraient-elles trace du sentiment religieux? ne tomberaient-elles pas à terre pour ne plus se relever? Déjà, sous l'empire, elles avaient fléchi, alors que Napoléon, pour les tourner dans son sens, se mit à les diriger par la peur et l'intérêt. Aujourd'hui elles pourraient être de nouveau menacées. Les jésuites sont loin d'en être les régulateurs et les maîtres, nous en avons la ferme conviction ; mais ils pourraient en avoir la chance. Alors le seul moyen de ne pas les leur livrer, ne serait-ce pas de les mettre à l'abri de la corruption, en les soutenant de vertus libres grandes et fortes? On veut résister aux jésuites, on ne leur résistera que par les mœurs ; les lois n'y peuvent rien : on élude les lois, mais on n'élude pas les mœurs. Donnez donc aux âmes, que vous voulez préserver, des principes qui les ferment à la séduction des petits intérêts, et vous verrez s'il y a jésuite au monde capable de prendre des places si bien gardées. Mais ne laissez pas des idées petites et fausses rétrécir et énerver les consciences; les habiles en profiteront malgré que vous en ayez : lois, tribunaux, gouvernement, rien ne les arrêtera, parce que rien d'intérieur, rien d'assez moral dans les âmes, ne leur fera résistance. La morale de la *conservation* est, sous ce rapport, bien périlleuse. Il ne faut pas se faire illusion, le sensualisme met en mauvais chemin; il mènerait aux jésuites, si quelque chose y devait conduire; et, ce qu'il y a de pis, c'est qu'il y mènerait des incrédules, l'espèce la plus terrible comme la plus honteuse des gens qui se donnent à eux. Le sensualisme n'a pas de grands inconvénients tant qu'il se renferme dans le cercle étroit de quelques penseurs, qui le corrigent par leur bonté naturelle et par leur bon sens; mais il est funeste dès qu'il se répand dans une société où se trouvent d'ailleurs d'autres causes de décadence et de corruption ; il peut lui être mortel. Il ne le sera pas pour nous, il faut l'espérer ; mais il est temps de songer à le combattre, à le modifier, à l'ordonner dans un système plus large et plus vrai.

La morale de Volney n'est pas la vraie morale ; mais en la rejetant, que peut-on mettre en place? quel autre catéchisme adopter? en faut-il revenir à celui de l'église ? Nous le pensons; mais nous pensons aussi que, pour le remettre en crédit dans un temps comme le nôtre, il faut, sinon le réformer, au moins le transformer et lui donner un caractère plus philosophique et plus savant. Il doit être rationnel pour des intelligences chez lesquelles domine le raisonnement, comme il a été tout de foi quand il s'est adressé à des âmes simples et naïves. Il a été persuasif, il doit être convaincant. L'Evangile n'est pas une lettre morte, que rien ne change et ne modifie. S'il en était ainsi, un jour ou l'autre il cesserait d'être compris, faute d'analogie avec les idées nouvelles amenées par le cours des siècles et des événements : c'est plutôt une pensée vivante, active, et admirablement propre au mouvement et au progrès ; il va comme les sociétés, il se fait tout à tous. C'est le livre de tous les temps, parce que ce n'est pas un livre qui ait parlé une fois pour toutes. Aujourd'hui il perdrait infailliblement de son empire et de son crédit s'il ne se mettait pas en harmonie avec les autres branches de nos connaissances. Quand la science est partout, il n'y a pas moyen qu'elle ne soit pas dans la morale comme ailleurs. Or, pour qu'elle y pénètre, que faut-il ? L'y introduire par la philosophie. La philosophie en effet, en expliquant d'après l'expérience la nature et la destinée que l'homme a en partage, doit nécessairement conduire à une théorie morale qui développe, précise et systématise l'Evangile. Quelle sera cette théorie ? quel en sera le fruit ? Il serait difficile de le dire, parce que ce sont choses à naître ; mais si ces choses ne sont pas encore, du moins elles se préparent, s'élaborent et se font pressentir. On peut les espérer avec quelque confiance, à la vue des progrès des études philosophiques, dont elles sont la suite naturelle. En attendant, ce qu'il y a de clair, c'est qu'il faut mieux que Volney. (1)

(1) Le traité de *morale* de Volney a paru successivement sous les titres du *Catéchisme du citoyen*, et de *la Loi naturelle* ou *Principes physiques de la morale*. Il se trouve, dans la plupart des éditions, à la suite des *Ruines*.

GARAT.

Né en 1758.

Nous dirons peu de choses de Garat; nous n'avons à parler que de son enseignement aux *écoles normales*. Or cet enseignement, de peu de durée, fut en outre extrêmement limité et extrêmement simple quant aux questions dont il traita; il se réduisit à peu près au développement et à la défense du principe *idéologique*, que toutes nos connaissances nous viennent des sens, ou que nous n'avons d'idées que par la sensation.

Nous nous bornerons en conséquence à la critique de ce principe; et encore, pour éviter les répétitions et les longueurs, ne le prendrons-nous que sous un point de vue particulier, le seul qui, au reste, ait occupé le professeur.

Comme Condillac, Garat suppose que nous n'avons pour connaître que la faculté de sentir, de sentir par les sens. Par conséquent point de sens intime, point de vue psychologique, point de conscience; rien absolument que la perception, avec les notions qui se rapportent au monde physique et à la matière; en sorte que, ou le moral n'existe pas, ou il n'est qu'un point de vue du physique; et comme le nier serait impossible, et qu'il n'y faut pas songer, reste à en donner l'explication, la seule explication qui se présente dans l'hypothèse sensualiste.

C'est contre ce principe et ses conséquences, c'est contre une telle explication, que nous allons proposer quelques objections, qu'on trouve au reste pour la plupart dans les *débats* qui succédaient aux *leçons* du professeur : car il faut se rappeler que l'ordre était, aux *écoles normales,* que dans une première séance la doctrine fût exposée, et dans la séance suivante discutée et critiquée.

Et d'abord, il n'y a guère qu'une extrême préoccupation pour le système sensualiste qui puisse faire méconnaître cette faculté particulière que nous avons de nous sentir, de nous voir, et de voir en nous des choses tout autrement perceptibles que celles qui sont physiques. Il nous suffit de nous observer pour remarquer que, quand nous percevons quelques uns de ces faits qui appartiennent à la passion, à la pensée ou à la volonté, ce n'est au moyen d'aucun organe, ce n'est ni par l'œil ni par la main, que nous en avons la connaissance; et la plus simple comparaison des objets qui nous frappent alors avec ceux qui sont *sensibles* montre, à ne laisser aucun doute, qu'ils n'ont pas même aspect, même propriété intelligible ; qu'ils n'ont ni l'étendue, ni la figure, ni l'odeur, ni la saveur; qu'ils sont de la joie ou de la douleur, de la mémoire ou de la raison, de la spontanéité ou de la liberté, mais non des surfaces ou des sons, des températures ou des couleurs. Ces distinctions sont évidentes ; il n'y a pas à les contredire, et nous n'insistons pas pour les marquer avec plus de force et de lumière.

Si on ne les a pas reconnues, c'est par suite d'une méprise trop favorable au système qui avait intérêt à les nier pour qu'elle ne fût pas accueillie avec une grande facilité. On a confondu ensemble les signes avec les choses, les mouvements organiques qui répondent aux faits de l'âme avec ces faits eux-mêmes ; on a pris l'expression physiologique de la pensée ou de la volonté pour la pensée et la volonté ; on a vu ou plutôt on a cru voir dans l'action du corps celle de l'esprit ; on a mis l'esprit à l'extérieur, sur le visage et dans les sens : on s'est ainsi donné le change ; et alors on s'est dit : Le moral n'est que le physique, il ne fait qu'un avec le physique, il en est inséparable : par conséquent on ne perçoit l'un qu'en percevant l'autre, on n'en a qu'une même idée, on n'a qu'une manière de les sentir, et la sensation est le seul principe que l'homme ait pour tout connaître. Ainsi point de notions morales qui ne soient au fond physiques, point de psychologie qui ne soit physiologie.

Mais, dira-t-on, le vice et la vertu, l'intention et la volonté, ne sont donc pas autrement connues que le blanc ou le noir, le solide ou le liquide ? Sans nul doute, dans l'hypothèse : car elle mêle tout, unit tout, réduit tout à une seule chose, à la matière, dont l'esprit n'est qu'une partie, un mode d'être et rien de plus ; en sorte qu'un autre sens que les sens externes, une nouvelle voie de perception, serait tout-à-fait inutile. Il ne peut pas y avoir un sens exprès pour l'esprit, quand l'esprit n'est que le corps.

Tout tient donc, comme on le voit, à cette confusion singulière, et il ne faut que la relever pour porter coup au système. En effet, du moment qu'on regarde les choses sans préjugé, et qu'on réfléchit sincèrement sur ce rapport prétendu du physique et du moral, on s'aperçoit bientôt que l'un n'est à l'autre qu'une expression, qu'un signe, qu'une espèce de symbole qui l'annonce matériellement, mais ne le fait point matériel; on s'aperçoit que sous le mouvement organique il y a un autre mouvement qui le précède et le détermine, mais ne lui ressemble pas, et qui, pour être figuré et rendu par des signes, n'en est pas moins secret, intime, spirituel; vrai développement d'une force qui ne paraît qu'à la conscience, et ne se montre à la sensation que par représentants, par organes, et jamais en personne.

Peut-être bien que, si nous ne cherchions les faits moraux que dans autrui, ne les y trouvant que sous des formes, ne les entrevoyant qu'à travers l'appareil qui les enveloppe, par défaut de réflexion, nous aurions peine à nous défendre de l'illusion qui nous porterait à les confondre avec les faits physiques; peut-être nous arriverait-il de concevoir la passion comme un jeu de muscle, la pensée comme un mouvement, la volonté comme une fonction. Il y aurait à cela quelque raison : nous ne verrions pas les choses mêmes, nous les concevrions seulement, et notre manière de les concevoir se réglerait sur la sensation ; nous en jugerions d'après les sens, nous les croirions sensibles. Mais si nous procédions autrement et comme il convient de procéder, si nous y allions avec la conscience, et que nous prissions en nous-mêmes la notion de ce qui n'est qu'en nous; les résultats changeraient bien, nous reconnaîtrions, d'une vue propre, que, quand nous pensons et quand nous voulons, nous faisons tout autre chose que quand nous remuons l'œil ou la main, et nous saurions que l'âme et tous ses actes, le moi et tout ce qui vient de lui, n'a aucun des attributs de la matière; ce serait pour nous un être à part, un sujet qui serait lui, et n'aurait ni identité ni analogie avec la substance matérielle. Que si ensuite nous voulions, nous reportant à nos semblables, nous former par raisonnement une idée de leur intérieur, nous le concevrions comme le nôtre, nous le ferions à son image ; nous y verrions une âme, une force comme la nôtre, également douée d'intelligence et de liberté. Par ce moyen nous éviterions l'erreur où l'on peut tomber quand on ne commence pas par soi et en soi à connaître l'homme moral.

Garat n'a pas échappé à cette erreur, et elle est cause qu'avec tous les purs condillaciens il a dit que nous n'avons d'idées que par la sensation, que nous apprenons tout par la sensation, et que nous percevons, par exemple, le vice et la vertu de la même manière que nous percevons le son ou la couleur.

La conséquence naturelle d'une telle supposition, c'est que le professeur, amené, par les objections qu'on lui adresse, à donner son opinion sur la nature de l'âme, hésitant entre le bon sens et le système auquel il tient, voudrait être spiritualiste, et cependant se défend de l'être. En effet, comment le serait-il en restant fidèle au principe qu'il a adopté? Il mène droit au matérialisme. Qu'il ne dise pas, pour demeurer neutre, qu'en faisant l'étude de l'âme il s'occupe de ses facultés, et nullement de sa nature. Ses facultés sont sa nature; c'est sa nature en exercice, c'est elle-même dans ses manières d'être. Or, si ces facultés, comme tout le reste, ne sont connues que par la sensation, elles sont phénomènes *sensibles*, et le sujet qui les produit est lui-même chose *sensible*. Il est impossible qu'il en soit autrement : pour qui ne voit que par ses sens, l'âme est matière ou n'est pas du tout, car il n'y a que la conscience qui puisse donner quelque idée de la spiritualité. Ainsi, Garat, quoi qu'il fasse, est mis de force hors du doute dans lequel il prétend se renfermer. Ou il faut qu'il renonce au pur système de la *sensation*, et que, comme M. Laromiguière, il en vienne au *sens moral;* ou il faut qu'avec Cabanis, Volney et M. de Tracy, il accepte en psychologie l'explication du sensualisme. S'il balance à l'accepter, c'est faute de conséquence ; c'est que l'opinion qu'il professe n'est pas seule dans sa pensée, et qu'à côté il y en a une autre, moins formelle et moins saillante, qu'il ne s'avoue pas si haut, mais qu'il ne sent pas moins ; et cette opinion est celle qui, fondée sur la conscience, lui fait voir obscurément, mais constamment, qu'il y a pour la science d'autres êtres et d'autres attributs que ceux qui sont connus par la sensation. Voilà pourquoi il ne se prononce pas, nous le supposons du moins : car du reste il raisonne trop bien pour ne pas tirer, à la rigueur, la conclusion matérialiste contenue dans le système dont il embrasse la doctrine.

Nous avons peu de chose à ajouter à ce que nous venons de dire sur Garat; ne le considérant que comme philosophe, nous n'avons pas à le juger sous le rapport de ses autres mérites, et en nous bornant à ce point de vue, il ne nous reste à présenter aucune remarque bien importante. Nous rappellerons seulement que le professeur d'*idéologie*, au sein d'une institution qui réunissait une si brillante élite de maîtres et de savants, se distingua particulièrement par l'élégance et l'éclat de l'enseignement qu'il donna : c'est un souvenir transmis par tous ceux qui ont assisté à ces leçons, où ne se trouvaient que des élèves en état d'être des juges. Il en devait être ainsi, d'après ce que nous pouvons voir dans le *Recueil* qui renferme l'enseignement des écoles normales. On y retrouve de Garat, outre plusieurs discussions pleines d'art et d'habileté, un programme très remarquable sur les questions qu'il était appelé à traiter dans sa chaire : c'est un excellent plan d'idéologie théorique et pratique. L'opinion qui y domine est, comme nous l'avons montré, exclusive et incomplète ; mais il n'est pas moins à regretter qu'il ne l'ait pas plus développée : on y eût gagné certainement un ouvrage bien composé, et qui d'ailleurs, écrit avec ce sens logique commun aux condillaciens, et que Garat possède à un éminent degré, se fût placé avec avantage à côté de ceux qui dans ce genre occupent le premier rang. L'exactitude de la méthode, la clarté du langage, la finesse des aperçus, l'eussent rapproché naturellement du livre de M. de Tracy et de celui de M. Laromiguière. (1)

Cependant il ne faudrait pas se faire une fausse idée du talent de Garat en matière de philosophie. Ce n'est plus le littérateur élégant, le brillant orateur, qu'il faut chercher et admirer : c'est le raisonneur et l'analyste. Il a changé de manière en changeant de sujet, et au lieu de l'émule de Thomas, de Laharpe et Chamfort (2), nous n'avons

(1) Ce n'est, que je sache, que dans la collection des *Cours des écoles normales*, formant plusieurs volumes in-8°, que l'on trouve ce que Garat a écrit en philosophie.

(2) Garat dut ses premiers succès littéraires aux concours de l'Académie ; auxquels il présenta plusieurs compositions qui furent couronnées.

plus en lui que le disciple de Condillac; il a la langue condillacienne, et n'écrit plus pour l'Académie.

M. LAROMIGUIÈRE,

Né vers 1756.

La philosophie de M. Laromiguière est classée dans le *sensualisme*, quoiqu'elle soit peu sensualiste : la raison en est le rapport que, malgré toutes ses différences, elle a toujours jusqu'à un certain point avec le *Traité des sensations.* Sans insister sur ce principe qu'elle professa d'abord, qu'elle modifia ensuite, savoir, que toute idée a sa source dans la sensation, elle offre encore assez de traces du système dont elle sort, pour pouvoir sans inconvénient en prendre le nom et le drapeau. Ce n'est pas du condillacisme tel qu'il est dans Condillac, dans M. de Tracy ou dans Garat ; mais c'est encore du condillacisme, il y a au moins l'air de famille. Mais du reste elle ne va pas, et, ce qui est mieux, elle ne peut pas être poussée aux mêmes conséquences que le sensualisme : car elle est spiritualiste, grâce à la manière dont elle s'est expliquée sur la sensation et le sens moral.

Il est à remarquer d'un autre côté que, par là même que M. Laromiguière n'est pas purement condillacien, et qu'il se sépare de son école par des nuances assez tranchées, il faudrait peut-être le placer dans la classe des *éclectiques*. Il y aurait des titres, sans aucun doute; mais on est accoutumé à le considérer comme un des disciples de Condillac, on l'aurait cherché dans leurs rangs : nous l'y avons placé pour éviter un désappointement aux lecteurs. Tout ceci, au reste, est affaire de mots; l'essentiel est de voir l'homme.

On connaît trop M. Laromiguière comme écrivain, et son talent, sous ce rapport, est trop bien apprécié, pour que nous ayons besoin de faire ressortir par un jugement développé toutes les qualités et tous les mérites d'un esprit aussi distingué. Nous ne parlerons que pour les rappeler, de cette manière de penser si simple, si vive, si douce, si spirituelle; de ce style si net et si facile, si gracieux et si clair. Nous ajouterons qu'à voir ses idées exprimées avec tant d'élégance et d'exactitude, et exposées d'une humeur si facile, si tolérante, si véritablement philosophique, on aimerait à les adopter sur d'aussi bonnes paroles. C'est un charme de discours auquel on est toujours prêt à céder, et il ne faut rien moins que le parti pris d'examiner les choses au fond, pour résister au plaisir d'adhérer à une philosophie qui se présente avec tant d'art, d'agrément et de bon goût. Nous rendons d'autant plus volontiers cette justice à l'auteur, qu'obligé sur d'autres points de lui adresser quelques critiques, nous sommes heureux sur celui-ci de n'avoir à lui témoigner que la plus sincère admiration.

M. Cousin, dans un article très étendu, et qui pourrait nous dispenser de parler nous-même des *Leçons de philosophie*, s'est attaché à faire connaître en elle-même, et dans ses rapports avec celle de Condillac, la théorie de M. Laromiguière. Nous renverrions tout simplement nos lecteurs à cet article, si nous ne pensions pas qu'il y aurait peut-être quelque inconvénient pour eux à ne pas trouver à sa place, dans la revue que nous leur offrons, un écrivain que, sans aucun doute, ils s'empresseront d'y chercher. Pour faire de notre mieux, nous citerons ou résumerons de l'article de M. Cousin tout ce qui convient à notre point de vue.

L'idée qui y domine est que M. Laromiguière, tout en restant disciple de Condillac, n'est cependant pas si fidèle à son maître qu'il en suive exclusivement les errements et la doctrine. Au contraire (et c'est ce que M. Cousin montre avec beaucoup de détails), il la modifie, la combat et l'abandonne sur plusieurs points qui ne sont pas sans importance. Ainsi, d'abord, sur la question des facultés de l'âme, outre qu'il s'écarte tout-à-fait du *Traité des sensations*, quant à l'ordre de génération, quant au nombre et au système de ces facultés, il en diffère aussi par l'explication qu'il donne de leur principe. Au lieu d'en voir le germe dans la passivité sensible, dans la sensation, c'est dans un élément opposé, c'est dans l'activité qu'il le trouve. Condillac suppose l'âme passive, et seulement passive. M. Laromiguière la croit en outre active, et c'est à ce titre seulement qu'il lui suppose quelque pouvoir. L'opposition est sensible entre le maître et le disciple; elle ne l'est pas moins sur la question des idées. Quelle en est, selon le premier, l'origine et la cause? Toujours la sensation. Selon l'autre, il faut distinguer : si la sensation est l'origine et la matière de l'idée, elle n'en est pas l'instrument et le moyen de production; c'est l'activité qui a cet emploi. Sentir est quelque chose; mais ce n'est pas penser : un tel fait n'appartient qu'à l'activité de l'intelligence. La sensation est la capacité, l'activité, la faculté même de l'idée. La théorie de M. Laromiguière n'est donc plus celle de Condillac. Mais qu'est-elle? En voici un exposé en résumé (1).

« Le système des facultés de l'âme, selon M. La-
« romiguière, commence non pas à la sensation,
« mais à l'attention, la première de nos facultés ac-
« tives. L'attention, dans son double développe-
« ment, produit successivement toutes les facultés,
« et celles dont se compose l'entendement, et celles
« dont se compose la volonté. Les facultés de l'en-
« tendement sont diverses; mais on peut les réduire
« à trois : d'abord l'attention, la faculté fondamen-
« tale; puis la comparaison, puis enfin le raison-
« nement. Dans ces trois facultés rentrent toutes les
« facultés intellectuelles. Le jugement est ou la com-
« paraison elle-même, ou un produit de la compa-

---

(1) Fragments philosophiques de M. Cousin, un vol. in-8°, 1826.

« raison. La mémoire n'est encore qu'un produit de
« l'attention, ou ce qui reste d'une sensation qui
« nous a vivement affectés. La réflexion, se compo-
« sant de raisonnements, de comparaisons, n'est
« pas une faculté distincte de ces facultés. L'imagi-
« nation n'est que la réflexion, lorsqu'elle combine
« des images. Enfin l'entendement est la réunion
« des trois facultés élémentaires et des autres facul-
« tés composées qui leur servent de cortége. Or la
« réunion de plusieurs facultés n'est pas une faculté
« réelle : ce n'est qu'une faculté nominale, un signe
« sans valeur propre et sans réalité. Il n'y a de réel
« que ces trois facultés élémentaires : je dis élémen-
« taires, parce que, dans leur développement, elles
« engendrent d'autres facultés ; mais dans le vrai il
« n'y a de faculté élémentaire, selon M. Laromi-
« guière, que l'attention. En effet, la comparaison
« n'est que l'attention, l'attention double, l'attention
« donnée à deux objets, de manière à discerner leurs
« rapports. Sans attention point de comparaison
« possible, et sans comparaison point de raisonne-
« ment, car le raisonnement n'est qu'une double
« comparaison : il naît de la comparaison comme
« la comparaison naît de l'attention. L'entendement
« est donc tout entier dans l'attention.

« Quant à la volonté, son point de départ ou sa
« faculté élémentaire est le désir, comme l'attention
« est le point de départ, la faculté élémentaire de
« l'entendement. Le désir engendre comme l'atten-
« tion deux autres facultés, ni plus, ni moins, sa-

« voir, la préférence et la liberté. La préférence est
« au désir ce que la comparaison est à l'attention,
« et la liberté est à la préférence ce que la raison
« est à la comparaison. Comme les facultés élémen-
« taires de l'entendement deviennent successive-
« ment des facultés secondaires qui interviennent
« dans leur exercice, de même les trois facultés
« élémentaires de la volonté, savoir, le désir, la pré-
« férence et la liberté, se compliquent successive-
« ment de diverses facultés secondaires auxquelles
« elles donnent naissance, telles que le repentir et
« la délibération. Le repentir naît à la suite de la
« préférence ; il n'entre pas dans les facultés intel-
« lectuelles de M. Laromiguière, quoiqu'il soit une
« faculté selon Condillac; mais selon M. Laromi-
« guière le repentir appartient à la sensibilité; la
« délibération suit la préférence et précède la li-
« berté. On peut d'abord préférer sans avoir déli-
« béré ; mais si l'acte de préférence a été suivi de
« repentir, on ne préfère plus de nouveau sans dé-
« libérer. Or la préférence après délibération, c'est
« la préférence libre, la liberté. Désir, préférence,
« liberté, voilà les trois facultés réelles; leur réu-
« nion est la volonté. Mais comme la réunion de
« plusieurs facultés n'est point une faculté réelle, la
« volonté n'est point une faculté propre, mais une
« faculté nominale, un signe ainsi que l'entende-
« ment, et rien de plus.

« Quant à la théorie des idées, M. Laromi-
« guière établit que le fond de toutes nos idées es

« la sensibilité. Or selon lui la sensibilité a quatre
« modes, quatre éléments.

« La première manière de sentir est produite par
« l'action des objets extérieurs : voilà la sensation.

« La deuxième manière de sentir est produite par
« l'action de nos facultés.

« Lorsque nous avons plusieurs idées à la fois, il
« se produit en nous une nouvelle manière de sen-
« tir: nous sentons entre ces idées des ressemblances
« ou des différences, nous sentons des rapports.

« Quant à la quatrième manière de sentir, c'est
« le sentiment moral, le sentiment du juste, de
« l'injuste, de l'honnête et du déshonnête.

« Tous ces modes de la sensibilité sont autant de
« sources d'idées : de là quatre espèces d'idées, les
« idées de sensation, les idées des facultés de l'âme,
« les idées de rapport, et les idées morales. »

M. Cousin fait suivre cet exposé de critiques
pleines de force et de vivacité. Il attaque successivement la théorie des facultés, et la théorie des idées.
Il objecte d'abord à l'une de ne pas rendre compte
d'un fait qui cependant ne saurait être méconnu :
c'est le jugement ou l'acte de l'esprit qui perçoit et
comprend la vérité des choses. M. Laromiguière
réduit l'intelligence à l'attention. Or l'attention peut
bien mener à la compréhension, au jugement ; elle
y mène d'ordinaire quand elle procède convenablement, mais elle n'y mène pas infailliblement. Car il ne
suffit pas d'être attentif pour comprendre, ou, ce qui
est la même chose, de vouloir savoir pour savoir : il

faut encore que la lumière vienne, que l'évidence se produise : or ce sont là des conditions sur lesquelles la volonté a sans doute de la prise, mais dont cependant elle ne peut disposer comme il lui plaît. Le plus souvent elle n'y peut rien ; souvent aussi sans qu'elle s'en mêle l'idée se forme, le jugement a lieu : c'est du bonheur, et rien de plus. En sorte que l'attention, qui en elle-même n'est que la faculté de regarder, explique bien l'étude, mais non la science de la vérité. La science est une chose dont il faut rendre compte par une autre cause.

M. Cousin fait contre le rapport établi par M. Laromiguière entre l'attention et le désir une objection à peu près semblable. Quand on exerce son attention, on agit de soi-même, on se possède et on se gouverne ; mais quand on désire, en est-il de même ?

« En présence de tel ou tel objet correspondant à
« mes besoins, il se produit en moi le phénomène
« du désir : ce n'est pas moi qui le produis : il se
« manifeste par des mouvements souvent même
« physiques que la sensibilité, l'organisation et la
« fatalité déterminent. Il ne dépend pas de moi de
« désirer ou de ne pas désirer ce qui m'agrée. Je
« puis bien prendre toutes les précautions néces-
« saires pour que le désir ne s'élève pas dans mon
« âme ; je puis bien fuir toutes les occasions qui
« l'exciteraient ; quand il est né, je puis bien le com-
« battre, car ma volonté, qui est distincte du désir,
« peut lui résister : mais quand le désir naît et

« même quand il meurt, je ne puis ni l'étouffer, ni
« le ranimer; il m'assaille ou m'échappe malgré
« moi. »

Passant ensuite à la théorie des idées, le critique montre que l'auteur, en ramenant en apparence toutes les idées à une seule et même source, la sensibilité, les ramène réellement à quatre sources distinctes. Il insiste sur cette remarque.

« Au fond, ou le sentiment de rapport et le sen-
« timent moral sont des modifications de la sensa-
« tion, et dans ce cas ils peuvent et doivent porter
« le même nom, et alors le système général de M.
« Laromiguière, savoir, que tout dérive de la
« sensibilité et de l'attention, est vraiment un sys-
« tème; ou le sentiment de rapport et le prétendu
« sentiment moral ne sont point des modifications
« de la sensation, et alors, en dépit de tous les abus
« de langage, l'attention, c'est-à-dire la volonté et
« le mot abstrait, collectif et vague, de sentiment,
« n'expliquent point tous les phénomènes de l'in-
« telligence. Or, d'un côté, M. Laromiguière
« prouve que le sentiment de rapport et le sentiment
« moral ne sont pas réductibles aux deux autres phé-
« nomènes de la sensation et de l'attention, et par là
« il renverse son système; de l'autre côté, après avoir
« séparé dans le fait, il confond dans le terme; après
« avoir distingué fortement le sentiment moral et le
« sentiment de rapport de la sensation et des opéra-
« tions de nos facultés, il donne à tout cela une
« dénomination commune, réparant par l'identité

« fictive du mot des distinctions et des oppositions
« réelles, et relevant son système par un de ces ar-
« rangements de grammaire, ingénieux et vains,
« qui consumèrent stérilement l'oiseuse activité des
« péripatéticiens du moyen âge, loin des choses et
« de la nature. »

A ces critiques, que nous abrégeons, mais pour lesquelles encore une fois nous renvoyons aux *Fragments*, peuvent se joindre quelques remarques pour servir de complément au jugement à porter sur les *Leçons de philosophie*. La première est relative au caractère passif que l'auteur prête à la sensibilité. La sensibilité est-elle passive? Cela peut être; mais d'abord entendons-nous bien sur ce fait de la sensibilité; ne le prenons pas pour la passion, pour la joie et la douleur, etc. Ce n'est pas l'acception de M. Laromiguière : ce qu'il comprend, c'est que l'âme, quand elle sent, *sentit*, s'aperçoit, perçoit, commence à voir, a une vue, mais n'a pas encore d'idée; en sorte que la sensibilité n'est qu'une espèce d'intelligence, cette intelligence irréfléchie, cette intuition obscure par laquelle l'esprit débute lorsqu'il entre en exercice. Or maintenant il s'agit de savoir si l'âme, lorsqu'elle sent ainsi, est passive comme on le suppose. Voyons et suivons bien le phénomène : fût-elle passive, inerte, avant qu'aucune impression ne l'ait excitée à la pensée (ce que nous ne croyons pas), au moment même où elle reçoit cette espèce d'excitation, reste-t-elle toujours dans le même état, n'en change-t-elle pas au contraire, avec une extrême vivacité; ne devient-elle pas clairvoyante, d'aveugle qu'elle était auparavant; ne se porte-t-elle pas vers la lumière, avec une sorte d'agitation et d'inquiète curiosité? Cette apperception qui se fait en elle n'est-elle pas une action, un exercice, un véritable développement? Et quand une fois sa sensibilité en éveil est assaillie de toute part d'impressions qu'elle perçoit, n'est-elle pas au contraire provoquée, remuée de toute manière? Quel repos que ce continuel passage d'une idée à une autre idée, que cette succession de vues qui viennent et vont comme l'éclair! Loin d'être alors inactive, l'âme, précisément parce qu'elle a plus de laisser-aller, est d'une promptitude et d'une vitesse qu'elle n'a jamais au même degré dans l'état de réflexion; mais si la sensibilité est active, tout aussi active que l'attention, n'y a-t-il cependant aucune différence entre elles? Il y en a toujours une très grande; mais elle ne se tire pas, comme on pourrait le croire, de l'activité et de l'inactivité: toutes deux sont actives, seulement l'une l'est avec fatalité, tandis que l'autre l'est librement. Nous n'avons pas besoin de le montrer, c'est assez évident de soi. Or cette distinction n'est pas de nature, mais de nuance; ce n'est pas une opposition, c'est une simple variété. La sensibilité n'est pas un élément, et l'attention un autre élément : elles ne sont que les attributs d'un seul et même élément; ce sont deux propriétés de l'activité intellectuelle. L'âme est une force intelligente; comme telle, elle perçoit : si c'est de sentiment, elle ne fait que voir; si c'est avec attention, elle regarde. Elle contemple dans le premier cas, dans la seconde elle étudie ; mais dans l'un et l'autre cas elle a perception, acte et mouvement d'intelligence. Par suite de l'explication proposée par M. Laromiguière, le fait se passerait autrement que nous ne venons de le dire : il y aurait deux choses à part, le sentiment et l'attention, la passivité et l'activité, la capacité et la faculté; l'un sujet, l'autre agent des idées de toute espèce ; et l'opération idéologique ressemblerait à celle du sculpteur qui travaille sur le bloc de marbre, ce serait comme la mise en œuvre d'une matière brute et informe ; le sentiment serait cette matière, l'attention l'instrument, le procédé de formation. Rien n'est plus clair logiquement; mais psychologiquement il n'en est pas de même, et la conscience ne reconnaît rien à cette combinaison sans réalité ; ce n'est pas ainsi qu'elle voit les choses. Voici plutôt comment elle les juge : en présence d'un objet, l'esprit entre soudain en exercice, il perçoit et a une vue; mais cette vue, dont il n'est pas maître, vague, confuse, pure impression, n'est pas encore une idée : pour qu'il lui donne ce caractère, il faut qu'il y revienne, qu'il la reprenne sur nouveaux frais, la précise et la détermine. Alors ce n'est plus un sentiment, ce n'est plus une notion : c'est une connaissance. La réflexion a passé par là, et cela s'est fait uniquement parce que l'intelligence, de spontanée qu'elle était, est devenue libre et attentive, s'est dirigée

par la volonté au lieu de se diriger par l'instinct.
C'est le même mouvement de la pensée à deux âges
différents, à celui du sentiment et à celui de la
raison.

Sur tout ce que nous venons de dire, la théorie
de M. Laromiguière n'est pas d'une parfaite exactitude. Il semble aussi qu'elle n'embrasse pas un
point de psychologie qui mérite d'être indiqué.
Nous l'avons déjà remarqué, l'auteur des *Leçons
de philosophie* entend par sentiment *perception*,
pensée; il n'entend pas, du moins quand il fait son
système, *passion*, *émotion*, *affection*. C'est certainement une lacune. Il y avait à montrer comment l'âme est susceptible de passions, de quelles
passions, en présence de quels objets, et avec quels
caractères; il y avait à dire ce qui fait que les passions sont bonnes, ce qui fait qu'elles sont mauvaises, comment elles sont vraies et dans la mesure, ou fausses et immodérées; il y avait enfin
à tirer de là un art pratique pour la direction,
la réforme et l'éducation des diverses passions.
Tout cela manque dans M. Laromiguière, et il
n'y a pas à s'en étonner. Préoccupé comme son
maître du point de vue idéologique, c'était surtout
sous ce rapport qu'il devait considérer la nature de
l'âme; à ses yeux la psychologie devait se réduire à
l'idéologie. Il ne pouvait guère l'étendre au-delà,
en se renfermant, comme il l'a fait, dans le cercle qui
était tracé par le *Traité des sensations*. Tout ce qu'il
pouvait, c'était de rectifier ou d'éclaircir quelques

uns des points de cette théorie. Il l'a tenté avec succès, nous devons lui en savoir gré. Il a montré en particulier que la sensation n'est pas la seule source de nos connaissances, et en lui adjoignant le sens moral, il a sauvé son système du reproche de matérialisme qu'on est en droit d'adresser à quiconque ne reconnaît d'autre principe que les sens et leurs idées. Il a aussi montré, quoique peut-être moins clairement, quelle part l'activité, ou plutôt la liberté sous la forme de l'attention, prend au développement et à l'exercice des facultés intellectuelles. Quand il n'aurait rendu à la science d'autres services que cette réforme il faudrait l'en féliciter, d'autant plus qu'avant d'en venir là il a dû vaincre des habitudes, se délivrer de préjugés qui pouvaient lui tenir au cœur : car, en philosophie comme en toute chose, on a ses attachements et ses affections; et l'on ne se sépare pas sans peine des idées auxquelles on a voué sa première foi et son premier amour. C'est toujours un bel exemple d'impartialité et de conscience. M. Laromiguière nous l'a donné, et il l'a fait avec cette candeur, cette mesure et cette bonne grâce qui répandent tant de charme sur ses aimables leçons, et leur prêtent l'air d'un tableau où l'on verrait un esprit libre se dégageant pas à pas d'un système dont il fut épris, mais dont il s'est détaché par conviction.

Pour donner à M. Laromiguière un autre éloge qui lui est dû à aussi juste titre, ajoutons un mot sur l'influence que son ouvrage a pu avoir sur l'enseignement public de la philosophie. Cet enseignement, plus qu'aucun autre, s'est ressenti de l'esprit qui a dirigé le pouvoir dans ces dernières années ; il a presque été ramené à l'âge de *la scolastique*, l'ancien régime de la science.

On a ordonné que les leçons se fissent en latin et sous la forme de l'antique argumentation ; cet ordre est en pleine exécution dans la plupart de nos colléges, Paris peut-être excepté. On philosophe en latin d'un bout de la France à l'autre avec le cérémonial et l'étiquette du vénérable syllogisme. Et sur quoi philosophe-t-on ? sur ces thèses de *l'école* et sur les *objecta* qui les accompagnent ; c'est-à-dire que l'on argumente sur la logique, la métaphysique et la morale (peu s'en est fallu qu'on n'en fit autant sur les mathématiques et la physique). Et cependant on ne traite ni de trois sciences distinctes, ni d'une science en trois parties : il ne s'agit pas de science, d'ensemble philosophique ; il ne s'agit que de points épars, rassemblés sans ordre sous trois titres, qui les groupent, mais ne les unissent pas. Car, pour peu qu'on y regarde, on s'aperçoit qu'il n'y a partout que des lambeaux de systèmes, souvent divers, quelquefois contraires, rapprochés, nous ne disons pas sans éclectisme, mais sans art de compilation et de classification. Voilà le fond de la philosophie, telle qu'elle est dans l'instruction publique. A peine quelques habiles professeurs, qui valent mieux que l'institution, mais qui manquent de liberté, osent-ils mêler à ces matières des leçons où ils prennent licence de bon sens et de vrai savoir. Cependant leur exemple reste inconnu et n'a aucune utilité. Les autres, soit par conviction, soit par déférence, se renfermant strictement dans le cercle qui leur est tracé, y manœuvrent comme ils peuvent avec la tactique et sous l'armure des beaux jours de *la scolastique ;* faux exercice, travail futile, dont donneraient assez l'idée des tacticiens de Napoléon qui instruiraient nos jeunes soldats aux coups d'épée des anciens preux et à l'art militaire de la chevalerie. De tels cours de philosophie ne sont plus du siècle, ils restent étrangers au mouvement des idées : ce qui fait que, sans crédit, on ne les suit plus que pour la forme, et parce qu'ils sont une condition d'admission aux écoles de droit et de médecine. On ne se soucie pas de ce qu'on y apprend, et on l'oublie dès qu'on l'a appris. Au lieu d'y prendre des principes et de tenir à ces principes, on n'y prend que des formules que l'air du monde emporte bientôt. On n'a pas mis le pied hors du collège, qu'on sent combien peu on a philosophé pendant qu'on y faisait de la philosophie ; c'est-à-dire, en termes nets, qu'il n'y a plus en ce moment, sauf quelques rares exceptions, aucun véritable enseignement sur les questions philosophiques : c'est la partie faible entre toutes les autres de l'instruction universitaire, faible surtout en comparaison des sciences physiques et mathématiques, qui y sont cultivées avec le succès que doit produire l'emploi de bonnes méthodes.

En cet état, il est heureux que les *Leçons* de M. Laromiguière (1), qui, par la nature même de leur sujet, ne touchant que de bien loin aux idées politiques et religieuses, n'ont, comme on dit, aucune couleur et n'alarment pas le pouvoir; il est heureux, disons-nous, que ses *Leçons* aient trouvé grâce et soient entrées dans l'enseignement. Seules à peu près elles y représentent le siècle et son mouvement; seules elles y portent un peu de cet esprit qui est nécessaire à la science : elles font donc la plus grande partie du peu de bien qui y est produit. Si elles sont loin de présenter une philosophie forte et complète, au moins apprennent-elles à philosopher, à penser et à écrire. Elles ne forment pas des âmes, car il faut à des âmes plus que de l'idéologie et de la logique; mais elles forment des intelligences, et à des intelligences cultivées il ne faut que des occasions pour s'élever aux idées. Or les occasions ne manquent pas, elles viennent avec chaque jour. On ne saurait donc, sous ce rapport, accorder trop d'estime à l'ouvrage de M. Laromiguière; malgré les défauts qu'il peut avoir, il a assez fait et peut assez faire pour bien mériter de amis de la philosophie et de la raison.

(1) Les *Leçons de philosophie* de M. Laromiguière forment 2 vol. in-8°.

LE DR GALL,

Né en 1758.

M. Gall a certainement sa place parmi les philosophes de notre époque ; mais où faut-il la lui donner? Ce n'est ni dans l'école *théologique*, avec laquelle il n'a point de rapport: ni avec l'école *éclectique*, dont il diffère par tant de points. Pour la commodité de la classification, plus que par une complète analogie, nous le rattacherons de préférence à la doctrine *sensualiste*. Il y tient en effet par un principe fondamental, par le principe que toutes les facultés dérivent de l'organisme; mais si c'est là une raison pour le ranger à côté des philosophes sensualistes, il importe de remarquer que, passé ce principe, il n'a plus leur système : il a le sien; il a son opinion sur la physiologie et la psychologie. Il pense avec eux que le cerveau est l'agent producteur de toutes nos facultés; mais, au lieu de le regarder comme un organe unique, comme uniques et d'un seul genre les facultés qu'il lui attribue, il conçoit dans le sujet et dans les qualités, dans la cause et dans l'effet, pluralité, spécialité, divisions et distinctions; en sorte qu'il ne partage ni l'hypothèse du centre cérébral, ni celle de l'unité des facultés. l a même point de départ que les matérialistes, mais il ne fait pas même chemin.

Nous ne prétendons pas entrer dans la discussion

de la théorie physiologique particulière à M. Gall : nous ne pourrions le faire avec avantage, faute de connaître les matières comme elles demandent à être connues. Nous l'admettrons simplement, déterminés à y croire par les raisons que donne l'auteur et par l'autorité des hommes de l'art. Il n'y a qu'une réserve à mettre à une telle adhésion : c'est que, comme nous le montrerons et comme nous l'avons déjà montré, il n'est pas vrai que le cerveau, par là même qu'il est matière, et surtout s'il est matière à organes multiples, puisse être la cause et le principe des facultés de l'âme. Il en est, si l'on veut, la condition, le siége; l'âme y tient, elle y vit, elle y exerce son activité; modifiée et comme définie par les dispositions qu'elle y trouve, elle y prend nécessairement certaines habitudes et certains penchants. Mais elle n'en naît pas, n'en vient pas ; elle y vient plutôt, avec son énergie, sa vie, son mouvement propre et naturel.

A cette idée près, qui n'est pas celle de M. Gall, nous admettons dans le cerveau sa pluralité d'organes; et pour ne pas contester, nous prenons sa liste sans contrôle. Il en compte un certain nombre; nous comptons le même nombre : c'est pour nous sans conséquence ; notre question n'est pas là. Elle est psychologique, et non anatomique ; elle tombe sous la conscience, et non sous le scalpel.

Or voici la psychologie que l'auteur joint à son système. Outre les organes ordinaires auxquels on attribue communément le sentiment et la perception, il en est d'autres plus ignorés, qui, cachés à l'intérieur et distribués dans le cerveau, ont également ces propriétés; ils sentent et perçoivent tout aussi bien que l'œil, l'ouïe ou le toucher; ce sont d'autres organes, et voilà tout. Il ne leur manque rien de ce qui fait les sens; et de même que l'œil, l'ouïe et le toucher ont chacun leur manière propre de percevoir et de sentir, chacun leurs *facultés* (1), de même eux ils ont aussi leurs modes d'exercice et leurs *facultés*. Il y a autant de facultés que d'organes; si l'on en compte un certain nombre, c'est que le cerveau renferme en lui un nombre égal d'appareils. L'homme n'en a tant que parce que, chez lui, la tête comprend dans son volume plus de capacités différentes que celle d'aucune espèce; elle est la tête par excellence : c'est pourquoi elle a les facultés par excellence. A-t-elle toutes celles qu'on lui suppose? N'en a-t-elle pas qu'on pourrait réduire? Celles qu'elle a ne seraient-elles pas susceptibles d'une classification plus exacte? C'est ce qui importe assez peu. L'essentiel est qu'en général, on reconnaisse des facultés qui soient distinctes entre elles, comme les organes cérébraux auxquels elles correspondent. Or, on ne saurait le mettre en doute, et l'observation psychologique le vérifie à chaque instant, il n'y a pas d'individu qui n'ait ses goûts et ses penchants,

---

(1) Par *facultés* M. Gall entend ces dispositions, ces penchants naturels et primitifs que détermine en nous l'organisation. Nous avons pris le mot dans le même sens.

son talent et son caractère, ses *facultés* en un mot. Rien de plus sûr; et il ne l'est pas moins qu'il les a naturellement, si l'on veut même physiquement, du moins en prenant la chose comme nous l'avons expliquée plus haut. Il y a donc de la vérité dans cette vue de M. Gall; il peut y en avoir plus ou moins, selon les cas et les applications; mais dans la généralité il y en a certainement, et cette vue a ses conséquences. Puisque toutes ces facultés sont des modifications particulières que reçoivent les organes (1), le sentiment et la perception sont le fonds commun des facultés; toutes se composent à la fois d'affection et de connaissance, de passion et de pensée, d'amour de soi et d'intelligence. Elles ont donc toutes pour éléments l'émotion et l'idée; c'est-à-dire que d'une part elles sont susceptibles de joie et de douleur, d'amour et de haine, de désir et de répugnance, et que de l'autre elles sont capables de voir, de revoir, de prévoir et d'imaginer, d'exercer, en un mot, tous les actes de la pensée. Ainsi, par exemple, l'amour paternel a ses peines et ses plaisirs, ses idées et ses fantaisies. Il en est de même de l'ambition, de la ruse, de la rapacité, de la pugnacité, de l'aptitude à la musique ou aux mathématiques; toutes ont leur intelligence et en même temps leur passion. C'est comme les sens proprement dits : ils peuvent tous avoir toutes les nuances de l'affec-

---

(1) Auxquels par hypothèse on prête le sentiment et la perception.

tion ei de la pensée ; en sorte que la sensibilité et la connaissance ne sont pas dans notre constitution des attributs distincts, des facultés spéciales, mais des propriétés communes aux diverses facultés ; et qu'il ne faut pas leur chercher, comme l'ont fait quelques philosophes, des siéges ou des organes ; elles n'en ont pas ou les ont tous, elles se reproduisent dans tous, elles n'en affectent aucun en particulier. La mémoire, par exemple, n'a pas son lieu comme la musique ; elle est partout où se développe quelque faculté spéciale ; et la douleur comme la joie n'ont pas en propre un appareil, elles ont celui de tout instinct qui se sent blessé ou favorisé par quelque cause extérieure. De tout point le cerveau se prête aux phénomènes de la passion et de la pensée, et par là même il n'a point de siéges exprès pour elles ; encore une fois il n'en a que pour les facultés proprement dites.

Pour paraître dans tout son jour, cette vérité n'aurait besoin que d'être présentée sous un point de vue un peu plus psychologique. En effet, qu'aux observations qui précèdent on ajoute que l'âme, portée par sa nature à se connaître et à s'aimer, à connaître ce qui la touche, à s'affecter de ce qui l'intéresse, arrive aux sens qui lui sont donnés avec le pouvoir de sentir et de percevoir, alors on verra mieux comment, à chaque organe où elle prend siége, elle a une manière particulière de se développer et d'agir ; elle est partout avec son intelligence et sa passion, mais partout elle ne les déploie pas dans les mêmes circonstances et c'est cette diversité de circonstances qui fait la variété de ses facultés. Voilà ce qui explique comment son action dans la vue n'est pas la même que dans le toucher, et dans l'ouie que dans l'odorat, et comment à toutes les parties du cerveau reconnues pour être *sens* correspondent et se rattachent un ordre déterminé d'actes intellectuels et moraux ; de telle sorte qu'il n'y a pas à chercher dans un organe ceux qui appartiennent à un autre, les actes de la vue dans ceux de l'ouie, ou ceux du cervelet dans un autre point du cerveau : il n'y aurait du moins que les cas rares, en supposant qu'ils soient réels, où les perceptions des sens, se déplaçant en quelque sorte, auraient lieu (ainsi qu'on le prétend dans l'état de somnambulisme), celles de la vue dans l'estomac, et celles de l'odorat dans le creux de la main, etc. ; il n'y aurait, que de tels cas qui pourraient faire objection contre la généralité du principe, et donner à penser que de semblables anomalies se passent aussi dans le cerveau. Mais il n'y a du reste rien que de vraisemblable à attribuer aux divers départements de la masse encéphalique la propriété de spécialiser l'activité de la force morale.

Maintenant ce qui nous reste à dire du système de M. Gall, c'est que, quelque matérialiste qu'il paraisse lorsqu'il établit en principe que les facultés viennent des organes, nul cependant par ses conséquences ne convient mieux au spiritualisme. Par là même, en effet, qu'il trace des organes et de leurs attributs une division si positive, qu'il les multiplie et les distribue sur tant de points du cerveau, il faut bien, la chose faite, qu'il aboutisse à l'unité, si du moins il ne veut pas en demeurer à la pluralité, et s'en tenir à une variété sans liaison ni rapport commun. Les éléments sont reconnus, dénombrés et classés ; c'est bien, mais ce n'est pas tout : il y a le centre qui les unit, le sujet qui les assemble ; il y a le *moi*, ce seul et même *moi* qui, malgré le temps et les événements, toujours identique en son essence, présent à tout, tenant à tout, rayonne en tous sens son activité. Il faut bien le reconnaître, sous peine d'absurdité ; et plus paraissent dans les organes le nombre et la variété, plus éclatent dans le *moi* commun la simplicité et l'identité. A chaque diversité qu'il concilie, à chaque époque qu'il embrasse, il se montre *un* de plus en plus ; c'est une force qui, une fois créée, s'en vient poser son unité au sein du temps et de l'espace, et, y projetant de toute part son inépuisable énergie, ne ressort jamais mieux dans sa simplicité que quand elle touche à plus de points et se rend présente à plus d'organes. M. Gall, en s'attachant, comme il l'a fait, à distinguer dans le cerveau le plus de siéges qu'il pouvait, ne s'en est donc que mieux placé dans la nécessité du spiritualisme ; il s'est placé dans cette nécessité, à moins qu'il ne préfère se déclarer contre les faits et dénier à la conscience le droit d'affirmer ce qu'elle affirme : car autrement il est bien forcé de reconnaître qu'une substance simple et spirituelle peut seule rendre raison de l'unité et de l'identité qui président à l'ensemble de toutes nos facultés.

D'autant qu'il tient fort à la liberté, qu'il la proclame hautement en réponse aux reproches de fatalisme qu'on lui adresse. Or comment l'admettrait-il si ce n'était comme la propriété d'une force qui, une et simple, a, avec le pouvoir d'être active, celui de posséder son activité? Supposez un moment qu'une telle force ne soit pas, et qu'en place il n'y ait réellement que des organes et des facultés : quelle liberté trouverez-vous dans un état ainsi donné? Chaque organe, au gré des causes sous l'influence desquelles il sera, développera la faculté qui lui est accordée par la nature. Il agira sous la loi des circonstances qui l'affecteront; il en recevra le mouvement : il n'y aura plus, comme dans le cas du *moi*, une âme intelligente, qui, maîtresse d'elle-même, réagira sur les organes pour en modérer l'effet, et, du sein de sa conscience, où tout vient et d'où tout sort, veillant à tout, réglera tout, vraie providence de ce petit monde; tout au plus ce qu'il y aura, ce sera une collection d'agents physiques qui, mus eux-mêmes par d'autres agents, viendront mettre en commun leurs phénomènes respectifs. S'il y a harmonie entre ces phénomènes, ce sera grâce à la nécessité qui en accordera les principes; comme si d'autre part il y a désordre, il ne faudra s'en prendre à rien sinon à la force des choses, qui seule a fait le trouble et peut seule le réparer. Point de personne, point d'être moral, à qui imputer quoi que ce soit ; la personne manque, et avec elle toute possibilité d'imputation. Et qu'on ne parle pas de l'éducation : elle est comme la liberté, elle a l'âme pour condition. Sans un esprit qui se gouverne, et, en se gouvernant, gouverne autrui, comment concevoir un maître qui enseigne et dirige ? Se pourrait-il qu'un sujet matériel, un composé d'organes, sans unité morale, fît ce que fait l'instituteur ; qu'il eût sa science pour instruire, sa conscience pour conseiller, sa liberté pour ne rien faire qu'avec suite et mesure, patience et habileté ? Autant dire qu'une plante, qu'une pierre, qu'un être quelconque de la nature, a aussi en son pouvoir la discipline et l'éducation ; et, dans le fait, ces choses ont bien une sorte d'action sur l'homme : elles servent, par leurs combinaisons et leurs accidents, à l'éprouver, à le stimuler ; ce sont comme des leçons qu'elles lui donnent. Mais ces leçons, ont-elles rien de celles de l'homme, en ont-elles le sens et la volonté, et ne se bornent-elles pas pour tout effet à une action brute et sans dessein ? Si le maître n'est qu'un cerveau avec ses cases et ses partages, il ne fera réellement l'office que d'un agent purement physique. Il aura peut-être sur son disciple un empire plus direct et plus divers que les astres ou les éléments ; mais il n'aura pas plus d'habileté. Ce sera un automate qui en remuera un autre. Il faut donc absolument, si l'on veut de l'éducation, vouloir aussi du *moi*, sans lequel il n'y a rien de libre.

Toutes ces raisons nous portent à croire que M. Gall pourrait bien ne pas tenir extrêmement à l'hypothèse matérialiste, et la sacrifierait volontiers à d'autres points de son système ; et il en est, nous les avons vus, qui en exigeraient l'abandon. Seulement peut-être il faudrait, pour qu'il pût revenir de conviction à l'opinion spiritualiste, qu'il se défît d'un préjugé qui, par malheur, lui est commun avec la plupart des physiologistes, et dont M. Jouffroy, dans sa *préface* (1), a si bien montré le faux : il faudrait qu'il reconnût, avec la philosophie et le sens commun, que la conscience est, comme la perception, une manière de voir la vérité, qui, quand elle est dirigée avec méthode, offre la même certitude, les mêmes garanties scientifiques.

Nous ne terminerons pas sans dire combien nous regrettons que notre ignorance des matières ne nous permette pas de faire valoir comme ils le méritent les beaux travaux de M. Gall sur l'anatomie et la physiologie du cerveau ; mais si nous en sommes mauvais juges, du moins nous empressons-nous de partager l'estime de ceux dont l'opinion fait loi dans ces questions.

Nous ne devons pas non plus oublier que le Dr Spurzeim a eu sa part dans les recherches de M. Gall, et que son nom s'est associé avec une honorable ri-

---

(1) Voir, pour plus de développement, la *préface* que nous venons de citer et l'analyse que nous en donnerons quand nous aurons à nous en occuper.

valité à celui du médecin dont il a été le collaborateur. Sa philosophie, quoique sous quelques rapports un peu distincte de celle de son maître et plus exacte en général, n'offre cependant pas de différences assez remarquables et assez importantes pour qu'il nous ait paru nécessaire d'en présenter une critique à part. Le fond de la théorie est le même ; il n'y a de divergence que sur la classification et la dénomination de certains faits (1).

(1) L'ouvrage de M. Gall a pour titre : *Anatomie et physiologie du système nerveux en général, et du cerveau en particulier;* — Ceux de M. Spurzeim : 1° *Observations sur la phrénologie, ou la connaissance de l'homme moral et intellectuel, fondée sur les fictions du système nerveux.* Paris, 1817. — 2° *Essai philosophique sur la nature morale et intellectuelle de l'homme.* Paris, in-8°, 1820.

M. AZAÏS,

Né en 1766.

M. Azaïs se classe mal; il n'est d'aucune école. Si nous le rangeons dans le *sensualisme*, c'est surtout par nécessité, car nous savons que son *système* n'est pas celui de la sensation. Il n'est disciple de Condillac ni comme Cabanis, ni comme M. de Tracy, ni enfin comme M. Laromiguière: il ne l'est d'aucune façon; sa doctrine est à lui. Seulement, comme, à la prendre sous son point de vue moral, elle est, en ce qui regarde l'âme, très nettement matérialiste, nous croyons pouvoir, par cette raison, l'exposer à la suite de doctrines dont la plupart ont avec elle ce rapport commun; elle y est mieux que sous le titre du *catholicisme* ou du *spiritualisme*.

Nous l'exposerons, disons-nous, mais nous ne la discuterons pas; et notre motif n'est pas le dédain: nous respecterons toujours une pensée qui se developpe avec suite et constance, avec force et étendue; c'est une lutte généreuse de l'esprit contre la vérité, de l'homme contre l'univers. Fût-elle mal conduite, malheureuse, et portât-elle à faux, encore serait-ce un travail qui, comme exercice d'intelligence, mériterait à bon droit notre estime et nos égards. Mais dans le système de M. Azaïs il y a une partie toute physique que les physiciens doivent juger, et qu'ils ont jugée, nous le craignons; nous la laissons, faute de science : notre critique s'en tirerait mal. Et quant à la question morale, et surtout psychologique, l'auteur, nous le répétons, est si net en son opinion, qu'il dispense ses lecteurs de se mettre en frais d'examen ; ils n'ont qu'à dire oui ou non. L'âme est-elle un tout, les faits de l'âme des parties de ce tout ? L'esprit est-il un corps, et les idées des corpuscules ? L'intelligence a-t-elle étendue, forme, figure, etc. ? Voilà tout ce qu'on a à décider. Car ce sont là les termes mêmes auxquels on peut, d'après l'auteur, ramener toute la question. Or, les choses ainsi réduites, il n'y a pas grande difficulté à arriver à une solution, du moins pour ceux qui, comme nous, s'en rapportant à la conscience, pensent que l'âme et tous ses faits ne se perçoivent pas comme la matière. Le problème est alors si simple, qu'il n'y a pas à le discuter, il n'y a qu'à le proposer.

Nous nous bornerons donc à un exposé des idées de M. Azaïs, et pour plus de fidélité nous le lui emprunterons à lui-même. Nous remarquerons seulement que ce n'est là qu'un texte, qu'une série de propositions, sans aucune démonstration, que l'auteur, dans ses écrits, et mieux encore dans ses leçons, développe avec une facilité, une fécondité d'aperçus, un art, une souplesse et une sorte de grâce philosophique, qui répandent sur ses discours le plus vif intérêt. C'est un improvisateur, avec un système auquel il croit de toute son âme.

On se rappelle, sans doute, quel succès de vogue

il obtint sous l'empire, et quels brillants auditoires se pressaient dans les salons où il donnait son enseignement. C'était, autant qu'il nous en souvient, en 1808 et 1809, et alors il se faisait en France trop peu de philosophie pour qu'on ne saisît pas avidement l'occasion qui se présentait d'entendre sur ces matières un homme qui s'annonçait avec une *Explication universelle,* et qui la faisait valoir avec un talent remarquable d'élocution et de discussion.

Revenons à l'exposé dont nous avons parlé. Nous le prenons dans le *Journal des Débats* du 5 novembre 1824 :

L'univers est l'ensemble des êtres et de leurs rapports. Ces êtres, ainsi que leurs rapports, changent et se renouvellent sans cesse : une *action* est donc nécessaire à l'existence et à la conservation de l'univers.

La *matière*, substance des êtres, est le sujet passif de l'action universelle. Dieu imprime l'action, la matière obéit.

L'action universelle a reçu du Créateur un mode unique d'exercice : à cette condition seule, elle pouvait être source d'ordre en même temps que de production.

L'*expansion* est le mode unique de l'action universelle : c'est-à-dire que tout être matériel, par cela seul qu'il existe, est pénétré, dans tous les points de sa substance, d'une action intime qui tend sans cesse à le dilater, à le diviser, à augmenter indéfiniment l'espace qu'il occupe, par conséquent à le dissoudre.

Ainsi, un être matériel, d'un genre quelconque, s'il pouvait un moment être seul dans l'espace, si, pendant un moment, il formait à lui seul l'univers, n'aurait besoin que de ce moment pour entrer en dissolution éternelle et absolue.

Mais chaque être matériel, d'un genre quelconque, et occupant dans l'espace une place quelconque, est environné d'êtres matériels semblables ou différents, qui tous sont pénétrés comme lui d'une force d'expansion continue, qui répriment ainsi ou modèrent sa dissolution, en luttant contre elle ; et l'expansion indéfinie de chacun de ces corps est elle-même réprimée, retardée, modérée, par l'expansion concurrente de tous les corps dont il est environné ; en sorte que, généralement dans l'univers, l'acte de *répression*, de *conservation*, est le fruit immédiat de *l'expansion universelle*.

Chaque corps isolé dans l'espace, chaque étoile, chaque planète, est donc un foyer continu de projection expansive, qui se compose de la réunion et de la somme de toutes les projections faites par l'expansion de toutes leurs parties, mais qui, à cause de la répression environnante, se réduit à un rayonnement dont la matière, plus ou moins atténuée, émane principalement du centre de chaque corps ; en sorte que chaque corps, quelles que soient sa place, ses formes, ses dimensions, ne cesse de se dissoudre par ses parties centrales, et *transpire* sans cesse.

La transpiration des étoiles, ou soleils, est cette rayonnance éclatante qui les rend visibles à nos yeux. La transpiration des planètes est de même nature; mais comme toute planète, comparée à une étoile, est d'une masse très petite, par conséquent d'une surface très grande, les produits de son expansion intestine trouvent, pour s'écouler, des issues en très grand nombre; ils se partagent, pour cette raison, en faisceaux beaucoup plus atténués que ceux qui passent à travers les enveloppes des étoiles ; au lieu de former de la *lumière* visible, ils ne forment que de la lumière subtile, invisible, du *calorique*, du *fluide magnétique*, de l'*électricité*.

Comme chacun des corps particuliers qui composent une étoile, ou une planète, transpire sans cesse les produits de son expansion intestine, il se donne sans cesse, et indépendamment de tout secours étranger, une *température*, une *électricité*, un *magnétisme*. Mais il est des circonstances qui précipitent cette expansion intestine. C'est ce qui a lieu surtout pendant les actes de *combustion*.

Toute étoile, toute planète, en un mot tout globe isolé, tourne constamment sur lui-même : c'est le fruit général de l'effort qu'il fait constamment pour se dissoudre. Ce mouvement de rotation donne à chaque globe deux *pôles* et un *équateur* ; et il favorise, dans le sens de cet équateur, l'action expansive. Par compensation, la force répressive exerce la plus grande puissance sur les pôles de chaque globe; et, de là, elle va en décroissant jusqu'à l'équateur.

Chaque globe ne cessant de faire effort pour se dissoudre, et n'en étant empêché que par la résistance des globes environnants, il est nécessaire que chaque globe soit environné d'autres globes, que, par conséquent, il n'y ait point de globes extrêmes. Pascal avait défini aussi l'univers : centre partout, circonférence nulle part. C'était une vue de génie. Si l'univers avait des limites, il ne serait, quelle que fût son étendue, qu'un point environné d'un espace vide et infini. Un moment suffirait pour qu'il entrât en dissolution éternelle.

Ainsi le Créateur remplit l'infini de l'espace, non seulement par son action et sa présence, mais encore par son ouvrage.

Tous les globes de l'univers ne cessant de projeter, par voie de transpiration, leur substance intime, les intervalles qui les séparent sont constamment traversés par la matière de cette transpiration universelle. Celle-ci se croise en tout sens, mais en cherchant sans cesse sa distribution uniforme, ou son *équilibre*. C'est ce qui fait qu'elle frappe avec une convergence uniforme tout globe isolé. De cette convergence, ou *pression* uniforme, résulte la *pesanteur* de toutes les parties de chaque globe vers son centre de masse, et la *pesanteur réciproque* de tous les globes assez rapprochés les uns des autres pour troubler respectivement, sur chacun, l'équilibre de pression environnante.

Cette même pression environnante, qui fait la pesanteur de toutes les parties de chaque globe, produit aussi dans chaque globe tous les phénomènes d'*agrégation*, de *densité*, de *combinaison*, de *cohérence*; tandis que, de son côté, l'expansion propre et essentielle à chaque globe fait en lui tout les phénomènes de *dilatation*, de *ressort*, de *dispersion*, de *température*. Ces deux ordres de phénomènes, qui comprennent tous les actes *physiques* et *physiologiques,* sont constamment en échange et en balance mutuelle dans le sein de chaque globe, ils se font toujours *compensation*.

Et il est nécessaire que le *volume* de chaque globe, sa *densité*, sa *température* générale, et la *distance* qui le sépare des globes environnants, se fassent aussi compensation rigoureuse ; à cette condition seule un globe peut exister. L'*équilibre par compensation* est la loi universelle.

De même qu'il n'y a dans l'univers qu'un principe de mouvement, l'*expansion*, réglé par une seule loi, l'*équilibre*, il n'y a qu'un sujet du principe, l'*élément :* je veux dire que toute la matière est identique. Chaque élément simple est égal de forme et de grosseur à chacun des autres; chacun des autres passe alternativement par l'état d'agrégation au sein d'un être quelconque, et par l'état d'isolement au sein de l'espace ; toute la matière de l'univers change sans cesse de situation et de rôle, sans jamais être différente d'elle-même par sa constitution et ses propriétés.

Les divers états dont un même corps est susceptible sont déterminés par la diversité des rapports que suivent, à son égard, l'expansion intérieure et la répression extérieure. Sur un bloc de glace, par exemple, la répression extérieure est plus énergique que l'expansion qui le sollicite à se dissoudre ; nous disons de ce corps qu'il est dans l'état *solide ;* nous disons qu'il passe à l'état *liquide* lorsque son expansion intérieure et la répression extérieure sont, à son égard, d'une puissance exactement égale. L'état de *vapeur* commence lorsque l'expansion intérieure commence à vaincre la répression extérieure. Si cette prépondérance augmente, la vapeur s'atténue, se divise, le moment vient où chacun de ses globules, se trouvant très petit et séparé de tous les autres, est aisément cerné par la compression extérieure qui condense son enveloppe : c'est alors un ballon au sein duquel l'expansion recueillie, concentrée, redouble d'énergie ; le globule de vapeur est parvenu, en ce moment, à l'état *gazeux*.

L'*élasticité* est la propriété de ce globule, et généralement de tout corps en état de dilatation intestine, coërcée par une enveloppe qui en arrête le développement. Les liquides ne peuvent être élastiques, chacun de leurs globules est d'une densité uniforme ; mais tous les solides ont plus ou moins d'élasticité.

L'expansion d'un liquide se fait par une progression égale et soutenue ; l'expansion de tout corps élastique se fait par une suite de *ribrations*, c'est-à-dire par une succession de secousses formées, chacune, d'un mouvement de contraction et d'un mouvement de dilatation, celui-ci toujours un peu plus énergique. C'est par ce progrès convulsif que le ressort se débande.

Lorsque, dans un corps élastique, tous les globules intestins commencent ensemble leur vibration et la terminent ensemble, ce corps est *sonore*; si les vibrations sont confuses, désordonnées, inégales entre elles, le corps élastique ne peut rendre que du *bruit*. La matière du *son* n'est ainsi que l'émission continue des globules vibrants transpirés par le corps élastique ; la percussion produit sur le corps élastique le même effet qu'une pression brusque sur une éponge imbibée ; elle contraint la transpiration des globules vibrants à devenir plus abondante, ce qui la rend sensible pour nous. Le *milieu* qu'elle traverse ne sert qu'à la tenir en faisceaux ; et cette condition lui est nécessaire pour que notre organe puisse la saisir.

La théorie du *son* est exactement la même que celle de la *lumière*, parce que le son est, comme la lumière, un fluide rayonnant, lancé par expansion, et composé de globules vibrants.

Voici l'application la plus importante et la plus féconde de la propriété *élastique*.

Les *êtres organisés* sont des êtres élastiques dans le sein desquels les globules vibrants sont spécialement rassemblés dans des foyers particuliers ayant entre eux des relations soutenues à l'aide de fibres ou canaux. Cet appareil n'existe pas dans les êtres élastiques *inorganisés* ; leur expansion vibrante se fait indifféremment de chaque point vers la surface.

Dans les *plantes*, les relations organiques sont très simples, parce que les canaux qui les établissent ne se replient pas sur eux-mêmes, et ne s'abouchent point entre eux ; il n'y a pas *circulation*. Dans les animaux, l'organisation est d'autant plus élevée que la circulation des globules vibrants est plus multipliée, et, par ce moyen, la correspondance générale plus rapide, plus intime. L'homme est le plus parfait des êtres organisés.

Chaque organe ou foyer de vibration, dans un être organisé de nature quelconque, exécute sa vibration particulière. Il y a *santé* ou *harmonie* dans l'ensemble de cet être, lorsque tous les organes exécutent des vibrations concordantes entre elles, lorsqu'ils forment un véritable *concert*. Il y a, au contraire, *maladie* lorsque les vibrations des divers organes sont discordantes entre elles. Dans les êtres organisés des classes supérieures, cette discordance se manifeste par la *fièvre*.

Dans un être organisé d'un genre quelconque, le progrès de la vie ne fait que détendre sans cesse la vibration générale, c'est-à-dire rendre progressivement, dans chaque organe, le mouvement de dilatation plus fort que le mouvement de concentration. C'est toujours l'expansion qui augmente de droits et de puissance. Lorsque le ressort est pleinement détendu, la vie est terminée. L'expansion alors est rapide ; mais surtout elle est soutenue et sans vibrations, comme dans les liquides.

Les êtres organisés qui vivent avec modération prolongent la durée de leur vibration vitale ; ceux qui recherchent des jouissances vives et multipliées la précipitent. Ainsi l'exige la loi des *compensations*.

Les êtres organisés sont susceptibles d'une propagation indéfinie, parce que leur expansion intérieure s'emploie à former, dans leur sein, un nombre indéfini de nouveaux foyers de vibration vitale. Ces foyers, ces *graines*, ces *semences*, ces *embryons*, n'ont plus besoin ensuite que d'être déposés en des lieux favorables à leur expansion. C'est ainsi que chaque plante, livrée à tous ses genres de propagation, couvrirait bientôt de plantes semblables à elle-même tous les climats qui lui conviennent. Mais cette extension génératrice est limitée, réprimée par l'extension également indéfinie de toutes les plantes qui peuvent végéter dans les mêmes climats. Indépendamment des consommations de l'homme et des animaux, les plantes se contraignent mutuellement à se mettre en équilibre de propagation.

Il en est de même des animaux : l'extension génératrice de chacun est modérée, balancée par l'extension génératrice de tous les autres.

L'homme éprouve et un besoin et une répression semblables, mais d'un emploi beaucoup plus multiplié, parce qu'il est d'une nature bien plus riche, bien plus élevée. Chacun de nous, avide de prospérité, de bien-être, d'extension, de plaisir, de renommée, ne peut rester satisfait et paisible qu'autant qu'il modère lui-même l'expansion qui l'anime. S'il s'abandonne à son ardeur, il rencontre bientôt la résistance de ses semblables, résistance qui procède de leur expansion, et qui, si elle est écartée avec violence, se rallie, devient à son tour hostile, brusque, oppressive. Les lois humaines d'un genre quelconque, les lois d'*administration*, les lois de *justice*, ne font jamais que régler la réaction de l'expansion commune contre les usurpations de l'expansion individuelle. Toute loi humaine est une forme sociale donnée à la loi unique et universelle, à la loi des *compensations*.

Enfin, chaque peuple est une fédération d'êtres expansifs, fédération qui tend sans cesse à l'accroissement, à l'augmentation de prospérité, de territoire, de célébrité, de tous les genres de jouissances. Cette expansion, tant qu'elle est limitée par la sagesse, demeure principe de force et d'harmonie; mais, favorisée par l'imprudence, échauffée par l'ambition, elle excite la réaction expansive des peuples environnants; elle en provoque l'union et l'énergie. Le peuple ambitieux sans modération ne fait qu'appeler les catastrophes. La terre a retenti de la violence de ses mouvements; bientôt elle s'épouvante du fracas de sa chute. S'il n'est relevé par une main ferme et conciliante, il s'écrase et s'anéantit.

Je viens de résumer les faits les plus généraux : ils peuvent être considérés comme les racines, le tronc et les branches principales de l'arbre universel. De là procèdent les branches secondaires, et successivement les rameaux, les feuilles, les fleurs, les fruits.

J'ai tâché de suivre tous les détails de cette production admirable. C'est l'objet de mon ouvrage.

Tel est en effet le système que M. Azaïs a développé dans son principal ouvrage, et dans ceux que depuis il lui a adjoints (1).

---

(1) Ces différents ouvrages sont le *Cours de philosophie générale*, 8 vol. in-8; le *Précis du système universel*, 1 vol. in-8; l'*Explication universelle*, 4 vol. in-8.

ÉCOLE THÉOLOGIQUE.

M. LE COMTE JOSEPH DE MAISTRE,

Né en 1753, mort en 1821.

Sans avoir épuisé tous les écrivains que peut compter *l'école sensualiste*, nous en avons cependant assez examiné pour que toutes les nuances d'opinions qu'elle renferme dans son sein aient leurs représentants dans la revue que nous venons de passer. Comme notre but n'est pas de faire une biographie des philosophes, mais une critique des philosophies qui ont paru en France de notre temps, ce dessein n'exige pas que nous n'omettions personne, mais seulement que nous n'omettions pas les doctrines qu'il faut connaître. Or, nous ne voyons pas, d'après ce qui a été dit, quel système reste encore, avec le caractère *sensualiste*, qui n'ait son analogue et son type dans quelques uns de ceux que nous avons exposés. Quel est le condillacien, *l'idéologue*, qui ne retrouve sa pensée soit dans le livre de Cabanis, soit dans celui de M. de Tracy, soit dans le *Catéchisme* de Volney, soit dans les *Leçons* de M. Laromiguière, qui ne l'y trouve avec sa nuance, ses modifications et ses correctifs? Ce sont là, à les prendre chacun dans leur point de vue et avec leurs idées, les maîtres, les seuls maîtres qui, sur le texte de Condillac, aient publié une opinion importante et répandue. Exceptons-en toutefois M. de Gérando et M. Maine de Biran, dont plus tard nous parlerons, et qui, à leur entrée dans la carrière, furent un moment dans la voie de l'*idéologie ;* mais du reste c'est là tout, du moins tout ce qui excelle. Nous pouvons donc clore cet examen pour passer à un autre, et laisser les *sensualistes* pour venir aux *catholiques*, ou, si l'on veut, aux *théologiens.* Commençons par M. de Maistre.

La partie philosophique de ses œuvres, la seule que nous devions considérer ici, a pour objet d'expliquer et de justifier le *gouvernement temporel* de la providence. On sent quelles questions un tel sujet soulève. Constater la véritable condition de l'homme sur la terre, rechercher la raison de cette condition, savoir par quels moyens elle peut être changée et améliorée : tels sont les principaux problèmes qu'on doit résoudre pour se rendre compte des rapports qui unissent Dieu à l'homme. La métaphysique n'en a point de plus difficile et de plus haut. M. de Maistre les a tous abordés, et il faut lui en savoir gré. Quel que soit le jugement que l'on porte sur les solutions qu'il propose, il faut reconnaître le service qu'il a rendu à la philosophie en discutant, avec une rare intrépidité de raison, des matières qui embarrassent et rebutent la plupart des esprits. M. de Maistre en même temps leur a prêté une sorte d'intérêt, les a renouvelées, remises en honneur et popularisées par la manière originale, vive et forte dont il les a traitées et exprimées. Ce n'est pas qu'on aime en ses écrits le ton d'amertume, peut-être aussi de suffisance, avec lequel il attaque à tout propos les plus grands écrivains du dernier siècle ; ce n'est pas qu'on approuve son parti pris d'être toujours affirmatif et tranchant ; ce n'est pas enfin que son mépris d'homme de cour à l'égard de tout ce qui est savant, raisonneur et philosophe, ne soit parfois désagréable et offensant : ce sont là ses défauts. Mais il a une facilité de dire ce qu'il veut, une vivacité de parole, une netteté d'expressions, une certaine verve logique, qui charment et entraînent les lecteurs. Souvent, en le lisant, on ne sait où l'on en est ; on se surprend comme à demi persuadé de choses que pourtant on ne croit pas au fond de l'âme ; on les lui passe sans s'en apercevoir. On oublie ses boutades pour ses traits, ses plaisanteries pour ses vues, son dogmatisme intolérant pour sa raison et son esprit. Est-ce trop dire que de trouver qu'il a quelque chose de la manière de Montesquieu ? Peut-être ; mais au moins rappelle-t-il assez bien celle de Sénèque. Et cependant il entend l'esprit de l'église comme Montesquieu l'esprit des lois ; comme lui, il fait servir une érudition brillante, facile, abondante, quelquefois hasardée, à la preuve et au développement de son système ; il n'en a pas l'âme, l'éloquence et l'éclat, mais il en a quelquefois le sens vif, fin et profond. C'est un écrivain comme il en fallait un au parti dont il est l'organe, pour reproduire avec effet des doctrines que le dix-huitième siècle avait fait oublier, et auxquelles n'aurait pas pris garde le dix-neuvième si elles avaient reparu dans l'ancien appareil scolastique. Il fallait les rajeunir, leur donner un air de révolution ; et c'est ce qu'a fort bien fait M. de Maistre ; c'est ce qu'il a fait mieux que M. Bonald, sur lequel il a l'avantage de la clarté et de la fécondité, et peut-être aussi bien que M. La Mennais, quoiqu'il ait eu moins de vogue et d'éclat.

Son système philosophique est assez simple. En voici les idées principales réduites à une expression scientifique qu'il ne leur donne pas toujours, et rapprochées par des rapports plus sensibles que dans ses ouvrages, où elles se trouvent éparses et disséminées.

On se plaint souvent que la providence ait tellement distribué les maux sur cette terre que la plus grande partie retombe sur l'homme de bien. Aux peines de toute espèce qui l'accablent on oppose les prospérités et les joies du méchant. On montre le vice tranquille, impuni, honoré, triomphant, et l'on représente la vertu méconnue, menacée, poursuivie, et se consolant à peine de ses afflictions par le témoignage de sa conscience et l'espoir d'une vie meilleure. En un mot, on se plaint du désordre qui paraît régner ici-bas dans les destinées humaines.

La plainte est sans fondement. Il n'est pas vrai en premier lieu que les bons soient plus exposés que les méchants aux maux qu'amène pour tout le monde le cours des lois immuables de la nature. Si ces lois ne suspendent pas leur action en faveur des hommes vertueux, elles ne la suspendent pas non plus en faveur des hommes vicieux, il n'y a de privilège pour personne : c'est sur l'humanité tout entière, et non sur ceux-ci plutôt que sur ceux-là, que pèsent leurs rigueurs.

Quant aux douleurs qu'il dépend de la volonté de prévenir, d'adoucir, de terminer, elles ne sont certainement pas plus le lot du bon que du méchant; au contraire, le bon (en prenant ce mot dans son acception la plus large) est tempérant, économe, industrieux, juste, humain, religieux, et toutes ces vertus lui portent fruit, le préservent ou le consolent d'une foule de misères. Mais le méchant est immodéré, imprudent, paresseux, injuste, inhumain, impie, et il ne saurait être heureux avec tous ces vices qui le corrompent. Quand il n'y aurait pour tous deux d'autres conséquences de leur conduite que le mal intérieur qu'éprouve l'un au spectacle importun du désordre moral auquel il s'est livré, et le bien que fait à l'autre la conscience d'une bonne vie, ne serait-ce pas assez pour que le sort du second fût mille fois préférable à la condition du premier; et même peut-il y avoir aucun bonheur pour le coupable, quand toute joie qui lui vient du dehors se corrompt et devient amère en pénétrant dans son cœur?

Mais il y a une espèce de peines auxquelles il faut surtout faire attention pour comparer et apprécier la destinée de chacun d'eux : ce sont celles que sans

tionnent les lois humaines et qu'appliquent les tribunaux. Pour qui sont-elles faites? Pour l'innocent ou pour le coupable? Il arrive sans doute quelquefois que l'innocent est condamné : c'est le malheur des temps, c'est une exception déplorable à l'ordre ; mais, dans le cours ordinaire des choses, les coups de la justice ne tombent que sur ceux qui ont porté atteinte aux droits de leurs semblables.

Ainsi réellement, et tout compté fait, ce n'est pas pour l'homme de bien qu'est le plus grand nombre des souffrances, et cela suffit pour qu'on n'ait pas le droit d'accuser la providence de l'espèce d'injustice qu'on lui impute, lorsqu'on prétend qu'elle a fait ici-bas la condition de la vertu pire que celle du vice.

Cependant le juste souffre... Eh! qui le conteste? Mais ce n'est pas comme juste qu'il souffre, c'est comme homme : c'est l'homme qui souffre en lui. La question est donc de savoir pourquoi l'homme est sujet à la souffrance.

C'est à la *foi* que M. de Maistre emprunte la solution de ce problème. Nos premiers parents ont été mis sur la terre dans un état parfait d'innocence et de pureté; mais ils ont failli, ils se sont corrompus, et leurs enfants ont été conçus dans le péché, et les enfants de leurs enfants, et toutes les générations qui se sont succédé depuis le commencement du monde. Ainsi nous sommes ou plutôt nous naissons tous pécheurs, nous participons tous au péché dont se sont rendus coupables Adam et Eve, nous en sommes coupables comme eux : mystère effrayant, que la raison ne parvient à pénétrer un peu qu'en se disant : Au jour de la création il y a eu l'homme, l'élément humain ; cet élément s'est multiplié et reproduit sous des milliers de formes diverses et successives ; mais sous toutes ces formes il a toujours été lui, toujours humain. Il y a de l'homme dans tous les hommes ; et comme l'homme s'est fait dès le principe méchant et coupable, il y a un méchant, un coupable dans chacun de nous.

Nous sommes tous coupables, voilà pourquoi nous souffrons. Le péché originel explique tous les maux qui nous affligent : ces maux ne sont pas de simples malheurs, mais des malheurs mérités, des châtiments. Nous devons nous y soumettre, comme à une expiation nécessaire et dans l'ordre.

Cependant il n'est pas à dire que nous ne puissions en aucune façon les adoucir et les abréger. Nous avons, au contraire, pour y parvenir, un grand moyen : c'est la prière. Quelle n'est pas l'efficacité de la prière ! Une bonne prière va au ciel et touche le Seigneur : acte d'amour et d'espérance, foi, pureté, libre effusion d'un cœur pieux, recours de l'âme en sa faiblesse au principe sacré dont elle émane, telle est la vraie prière. Comment serait-elle sans vertu ? comment n'ouvrirait-elle pas à l'homme les trésors de la bonté céleste ? Heureux donc celui dans lequel Dieu a mis un esprit capable de crier, Mon père : ses vœux seront exaucés.

Mais comment le seront-ils ? Nous ne saurions

le dire précisément, car nous ne sommes pas dans les secrets de la providence, et nous ne connaissons pas tous ses moyens d'intervention dans les choses d'ici-bas. Cependant il n'est pas impossible à la science de répandre quelque clarté sur cette question. Tout n'est pas réglé dans l'univers d'une manière immuable et absolue. Au-dessous des grandes forces de la nature, dont rien ne trouble ni ne suspend la marche, il y en a de moins puissantes qui sont essentiellement mobiles et variables. Ce sont celles qui agissent dans une sphère trop bornée pour pouvoir, même en se déréglant, porter atteinte à l'ordre général. Ces forces n'ont point de destinée fixe et nécessaire. Leur loi est de se prêter à une foule de combinaisons, de directions, et d'actions contingentes. L'homme n'ignore pas cette loi, et il en profite pour veiller à sa conservation et à son bonheur. Dieu ne l'ignore pas, puisqu'il l'a faite, et il ne la néglige pas, parce qu'il ne l'a pas faite en vain. Il la met donc à exécution toutes les fois qu'il l'a résolu dans sa sagesse. Il arrive alors que les choses (celles qui sont sujettes aux variations et aux changements) ne restent pas ce qu'elles seraient restées, deviennent ce qu'elles ne seraient pas devenues s'il les avaient abandonnées à elles-mêmes; elles suivent le mouvement particulier qu'il leur imprime, et le gardent jusqu'à ce qu'il les livre de nouveau à toutes les chances de leur instabilité naturelle. C'est ainsi qu'il a sa part dans les événements de la vie et qu'il peut exercer un pouvoir direct et spécial sur les destinées de chacun de nous. Si donc il accueille nos prières avec faveur et qu'il veuille y faire droit, rien ne saurait l'en empêcher ; il peut être, s'il lui plait, le gardien de nos richesses, le soutien de nos travaux, le médecin de notre corps, le consolateur de notre âme, et nous accorder mille autres grâces : il lui suffit pour cela de mettre en œuvre, dans l'occasion, les moyens dont il s'est réservé le libre emploi, pour mieux s'accommoder à nos mérites et à nos besoins quotidiens. Adressons-lui donc nos vœux avec confiance, et croyons qu'ils seront accomplis s'ils sont purs et raisonnables. Ils ne le seront peut-être pas comme nous l'entendons, au temps, dans le lieu, et sous la forme que nous voudrions ; mais qu'importe ? ils le seront toujours, et beaucoup mieux que nous ne pourrions le désirer, car la sagesse de Dieu l'emporte sur la nôtre, et sa puissance est sans bornes comme elle est sans défaut.

Sa miséricorde nous a encore ouvert une autre voie de salut : elle a permis que l'homme rachetât l'homme du péché, que l'innocent prît la place du coupable, payât pour lui, expiât ses fautes, et le mît ainsi en état de grâce et de pardon. Dieu se plaît à ce sacrifice du juste se dévouant par une charité sublime à la rédemption d'une âme criminelle ; il y reconnaît une imitation de celui de son fils, qui s'est fait homme pour mourir, et effacer par sa mort les péchés du monde. Une telle offrande lui est agréable entre toutes les autres, il l'accepte avec allégresse, et sa justice remet en échange au pécheur les peines qu'il lui réservait. Toutefois, point de rémission pour le pécheur impénitent : il n'y a de sauvé que celui qui veut l'être. Mais pour celui qui a le sincère regret de ses fautes et la ferme résolution de n'y plus tomber, les mérites et l'intercession du juste lui assurent indulgence et salut. Tel est le dogme de la *réversibilité*, qui, réduit à son expression la plus simple, n'est que le fait de l'homme riche prenant pour son compte et acquittant à ses dépens les dettes du malheureux qui ne peut pas payer : le juste est l'homme riche, le pécheur est le débiteur insolvable.

Ce dogme est consolant pour tous, pour les bons comme pour les méchants : pour les uns, parce qu'il leur donne la faculté d'être auprès de Dieu les défenseurs et les sauveurs de leurs frères ; pour les autres, en ce qu'il entretient jusqu'à la fin dans leur âme l'espoir du pardon et le désir du bien. Que si l'erreur a tiré de cette croyance des applications aussi fausses que cruelles, si, par exemple, on a cru que non seulement le sacrifice volontaire, le sacrifice moral, mais le sacrifice violent et matériel, pouvaient être agréables à Dieu comme expiation de crimes privés ou publics, et qu'on ait en conséquence immolé des victimes humaines au pied des autels, il n'en faut point accuser une vérité essentiellement bonne et salutaire : il faut en accuser l'esprit de l'homme, qui l'a mal comprise et mal interprétée ; il faut la voir telle que le christianisme la propose, dans toute sa pureté, avec toutes ses bonnes et vraies conséquences. On ne l'accusera plus alors, on ne la repoussera pas; on l'aimera, on la bénira, on s'y attachera comme à une espérance.

Tel est dans sa plus grande généralité le système philosophique de M. de Maistre : il s'agit maintenant de le juger.

Il a pour objet d'établir 1° qu'ici-bas le juste et le méchant souffrent, mais le juste moins que le méchant; 2° que le juste ne souffre pas comme juste, mais comme homme ; 3° que l'homme souffre par suite du péché originel; 4° qu'il a deux moyens de se racheter du péché, la prière et la *réversibilité*.

Le premier point de cette doctrine n'est, ce me semble, sujet à aucune objection. Il est trop vrai que nul n'est heureux sur la terre, et que l'homme de bien, sous ce rapport, n'a d'autre avantage sur le méchant que d'être exposé à moins de souffrances. Il n'y a donc pas à se faire illusion sur la condition humaine ; et la philosophie, qui cherche à l'expliquer et à la saisir dans son rapport avec les desseins de la Providence, doit nécessairement la reconnaître pour un état de douleur et d'infirmité : elle se tromperait si elle le jugeait autrement.

Mais qu'est-ce que la douleur ? Est-elle, comme le pense M. de Maistre, la conséquence et la punition du péché originel ? Oui, si l'on admet avec lui le péché originel ; mais admettre le péché originel, c'est admettre un mystère, c'est-à-dire une chose inexplicable et incompréhensible. Or, avec une chose inexplicable et incompréhensible, on ne rend raison de rien *philosophiquement ;* on ne fait plus de la science, puisque la science ne procède jamais que de l'évidence; on ne fait que de *la foi*, ou, si l'on prétend plus, on confond la science avec *la foi*, on mêle deux ordres d'idées essentiellement distinctes. Et pour en revenir au péché originel, s'il est pris dans toute la rigueur du sens mystique, il reste un objet de foi, le croit qui peut; mais ce n'est plus un fait scientifique, et le philosophe qui le donne pour base à son système n'établit qu'un système ruineux : car enfin il en est réduit à poser en principe que l'enfant est coupable du crime de son père. Or c'est ce qui *rationnellement* ne peut lui être accordé, puisqu'il n'est pas vrai *rationnellement* qu'un agent moral soit responsable d'un acte auquel il est étranger. Aussi répugne-t-on d'abord à la raison que M. de Maistre prétend trouver de nos maux dans la croyance du péché originel; on cherche en soi cette croyance, et si on ne l'y sent pas, tout est fini; on en rejette les conséquences, et l'on reste avec ses doutes ou ses idées contraires. Ainsi l'auteur des *Soirées de Saint-Pétersbourg* a eu un grand tort comme philosophe, c'est de partir d'une idée toute mystique pour expliquer la condition humaine. Mais quand, par hypothèse, on lui accorderait ce point, on devrait encore lui adresser un autre reproche, c'est de faire l'homme plus méchant d'*origine* qu'il ne l'est réellement; c'est d'en parler avec peu d'amour et de pitié; c'est de trouver une sorte de plaisir à montrer que tous ses maux ne sont que des punitions du ciel. Il applaudit au gouvernement de la providence, plutôt comme à un pouvoir sévère et rigoureux que comme à une intervention de miséricorde et bonté. Quant aux gouvernements des hommes, il n'en fait estime qu'autant qu'ils sont forts et prompts à punir. On lui a souvent reproché ses expressions sur le bourreau, et c'est avec raison : elles sont la conséquence d'un mystère, qui, exagéré comme il l'est dans son système, n'est plus qu'un faux et mauvais jugement porté sur la nature humaine. En effet, c'est en regardant l'humanité non seulement comme coupable, mais comme *coupable d'un crime inouï, d'un attentat épouvantable*, qu'on se préoccupe des idées de châtiment et d'expiation, qu'on se familiarise avec les supplices, qu'on exalte l'échafaud, qu'on admire, qu'on révère, avec une sorte d'horreur, il est vrai, l'exécuteur sanglant de la loi. N'est-ce pas par un sentiment semblable que s'explique le mot, affreusement religieux, échappé à un orateur, qui ne voyait après tout dans la peine de mort qu'un moyen de *renvoyer le coupable par-devant son juge naturel* ? C'est un des torts de M de Maistre d'avoir laissé dominer sa foi par son imagination : il a outré un dogme déjà assez sévère par lui-même, et il en a tiré avec rigueur des conséquences que repoussent à la fois la raison et la charité. On s'explique, sans doute, le motif qui a pu le jeter dans cet excès : spectateur et victime d'un mouvement politique qui blessait à la fois ses intérêts et ses idées, il n'a vu que des crimes dans les actes qui l'ont préparé et accompli;

il a dû les détester, détester les hommes d'un temps
selon lui si mauvais, et, reportant sa haine sur
tout le genre humain, attribuer la méchanceté qu'il
lui supposait à un vice de nature vraiment mons-
trueux. Mais cette erreur n'en est pas moins en elle-
même très grave et très funeste, et il faut bien voir
tout le mal qu'elle peut faire, surtout à l'abri de
l'autorité d'un écrivain supérieur et devenu chef
d'école.

Une autre erreur de M. de Maistre, qui n'est au
reste que la conséquence de la précédente, c'est
d'avoir considéré tous les maux de la vie comme
des punitions : cependant ne doit-on pas les envisager sous un point de vue différent ? Que serions-
nous en effet sans les obstacles de tout genre qui,
depuis le berceau jusqu'à la tombe, se rencontrent
incessamment sur notre passage? Et d'abord que
serions-nous sans ceux qui, dès l'origine, arrêtant
et comprimant l'essor spontané de notre âme, la
font revenir sur elle-même, la forcent à se sentir,
à se connaître, à voir qu'elle est mal et qu'elle a
besoin d'effort et de travail pour sortir de l'état où
elle est ? Ce sont les résistances si sagement ména-
gées autour de nous par la nature, qui, en limitant
notre existence, la déterminent, la distinguent, la
personnifient, si l'on peut ainsi parler, et la rendent
humaine. Avant qu'elles eussent produit leur effet,
l'homme n'était pas en nous, ou du moins il n'y était
que sous la forme d'un principe indéterminé et im-
personnel ; il n'a paru avec son caractère moral qu'au

moment où les circonstances extérieures l'ont excité à prendre la connaissance et la conduite de ses actions. Plus tard aussi, que deviendrions-nous si ces mêmes circonstances ne continuaient à nous instruire et à nous former à la vie? apprendrions-nous tout seuls, et en l'absence de tout stimulant étranger, à penser, à vouloir et à agir? aurions-nous le véritable sentiment de l'utile, du beau et du bien, sans ce sérieux de la conscience, que peut seule donner l'habitude des impressions graves et douloureuses? Quelle force aurions-nous pour l'industrie, les arts et la vertu, si nous n'étions tourmentés de ces agitations intérieures qui nous tirent de l'inaction, si nous n'étions malheureux de l'idée de notre faiblesse? Ce sont de dures nécessités, je ne dis pas seulement matérielles, mais morales, mais religieuses, mais souvent mystérieuses et indéfinies, qui suscitent en nous ces hautes pensées, ces volontés supérieures, cette puissance extraordinaire, véritable grandeur de notre nature. On l'a remarqué, les plus grands génies, les plus belles âmes, ont tous ressenti je ne sais quelle tristesse profonde et remuante qui était comme le principe de leurs inspirations. C'est qu'en effet c'est une loi pour l'humanité de ne devoir son élévation qu'au sentiment de ses misères et de son infirmité. Or ces circonstances, ces nécessités, ces obstacles, permis ou voulus par Dieu, sont des maux, on ne le conteste pas; et cependant, considérés sous le rapport que nous venons de marquer, ils ne paraissent entrer dans les plans de la providence que comme des moyens d'éducation, de perfectionnement et de bonheur. Ce ne sont pas des punitions : ce sont des avertissements, des leçons et des grâces.

C'est cette vue des misères humaines qui manque à la philosophie de M. de Maistre. Comme il n'a jamais devant les yeux que notre méchanceté et nos vices, il ne voit dans les événements qui nous affligent que des punitions du ciel. Aussi quand il en vient à montrer les moyens que nous avons de nous délivrer du mal, il insiste presque exclusivement sur la prière et la *réversibilité*. La prière et la *réversibilité* lui paraissent les deux grandes voies de salut. Et même, à prendre son système à la rigueur, il est douteux si, tous les maux venant de Dieu comme châtiments, il n'est pas d'un esprit religieux de les accepter tous sans rien faire, s'il n'y a pas sacrilége à les prévenir et rébellion à les repousser. Je ne sais trop jusqu'où peuvent aller ces principes; mais enfin il me semble qu'ils autorisent, qu'ils commandent même l'inaction, la soumission passive, la résignation pure et simple : or c'est ce qui est bien dans certains cas, mal dans certains autres, lorsque, par exemple, les maux que nous souffrons sont des épreuves, des occasions données d'activité, de travail et de vertu. Ces principes tendent à nous faire renoncer à l'exercice et à l'emploi efficace de nos facultés dans les circonstances difficiles de la vie, pour recourir uniquement à la prière et aux mérites de nos intercesseurs. Or c'est ce qui est contraire à notre nature. Il y a là quelque chose de la philosophie musulmane : c'est presque du fatalisme.

Et sans doute la prière nous est bonne : mais ce mouvement d'adoration, cette élévation de l'âme vers son créateur, toujours salutaire, parce qu'on ne s'unit jamais à Dieu de cœur et d'esprit sans devenir meilleur, n'a cependant qu'une action mystérieuse, incertaine, éloignée, sur les circonstances au milieu desquelles nous vivons. Quand nous avons prié, que savons-nous? Pouvons-nous dire quand et comment la bonté divine nous accordera les grâces que nous avons implorées? Non : notre devoir à son égard est la confiance sans bornes, et le ferme espoir, mais un espoir obscur et indéfini dans son objet ; et comme cependant la vie va toujours, que les événements se pressent et se multiplient autour de nous, que les maux surviennent en foule, si nous attendons oisivement l'effet de nos vœux, si nous ne prenons pas le parti d'agir avec énergie, d'être, selon l'occasion, prudents, laborieux, entreprenants et braves, nous ne sommes plus dans l'ordre : car Dieu, en nous traçant notre destination, ne s'est pas chargé de l'accomplir pour nous, il nous en a rendus responsables; c'est pourquoi nous avons à y songer, à y travailler de notre personne, à compter, pour la conduire à fin, beaucoup plus sur nos propres ressources que sur des secours étrangers. Ce n'est pas, encore une fois, que nous ne devions pas recourir à la prière, mais que ce soit pour y puiser un renouvellement de vie et de courage, pour nous fortifier par l'idée que nous nous sommes mis à la garde de Dieu. Il y a des cas extrêmes, des positions prodigieuses dans lesquelles nous ne pouvons plus rien : il faut alors nous en remettre à la providence du soin de toute chose ; nous n'avons plus qu'à revoir notre vie passée, à nous repentir et à supplier. Mais, dans le cours ordinaire des événements, Dieu doit vouloir qu'entre la prière du matin et celle du soir il se passe une journée de travail et d'action.

Le dogme de la *réversibilité* doit, ce semble, être interprété dans le même esprit. C'est une belle et consolante idée que celle de l'innocent rachetant, au prix de ses mérites surabondants, les fautes d'un frère ou d'un ami ; on serait heureux d'y croire : ce serait une si douce espérance. Cependant ce n'est là encore qu'une possibilité mystérieuse qui sourit à l'imagination, mais que la raison ne peut admettre comme une vérité positive, et contre laquelle il s'élève même d'assez grandes difficultés. Le souverain juge en effet a-t-il besoin pour être fléchi qu'entre lui et le suppliant s'interpose un intercesseur ? Sa sagesse et sa bonté ne suffisent-elles pas pour que justice et grâce soient faites à chacun selon ses œuvres, sans qu'il intervienne des médiateurs qui offrent en sacrifice leurs mérites surabondants ? N'est-ce pas même un peu trop assimiler la divinité aux majestés de la terre, qui, par erreur ou par passion, refusent de recevoir à merci les malheureux qui n'ont point auprès d'elles des protecteurs et des patrons? Ainsi réellement l'hypothèse mystique de la *réversibilité* est loin d'avoir tous les avantages qu'on lui suppose; et comme d'autre part il est certain que, faits pour agir par nous-mêmes et mériter en notre nom, nous ne pouvons avoir devant Dieu de meilleurs titres que nos œuvres, n'oublions jamais que notre devoir est de tâcher d'être assez riches de notre propre fonds pour payer rançon de nos deniers. Ne l'oublions pas, lors même que notre foi nous porterait à compter sur l'effet des sacrifices que les justes pourraient faire en notre faveur. C'est seulement ainsi que nous remplirons bien le but de notre existence.

Maintenant, si, reportant un coup-d'œil général sur le système que nous venons de discuter, nous voulons revoir rapidement les points principaux dont il se compose, nous trouvons à chaque pas le mystère : mystère du péché originel, mystère de la prière, mystère de la *réversibilité*; c'est avec le mystère que tout y est expliqué, l'état de l'homme, ses maux et ses secours. Il en résulte que ce système n'a nul fondement scientifique : il est fait pour la *foi*, et non pour la raison; il ne se démontre pas, il s'impose. Or de nos jours une doctrine qui s'impose a contre elle tous les esprits qui jouissent d'une véritable indépendance.

Mais celle de M. de Maistre a contre elle quelque chose de plus que son mysticisme : c'est sa tendance manifeste. Car, il n'y a pas à s'y tromper, elle conduit l'homme à la vie ascétique, superstitieuse et oisive; elle le façonne ainsi au joug théocratique : elle lui montre les prêtres comme les seuls hommes d'état qu'il doive avoir, et le chef de l'église comme le seul souverain dont il relève. Ces conséquences ne sont pas forcées; et M. de Maistre ne les désavouerait pas, témoin son livre *du Pape*, qui certes n'est pas fait pour prouver le contraire. Or rien de tout cela ne convient à notre siècle, ni la vie ascétique, à laquelle répugnent ses besoins, ses habitudes, son activité politique et industrielle; ni le gouvernement théocratique, auquel s'oppose de front le gouvernement représentatif dont il jouit et qui est de son choix; ni la soumission politique au souverain pontife, dont il repousse avec tant d'ardeur, dans les jésuites, une garde déjà trop avancée. C'est pourquoi, nous le croyons, la philosophie de M. de Maistre n'est pas destinée à remporter de nos jours un triomphe bien durable.

L'objet de notre *Essai* est uniquement métaphysique. S'il était quelque chose de plus, s'il était politique, religieux, æsthétique, s'il nous fallait embrasser et juger tous les systèmes qui sont sous ces noms, ce ne serait plus une critique de la philosophie proprement dite, mais une histoire générale des opinions de notre temps, que nous serions tenu de présenter. Tel n'a point été notre dessein : il est plus borné et moins haut ; il ne regarde que cette partie des opinions qui est simplement spéculative. Cependant, comme la spéculation n'est pas si séparée de la pratique, et la pure philosophie de ses applications positives, qu'on n'aille bien des unes aux autres, nous ne pouvons guère nous refuser de suivre, au moins dans de courtes excursions, les penseurs qui, au bout de leurs théories, rencontrent l'art, la religion ou la politique, et sortent alors de la métaphysique pour entrer dans des questions d'un ordre moins abstrait. Ainsi, après avoir considéré dans notre examen de M. de Maistre surtout les *Soirées de Saint-Pétersbourg*, nous allons jeter un coup d'œil sur son ouvrage *du Pape*, quoiqu'il soit plus politique que philosophique. Nous en indiquerons seulement la doctrine générale (1).

Ce qui rend la souveraineté possible et nécessaire dans la société, c'est que l'homme est à la fois bon et méchant, moral et corrompu. Elle est donc, par le fait seul de la nature humaine, et non par la grâce des peuples.

Mais elle ne peut être, sans être infaillible, ou du moins sans être reconnue comme telle : car si on avait le droit de lui dire qu'elle s'est trompée, on aurait celui de lui désobéir, et dès lors elle serait nulle.

Aussi, quels que soient sa forme et son mode de procéder, toujours elle se proclame infaillible. Elle ne parle pas à Londres comme à Constantinople ;

---

(1) Nous aurons l'occasion d'y revenir au chapitre de M. de Lamennais, et alors nous rapporterons une discussion très nette et très ferme de ces idées. Nous l'emprunterons à M. Ch. Rémuzat, qui l'a écrite dans *le Globe*, avec beaucoup d'autres excellents articles.

mais quand elle a parlé de part et d'autre à sa manière, le *bill* est sans appel comme le *fetfa*.

Ces idées s'appliquent à la souveraineté de l'église comme à toutes les autres : car les *vérités théologiques ne sont que des vérités générales manifestées et divinisées dans le cercle religieux ;*

Ce qui veut dire que, s'il y a un souverain dans l'église (ce qui doit être, si on reconnaît une église vraiment universelle et une), ce souverain (le pape et les conciles) est infaillible au même titre que tous les souverains, au même titre que le roi et le parlement en Angleterre, le roi et les chambres dans notre pays ;

Avec cette différence toutefois que le pape a une infaillibilité plus éminemment divine ; ce qui n'est pas sans conséquence.

S'il arrive en effet que des souverains temporels s'égarent et tyrannisent, que faire ? Restreindre leur puissance, ou leur dire : « Faites ce que vous voudrez ; quand nous serons las, nous vous égorgerons »? Mais de ces deux partis l'un n'a produit jusqu'ici, selon M. de Maistre, que de vaines et funestes tentatives, et l'autre est épouvantable. Que faire donc : recourir à la souveraineté la plus certainement infaillible, recourir au pape pour obtenir dispense d'obéissance. Cette dispense aura le double effet de réprimer les abus du pouvoir, et de prévenir les excès d'une rébellion violente.

Il serait bien long, bien difficile, et en même temps hors de notre sujet, de discuter à fond de telles matières. Nous ne l'essaierons pas ; nous nous bornerons à poser quelques questions dont nous abandonnerons la solution aux lumières de nos lecteurs.

D'après la doctrine que nous venons d'exposer, l'origine et la légitimité de la souveraineté sont-elles suffisamment expliquées ? L'infaillibilité peut-elle être telle qu'elle ne souffre ni contradiction, ni discussion, ni instruction ? De ce que le *bill* ou le *fetfa* sont portés, s'ensuit-il nécessairement qu'ils soient toujours conformes à la justice et à la raison ? qu'il ne faille pas les examiner, les critiquer s'il y a lieu, et éclairer ainsi les personnes politiques dont ils émanent ? Ne peut-on pas discuter, et obéir en attendant ? raisonner contre ou avec le gouvernement sans le menacer et le détruire ?

Quant au droit si épineux de non-obéissance, de résistance passive ou active, M. de Maistre cherche beaucoup moins *s'il doit être exercé* que *comment* et *quand* il doit l'être. Est-ce au pape, comme il le veut, qu'il faut s'adresser pour résoudre *le grand problème* ? et le pape a-t-il une telle infaillibilité qu'il ne doive jamais se tromper, soit en accordant, soit en refusant la dispense d'obéissance ? S'il venait lui-même à tomber dans un cas d'absurdité ou de tyrannie, à qui ses sujets, à qui les fidèles devraient-ils s'adresser ? quel serait le souverain supérieur qui les délierait légitimement du devoir de soumission ?

Quoi qu'il en soit, dans le cours ordinaire des choses, est-ce au tribunal du pape que doivent être cités les souverains temporels qui ont failli? C'est ce que tend à prouver le livre de M. de Maistre.

Les principaux ouvrages de M. de Maistre sont : *Du Pape*, par l'auteur des *Considérations sur la France*. Lyon, 1819, 2 vol. in-8. — 2ᵉ édition, augmentée et corrigé par l'auteur. 1821.

De l'Eglise gallicane dans ses rapports avec le souverain pontife, pour servir de suite à l'ouvrage intitulé, *Du Pape*, par l'auteur des *Considérations sur la France*. Paris, 1821, in-8.

Les Soirées de Saint-Pétersbourg, ou *Entretiens*, *etc*. Paris, 1821, 2 vol. in-8. — Ce livre, publié par M. Saint-Victor, a paru peu de temps après la mort de M. de Maistre, et sans nom d'auteur, ainsi que les deux autres ouvrages.

M. DE LAMENNAIS,

Né en 1780.

Il nous semble qu'on a tort de regarder l'abbé de Lamennais comme un jésuite : un jésuite n'eût pas fait son livre. Sans parler de la nouveauté des idées, qui aurait fait craindre aux révérends pères le bruit et les chances d'une discussion publique dans laquelle l'avantage pouvait ne pas rester de leur côté, il règne dans l'ouvrage *de l'Indifférence en matière de religion* un ton d'amertume et de colère, une hardiesse de pensée, et une licence de talent, s'il est permis de le dire, qui s'accordent mal avec les habitudes d'un corps ami du positif, cauteleux, insinuant, uniforme et mesuré dans tous ses actes. La compagnie n'eût pas trouvé dans son sein un homme formé à son école capable d'une telle production ; sa discipline ne laisse pas aux âmes cette intempérance d'humeur, cette franche et périlleuse audace, cet entraînement au système, qui distinguent M. de Lamennais : c'est un écrivain à expliquer autrement que par le jésuitisme. Autant qu'on en peut juger par la lecture de ses ouvrages et l'impression qu'on en reçoit, on sent que c'est une âme où avec de grandes ardeurs se sont rencontrés de grands dégoûts. Le monde n'a pas satisfait une aussi vive intelligence, et il fallait à son génie un objet plus élevé. La religion s'est offerte à lui, il s'y est précipité; et comme il n'y cherchait pas l'inaction, mais une occupation à son inquiète pensée, il ne s'est point arrêté aux idées reçues, et reposé dans la foi commune, il s'est jeté dans l'église comme sur un vaisseau en péril qu'il fallait sauver par une manœuvre hardie et inusitée. Voilà ce qui explique en partie son talent, le peu de grâce et d'onction de son style, le sentiment de tristesse dont il l'empreint, son entraînement au paradoxe, la singularité de ses idées, ses déclamations, et ses mouvements d'éloquence. Mais il faut aussi faire la part du temps dans lequel il est venu. De nos jours, la tâche d'apôtre était bien difficile à remplir; le péril n'était pas d'être contredit et combattu, mais de n'être pas écouté. Il fallait attirer sur les questions religieuses une attention que depuis longtemps on n'était plus accoutumé à leur donner; il fallait en occuper un public indifférent et distrait par d'autres intérêts; il fallait remuer les consciences, et leur faire sentir la provocation. M. de Lamennais a compris cette nécessité; et c'est en s'y soumettant avec impatience, mais avec énergie, qu'il a réussi dans son premier volume de l'*Indifférence* à produire sur les esprits un effet remarquable d'étonnement et d'irritation, tant il a tranché dans le vif, et peu ménagé les coups qu'il a portés. Mais ce n'était là que le début : il lui restait à proposer un système. Il a senti qu'il devait le proposer nouveau et inattendu, parce qu'on n'aimerait pas plus l'ancien régime en théologie qu'on ne l'aimait en politique. Il l'a senti, ou du moins il a fait comme s'il le sentait, et il a mis la révolution dans l'église de la même manière que d'autres l'avaient mise avant lui dans l'état. Il a hasardé son principe de *l'autorité*; il l'a développé et défendu avec chaleur et habileté, mêlant le vrai au faux, la passion à la raison, la déclamation à l'éloquence. Génie d'une grande activité, né pour le combat, et combattant admirablement avec les plus faibles armes, chef d'une opposition qu'il a créée et qu'il soutient seul, homme d'éclat plutôt que de secret, et plus propre à la prédication hardie d'une doctrine qu'au maniement d'une affaire, il paraît beaucoup moins un disciple des jésuites qu'un élève brillant de Rousseau. Ce serait le Jean-Jacques de l'église, s'il avait une imagination plus variée, plus d'âme, une plus haute intelligence, et surtout s'il était plus persuasif et plus touchant.

L'examen que nous allons présenter de son ouvrage sera rapide et très général; nous ne ferons pas toutes les critiques que nous pourrions faire, mais seulement les principales, afin de combattre, mais non de harceler un écrivain que le public doit être las de voir attaqué de tant de côtés et de tant de manières. Nous bornerons la discussion à trois points, dont le premier sera le scepticisme que l'auteur professe relativement aux diverses facultés de l'intelligence; le deuxième, le principe qu'il établit comme règle unique de croyance; le troisième, les applications qu'il déduit de ce principe.

Il en est de la philosophie (étude de l'esprit humain) comme de toutes les choses qu'on veut bien faire, il la faut faire pour elle-même ; il faut en s'y livrant oublier tout objet étranger, ne rien se proposer, ne rien vouloir, ne songer à autre chose qu'à recueillir telles qu'elles se présentent les vérités qui sont de son domaine. Ce n'est qu'ainsi qu'on peut avoir cette pureté de sentiment et cette liberté d'observation sans lesquelles il n'y a pas de vraie science ; ce n'est qu'ainsi que les idées livrées à elles-mêmes, et exemptes de toute contrainte systématique, se forment naturellement à l'image des réalités auxquelles elles répondent. Sans doute les théories philosophiques ont le rapport le plus intime avec la morale, la politique et la religion ; mais ce n'est pas une raison pour s'y appliquer, et les composer dans des vues morales, politiques et religieuses, dans des vues quelconques, pour les accommoder et les subordonner à ces vues. Elles doivent se développer dans l'esprit avec indépendance et simplicité ; une arrière-pensée, quelle qu'elle soit, pourrait les altérer ou les fausser. Sous ce rapport, le philosophe est comme l'artiste : son devoir et son talent est de s'oublier lui-même, d'oublier toute chose, en présence de l'objet qui l'occupe, de le sentir et de le rendre avec amour, avec dévouement, avec cette imprévoyance des résultats, qui seuls permettent de chercher la vérité pour la vérité, et de la voir telle qu'elle est quand elle se montre.

Ce n'est pas ainsi qu'a philosophé M. de Lamennais. Il avait déjà son idée quand il a observé l'esprit humain : aussi l'a-t-il observé avec une singulière prévention. S'il l'eût étudié avec plus d'impartialité et de désintéressement, il l'eût mieux connu, mieux apprécié : il ne lui eût pas contesté, comme il l'a fait si faussement, le droit de voir et de juger par lui-même. Mais, son système une fois imaginé et résolu, il n'a point eu assez de force de conscience et d'abnégation philosophique pour reconnaître aux facultés de l'intelligence une autorité qui ne se conciliait pas avec le principe de sa doctrine, et il les a sacrifiées à ce principe. Telle est du moins l'explication la plus naturelle du scepticisme étrange qu'il professe au commencement du deuxième volume de l'*Indifférence*.

Scepticisme étrange en effet, qui voit dans l'homme un être intelligent, mais si malheureusement intelligent qu'avec le secours des sens, du sentiment et de la raison (raisonnement), les seuls moyens qu'il ait de connaître les choses par lui-même, il ne peut s'assurer de la vérité, et éviter en aucune façon le doute, l'illusion et l'erreur. Quelle philosophie que celle dont la prétention est que tout est incertain, tout est faux ! Les sens nous trompent, dit-elle, et ne nous attestent rien de clair, de positif et de complet. Le sentiment n'est pas plus sûr ; son objet, en apparence plus évident et plus simple, n'en est pas moins, quand on y prend garde, un continuel sujet de doutes et d'illusions. Quant à la raison, elle doit être plus suspecte encore : car, d'abord, elle n'opère que sur des données fournies par les sens ou le sentiment, et il n'y a pas à compter sur ces données ; ensuite, comment opère-t-elle, et quelle garantie a-t-on de la légitimité de son procédé? que penser de la contrariété des conséquences qu'elle tire d'un même principe, ou de l'identité de celles qu'elles déduit de principes différents? quelle vérité n'a-t-elle pas niée? quelle erreur n'a-t-elle pas établie? et enfin ne faut-il pas qu'elle associe la mémoire à ses actes? et la mémoire est-elle un allié fidèle? Raison, sentiment et sens ; facultés sans contrôle, vains moyens de savoir, principes d'incertitude et d'erreur : voilà qui ôte à l'homme toute espérance d'avoir jamais par lui-même la science et la foi. Il n'y a pas de réalité en lui ni hors de lui; il n'y a pas jusqu'à sa propre existence à laquelle il ne doit pas croire, s'il n'a pour y croire d'autre raison que son sentiment privé et sa conscience individuelle.

Telle est la doctrine critique de M. de Lamennais. Quelques idées de bon sens suffiront pour la refuter.

Et d'abord nous ne prétendons pas que l'intelligence humaine soit infaillible : elle a ses erreurs; elle en a autant que de manières de penser, sauf cependant qu'elle ne se trompe jamais lorsque, surprise, irréfléchie, tout entière à l'impression qu'elle reçoit, elle prend la vérité telle qu'elle lui vient, et se laisse faire son idée par les objets : alors certainement elle ne peut mal juger. Dans les autres cas, soit précipitation, soit paresse, soit intérêt, soit orgueil, n'importe la cause, il lui arrive fréquemment de mal connaître ce qui s'offre à ses yeux. Mais s'il en est ainsi, ce n'est cependant pas une raison pour qu'elle doive douter de toutes ses idées. Sans compter celles dont nous avons parlé plus haut, et qui sont vraies comme la vérité même dont elles sont dans l'âme l'impression pure et fidèle, combien n'en avons nous pas d'autres qui, pour être plus sérieuses et plus à nous, n'en sont pas moins conformes à la réalité? que de fois, après avoir considéré une chose avec attention, sûrs enfin de bien voir, ne sentons-nous pas en nous-mêmes cette foi tranquille et profonde qui naît de l'exactitude et de la clarté de notre perception? Que manque-t il à notre croyance lorsqu'un fait est là sous nos yeux, et qu'après nous l'être rendu évident par la réflexion, nous en prenons une connaissance si parfaite qu'en y revenant désormais par la pensée, nous le retrouvons toujours tel qu'il nous a paru dès le principe? Il n'y a pas jusqu'aux erreurs dans lesquelles nous tombons qui, pour peu que nous les soupçonnions, ne donnent lieu à notre esprit de montrer sa faculté de sentir et de croire la vérité. A peine en effet avons-nous conçu quelque doute sur une idée, qu'aussitôt, inquiets et curieux, nous la reprenons avec soin, nous la rapportons à son objet, nous la modifions et la corrigeons en conséquence. Tant que nous conservons notre raison, c'est-à-dire tant que nous sommes capables de regarder les choses de sang-froid et avec ce degré de liberté qui nous permet de les considérer sous leurs différentes faces et dans leurs différents rapports, il dépend toujours de nous d'éviter les faux jugements ou d'en revenir. Il n'y a que le délire ou la folie qui nous jettent et nous retiennent dans de fatales illusions; et encore faut-il bien remarquer qu'en cet état, ce ne sont ni la conscience ni la perception qui nous trompent, mais seulement les fausses conclusions que nous tirons de nos sentiments ou de nos sensations ; et la fausseté de ces conclusions vient de ce que nous n'avons plus notre esprit tel que nous l'a donné la nature. Voilà ce qu'on peut opposer de simple bon sens au scepticisme de l'*Indifférence*, sans qu'il soit nécessaire de le combattre autrement et par l'exposition d'une théorie plus savante : car il ne faut pas attacher à une opinion hasardée, à une vraie boutade philosophique, une importance qu'elle ne doit pas avoir.

Ce n'est pas là d'ailleurs que le public cherche et suit M. de Lamennais : il le cherche et le suit dans sa doctrine de l'autorité ; c'est là que nous devons nous hâter de le joindre et de le serrer de près.

Commençons par bien établir le point précis de la discussion. C'est l'autorité. Qu'est-ce donc que l'autorité ? Le témoignage d'un plus ou moins grand nombre de personnes dont la parole est digne de foi ; c'est le droit qu'ont ces personnes d'être crues sur un fait qu'elles affirment avec vérité. Un fait, des témoins de ce fait, la crédibilité de ces témoins, voilà ce qui constitue l'autorité.

D'après M. de Lamennais, l'autorité doit être la règle unique de nos jugements. A son défaut, il n'y a que des jugements erronés ou douteux ; ou plutôt il n'y a pas de jugements ; et les idées que nous devons aux sens, au sentiment, et à la raison, ne sont que de vaines perceptions et des vues perdues de l'esprit. Tout ce qui nous paraît alors en nous et hors de nous, le monde moral et le monde physique, les êtres, leurs propriétés et leurs rapports, la vérité en un mot, tout cela n'est rien pour nous. Il n'y a moyen d'y croire que quand nos semblables ont parlé et sanctionné de leur parole nos perceptions et nos conclusions personnelles; en sorte que, quand un objet s'offre à nos yeux, il est fort inutile d'y appliquer nos facultés et d'en juger d'après nos lumières naturelles; c'est peine et temps perdus. La seule chose que nous ayons à faire, c'est de recueillir et d'adopter les décisions de l'autorité. Ecouter ceux qui savent, tel est le seul principe de la science et de la foi.

Ecouter ceux qui savent! Il y a donc des gens qui savent? Mais alors comment savent-ils? Parce qu'ils ont eux-mêmes écouté des gens qui savaient. Mais si ces maîtres, et les maîtres de ces maîtres, et tous ceux qui ont reçu leur science de l'autorité, n'ont eu qu'à écouter pour apprendre, les premiers maîtres, ceux qui n'ont eu personne avant eux, comment ont-ils appris? d'où leur sont venues leurs connaissances? D'eux-mêmes, il le faut bien, à moins qu'on ne dise qu'ils les ont reçues toutes faites de Dieu; et dans ce cas il faut encore reconnaître la nécessité des sens, du sentiment et de la raison, comme moyens de recevoir et de comprendre l'enseignement divin. Ainsi, dans les deux cas, les premiers maîtres en ont été réduits à s'en rapporter à leurs propres impressions; et comme, d'après la prétention de M. de Lamennais, ces impressions sont incertaines et trompeuses, voilà l'autorité corrompue dans sa source, et le témoignage attaqué dans son principe ; voilà le scepticisme.

Ce n'est pas tout. Pour écouter des témoins, il faut savoir qu'ils témoignent. Or nous ne le pouvons savoir qu'en percevant les mots qu'ils prononcent, et en trouvant un sens à ces mots : de là nécessité de l'ouïe pour la perception du son ; nécessité de la raison pour l'intelligence du sens ; nécessité de la conscience pour l'exercice de la raison. En effet, avant de comprendre ce qu'on nous dit, nous devons d'abord sentir en nous des idées, saisir le rapport de ces idées aux termes qui les rendent, entendre nos semblables employer des termes identiques ou analogues, et enfin conclure en eux, sur la foi de cette identité ou de cette analogie verbale, les mêmes idées, les mêmes sentiments qu'en nous. Sans cela nous ne concevons ni la parole ni le témoignage d'autrui. Or, selon M. de Lamennais, la faculté de sentir, de percevoir et de raisonner, est trompeuse. La croyance à l'autorité, dont elle est le principe nécessaire, est donc aussi trompeuse. Nous devons douter de l'autorité comme de tout autre chose : voilà encore le scepticisme.

Le scepticisme en effet sort de toute part de la philosophie professée dans ce livre de l'*Indifférence*. Elle n'explique ni comment ceux dont la parole doit faire foi ont le droit d'être crus, ni comment ceux pour lesquels cette parole doit être une règle de jugement peuvent la comprendre et s'y fier; elle n'explique ni la science des maîtres, ni l'intelligence des élèves; elle suppose que les uns savent et que les autres apprennent, mais après leur avoir contesté la faculté de savoir et d'apprendre.

C'est comme si l'on disait à quelqu'un : Voilà des personnes dignes de foi, croyez-les; cependant n'oubliez pas que ni vous ni ces personnes n'avez la faculté de savoir certainement quoi que ce soit. Tel devrait être le dernier mot de M. de Lamennais.

Que si, renonçant à ce que son système a d'exclusif et de faux, il voulait entendre l'autorité comme on l'entend en général; s'il se bornait à dire que, quand il s'agit de faits qui se sont passés loin de nous ou avant nous, et de vérités que nous ne sommes pas en état de saisir par nous-mêmes, faute de connaissances préalables, le témoignage légitime de ceux qui ont vu ces faits ou compris ces vérités est pour nous un moyen de les connaître et d'y croire; si surtout il ajoutait que ce qui nous détermine à y croire, c'est la confiance où nous sommes que ces objets ont paru évidents et certains aux personnes qui nous les affirment; qu'ainsi, à défaut d'une évidence et d'une certitude qui nous soient propres, nous prenons sur parole celles que nous garantissent les lumières et la véracité des témoins; si enfin il reconnaissait que nous n'avons d'autres motifs de jugement que l'évidence et la certitude perçue ou légitimement supposée dans les choses dont nous jugeons, nous serions d'accord avec lui, et sa doctrine serait la nôtre. Mais l'auteur de l'*Indifférence* ne fera jamais de telles concessions : il lui en coûterait trop cher ; il lui en coûterait un système.

Après avoir examiné son principe, passons aux applications qu'il en fait. Elles lui fournissent quelques vues remarquables sur l'histoire religieuse du genre humain.

Selon lui, il n'y a jamais eu qu'une religion sur la terre. Trois fois révélée, elle n'a pas changé en passant d'une révélation à l'autre; elle n'a fait que se développer et paraître avec un nouveau degré de lumière et d'autorité. Elle n'a pas la même expression dans l'Evangile que dans le mosaïsme, et dans le mosaïsme que dans la tradition primitive ; elle se montre plus complète et plus pure dans l'enseignement de Jésus que dans celui de Moïse, et dans celui-ci que dans le langage moins parfait du premier homme. Mais sous ces trois formes elle est toujours la même ; elle se compose toujours d'un fonds commun de vérités, dont l'explication seule varie selon les temps. Successivement patriarcale, judaïque et chrétienne, elle s'est perfectionnée en se renouvelant. Son progrès a été admirable ; mais il y a eu progrès, et rien autre chose ; ce n'a été ni un retour au passé, ni une réforme, ni précisément une innovation. Tout s'est tenu enchaîné, préparé ; et quand les temps ont été accomplis, le Christ est venu continuer l'œuvre de Moïse, comme Moïse avait continué celle d'Adam : la seule différence qu'il y ait eu est celle qui s'est trouvée de l'homme au prophète, et du prophète au fils de Dieu. Le fils de Dieu a fait plus que l'homme, plus que le prophète ; il a parlé de plus haut, mais il n'a démenti ni l'un ni l'autre, et la vérité qu'il a annoncée n'est que celle qu'ils avaient annoncée avant lui ; seulement elle est sortie de sa bouche plus puissante et plus pure. C'est ainsi qu'elle est venue jusqu'à nous sans changer ; c'est ainsi que le genre humain a toujours été de la même religion, quoiqu'il n'ait pas toujours eu la même forme religieuse. C'est ainsi que dans le chrétien il y a encore du juif et du patriarche, comme dans le patriarche et le juif il y avait déjà du chrétien.

Quant aux fausses religions qui se sont répandues sur la terre à chacune des trois époques où une révélation a été faite aux hommes, loin d'être une objection contre l'unité de la vraie croyance, elles en sont plutôt la preuve et le témoignage. Ce sont des erreurs sans doute. Mais qu'est-ce que l'erreur ? Ne répond-elle à rien, et pour être une vue fausse, est-ce une vue sans objet ? Se tromper, n'est-ce pas encore une manière de voir la vérité et d'y croire ? Se tromperait-on s'il n'y avait rien, absolument rien qui donnât sujet aux faux jugements ? En théologie comme en toute autre chose, les erreurs ne sont que des perceptions incomplètes de la réalité ; en sorte qu'en s'écartant de leur objet et même lorsqu'elles s'en écartent à l'excès, elles conservent toujours quelques traits de leur modèle. Les fausses religions ne sont ainsi qu'une image altérée et une expression déchue de la vérité religieuse ; dans toutes il y a de Dieu. Les plus anciennes offrent dans leurs symboles et leurs mythes des traces visibles de l'antique foi des premiers hommes ; celles qui viennent ensuite se rapprochent plus ou moins, les unes de la deuxième, les autres de la troisième révélation. C'est ainsi que l'on peut reconnaître dans l'idolâtrie indienne quelque chose de la primitive adoration du vrai Dieu ; dans le mahométisme, une altération du mosaïsme ; dans les sectes hérétiques, une fausse interprétation de la doctrine chrétienne.

Soit donc que l'on considère la religion en elle-même, soit qu'on la regarde dans les fausses croyances qui en reçoivent le reflet, on la voit, toujours ancienne et toujours nouvelle, conserver son unité au milieu des développements successifs par lesquels elle passe.

Tel est le résultat général auquel conduit la lecture de l'ouvrage de M. de Lamennais. Nous ne le contesterons pas, parce que, considéré philosophiquement, il paraît raisonnable, et qu'il est probable historiquement ; du moins les innombrables faits qui appuient l'opinion de l'auteur sont-ils de telle sorte que, malgré les critiques très justes dont plusieurs ont été l'objet, les autres suffisent pour faire preuve. Ainsi point de contestation sur ce point ; mais ici il y a une chose importante à considérer.

Une grande idée sort du livre de *l'Indifférence:* c'est celle d'un nouveau développement religieux.

L'auteur ne la propose ni ne l'indique ; peut-être même n'est-elle pas dans sa pensée. Mais, aux yeux des philosophes, elle est la conséquence naturelle de sa manière d'envisager la religion. Selon lui, en effet, toujours une, toujours la même, la religion a cependant changé d'expression, et passé par trois révélations successives. Elle n'a été révélée que pour être expliquée, plusieurs fois révélée que pour être plusieurs fois et de mieux en mieux expliquée ; et cette explication ne s'est répétée et éclaircie d'une époque à une autre qu'en raison de l'état des esprits et des lumières à différents degrés de la civilisation. Naïve et toute sensible pour les hommes des premiers temps, plus sérieuse, mais encore assez simple à un âge plus avancé du monde, elle a pris un nouveau caractère de réflexion lorsqu'elle s'est adressée à des intelligences qui la voulaient plus philosophique et plus forte. Elle s'est donc modifiée selon les trois grandes époques qui jusqu'à présent ont partagé la vie religieuse de l'humanité. Ne viendra-t-il pas une autre époque où ce que la dernière manifestation pourrait encore avoir d'obscur et de mystérieux paraîtra plus intelligible et plus clair ; où une croyance nouvelle, héritière et fille du christianisme, en reproduira les dogmes, mais sous des formes qui conviendront mieux que les précédentes à la manière dont le monde voit aujourd'hui les choses. C'est un doute qu'exprimait au siècle dernier un écrivain dont les paroles méritent d'autant plus l'attention qu'elles sont pleines d'une plus sage et plus haute philosophie : Lessing l'a exposé dans un écrit de peu d'étendue, mais de grande importance, qu'il a consacré à des considérations de l'ordre le plus élevé sur l'éducation du genre humain. Ce doute de Lessing a été dans le même temps partagé par bien des penseurs, et depuis, loin de s'affaiblir, il a trouvé dans les événements confirmation et probabilité. De nos jours enfin il s'est à peu près converti en certitude; en sorte qu'on ne se demande plus si, mais quand se fera cette régénération religieuse dont on éprouve le besoin et le pressentiment! Quand se fera-t-elle, et surtout quels en seront le caractère et l'objet? Voilà le problème dont on cherche aujourd'hui avec inquiétude la solution. Or, si l'on peut en préjuger une d'après des données qui, sans être encore complètes, suffisent cependant pour hasarder une conclusion, il semble que nous ne sommes pas loin du moment où commencera pour nous cette ère nouvelle de la pensée. Il n'en faudrait pour preuve que cette indifférence à la vieille foi dont M. de Lamennais nous a si hautement accusés et convaincus. Cela seul, joint au fait du développement progressif de la religion, porterait à croire que la crise est prochaine : car l'indifférence ne peut durer, et celle dans laquelle nous vivons a déjà assez de temps pour qu'elle doive bientôt toucher à son terme. C'est une heure de sommeil et de repos ménagée aux esprits après les fatigues d'un siècle d'incrédulité. Bientôt ils se réveilleront, et reviendront avec ardeur aux vérités qu'ils ont négligées et mises en oubli. Ils y reviendront, mais ce ne sera pas par l'ancienne voie. Les vérités seront les mêmes, mais la manifestation sera différente. Cette fois elle sera toute scientifique : ce sera la découverte rationnelle de l'inconnu par le connu, de l'invisible par le visible. Elle ne se prêchera plus; elle s'enseignera, et elle se démontrera, au lieu de s'imposer. Il en sera ainsi, car ce n'est plus que de cette manière que se forment aujourd'hui, en quoi que ce soit, les idées et les croyances, et il n'y aura pas d'exceptions pour les idées et les croyances religieuses. De même donc qu'au temps de la première, de la seconde et de la troisième révélations, c'eût été un contre-sens et une étrange anomalie que la théologie eût été plus philosophique que les autres sciences, de même aujourd'hui ce serait une inconséquence et une contradiction qu'elle restât étrangère à leurs procédés et à leurs progrès. On sera donc théologien comme on sera physicien et philosophe; ou plutôt le théologien se formera du physicien et du philosophe. On étudiera Dieu par la nature et par l'homme, et un nouveau Messie ne sera pas nécessaire pour nous enseigner miraculeusement ce que nous serons en état d'apprendre de nous-mêmes et par nos lumières naturelles. Grâce en effet au christianisme, sous la discipline duquel l'esprit humain est parvenu à son âge de force et de sagesse, notre éducation est assez avancée pour que nous puissions désormais nous servir de maîtres à nous-mêmes, et que, n'ayant plus besoin d'une inspiration extraordinaire, nous puisions la foi dans la science.

Quant aux points de vue nouveaux sous lesquels se présenteront les dogmes, il serait difficile de les annoncer. On ne prophétise pas un *credo*, on l'attend ; il se fait et on le reçoit. Tout ce qu'on peut dire, c'est que, dans cette régénération religieuse, nous serons aux chrétiens ce que les chrétiens ont été aux juifs, et les juifs aux patriarches ; nous serons chrétiens, plus quelque chose; nous croirons au même Dieu, mais autrement; nous le comprendrons mieux, parce que nous serons mieux instruits de ce qu'il a fait. La science du créateur nous viendra de celles de la nature morale et de la nature physique ; il ne se découvre que dans et par ses œuvres : il se découvrira donc mieux pour nous, qui aurons de ses œuvres non plus une notion confuse et mystérieuse, mais une connaissance plus exacte et plus vraie. Aux siècles d'ignorance et de demi-savoir, il se révélait et se faisait sentir aux âmes ; mais se démontrait-il réellement ? paraissait-il dans toute sa vérité ? Tant d'obscurités répandues sur la plus grande partie de la création ne voilaient-elles pas aux yeux une partie des attributs du créateur? N'était-ce pas l'ignorer encore que d'ignorer la nature, les lois et la destination d'un grand nombre d'agents physiques et moraux? Tout cela est de lui, vient de lui; c'est ce par quoi il se produit et par quoi il se manifeste ; c'est son signe. Or on ne le connaît pas bien tant qu'on entend mal ou qu'on n'entend pas le signe qui l'exprime. Au contraire, à mesure que la vérité qui est dans l'univers visible s'éclaircit et se découvre, celle qui est au-delà, cette autre vérité dont elle procède et qu'elle annonce, sans devenir visible et perceptible en elle-même, se laisse mieux saisir et concevoir. Elle n'en tombe pas plus sous les sens, parce qu'elle est à jamais hors de leur portée ; mais elle est plus accessible au raisonnement, on sait mieux qu'en penser. Voici donc ce que nous semble promettre l'avenir des sciences physiques et morales sous le rapport religieux. Elles continueront toutes, chacune sur leur ligne, les progrès qu'elles ont commencés ; elles arriveront toutes ainsi, un peu plus tôt ou un peu plus tard, à leurs limites naturelles, c'est-à-dire aux limites où finit le domaine de l'expérience et de l'observation. Là, elles se grouperont entre elles, d'après leurs analogies ; elles se généraliseront ; et il y aura une science générale de leurs forces physiques, une science générale des forces morales, et finalement une science générale des forces, la science de tout ce qui agit, vit ou se meut dans la création. C'est alors que viendront les conclusions qu'une telle science doit mettre à même de tirer relativement à l'être duquel émane toute action, toute vie et tout mouvement. Et ces conclusions vérifieront de cet être ce qui en était simplement annoncé, détermineront ce qui en était indéterminé, éclairciront ce qui en était obscur ; le grand inconnu sera dégagé, et toute une religion sortira du sein de cette vaste philosophie. Ce n'est pas qu'en attendant nous ne puissions chaque jour tirer des sciences particulières qui existent déjà, ou qui bientôt seront faites, diverses conséquences religieuses très satisfaisantes pour la raison, et nous composer peu à peu un véritable système théologique ; mais ce système n'aura son plein développement qu'après l'entière formation de la science universelle : car il n'en peut être que le résultat, la fin, le couronnement. D'où l'on voit que notre règle aujourd'hui, en l'état où nous sommes, n'est pas d'aller sans transition de l'indifférence à la foi, et de courir à la religion sans passer par la science : ce serait là manquer notre but et nous perdre ; mais ce que nous avons à faire, c'est d'étudier et de connaître le mieux que nous le pourrons notre nature propre et celle du monde extérieur; c'est de porter la lumière sur tout ce magnifique tableau, dont chaque trait, mais surtout dont l'ensemble témoigne si bien du divin artiste qui l'a tracé, et ne s'est pas borné à y mettre la couleur, la forme, la proportion et l'harmonie, mais y a aussi mêlé le mouvement, la vie et l'âme. Notre destinée est bien claire : il nous faut philosopher, et retrouver la foi par la philosophie ; il nous faut devenir savants, pour redevenir chrétiens, ou, si l'on veut, pour le devenir par théorie, comme nos pères l'étaient par sentiment et d'inspiration. Voilà notre tâche : travaillons à la remplir. Elle sera longue, elle sera difficile : qu'importe ? pourvu que nos efforts ne soient pas perdus, et ils ne le seront pas, ayons-en l'espérance, car, nous le répétons, la science est grosse de religion. Travaillons; mais que ce soit sans préjugé et sans parti pris: faisons nos recherches pour elles-mêmes, et comme si nous ne devions rien trouver au-delà; arrivons en quelque sorte sans vouloir arriver à rien : la science en sera meilleure, et par conséquent la religion. Est-ce ainsi, dira-t-on peut-être, qu'il faut aussi diriger les idées du peuple ? Pourquoi pas ? Le peuple est allé à l'indifférence sur les pas des philosophes, il n'en sortira que sur leurs pas ; il les suit à la trace ; le peuple et les philosophes ne font qu'un ; un même mouvement les entraîne. Que si quelques esprits se laissent encore saisir et ramener à la foi par le sentiment, de telles conversions sont rares et difficiles. Il est un autre moyen de conviction plus général et plus sûr, c'est l'instruction libre et franche, c'est l'enseignement populaire des sciences physiques et morales. Voilà la vraie prédication qui convient en ce siècle aux classes inférieures. C'est en s'éclairant qu'elles deviendront religieuses. Quant à l'unité de foi, qu'on ne s'inquiète pas : elle se fera en même temps que la foi. Il ne sera pas besoin d'une autorité qui la proclame et la commande; elle viendra de l'unité même de la science. Quand on s'entendra réellement bien sur ce qui est, on ne se divisera pas sur ce qui doit être, et on ne croira pas en Dieu diversement quand on aura même idée de son ouvrage.

Nous aurions encore bien des choses à dire sur

un tel sujet; mais nous devons nous arrêter. Qu'il nous suffise d'avoir indiqué quelques vues : c'en est assez pour montrer l'effet que peut produire aujourd'hui sur le public le système religieux de M. de Lamennais.

Quoique l'objet de cet *Essai* soit surtout l'examen des doctrines métaphysiques, cependant il ne se peut guère, quand la discussion y mène, qu'on évite de jeter un coup-d'œil sur les conséquences pratiques qui se déduisent de ces doctrines. On le peut d'autant moins que ces conséquences ont plus sailli, fait plus de bruit et d'éclat. C'est assez dire qu'il ne faut pas passer sous silence la politique que M. de Lamennais a tirée de son principe philosophique de *l'autorité*. Il faut donc en parler; mais comme on l'a fait bien mieux que nous ne le ferions nous-même, citons, au lieu de discuter. M. Remusat nous le permettra : ce sont des armes que nous lui empruntons, parce que nous les trouvons sous le drapeau autour duquel nous avons milité ensemble. Voici un fragment d'un article du *Globe*, dans lequel il examine le livre *de la Religion, considérée dans ses rapports avec l'ordre politique et civil.*

« Les partisans du pouvoir absolu, c'est-à-dire du pouvoir de la volonté humaine, quelle qu'elle soit, exprimée par un prince, un sénat ou un peuple, soutiennent par là même qu'il n'existe aucune règle supérieure à la société comme aux individus, et maîtresse des gouvernants comme des gouvernés;

ils omettent ou nient l'existence de la loi souveraine, seul frein du pouvoir, seule base du devoir, de cette loi contre *laquelle tout ce qui se fait est nul de soi;* ils ne reconnaissent d'autre droit que le fait, d'autre autorité que la force. Cependant, pour être niée ou négligée, la loi suprême n'en existe pas moins ; et comme elle vient de Dieu, comme elle est Dieu même, il suit que les partisans de l'absolue souveraineté royale ou populaire sont des athées en politique. La loi morale proteste éternellement contre eux. Elle seule est souveraine. C'est à elle que les rois en appellent pour se faire obéir, les peuples pour se faire respecter. Elle seule légitime chez les uns et chez les autres le recours à la force. Tel est l'ordre de la société, l'ordre de ce monde selon Dieu, tel il subsiste, abstraction faite du christianisme, tel il subsistait antérieurement à la venue du Christ.

« Nous espérons que nos paroles traduisent exactement la doctrine de M. de Lamennais ; nous ne pourrions l'altérer sans manquer à notre propre foi. Quelques uns ont prétendu retrouver dans cette doctrine la souveraineté du peuple : il y a vraiment en ce monde des esprits spécialement destinés à ne point comprendre. Mais passons.

« De cette doctrine haute et pure, que déduit M. de Lamennais ? Est-ce le gouvernement libre qui en sortirait naturellement ? Non, sans doute ; et ici la division commence entre lui et nous. Depuis l'Évangile, l'église, héritière de tout ce qu'il y avait de vrai ou de divin dans les croyances humaines, dépositaire et interprète de la loi morale et suprême, a remplacé ce souverain invisible qui avait jusque là régné du sein d'un nuage, partout présent et invoqué, bien que sans cesse méconnu et désobéi. Or l'église subsiste par son chef, réside dans son chef; le pouvoir de l'église ou le pouvoir spirituel, c'est le pape (voyez pour les preuves l'ouvrage même); et ainsi le pape est le représentant, l'organe de la loi des lois; il est le souverain des souverains; il est la règle en personne, la loi incarnée, Dieu sur la terre. Ces expressions n'outrent point la pensée de M. de Lamennais; on en trouverait chez lui l'équivalent, et dans son intention comme dans sa doctrine elles ne contiennent ni exagération ni blasphème.

« L'église universelle, concentrée dans le chef de l'église romaine, a donc été substituée à cette loi universelle, une, perpétuelle, qui dominait auparavant le genre humain, à cette loi déjà *catholique* dans le pur sens du mot, et c'est pour cela que l'église a retenu ce nom. En conséquence, tout homme, toute secte qui se sépare d'elle, sort de la loi morale; toute église particulière qui réclame des droits hors de l'église romaine se place précisément dans la même position que ceux qui, avant le christianisme, ambitionnaient ou soutenaient un pouvoir affranchi de la loi universelle, un pouvoir illimité.

« En un mot, toute église qui se dit, en tout ou en partie, indépendante, nie la loi en tout ou en partie, puisque la loi est une, perpétuelle, universelle : c'est dire qu'elle nie Dieu en tout ou en partie, puisque Dieu est la loi même. D'où il suit que les gallicans sont tout au moins athées en politique.

« La déduction est exacte, mais les prémisses pourraient être bien fausses. Nous les abandonnons aux gallicans. Laissons-leur le soin de prouver que le pape n'est pas l'église universelle, ou que l'église n'est pas Dieu; et tenant quelques instants pour accordé tout ce qu'affirme un peu gratuitement le hardi théologien, sommons-le de s'expliquer nettement sur les conséquences politiques qu'il en prétend inférer. Les voici telles qu'elles nous apparaissent : il voudra bien nous dire s'il les rejette ou s'il les avoue. Etant donné que le pouvoir spirituel ou papal représente la loi universelle, comme avant lui cette loi réglait les rapports des gouvernements et des sujets, comme elle seule fondait et limitait l'autorité des premiers et l'obéissance des seconds, comme il est de la nature de cette loi que *tout ce qui se fait contre elle est nul de soi*, il suit que le pouvoir spirituel ou le pape doit jouer le même rôle, occuper la même place, revêtir les mêmes attributions; que de lui seul émane la légitimité et l'illégitimité des pouvoirs politiques; il suit enfin que les rois relèvent du saint-siége. Oui, assurément, dira M. de Lamennais, et, je crois, toute l'église avec lui, ils en relèvent *spirituellement*. Soit; mais la restriction que semble exprimer ce dernier mot n'est-elle pas vaine ? D'après les définitions précédentes, le nom de *pouvoir spirituel* ne désigne plus uniquement le pouvoir compétent en matière de dogme ou de liturgie : c'est évidemment le pouvoir qui connaît et juge de tout ce qu'il y a de *spirituel* dans l'homme. La loi morale à laquelle ce pouvoir a succédé, ou plutôt dont il n'est qu'une image visible, statuait sur tout autre chose encore que les questions purement théologiques. Le bien et le mal, le juste et l'injuste, et en politique la légitimité ou l'illégitimité des actes et des pouvoirs, voilà aussi, ce me semble, le *spirituel* de la société. Voilà donc la matière de la juridiction du pouvoir *spirituel*. Or maintenant je demande ce qui reste au temporel. Que M. de Lamennais réponde.

« Je ne lui tends point de piéges. S'il répond qu'il ne peut parler, la réponse est bonne, et je me tais avec lui ; mais s'il accepte la discussion, force lui sera de marquer où s'arrête la juridiction du saint-siége, c'est-à-dire du pouvoir spirituel, sur le spirituel du gouvernement et de la société, en d'autres termes sur les questions de légitimité en matière de commandement et d'obéissance. Force lui sera de nous dire si un pouvoir, juge souverain de l'action des autres pouvoirs, ne l'est pas de leur existence ; et, dans le cas où il serait juge également de leur existence et de leur action, s'il n'est pas le pouvoir souverain, par conséquent le pouvoir unique de la société humaine. Par quel art conciliera-t-il ces inductions, qui ne nous semblent pas forcées, avec les derniers ménagements que dans son livre il garde envers les pouvoirs politiques? Dira-t-il encore que le pouvoir spirituel ne dispose pas des couronnes, mais seulement prononce sur les hautes questions de droit public; que, consulté par toute la chrétienté, il déclare simplement qui a tort ou raison, quel prétendant est fondé, quel pouvoir existe ou agit légitimement, décide enfin si la loi est ou n'est pas violée, cette loi *contre laquelle tout ce qui se fait est nul de soi?* Mais comme le droit est la règle du fait, comme force est due à la justice, la décision est apparemment obligatoire; et alors il est vrai que le pape ne dispose pas matériellement des couronnes, c'est-à-dire qu'il n'a ni soldats ni canons pour les donner ou les reprendre, mais qu'enfin sa parole seule confère au gouvernement le droit de régner, aux sujets le devoir d'obéir. M. de Lamennais opposera-t-il à ces conséquences les mots de l'Ecriture, *omnis potestas à Deo?* et placera-t-il sur la même ligne les pouvoirs politiques et le pouvoir spirituel? Je ne puis le penser : la contradiction serait par trop manifeste. Alléguera-t-il que le pouvoir politique statue sur d'autres matières que le pouvoir spirituel? Cela est vrai quant aux apparences ; mais laquelle des volontés du pouvoir politique est dépourvue de moralité? laquelle peut n'être ni légitime, ni illégitime? laquelle par conséquent échappe au contrôle du pouvoir spirituel? Dire que le pouvoir politique est souverain dans sa sphère, comme le pouvoir spirituel dans la sienne, c'est dire que le pouvoir politique est un souverain purement matériel, c'est dire qu'il est souverain dans tout ce qui est hors de la raison et de la conscience. Il n'est plus alors qu'une force brute ; autant l'appeler le génie du mal. »

M. DE BONALD.

En plaçant dans la même école MM. de Maistre, de Lamennais et de Bonald, nous n'avons pas voulu dire qu'il y eût entre eux identité expresse de principes : ce ne serait pas la vérité. Animés du même esprit, ils se proposent comme objet commun de leurs travaux la défense et la restauration des doctrines de l'église ; mais, du reste, chacun a son point de vue et son système. Ainsi, on ne doit pas s'attendre à retrouver dans M. de Bonald les mêmes opinions que dans les deux autres : ils ont tous trois des idées qui leur sont propres, tous trois ils sont maîtres à leur manière dans l'école dont ils sont les chefs.

Quelque étude que l'on ait faite de M. de Bonald, il est douteux que l'on n'éprouve pas toujours quelque embarras à le comprendre. La faute en est, ce me semble, d'abord à son style : il écrit, on ne peut pas dire trop bien, mais avec une habileté trop visible ; il y a trop d'art dans son expression ; cela trompe et donne le change. On voudrait en vain, en le lisant, se borner à saisir sa pensée : on ne peut s'empêcher de regarder la phrase, cette phrase si savante et d'un mécanisme si curieux ; on se prend aux mots ; on suit à la trace cette plume ingénieuse et brillante, dont on aime à ne perdre aucuns traits ; et on néglige les idées, on oublie les raisonnements ; on ne lit plus en philosophe, mais en rhéteur. L'auteur lui-même ne serait-il pas la dupe de son propre artifice? et, tout occupé à écrire, ne lui arriverait-il pas aussi de laisser les choses pour les mots, de dire par plaisir, avec la seule précaution d'éviter les termes contradictoires et absurdes, de faire en un mot comme un peintre qui prodiguerait à l'envi les effets de son art, sans songer s'ils conviennent à la pure expression de la vérité.

Une autre cause de l'obscurité qu'on lui reproche, c'est le ton qu'il prend avec ses lecteurs, il les traite de trop haut; il ne se communique à eux qu'avec une sorte de réserve chagrine et superbe, qui les choque ou leur impose, mais ne les persuade pas. Pour s'ouvrir leur cœur, pour y faire pénétrer ses idées, il faudrait qu'il pût se mettre avec eux dans un commerce plus intime et plus simple ; mais il n'a pas dans l'esprit assez de facilité et de souplesse, de chaleur et d'abandon : aussi n'excite-t-il de sympathie pour ses opinions que dans bien peu d'intelligences. Il a ses adeptes, qui l'écoutent et le croient, mais il n'a pas de public.

Il faut aussi avoir égard à l'espèce d'originalité qui caractérise sa manière de penser. C'est un besoin pour lui d'envisager les choses sous un point de vue qui lui soit propre ; mais souvent il lui arrive de s'arrêter sur des nuances, d'insister sur des riens, de raffiner et subtiliser jusqu'à la minutie. Rien de plus difficile alors que de le suivre dans son éblouissante et laborieuse analyse. Il n'en est pas ainsi d'un esprit vraiment original : celui-là est neuf, mais en même temps simple et large dans ses vues : il n'affecte rien. La réalité lui apparaît sous une face nouvelle, et voilà tout : c'est pour lui bonheur, et non travail et artifice. Aussi est-il aisément entendu des autres esprits ; il les charme et les éclaire ; il leur est nécessaire, par la faculté qu'il a de piquer et de satisfaire à la fois leur curiosité. C'est un don qui manque à M. de Bonald.

Malgré tout, cependant, quand il a fortement conçu quelque grande vérité, et qu'il met de côté toute affectation et toute recherche, son âme s'émeut d'un sentiment profond, il s'exprime avec élévation ; il devient éloquent, de cette éloquence noble et sévère que donne une raison supérieure occupée de sérieuses considérations. Son discours prend alors quelque ressemblance avec la haute parole de Bossuet ; il y manque seulement cette imagination si prompte, si peu cherchée, si riche, si hardie, si familière, et néanmoins si relevée ; imagination tout inspirée par le besoin de persuader, et vraiment oratoire, que nul n'a possédée au même degré que Bossuet. Mais c'est déjà beaucoup que de rappeler quelques traits d'un aussi beau modèle ; et, certes, nous n'en voulons pas davantage pour placer M. de Bonald au nombre des grands écrivains du siècle. Il est fâcheux seulement que sa philosophie ait quelquefois si mal secondé son talent.

Le premier reproche qu'on peut lui faire sous ce

rapport, c'est d'avoir méconnu et dédaigné la conscience comme instrument de l'étude philosophique. Il a même cherché à la couvrir d'un ridicule qui n'est pas toujours de bon goût; il n'en parle jamais qu'en termes semblables à ceux-ci : *labeur ingrat, travail de la pensée sur elle-même, qui ne saurait produire; Tissot aurait dû traiter dans un second volume de cette dangereuse habitude de l'esprit.* Et cependant peut-on dire que l'étude de l'âme par la conscience soit une vue sans objet, un éblouissement, un rêve ? N'est-ce donc rien que de se sentir, que de se connaître, que de puiser en soi-même l'idée de force et d'intelligence ? N'est-ce rien que de pénétrer dans cet intérieur si curieux du cœur humain, et d'y voir toutes les impressions qui s'y produisent, tous les mouvements qui naissent de ces impressions? Où trouver un principe plus fécond en vérités de toute espèce? Loin d'être une faculté stérile, la conscience est certainement celle à laquelle nous devons le plus d'idées. C'est ce qu'a bien compris Descartes quand il a posé le *cogito* comme base de toute science.

M. de Bonald procède tout autrement : c'est le fait d'un langage primitif donné à l'homme au moment de la création qu'il a pris pour point de départ de ses recherches.

Or comment établit-il ce fait? Par deux raisons, l'une métaphysique, et l'autre historique. Celle-ci se tire de l'autorité de la Bible et des recherches archéologiques des philologues; elle n'a de force, par conséquent, qu'auprès de ceux qui admettent à la lettre le récit de Moïse, ou ajoutent foi aux inductions des savants relativement à une langue primitive, dont toutes celles qui ont été ou qui sont actuellement parlées dans le monde ne seraient que des dialectes. Nous ne discuterons pas cette preuve, pour ne pas nous engager dans des questions que nous ne serions pas capables de résoudre. Nous remarquerons seulement que, dans ce point de vue, le fait d'un langage primitif n'est pas évident par lui-même, puisqu'il repose sur des autorités qu'il faut elles-mêmes examiner et juger. Or c'est là un grand inconvénient pour la science, dont, autant que possible, il faut que le point de départ puisse être, comme on dit, touché du doigt et de l'œil.

Quant à la raison métaphysique, la voici, telle à peu près que la présente l'auteur : pour démontrer l'impossibilité de l'invention du langage, et par conséquent la nécessité d'un langage donné primitivement à l'homme, il suffirait sans doute de remarquer qu'on ne saurait trouver un système de mots sans penser, et qu'on ne pense pas sans avoir un système de mots : l'on pourrait en conséquence s'en tenir à l'expression de Rousseau, qui reconnaît *la nécessité de la parole pour établir l'usage de la parole.* Cependant il n'est pas inutile d'ajouter quelques considérations à l'appui de cet argument. Ainsi, par exemple, est-il raisonnable de supposer que Dieu, dans sa sagesse, a créé l'homme avec le plus général, le plus constant et le plus vif de tous les besoins, celui de la société, sans le pourvoir en même temps du langage, instrument et condition nécessaires de toute relation sociale? Quel génie n'eût-il pas fallu pour s'élever, de *pure idée*, à la conception du discours et des éléments qui le composent! Et quand un tel génie se fût rencontré, comment aurait-il enseigné sa science? comment enseigner une langue à des êtres qui n'en auraient encore aucune, n'en comprendraient aucune, et par conséquent n'entendraient pas celle dans laquelle on leur parlerait? Plus on y pense, plus on comprend que l'homme a dû être créé avec la parole, comme il a été créé avec la vue, l'ouïe, le toucher et tous ses autres moyens de conservation. Tel est, en résumé, le sentiment de M. de Bonald sur l'origine de la parole. Que faut-il en penser?

L'homme ne peut pas avoir des idées, de véritables idées, sans mots : rien de plus constant; mais pourquoi cela? M. de Bonald en a donné plusieurs explications, dont aucune, à notre avis, n'est réellement satisfaisante. Comparer la parole à la lumière, qui, en se répandant sur des objets obscurs, les éclaire et les montre avec leurs formes, leurs couleurs et leurs rapports ; ou à une substance qui aurait la propriété de rendre visibles sur le papier des caractères qu'on y aurait d'abord tracés avec une eau sans couleur ; ou enfin à la liqueur fécondante, qui, pénétrant un germe, l'imprègne de vie, l'anime, le développe et le forme, c'est donner des comparaisons pour des raisons ; ce n'est pas donner du fait une interprétation philosophique.

En voici une autre qui l'est peut-être davantage.

Quelles que soient l'origine et la nature de l'esprit, on peut dire, indépendamment de tout système et sans s'exposer à être contredit par aucun, que cet esprit qui vit, sent et se meut en nous, est quelque chose d'animé et d'actif, que c'est une force, une force intelligente. Des perceptions, des pensées, voilà les mouvements qui sont propres à cette force. Tant que ces mouvements sont purs, simplement spirituels, dégagés de tout lien ou de toute forme matériels, ils sont si déliés, si rapides, si peu marqués, qu'à peine laissent-ils trace dans la conscience : ils y passent comme l'éclair. Ce sont là ces demi-pensées, ces vagues sensations, ces notions irréfléchies, qu'on retrouve en soi dans tous les instants où l'on ne donne nulle attention à ce qu'on voit, où l'on se borne à sentir. Et de fait, on n'en aurait pas d'autres, si les choses en restaient toujours là. Mais comme il est inévitable que l'esprit vienne à réfléchir, à recueillir ses impressions, et qu'alors la perception est en lui plus ferme et plus prononcée, ses pensées, ses mouvements intellectuels, devenant plus forts, se produisent avec plus d'énergie, et sortent de la pure conscience pour pénétrer dans l'organisation; en y pénétrant, ils y déterminent certains mouvements internes que suivent aussitôt les gestes, l'attitude, la physionomie, et la parole. L'organe vocal en particulier est très propre, par son extrême souplesse, à bien recevoir et à bien rendre ces impressions de l'âme. Il arrive donc que les pensées se mettent en rapport avec les mouvements organiques, et principalement avec les sons; qu'elles s'y allient et s'y unissent intimement: c'est au point qu'on a peine quelquefois à les en distinguer, et qu'on croit les voir, les saisir, les sentir réellement dans ces phénomènes, qui n'en sont cependant que les signes. Or une telle alliance n'a pas lieu sans que les actes de l'esprit ne participent plus ou moins à la nature de ceux du corps. Ils prennent quelque chose de leur caractère et de leur allure; ils deviennent plus positifs et plus marqués; ils se matérialisent en quelque sorte. Ce sont alors des pensées qui, arrêtées et fixées par l'expression, s'achèvent, se définissent, et se changent en idées claires et distinctes. C'est ainsi qu'on pense au moyen des signes, et surtout au moyen des mots.

Mais de cette manière d'envisager l'expression il ne suit pas, comme l'entend M. de Bonald, qu'une langue, une langue toute faite, ait été nécessaire à l'homme au moment de la création: il s'ensuit seulement qu'il a eu besoin de trouver dans son organisation un instrument de pensée qu'il ait pu mettre en jeu. Or cet instrument se trouve dans la faculté de parler. C'est en développant et en exerçant cette faculté qu'il est parvenu insensiblement à toutes les connaissances pour lesquelles la parole lui était nécessaire.

Quant à la difficulté que M. de Bonald voit à

expliquer la langue des premiers hommes autrement que comme un don primitif du créateur, voici comment on pourrait la résoudre. Les premiers hommes ne sont pas nés parlant, pas plus qu'ils ne sont nés se souvenant; mais ils avaient la faculté de parler comme ils avaient celle de se souvenir. La pensée leur est venue, parce qu'il était dans leur nature de l'avoir; et, quand ils l'ont eue, ils l'ont exprimée. Chacun a bientôt remarqué en soi le rapport intime et constant de la pensée aux mots, de certaines pensées à certains mots, et, voyant son semblable se servir de mots analogues ou identiques, a naturellement conclu dans cet autre lui-même des idées analogues ou identiques aux siennes. C'est ce qu'il nous arrive encore, à chaque instant, de faire lorsque nous jugeons des sentiments d'autrui d'après le rapport que nous trouvons entre les signes de ces sentiments et les signes de nos sentiments propres. Rien au reste de plus prompt et de plus sûr que ce mode de communication, pour peu surtout que les circonstances et le besoin excitent à l'employer.

Mais l'invention du discours, comment a-t-elle pu se faire? comment a-t-on pu trouver les noms et les adjectifs avec leurs genres et leurs nombres? les verbes avec des personnes, des temps et des modes? — Certainement, s'il eût fallu produire tout d'un coup une langue complète, comme le grec, le latin ou le français, la chose eût été impossible. Mais, pour avoir seulement le fond de la langue et les premiers éléments du discours, il a suffi d'avoir porté et exprimé certains jugements, d'avoir remarqué dans les objets certaines qualités, et d'avoir désigné par des mots ces objets et leurs qualités, car le discours ne se compose que de termes qui expriment l'existence et les modes d'existence des choses. Avec le temps et la diversité des circonstances dans lesquelles les individus ont été placés, ce premier idiome s'est enrichi et perfectionné ; il a fini par devenir une vraie langue, quoiqu'à l'origine il fût pauvre et imparfait.

De tout ceci que conclure? Que l'opinion de M. de Bonald sur le langage n'est pas assez claire et assez bien établie pour qu'on puisse l'admettre.

Mais quand on l'admettrait, quelles en seraient les conséquences, quelles vérités M. de Bonald en a-t-il déduites? Il en a d'abord tiré une démonstration de l'existence d'une cause première infiniment supérieure à l'homme en sagesse et en puissance, et cette démonstration est bonne, *positis ponendis*, comme on dit dans l'école, mais elle n'est pas la démonstration par excellence ; elle n'est pas la seule, il en est mille autres qui la valent. Et même cet argument est beaucoup trop particulier ; il ne porte que sur un point, au lieu de s'étendre à l'ensemble de la création ; et il est beaucoup de questions théologiques auxquelles il ne s'appliquerait pas, et qu'il laisserait par conséquent sans solution.

Pour ce qui regarde l'homme, le principe de M. de Bonald n'est pas plus large ni plus fécond. A peine lui fournit-il une théorie (encore est-elle plus métaphorique que scientifique) sur les rapports des signes et des idées. Quant à l'intelligence elle-même, et surtout quant à la sensibilité et à la liberté, on trouve tout au plus chez lui quelques observations particulières sur ces facultés ; mais les explications philosophiques, une vraie psychologie, y manquent tout-à-fait. Et ce n'est pas la faute de l'auteur, à qui certes on ne saurait reprocher le défaut de sagacité et de raisonnement : c'est celle du principe, qui, faux, vague ou mal choisi, ne s'applique pas, et ne saurait conduire à aucune conclusion précise et importante en ces matières. D'ailleurs, autant par préoccupation pour ce principe que par préjugé contre la conscience, M. de Bonald ne serait pas disposé, s'il philosophait, à étudier l'homme en lui-même et dans l'intimité de sa nature. Il ne conçoit pas le sens psychologique, ou il ne s'y fie pas : c'est dans les mots qu'il veut tout voir et tout apprendre. Ce serait donc dans les mots qu'il chercherait toutes ses idées de l'âme et des facultés ; ce serait d'une analyse verbale qu'il tirerait toute la psychologie. Il ferait à peu près comme M. de Lamennais ; et de même que l'auteur de l'*Indifférence* ne reconnaît la vérité que dans le témoignage, l'auteur de la *Législation primitive* ne la reconnaîtrait que dans l'expression. Témoignage pour l'un, expression pour l'autre, voilà les deux seules sources de vérité : comme si ceux qui témoignent et ceux qui parlent n'avaient pas dû primitivement trouver et saisir la vérité par la conscience, et autre part que dans des formes et des signes d'idées. Aussi sous ce rapport y a-t-il à faire ici à M. de Bonald une partie des critiques que nous avons faites à M. de Lamennais. Nous ne les répéterons pas; nous nous bornerons à dire que, si l'on peut étudier l'homme dans les mots, dans les langues, c'est seulement après avoir trouvé dans la conscience le sens des langues et des mots.

Il faut encore faire une remarque sur la manière dont M. de Bonald traite quelques unes des questions qu'il discute dans son principal ouvrage philosophique (1). Soit qu'il établisse, soit qu'il réfute une opinion, il met en usage des raisonnements qui ne reposent nullement sur le fait qu'il a cependant proclamé le principe unique de la science; il semble l'oublier, pour chercher ailleurs, n'importe où, les armes dont il a besoin pour l'attaque ou la défense. C'est ce qui est principalement sensible dans les chapitres intitulés : 1° *L'homme est une intelligence servie par des organes;* 2° *l'homme n'est pas une masse organisée;* 3° *de l'homme, ou de la cause seconde,* etc. Or nous ne lui faisons pas un reproche de mettre à contribution, pour le triomphe de ses idées, le plus grand nombre et la plus grande variété de raisons qui lui est possible; mais nous disons qu'il est inconséquent, en ce qu'il ne se borne pas exclusivement à celle qu'il a annoncée comme la raison suffisante et unique.

Nous ajoutons que, grâce à cette inconséquence,

(1) *Recherches sur les premiers objets de nos connaissances morales.*

il a souvent des vues qui, pour ne pas rentrer dans sa théorie, n'en sont pas moins très remarquables; et même c'est peut-être alors que sa pensée se déploie avec le plus de force et de portée. Aussi sommes-nous tout prêts à reconnaître que nous devons, non pas à la philosophie, mais au talent de M. de Bonald, des morceaux d'une haute vérité et d'une grande élévation. Nous citerons entre autres sa réfutation du matérialisme et ses éloquentes considérations sur les conséquences morales de ce système.

En recueillant tous nos souvenirs, il nous semble bien n'avoir omis, dans la critique que nous venons de présenter, aucun des points fondamentaux de la doctrine philosophique de M. de Bonald. D'après cela, elle pourrait bien être jugée assez peu importante. Mais il faut y prendre garde : si les conséquences ostensibles et expresses en paraissent vagues et de peu de portée, il en est d'autres qui en sortent aussi, et qui sont assez graves. En effet, si une langue primitive a été donnée à l'homme par le créateur, cette langue a dû être parfaite; pour être parfaite, elle a dû être pleine d'idées vraies; elle a dû être la vérité même, la vérité parlée et révélée. Or, pour les chrétiens, les Écritures sont la traduction fidèle et sacrée de cette langue toute divine : ils n'ont donc à voir dans les Écritures que la parole, le verbe et la vérité même de Dieu. A leurs yeux, tout ce qui n'y revient pas et n'y est pas conforme doit être réputé erreur et mensonge. Sciences physiques, sciences morales, sciences métaphysiques, toutes doivent se légitimer par la Bible; sans cela, elles ne peuvent être admises et tolérées dans une société chrétienne. Mais si la loi de tous les chrétiens est de croire aux Écritures, celle des catholiques est d'y croire sans discussion; quand l'église a prononcé, ils sont obligés de se soumettre. L'église est par conséquent constituée tribunal spirituel de toutes les idées, de toutes les sciences; et les prêtres qui la composent, juges de tous les savants; et la religion qu'elle enseigne, la règle de toute philosophie. Voilà, par conséquent, la philosophie, non pas à côté et en dehors de la religion, mais dans la religion : il n'y a plus moyen légal d'avoir ses opinions à soi et ses systèmes; il faut avoir ceux des docteurs ecclésiastiques ; il n'y a plus un *Institut* indépendant et libre dans ses recherches; et il y a une *Sorbonne* qui domine l'*Institut*, le surveille, l'arrête et le condamne quand il lui plaît. Or un tel état de choses peut bien être propre à maintenir parmi les esprits un certain ordre, et une sorte d'harmonie ou plutôt d'unité forcée; mais il est un obstacle fâcheux à cette autre harmonie, qui vient du concours libre, paisible et bienveillant des intelligences dans les voies de la vérité; pour assurer la paix, il empêche le mouvement, et ne prévient le désordre qu'aux dépens de l'activité. Et quand il ne règne que dans les temps d'ignorance et de barbarie, il ne fait pas grand mal, puisque alors on ne s'inquiète pas de science, et qu'on vit à peu près sans penser ; il peut même avoir accidentellement ses avantages, comme, par exemple, d'imposer d'autorité des dogmes qui, à défaut de croyances raisonnées, dont ne sont pas capables des hommes sans lumières, servent au moins de freins à leurs passions et de règle à leur conduite; il y a des siècles qui ne peuvent avoir que de la foi; et ces siècles supportent bien un pouvoir spirituel maître et modérateur des intelligences; peut-être leur est-il nécessaire. Mais les choses ne vont plus de même, à mesure que la philosophie vient à paraître, et que les penseurs, de plus en plus nombreux et puissants, s'appliquent à la science et la cherchent dans toutes les directions. A ces époques inévitables, prétendre encore au gouvernement intellectuel, et continuer à vouloir la soumission des consciences, faire acte de puissance pour soutenir ce vain droit, c'est provoquer une lutte qui n'arrête pas, qui suspend tout au plus le mouvement commencé; c'est pousser à la révolte ceux que gêne et accable l'ancien joug. Ce serait surtout un malheur que, chez un peuple pour lequel ces moments de crise, de combat, sont heureusement terminés, l'autorité en matière philosophique fût relevée, et reçût appui d'hommes dont le talent et le crédit pourraient de nouveau la faire valoir : car ce serait tout remettre en question, quand tout semblait décidé; ce serait ramener une lutte et des crises d'autant plus funestes qu'elles finiraient cette fois encore comme la première, avec cette différence cependant qu'elles feraient peut-être plus de mal; il s'y mêlerait plus de ressentiment et de colère. Elles étaient fatales lorsque d'abord elles arrivèrent : la force des choses était là qui les déterminait et les justifiait ; mais maintenant elles ne seraient plus l'effet nécessaire des circonstances : elles seraient toutes de main d'homme, si l'on peut ainsi parler ; ce serait l'œuvre de ceux qui les auraient bien voulues, et n'auraient rien épargné pour les produire. Supplions donc les écrivains qui se trouvent en tête du parti philosophique dont les prétentions courraient risque d'avoir de si tristes résultats de prendre garde à leur système et à leurs partisans, à leurs idées et à ce qu'on fait de leurs idées. Qu'ils y réfléchissent sérieusement, en présence des temps et des hommes d'aujourd'hui ; et qu'ils voient, en conscience, si leurs doctrines n'exposent pas la société à des périls aussi funestes qu'inutiles.

Il n'entre pas dans notre plan d'examiner la partie politique des œuvres de M. de Bonald. Cependant comme elle tient par plus d'un point à la métaphysique, nous profiterons de ce rapport pour citer le jugement qu'en a porté dans les *Archives* un homme dont nous nous plaisons à rappeler et à honorer le souvenir et le talent. C'est le fragment d'un article dans lequel M. Loyson (1) fait une critique générale du système de M. de Bonald, à propos d'un recueil de *pensées sur divers sujets*, et de *discours politiques*.

(1) M. Loyson était maître de *conférences* à l'ancienne École normale.

« Les deux axiomes suivants renferment toute la doctrine politique de M. de Bonald ; il est vrai qu'elle y est cachée en une grande profondeur, et qu'on ne l'y aperçoit pas du premier coup-d'œil.

« Cause, moyen, effet ; trois idées générales qui
« embrassent l'ordre universel des êtres et de leurs
« rapports. »

« La cause est au moyen ce que le moyen est à l'effet. »

« Ici je pourrais faire deux réflexions : l'une sur l'inconvénient de donner pour fondement à des systèmes ces propositions générales, prétendus principes qui ne paraissent féconds que parce qu'ils sont vagues, et ne s'appliquent à tout que parce qu'ils ne s'appliquent en effet à rien ; l'autre sur la vérité de la proposition même dont l'auteur fait son premier axiome. Car qu'est-ce que le moyen interposé entre la cause et l'effet ? Est-ce un premier effet qui en produit un second ? Mais alors c'est un véritable effet par rapport à sa cause, et une véritable cause par rapport à son effet. Est-ce seulement l'action de la première cause sur l'effet qu'elle produit, et pour ainsi dire le point de contact de l'une et de l'autre ? Mais cette action de la cause n'est que la cause considérée comme agissant : car si on la considère en elle-même d'une manière absolue, elle n'est plus cause ; elle ne l'est que par son action, que dans son rapport avec l'effet qu'elle produit, et par conséquent elle emporte l'idée de moyen, dont M. de Bonald fait un terme séparé. Mais laissons cette discussion, et, comme on disait dans l'école, accordant à notre adversaire ses demandes, voyons quel parti il en tirera; comment de ces sources il fera découler la légitimité d'un pouvoir et d'une soumission également sans limites; et comment, entre ces deux extrémités de la domination et de l'esclavage, il placera, comme moyen, ce corps intermédiaire qui doit se prosterner devant l'une, et fouler l'autre aux pieds.

« La *cause*, le *moyen*, l'*effet*, sont des paroles magiques avec lesquelles l'auteur métamorphose tout pour réduire tout à l'identité dont il a besoin; c'est un vrai talisman sous lequel chaque être vient prendre successivement la forme nécessaire à son système. On voit passer au premier rang Dieu, le médiateur, et l'homme; puis, dans la famille, le mari, la femme et les enfans; puis enfin, dans l'état, le pouvoir, le ministre et le sujet.

« Tous ces différents termes se correspondent un à un, suivant le rang qu'ils occupent dans la grande, dans l'universelle catégorie; et, grâce à leur propriété commune de cause, de moyen et d'effet, ils donnent lieu aux plus belles et plus fécondes proportions algébriques. Ainsi, ce que Dieu est dans l'ordre général des êtres, le mari l'est dans la famille, et le pouvoir dans l'état; les enfants et la femme, dans la société domestique, correspondent au sujet et au ministre dans la société politique, comme le sujet et le ministre correspondent eux-mêmes à l'homme et au médiateur. Cela établi, vous pouvez, suivant ce qui se pratique en algèbre, changer les termes d'une proportion à l'autre, sans changer les rapports, et dire, par exemple, que le père est le roi de la famille, Dieu le père du monde, le roi le dieu de l'état : ainsi les sujets sont les enfants du pouvoir, et les enfants les sujets du père ; ainsi la femme est le ministre du mari, et le ministre..... La langue se refuse en cet endroit à ce que demanderait l'exactitude de l'équation. Que serait-ce donc si j'allais faire remonter le rapport jusqu'au médiateur ? Parmi les nombreux avantages de sa méthode, l'auteur n'en a-t-il jamais senti les inconvénients ? Mais poursuivons notre tâche, et descendons à des applications plus particulières. Dieu est absolu dans l'univers ; rien ne borne sa puissance, ni ne peut lui demander compte de ses actions. Le père et le pouvoir seront absolus dans la famille et dans l'état, et toutes leurs volontés indépendantes, et, comme dirait la langue anglaise, *incontrôlables*. Il y a entre Dieu et l'homme un médiateur qui participe de la nature divine et de la nature humaine ; il y aura entre le pouvoir et le sujet un pareil *médiateur*, sujet par rapport au pouvoir, et pouvoir par rapport au sujet ; et ce médiateur sera le corps de la noblesse : de même il y aura aussi dans la famille un être intermédiaire entre le père et les enfants, dans une soumission d'enfant à l'égard du père, et avec une autorité de père à l'égard des enfants ; et cet autre *médiateur* sera la femme ; et tout cela sera ainsi parce que la cause, le moyen, l'effet, embrassent l'ordre universel des êtres et de leurs rapports, et que la cause est au moyen comme le moyen à l'effet, et que Dieu, le pouvoir et le père sont des causes; le médiateur, le ministre et la femme, des moyens; l'homme (en général), le sujet. et les enfants, des effets. Et s'il se rencontre quelqu'un d'assez hardi pour révoquer en doute ces vérités incontestables, il commettra une impiété manifeste, et sera déclaré anathème, parce qu'il est évident que ces propositions sont faites avec des mots, et que les mots, n'étant pas de l'homme, mais de Dieu, qui nous les a donnés, et avec eux nos pensées comme une liqueur dans le vase qui la renferme, méritent toute la confiance, et ont toute l'autorité d'une révélation positive et perpétuellement subsistante dans les langues humaines. En vérité, je commence à m'effrayer moi-même de ces sublimes équivoques, et je regrette presque celles que j'ai traitées si sévèrement dans les premières pages de cet extrait. Celles-là du moins n'étaient pas aussi déplacées, et se donnaient à peu près pour ce qu'elles étaient. Comment un écrivain qui s'est montré partisan si déclaré de l'immutabilité des conditions a-t-il pu se résoudre à tirer l'obscur calembourg de sa bassesse et de sa roture naturelle, pour lui donner place dans des sujets du rang le plus élevé et de la plus haute noblesse?

« Sortons enfin de ces nuages éblouissants, et reposons-nous dans un langage plus simple et plus clair. Toutes nos idées et tous les objets de la nature se ressemblent plus ou moins par quelques côtés, et chacun de ses côtés est désigné par un nom particulier. Mais ce nom ne s'étend pas au-delà du rapport qu'il exprime, et il n'est pas en son pouvoir de rendre identiques des choses qui n'ont qu'un seul trait de ressemblance. De ce qu'un même terme peut s'appliquer à deux ou plusieurs idées, vous ne pouvez rien conclure que dans l'ordre d'idées auxquelles ce terme est relatif. Hors de cette limite, toute induction est abus de mots et fausseté de pensée. Que Dieu et le pouvoir, considérés comme produisant quelque effet, soient désignés l'un et l'autre par le même nom de cause, il n'y a rien à dire ; mais l'analogie s'arrête là, ou du moins aux conséquences directes qu'on peut tirer de leur qualité de causes. Que la rédemption de l'homme coupable se soit faite par le moyen du fils de Dieu, que le chef d'un état fasse exécuter les lois par le moyen de ses agents ou ministres, que ce soit au moyen de la femme que le mari produise les enfants (car il faut bien obéir à ce singulier langage, au risque de dire quelque sottise), je consens qu'on trouve dans ces trois choses une très faible et très vague similitude ; mais partir de cette similitude pour les confondre entièrement, et leur supposer mille autres rapports dans l'univers, l'état et la famille, c'est ce qui ne peut se faire que par la plus étrange et la plus inconcevable dépravation de la langue. C'est cependant ce que fait l'auteur, et voilà les fondements d'un édifice où il a dépensé tant de talent.

« Eh ! ne soyons pas si sévères envers les auteurs de

systèmes, me dira-t-on. Il y en a tant de faux ; un de plus, un de moins, qu'importe ? Oui, lorsque les conséquences de ces systèmes sont indifférentes, à la bonne heure ; mais celui dont il s'agit ici place la nature humaine dans une situation abjecte. La société politique, dans les idées de M. de Bonald, me représente un troupeau où je vois un berger, des chiens et des moutons ; *cause, moyen* et *effet :* le berger mange les moutons et bat les chiens (car qui peut l'en empêcher ?), et les chiens se consolent en mordant les moutons. Il peut arriver, je le sais bien, que cette vengeance ne soit pas toujours du goût du berger ; mais alors les chiens, battus de nouveau, n'en auront que plus de fureur contre les moutons, et les pauvres moutons finiront par être plus souvent et plus cruellement mordus. En vain l'auteur de ce système aura recours à ce premier pouvoir qu'il a placé sur la tête des puissances humaines. Si le despote est athée, quel espoir restera-t-il au peuple ? Faudra-t-il donc qu'il élève au ciel les mains pour implorer une de ces grandes justices dont il est nécessairement lui-même l'injuste instrument ? Dieu aurait donc dit aux hommes, en les mettant en société : Je vous établis dans une condition qui doit vous rendre à la fois meilleurs et plus heureux ; je vous donne un maître absolu, qui ne devra compte qu'à moi de sa conduite envers vous ; mais s'il fait votre malheur......, je vous rendrai coupables pour le punir. »

M. LE BARON D'ECKSTEIN,

Né en Danemarck, vers 1785, fixé en France depuis 1815.

Ce n'est pas sans quelque embarras que nous allons parler de M. d'Eckstein. Nous ne sommes pas sûr de le bien comprendre. Il a certainement sa philosophie : car on ne fait pas ce qu'il fait, on ne publie pas de mois en mois, sur tous les sujets et dans tous les genres, des morceaux où se reproduisent sans cesse le même esprit et la même opinion, sans avoir un système, une unité d'idées, une philosophie, en un mot. Mais, soit qu'elle pèche par l'exposition et l'expression, soit que peut-être en elle-même elle manque de précision, et qu'à force de hardiesse elle se hasarde et tombe dans le vague, soit la nouveauté et l'étrangeté des points de vue dont elle étonne, il est certain que nous avons quelque peine à nous rendre compte des principes dont elle se compose. Ajoutons que sur beaucoup de questions, pour l'intelligence desquelles il serait nécessaire de posséder certaines connaissances historiques et philologiques, nous ne sommes pas juge compétent ; il nous faudrait, pour les entendre, une érudition que nous sommes loin d'avoir. Malgré tout, cependant, nous essaierons de saisir et d'apprécier, de notre mieux la pensée philosophique de M. d'Eckstein. Nous devons cette justice à la personne de cet écrivain : car, quoiqu'il soit étranger et qu'à la rigueur il appartienne moins à la France qu'à l'Allemagne, comme néanmoins c'est parmi nous et dans notre langue qu'il a exposé ses idées, comme en même temps c'est au drapeau d'une de nos écoles, de celle de MM. de Maistre, de Bonald et de Lamennais, qu'il s'est rallié, nous ne saurions moins faire pour reconnaître la franchise, le talent et le zèle avec lequel il a philosophé, que de lui donner une place dans l'*Essai* que nous publions.

Sous le rapport de la méthode, M. d'Eckstein diffère essentiellement de l'école qui, parmi nous, pose en principe que c'est par la conscience que doit se faire l'étude de l'homme. Quand il ne l'aurait pas expressément déclaré à propos des *Fragments* de M. Cousin et de la *Préface* de M. Jouffroy, on le verrait assez à la manière dont lui-même il traite et résout la question de l'humanité. Comme M. de Bonald et M. de Lamennais, il ne croit pas à la conscience, ou il n'y croit que comme au moyen de connaître le *moi*, l'*individu*; pour ce qui est de l'homme en général, il ne croit qu'à l'histoire et aux documents qu'elle peut fournir. Ce n'est pas *lui* qu'il regarde lorsqu'il se livre à ces recherches; ce n'est pas *lui*, l'homme de ce jour, de ce pays, lui fraction de l'humanité : c'est l'homme en grand, l'homme idéal, type et modèle de toute la race. Or où le trouver si ce n'est dans Adam et dans Christ, qui tous deux représentent notre nature, l'une comme créée bonne et puis déchue, l'autre comme régénérée et relevée divinement? Christ et Adam, voilà donc l'homme, l'homme véritable et philosophique. Que faut-il faire en conséquence pour l'étudier et le connaître? Consulter la tradition, et s'initier par l'histoire au sens réel de la tradition, de la tradition primitive et de la tradition chrétienne. Tout est affaire d'érudition et de critique historique; il s'agit d'examiner et d'entendre les monuments divers qui peuvent nous retracer ces deux *figures* de l'humanité, l'une placée au berceau du monde, et l'autre placée à sa renaissance. Ainsi l'Inde et tout ce qui y touche, voilà vers quel point doivent d'abord se tourner les regards du philosophe ; puis c'est la Grèce et Alexandrie, c'est Rome et la Judée ; c'est tout ce qui annonce, prépare, détermine et accompagne la venue de l'homme-Dieu; et comme d'Adam jusqu'à Christ, et de Christ jusqu'à nous, le type humain qu'ils portent en eux n'a pas passé de siècle en siècle, de pays en pays, sans se nuancer et s'altérer ; comme il a eu ses variations, ses accidents, ses vicissitudes, c'est à suivre tous ces mouvements, à les expliquer, à les systématiser, qu'il faut s'attacher, si l'on veut embrasser tout son sujet et donner à ses idées le caractère *catholique*.

Telle est la méthode de l'auteur; et sa raison pour l'adopter est cette idée où il est, que ce n'est pas la conscience, mais la foi et l'autorité, qui peuvent réellement conduire à la connaissance de l'homme. Et pourquoi, selon lui, la conscience ne le peut-elle pas? parce que c'est le *moi* qui en est l'objet, et qu'en cherchant à le connaître, elle n'arrive jamais qu'à une connaissance individuelle. Or il y a, ce nous semble, ici une méprise évidente. En effet, si le sens intime livré à lui-même, sans règle ni culture, perçoit tout sous un point de vue personnel et singulier, si dans le *moi* il ne voit que le *moi*, en ce cas même, sans qu'il s'en doute, à travers le particulier, il entrevoit le général, et dans un homme il sent l'homme ; de sorte que l'ignorant, l'enfant même, qui, en s'observant, ne songent qu'à eux, qui n'usent pas d'abstraction, qui n'ont pas l'art de généraliser, se trouvent cependant comme d'instinct avoir une notion de l'humanité : toute bornée qu'est leur expérience, elle leur suffit pour leur révéler, au moins d'une manière confuse, avec ce qu'il y a de singulier, ce qu'il y a de commun dans leur nature. Quant à celui qui réfléchit, pour le philosophe, qui, sûr de sa conscience, la dirige avec méthode, seul en face de lui-même, recueilli et plein de souvenirs, il n'a pas de peine à reconnaître dans le sujet, qu'il porte en lui les caractères essentiels de tous ceux de son espèce ; il y fixe sa pensée, et son idée dès lors n'est plus un tout concret où se rencontrent à la fois l'individuel et l'universel, le particulier et le général, ce n'est plus une vue confuse, un principe mal dégagé : c'est une notion abstraite et une nette généralité ; c'est la science de l'espèce, et la théorie de l'homme. Le *moi* n'est plus pour lui un individu déterminé : c'est un type, un idéal, c'est l'idéal humain ; et si sa propre expérience ne lui semble pas sur certains points assez positive et assez claire pour le mener logiquement à une induction légitime, il y a d'autres consciences que la sienne qui, comme la sienne, sont dans le secret de l'être qu'il veut comprendre ; à leur tour il les interroge, et il en reçoit des renseignements qui, combinés avec ceux qu'il a déjà, doivent finir par lui livrer la solution qu'il recherche. Que si, par les autres non plus que par lui, il ne peut venir à bout du problème, c'est qu'alors il faut désespérer, ou tout au moins attendre : désespérer, s'il y a mystère ; attendre, si l'heure de la lumière n'est pas encore venue. Mais, certainement, quand il arrive que toutes les consciences sont en défaut, il n'y a pas d'autre faculté qui puisse les suppléer avec avantage. Elles manquant, tout manque aussi. Otez la science au sens intime, et il n'y a plus de science possible, et surtout de science de l'homme. (1)

A ce que nous venons de dire nous ajouterons qu'il n'est point de systèmes sur l'homme, même ceux qui contestent la légitimité de la conscience, qui ne s'appuient de façon ou d'autre sur les résultats obtenus par cette espèce d'observation. Seulement peut-être ces résultats sont-ils altérés et mal employés, et le vrai n'y est-il pas pur, ce qui fait le faux de ces systèmes. Mais, dans tous les cas, on n'a jamais rien dit, rien imaginé de notre nature, qui ne revienne en principe à

---

(1) Voir ce que nous avons dit sur cette question en examinant la philosophie de M. de Lamennais.

quelque aperçu du sens intime. La conscience est le fond de tout. Ce qui nous semble avoir trompé M. d'Eckstein, c'est qu'il a cru que le sens intime ne regarde dans le *moi* que l'*individu*, tandis qu'au contraire il peut très bien y regarder l'homme, la généralité humaine.

Quant à la *foi*, qu'il propose comme méthode philosophique, M. d'Eckstein oublie peut-être que, si elle a ce caractère, c'est à la conscience qu'elle le doit. En effet, d'où vient qu'on croit et qu'on accueille un témoignage, si ce n'est parce que d'abord on sait en soi et par soi-même ce que c'est qu'un témoignage et ce qui en fait l'autorité? Sans cette expérience personnelle, comment juger que d'autres témoignent, et de quelle manière ils témoignent; comment avoir de la foi, et quelle espèce de foi avoir? Il est impossible qu'on en ait aucune. Mais n'insistons pas sur ce point, qui, dans l'auteur du *Catholique*, n'a pas, comme chez celui de l'*Indifférence*, cette saillie systématique qui provoque tant l'attaque, et voyons comment en elle-même la *foi* procède à la philosophie. Et d'abord où cherche-t-elle l'homme? Dans la tradition. Mais la tradition date de loin. Soit qu'on la suive d'Adam à Christ, soit qu'on la suive de Christ à nous, c'est toujours une pensée, qui a été mise dans le monde, à une époque dont la nôtre est séparée par des siècles. Qu'il y ait eu, si l'on veut, révélation ou manifestation de l'idéal humain dans Adam et puis dans Christ, nous l'accordons, nous ne le discutons pas ; mais la vérité à ces deux âges, faite pour le temps où elle a paru et pour les intelligences qui l'attendaient, ne s'est pas produite et n'a pas été vue de la même manière qu'aujourd'hui. Elle a donné lieu à une autre science, ou plutôt elle n'a pas donné lieu à une science, mais d'abord à une intuition, à des mystères, puis à des mystères plus clairs, à des dogmes plus explicites; elle a commencé par faire une religion toute naïve, toute poétique ; ensuite elle en a fait une plus sérieuse et plus profonde, et chaque fois elle a bien fait. Mais de nos jours en est-il de même ? et avec ses voiles et ses symboles peut-elle entrer dans des esprits qui demandent une démonstration rationnelle et évidente. Il la fallait avec des images, peut-être avec des illusions, à des âmes qui n'avaient de sens que pour la figure et le mystère ; mais à celles chez lesquelles une autre faculté, la réflexion, s'est développée et exercée, il la faut simple et lumineuse, l'évidence seule en fait la force ; et tout cela est dans l'ordre. La loi de l'humanité intelligente n'est pas d'avoir des choses toujours la même idée, mais d'en avoir une, puis une autre, puis une autre encore, et de passer ainsi successivement par toutes les vues qui sont amenées par le mouvement intellectuel. Et, ce qu'il faut remarquer, c'est que, pourvu qu'à chaque degré elle sente bien ce qu'elle a à faire et le fasse avec vertu, elle a toujours son mérite, quoique ce mérite ne soit pas le même ; elle est grande dans sa maturité comme elle est belle dans sa jeunesse, comme elle est merveilleuse dans son enfance ; seulement peut-être, et toujours selon les conseils de la providence, y a-t-il un peu plus du sien dans les pensées de l'âge mûr, et un peu plus de Dieu et de la nature dans celles des âges précédents. L'humanité a peu de siècles qui, tout compris, ne vaillent les autres ; ceux même où en apparence elle agit le moins et avec le moins d'effet ont leur prix et leur destination ; elle ne les perd pas, elle les sacrifie, elle les emploie à se reposer, à se préparer, à se renouveler : c'est le temps de cette éducation insensible et *latente* qui fait comme le fond de son perfectionnement ultérieur ; ce sont des jours utiles, quoiqu'ils passent sans éclat. Il ne faut pas toujours juger des années par la gloire : il en est d'obscures qui ont produit de grandes choses, mais elles les ont produites secrètement et au profit d'un avenir qui seul en a eu l'honneur. Les nôtres, grâces à Dieu, ne peuvent avoir ce destin : assez de titres les illustrent et leur marquent une place dans les annales de l'histoire. Mais, fussent-elles moins heureuses, elles auraient encore leur part dans la masse du bien commun ; ce ne serait pas du moins leur dévouement à la science qui pourrait leur enlever l'estime qui leur est due : car c'est là leur usage, leur emploi, le but pour lequel elles nous sont comptées.

Aussi vouloir, en philosophie, distraire le siècle présent du point de vue qui lui est propre, pour le placer dans le point de vue de siècles qui sont loin de lui, est, ce nous semble, une entreprise qui ne peut avoir de succès. La génération de la *création* a eu son idée sur la nature de l'homme ; la génération de la *renaissance* à son tour a eu la sienne ; nous avons la nôtre aujourd'hui, ou du moins nous croyons l'avoir. Essayer de nous l'ôter, pour nous donner à la place celle que la tradition nous a transmise, c'est tenter de nous faire revenir de la raison à la pure foi, et de la science au sentiment ; c'est tenter un contre-sens au détriment des intelligences. Il leur faut, telles qu'elles sont, de la théorie, et non pas de l'intuition ; il leur faut des principes, et non des dogmes traditionnels. Or le système de M. d'Eckstein nous paraît précisément avoir la fausse tendance que nous signalons. Il ne prend pas le monde où il est, pour le pousser en avant ; mais plutôt, s'il le pouvait, il le ferait reculer, le reporterait en arrière de deux mille ans, et de bien plus, afin de le rendre aux impressions qu'il reçut à des époques de religion et de poésie. Il espérerait ainsi le retremper, le rajeunir, le fortifier, l'améliorer. Mais le monde n'a plus l'âme comme il l'avait dans sa jeunesse ; il ne l'a pas pire, mais il l'a différente ; et on le remettrait en présence de ces symboles et de ces dogmes qui jadis le charmèrent, qu'il ne les sentirait ni ne les croirait ; il n'en aurait plus la faculté. Tel qu'il est, la vérité doit venir à lui sous une autre forme : sans cela elle ne saurait le toucher. Il faut donc que le philosophe, au lieu de prendre ses principes dans des idées traditionnelles, les cherche dans des raisons qui frappent par leur évidence, s'il veut convaincre qu'il parle en sage et qu'il ne parle pas en inspiré, qu'il raisonne en savant et ne pense pas en poëte.

La tradition ne peut donner la philosophie que nous demandons; cependant elle n'est pas vaine, et elle a droit à nos respects, comme tout ce qui vient de l'humanité. Soit donc que nous la prenions dans sa plus haute antiquité, soit que nous la regardions à l'époque de la naissance du christianisme, sous ces deux formes elle nous offre comme le dépôt de la vérité telle qu'elle parut aux esprits de ces âges et de ces temps; elle nous la montre avec sa poésie, ses figures et ses mystères; elle nous la livre dans son acception historique et accidentelle : elle nous est ainsi un témoignage de la manière dont la providence ménage aux hommes la lumière et leur administre ses enseignements. Rien de plus intéressant, sous ce rapport, que l'étude critique des révélations. Elle nous apprend à reconnaître dans le genre humain la marche et les mouvements de la pensée; elle nous instruit de l'ordre intellectuel, et, par l'ordre intellectuel, de l'ordre moral; du secret des consciences, elle nous conduit à celui des volontés, des actions et des événements. Ce sont des recherches qui vont à tout, parce qu'elles se prennent aux idées, qui finalement décident de tout. Mais pour que ces recherches aient leurs résultats, il est nécessaire au préalable qu'on sache les lois de l'esprit, afin qu'on puisse les démêler et les saisir dans les diverses manifestations que la tradition nous en transmet. Sans cette science, comment entendre et expliquer les phénomènes dont il s'agit : tout y paraîtra obscur, surnaturel et mystérieux. Libre à vous, si vous le voulez, de les regarder en poète, ou de les adorer en croyant ; mais si vous tenez à les comprendre, vous n'y parviendrez qu'en les jugeant d'après des principes psychologiques. Ce n'est que par l'homme de votre expérience que vous concevrez l'homme de l'histoire ; ce n'est que quand vous aurez bien vu le premier que vous pourrez raisonner sur le second. Or, nous le répétons, l'expérience, la connaissance de l'homme, ne peut s'acquérir que par la conscience.

Toutes ces considérations nous portent à dire que M. d'Eckstein, en traitant la philosophie comme il l'a fait, a composé plutôt un système de catholicisme, c'est-à-dire de révélation et de mysticisme, qu'une théorie scientifique.

Du reste, comme les principaux points de sa doctrine diffèrent peu de ceux qui ont été vus dans les philosophes de la même école, et comme, dans le recueil où nous les trouvons (*le Catholique*), ils se présentent plus par aperçus et applications que par exposé un et complet, nous ne renouvellerons pas une critique qui reviendrait, ou peu s'en faut, à celle qui a été présentée dans les chapitres précédents. Car, quoique M. d'Eckstein ait, sans contredit, sa manière, son caractère, et on peut le dire, son originalité, cependant, jusqu'ici, il ne s'est point assez développé pour qu'en puisse bien saisir ce qui lui est propre et personnel : il convient donc d'attendre, afin de le voir se prononcer et se caractériser plus fortement. Mais ce que dès à présent l'on peut saisir sans peine, et ce qui ressort clairement de tout ce qu'il a écrit et publié, c'est la manière dont, du haut du système qu'il professe, il juge à chaque époque l'histoire des sociétés. Soit ancienne, soit moderne, elle ne lui paraît que l'expression de certains dogmes religieux qui, purs ou altérés, à leur source ou dans leur diffusion, ont produit ou modifié tous les grands mouvements du monde. Que ces dogmes à ses yeux restent mystiques et obscurs, qu'il ne leur cherche pas un autre sens que celui qu'y met la foi, c'est sans doute un défaut ; mais du reste, comme ces dogmes ont été, comme ils ont eu leur effet, il y a beaucoup de philosophie et une haute entente historique à les suivre dans leur cours, à les reconnaître dans leurs déviations, à les retrouver partout, même sous leurs formes les plus monstrueuses. Ce travail exige nécessairement une très vaste érudition ; il demande plus que la connaissance des événements et des dates : il suppose celle des langues et des arts, celle des mœurs et des religions ; et nous ne savons pas si, sous ce rapport, M. d'Eckstein remplit bien toutes les conditions de son entreprise ; elle exige de profondes études philologiques, æsthétiques, morales et théologiques, et ces études sont immenses ; mais certainement il a dans l'esprit le mouvement et la portée qui conviennent à ces recherches. Une curiosité qui tient de l'ambition, une promptitude remarquable, une grande ardeur de tête, la facilité d'aller à tout, d'embrasser tout, à la condition, il est vrai, de tout arranger à son système : telles sont les qualités qui le rendent propre à ce travail. Il est seulement à regretter que sa pensée, trop bouillante, ne garde pas en son cours cette lucidité et ce bel ordre qui laissent voir les idées dans leur suite et à leur place ; en se précipitant, elle déborde, s'emporte et trouble souvent le lecteur. C'est un empressement d'arriver, un besoin de pousser en avant, une rapidité et une étendue qui sont certainement la marque d'un esprit très distingué ; mais comme il ne s'y mêle pas assez de méthode, il en résulte que les sujets sont plus courus qu'explorés, et esquissés que discutés ; des éclairs les sillonnent, mais la lumière n'y reste pas. Il y a sans doute de la force à procéder de cette façon ; mais c'est une force mal contenue, qui, en s'abandonnant, perd de ses avantages.

Et maintenant, pour rendre à M. d'Eckstein toute la justice qu'il mérite, nous devons remarquer que, peu porté par son système pour la liberté de la presse, qui en effet ne se concilie guère avec l'autorité d'une église *une* et *catholique*, il veut cependant cette liberté par conscience et amour de la vérité et de la raison. Reconnaissant que le clergé, loin de posséder aujourd'hui les lumières dont il aurait besoin, semble au contraire les repousser, et par conséquent ne peut plus prétendre à la souveraineté intellectuelle, qui n'a de titre que la science, il sent la nécessité, ne fût-ce que pour l'obliger à s'éclairer, de laisser la liberté et la publicité de la discussion. Bien persuadé en même temps que, dans la disposition des esprits, le vrai moyen de les convertir n'est pas de leur imposer, mais de leur proposer une doctrine, il repousse toute mesure qui ne s'accorderait pas avec ce principe. La liberté, il est vrai, n'est pas pour lui ce qu'il y aurait de mieux. Il préférerait l'autorité, si l'autorité était ce qu'elle doit être; mais telle qu'elle est, il ne la croit pas bonne, et, dans cette pensée, il se tourne vers la liberté, l'invoque et la proclame. Sous ce rapport, M. d'Eckstein diffère beaucoup des écrivains de son école; il a bien mieux le sentiment de son époque et des besoins qui lui sont propres. Comme eux, il dirait bien, Point de vérité hors de l'église; mais il dirait en même temps, Les hommes de l'église ne sont plus assez instruits de cette vérité pour avoir l'autorité qu'elle leur donnerait s'ils savaient mieux. Il faut donc qu'ils renoncent à être les juges des idées, au moins jusqu'à ce qu'ils aient retrouvé la science qui leur manque. Mais alors, s'ils ont ce bonheur, ils n'auront besoin pour être forts ni de la loi ni du pouvoir; la force leur reviendra comme à tous ceux qui ont pour eux la raison et le savoir. En attendant, il leur conteste cette domination intellectuelle à laquelle ils aspirent: il ne leur trouve pas les titres qui en légitiment l'exercice. Cette manière d'admettre la liberté n'est peut-être pas tout ce que demanderait une philosophie purement libérale ; mais elle est beaucoup comme concession d'une philosophie catholique, et nous devons en savoir gré à l'auteur, qui, malgré son système, a su faire ce sacrifice à son amour pour la science (1).

(1) M. d'Eckstein n'a jusqu'ici publié que le *Catholique*, recueil qui a commencé à paraître en 1826, et qui compte déjà plusieurs vol. in-8°; mais il y annonce en plus d'un endroit un ouvrage étendu, dans lequel il cherchera à faire l'histoire générale de l'humanité, d'après ses langues, ses littératures, ses religions et ses mouvements politiques. C'est dans ce livre qu'il développera avec unité et dans son ensemble tout le système que le *Catholique* ne nous montre que par aperçus et applications particulières.

ÉCOLE ÉCLECTIQUE,

ou

SPIRITUALISTE RATIONNELLE.

L'*éclectisme* n'est pas le même dans tous les temps : il dépend des opinions au milieu desquelles il intervient. Aujourd'hui il se trouve entre le *sensualisme* et *la théologie*. Il consiste, en conséquence, dans un *spiritualisme rationnel*. Bien des différences séparent sans doute les écrivains assez nombreux que nous rangeons dans cette classe : outre le génie qui n'est pas le même, il y a encore les questions qui sont loin d'être identiques; mais ce qui leur est commun à tous, c'est de ne prendre leurs doctrines ni dans le système de la *sensation*, ni dans celui de la *tradition*, mais dans un système moyen, qui, plus large que le premier et plus positif que le second, s'attache bien moins à repousser qu'à modifier l'un et l'autre, et à les nier tous les deux qu'à les compléter, les éclaircir et leur emprunter avec critique ce qu'ils peuvent avoir de vrai.

Cette espèce d'*éclectisme* est, au fond, celui que l'on reconnaît dans les diverses philosophies dont l'examen va suivre. Cependant chez toutes il ne se montre pas exprès et avoué; chez la plupart même ce n'est que de fait qu'il existe : il faut donc bien remarquer que, parmi les auteurs que nous appellons *éclectiques*, tous n'ont pas pris le nom que nous croyons devoir leur donner; mais tous le méritent, du moins dans notre point de vue: et s'il en est qui n'aient eu ni la pensée ni le mot de l'opinion que nous leur prêtons, ils n'en ont pas moins eu la réalité, et ne s'en classent pas moins à bon droit avec ceux qui l'ont professée et exprimée.

Il faut aussi remarquer que, pour être de la même école, tous les *éclectiques* dont nous parlerons ne doivent pas être considérés comme disciples du même maître, et philosophes de même lignée. Il n'en est au contraire que quelques uns qui aient entre eux ce rapport et cette filiation d'idées, nécessaires pour constituer une véritable école, une famille de penseurs. Les autres, isolés et sans lien, sont arrivés à leur système d'une foule de points divers; mais cela n'empêche pas qu'ils ne se prêtent tous plus ou moins au rapprochement philosophique que nous avons essayé d'établir entre eux. Ils ont assez d'affinités, malgré leurs différences et leurs nuances, pour pouvoir être groupés et réunis sous un même titre.

M. BÉRARD.

La conséquence nécessaire du règne du *sensualisme* en France, pendant les premières années du 19° siècle, devait certainement être de rendre la science physiologique encore plus matérialiste qu'elle ne l'eût été d'elle-même et d'après ses propres préjugés; comme le résultat inévitable du *spiritualisme* régénéré devait être de la ramener à une manière de voir plus psychologique. En effet, tant que les philosophes n'ont reconnu dans l'intelligence d'autre faculté que la sensation, il était difficile aux médecins, déjà trop portés par leurs études à tout réduire à l'organisme, de ne pas expliquer par les organes la vie et toutes les fonctions qui dépendent de la vie. Mais quand la philosophie, tout en admettant la sensation, a tenu compte de la conscience, et que par la conscience elle a saisi l'âme et l'a expliquée sans mysticisme, la médecine de son côté a dû modifier son système; et quoique peu d'écrivains seulement, de ceux qui lui appartiennent, aient été les interprètes de cette réforme physiologique, ils ont cependant eu dans la science assez de poids et d'autorité pour qu'il convienne de constater ce changement de direction, et de dire quelque chose de deux auteurs chez lesquels il nous a paru le plus marqué : nous voulons parler de MM. Bérard et Virey. Commençons par le premier.

Rien de plus aisé à reconnaître dans son idée sur la vie que l'influence qu'y a exercée la science psychologique. Matérialiste comme tout le monde, tant qu'il ne regarde que les faits, il cesse de l'être aussitôt qu'il recherche les principes. Il juge par les sens de tout ce qui est sensible; mais pour ce qui ne l'est pas et doit se conclure, il le conçoit d'après la conscience : il observe en médecin et raisonne en psychologue.

Des molécules, et un arrangement déterminé de ces molécules, des organes et des fonctions, un corps vivant, en un mot, avec ses divers attributs, voilà ce qu'il admet, en commun avec tous les physiologistes; mais ensuite les choses changent. Ce corps qui vit, comment vit-il ? D'où lui viennent l'excitation, l'action et le mouvement ? De la force, il le faut bien, puisque sans cela rien ne se ferait. Mais la force elle-même, qu'est-elle, et quelle notion s'en former ? Ceux qui pensent que nous n'avons qu'une manière de connaître, la *sensation*, qu'un objet à connaître, l'*étendue*, ne distinguent pas réellement la force de la molécule, dont ils la supposent une qualité : il n'y pas deux choses à leurs yeux, la molécule et la force; il n'y en a qu'une, la molécule, avec la force pour attribut; en sorte que, quand l'ordre l'appelle avec ses pareilles à composer un corps, elles n'ont toutes besoin que d'elles-mêmes pour produire ce résultat; point d'auxiliaires qui les secondent, rien d'emprunté ni d'étranger; elles ont tout ce qu'il leur faut et se suffisent parfaitement.

Cette opinion est toute contraire à celle que professe M. Bérard. Selon lui, outre la sensation, il y a dans l'homme le sentiment, le sens intime, aussi réel qu'aucun autre et d'un objet aussi certain. Si donc on l'interroge avec attention, et qu'on recueille fidèlement l'espèce de vérité dont il donne témoignage, on reconnaît qu'il atteste l'existence d'un principe qui, sans avoir rien de corporel, sans être sensible d'aucune façon, *est* cependant, et se montre actif, vivant, animé, source de mouvement et d'impulsion, force substantielle et efficace. C'est une force, et il l'est sans être matière ; il l'est en lui-même, par sa nature et indépendamment de ses rapports avec la masse organique : ce n'est en effet ni comme molécule, ni comme assemblage de molécules, qu'il se révèle à l'observation ; ce n'est sous aucun des attributs qui appartiennent aux molécules. Ce qu'on y voit au milieu des aspects divers qu'il présente, c'est une activité une et identique, avec une infinie facilité à se livrer libre ou non à toute sorte de développements ; ce sont des passions, des pensées et des volontés, qui, toutes phénomènes du même sujet, ne mettent en relief, lorsqu'elles se produisent, qu'une puissance très distincte d'un composé matériel. Ainsi, grâces à la conscience, une vraie force est reconnue, qui peut dès lors servir à concevoir toutes les autres. En effet, puisque l'âme est telle par sa nature qu'elle a l'action sans être matière, il est clair, par là même, que l'action n'est pas nécessairement une dépendance de la matière; d'autant d'ailleurs que rien ne prouve que le corps ait en lui une énergie propre et essentielle; et comme l'âme est la première ou pour mieux dire la seule force connue directement, que les autres ne le sont qu'indirectement et par induction, il faut bien par analogie que les forces à connaître se déterminent d'après celle dont on a d'abord l'idée; il faut que toutes soient comme des âmes, ou au moins comme des principes actifs et vivants qui s'allient à la matière et en régissent les molécules. Ainsi, aperçoit-on dans l'animal le signe physique de quelque cause qui agit en lui et le modifie, par exemple la digestion, la nutrition, etc., on doit conclure de ce phénomène la même chose que de celui qui annonce par sa présence la pensée ou la volonté. Si le second vient d'une force, il n'y a pas de raison pour dire que le premier n'en vienne aussi. Si celui-ci est un effet de la vie morale, l'autre est un effet de la vie physique : des deux côtés il y a la vie, la force; seulement ici elle est purement digestive, nutritive, tandis que là elle est intelligente et capable de volonté. Il y a donc dans l'organisme, outre les molécules qui le composent, des principes particuliers qui, actifs par eux-mêmes, portent sur les molécules qu'ils atteignent la puissance dont ils sont doués, les saisissent, les rallient, les combinent, en forment des appareils à fonctions spéciales, et en cet état les excitent, les entretiennent, les réparent, jusqu'au moment où survient la mort. Ce sont ces principes qui ont la vie, et qui par leur concours et leur harmonie la répandent et la distribuent dans toutes les parties de l'organisme ; ce sont eux qui avec l'âme jettent dans l'inertie de cette masse le mouvement et l'action, et en font ainsi un *dynamisme* où vient se jouer sous mille formes la force, tantôt intelligente, tantôt vitale et animale, le tout avec bon ordre et d'après des lois déterminées. En sorte que les organes, dans ce système, loin d'être les causes efficientes ou les agents producteurs de nos diverses facultés, n'en sont que les instruments extérieurs et le mécanisme accidentel, elles leur préexistent en quelque sorte, elles les trouvent à leur usage et s'en servent pour agir ; mais il serait possible qu'elles agissent autrement et dans d'autres conditions : il ne faudrait pour cela qu'un changement de rapports et de mode d'existence. Ce n'est ni le cerveau qui pense, ni l'estomac qui digère : c'est la force intelligente qui pense dans le cerveau, et la force digestive qui digère dans l'estomac. L'estomac et le cerveau ne sont que des lieux arrangés pour qu'elles y jouent leur rôle, ce sont les théâtres où elles se déploient avec les fonctions qui leur sont propres. Il y a quelque chose de cette doctrine dans celle de Sthal et dans celle de Barthez, c'est-à-dire qu'elle tient de l'*animisme* et du *vitalisme ;* cependant elle n'est entièrement ni *animiste*, ni *vitaliste*. Elle reconnaît dans l'organisme un autre élément que la molécule ; mais que cet élément soit l'*âme* ou qu'il soit le *principe vital,* à l'exclusion de toute autre chose, c'est ce qu'elle ne croit ni n'admet plus. Elle conçoit au contraire plusieurs forces, deux au moins, dont l'une sent et veut, et l'autre se borne à vivre. Sthal et Barthez expliquent tout par une seule et même cause; mais leur unité défectueuse ne peut rendre compte de tous les faits: car ces faits sont divers et se distinguent au moins sous un rapport essentiel, c'est que les uns paraissent produits avec conscience et liberté, et les autres par pur instinct, sans idée ni volonté.

Tel est, en résumé, le système de physiologie que l'on trouve développé dans le livre de M. Bérard (1). Pour en apprécier la valeur, il faut saisir exactement le point capital sur lequel il porte. La force est-elle ou non une propriété de la matière? voilà toute la question. Selon que cette question sera résolue dans un sens ou dans l'autre, le système dont il s'agit aura tort ou raison. Il sera faux s'il est prouvé que la force vient de la matière; il sera vrai s'il en est autrement : c'est donc là ce qu'il faut bien voir. Or, s'il suffit, pour se décider, de consulter la conscience, c'est-à-dire la faculté par laquelle seule l'âme a d'abord l'idée de l'activité, la réponse est aisée : la force n'est pas physique. En effet, telle qu'elle se voit dans le *moi*, elle est simple et identique; elle n'est ni figurée, ni colorée ni sonore, elle n'est perceptible par aucun organe et ne se révèle qu'au sens intime, et par toutes ces

---

(1) *Essai sur les rapports du physique et du moral*, 1 vol. in-8.

raisons elle doit être considérée comme autre que la matière. Si donc on consulte la conscience, et il le faut bien, puisque c'est par elle et sur ses données que nous connaissons et notre force et toutes les forces, il n'y a pas de doute qu'il n'y ait une différence essentielle entre l'être actif et l'être inert, entre la vie et la molécule. Ainsi l'auteur ne s'est pas trompé en appuyant sa théorie sur ce principe philosophique : réellement la force doit se distinguer de la matière. Il convient cependant de remarquer que, dans une hypothèse dont nous parlerons, et qui a ses partisans (voir M. Maine de Biran), on conteste cette distinction, et l'on pense qu'il n'y a pas deux choses, mais une seule. Cela tient à ce que l'on suppose qu'il n'y au monde que de la vie, du mouvement, des puissances qui, selon l'espèce et le degré d'activité dont elles sont douées, constituent de simples forces, de simples principes résistants et adhérents, ou bien des agents plus élevés, des âmes et des esprits. Mais alors, à vrai dire, ce n'est pas la matière qui a la force, c'est la force qui a la matière, ou du moins les propriétés qu'on attribue à la matière ; et le système qui sort de là, loin de faire objection à l'existence propre de l'activité, la soutient au contraire, si l'on veut même l'exagère ; loin de la nier, il en fait la seule et unique existence qu'on doive reconnaître.

On peut donc admettre, avec M. Bérard, que l'organisation se forme, se soutient, se développe et se conserve par l'assistance de causes qui ne sont pas matérielles.

Voyons maintenant sa psychologie. Elle est spiritualiste, on le conçoit sans peine, d'après tout ce qui a été dit. En effet, guidée par l'observation, qui, comparant les faits aux faits, ne trouve aucune espèce d'analogie entre ceux de la matière et ceux de l'âme, elle s'élève naturellement à l'idée d'une substance qui, au lieu d'étendue, de figure, ou de couleur, a passion et intelligence. Cette substance est active, c'est une force. Cette force a le sentiment de son existence ; elle se discerne, par conséquent, de tout ce qui n'est pas elle; elle se dit *moi*. Elle est *moi*, et, s'il fallait le prouver, il n'y aurait qu'à rapporter quelques circonstances qui mettent la chose tout-à-fait hors de doute ; comme par exemple lorsque, retirée du monde physique, se recueillant dans sa conscience, insensible à tout, excepté à elle, un moment du moins elle ne voit qu'elle et vit dans un complet égoïsme d'intelligence; comme aussi lorsqu'il lui arrive de recevoir de points divers de l'organisme des impressions qui, dans leurs causes, n'ont ni unité, ni relation : certes, s'il n'y avait pas de *moi*, ces impressions ne deviendraient pas ce qu'elles deviennent, les modifications d'un même sujet, les sensations d'une même âme ; et quand on perd un organe, et que cependant on se souvient des impressions dont il a été cause, qui se souvient? est-ce l'organe qui n'est plus, ou le *moi* permanent, qui, en perdant un de ses appareils, a retiré comme à part lui et retenu dans sa mémoire les sensations successives qu'il a éprouvées précédemment?

Mais cette force, douée de conscience, qui n'est pas l'organisme, est cependant avec lui dans de continuels rapports. Quels peuvent être ces rapports? C'est un point sur lequel la philosophie, sans qu'il y ait de sa faute, n'a répandu jusqu'à présent qu'une lumière assez douteuse, peu ou point d'explications qui soient réellement satisfaisantes. Cependant, s'il en est une moins défectueuse, c'est celle, sans aucun doute, que donne le système qui considère l'organisme comme soumis à des forces dont l'activité le pénètre et l'anime de toute part. L'âme, en effet, est une de ces forces, elle est celle qui y déploie la pensée et la volonté; la vie en est une autre, elle est celle qui y produit la contraction, la nutrition, la digestion, etc. L'âme et la vie sont en présence; à tout moment elles se rencontrent, agissent et réagissent l'une sur l'autre; des impulsions, ou, pour mieux dire des impressions en résultent, qui, selon le sujet qu'elles affectent, ont le caractère soit de la sensation et de l'idée, soit de l'excitation et de l'animation : c'est ainsi qu'il arrive à l'âme de faire vivre la vie même, et à la vie de faire penser le principe même de la pensée; c'est ainsi qu'on voit l'âme se comporter, à l'égard de la vie, presque comme les *stimulus* physiques, comme l'air et les aliments, et concourir de cette manière à l'entretien et à l'exercice des fonctions organiques, comme on peut voir la puissance vitale soutenir et aviver le développement intellectuel. Telles sont les relations qui paraissent les plus vraisemblables entre l'âme et le corps, entre l'esprit et la matière.

Quant à l'hypothèse qui prête à l'organisation la propriété de produire le moral et ses diverses facultés, il y a d'abord à y opposer plusieurs raisons métaphysiques, celle-ci, par exemple : si c'est le cerveau qui sent, il faut que ce soit en quelque partie, car il est composé; il faut qu'il sente en A les impressions de la vue, et en B celles de l'ouïe, ou de tel autre des cinq sens. Or, quelque rapprochés que soient ces deux points, ils sont distincts, ce sont deux points. Comment concilier cette dualité avec l'unité de l'être sentant qui réunit en lui avec la plus parfaite simplicité les impressions de toute espèce.

Mais il y a des raisons, tirées de l'expérience physiologique, qui suffisent pour faire douter que le cerveau, qui, au jugement de la psychologie, n'est pas le producteur du sentiment, en soit même la condition unique et nécessaire. Voici quelques résultats qui paraissent confirmer ce doute :

1° La sensibilité des membres n'est pas toujours dans un état correspondant à celui du cerveau. Dans l'hémiplégie, par exemple, quand le cerveau est encore malade, et les parties supérieures et intermédiaires toujours paralysées, les parties inférieures peuvent reprendre leur sensibilité progressivement de bas en haut. Les faits de ce genre sérieusement médités font soupçonner que la théorie qui rapporte au cerveau le sentiment des parties d'une manière absolue n'est nullement exacte : car, dans cette théorie, à mesure que le cerveau se dégage, les parties supérieures, qui sont plus rapprochées de son influence, devraient reprendre leur sensibilité plus tôt et plus aisément que les parties inférieures, qui sont plus éloignées.

S'il n'y avait qu'un seul foyer d'action nerveuse, il devrait en être ainsi ; mais s'il y en avait plusieurs, si du moins ce foyer n'était pas circonscrit dans le cerveau, s'il s'étendait à la moelle épinière tout entière, s'il était divisé en autant de départements secondaires qu'il y a de différentes origines de nerfs et de portions de moelles nerveuses correspondant à cette origine ; si ces départements unis, par leur organisation, leur continuité et leurs analogies de fonctions et de vitalité, se prêtaient mutuellement des forces, on pourrait mieux expliquer le singulier phénomène dont il s'agit ; on pourrait jeter ainsi le plus grand jour sur les paralysies partielles, qui sont inexplicables avec un seul centre circonscrit d'action nerveuse.

2° Des classes entières d'animaux, tels que les zoophytes, n'ont point de cerveau, et cependant elles ont des sensations. Il faut donc que ce soit d'autres appareils que le cerveau qui servent à la sensibilité et aux autres fonctions de la vie. En outre, dans les animaux des premières classes qui commencent à avoir du cerveau, cet organe a si peu d'importance sous le rapport anatomique et physiologique, qu'on ne saurait le concevoir alors comme le siége absolu des sensations. Ce n'est qu'un ganglion comme un autre, souvent même moindre qu'un autre, et qui n'a que sa part et une part assez mince dans le service général auquel il concourt.

3º On a des exemples où le tronc a pu être séparé du cerveau, ou la moelle épinière a été divisée complétement, et cependant on a reconnu dans ce tronc ou dans la partie tranchée de la moelle des signes de sentiment qui survivaient à la section. C'est bien autre chose encore quand, comme dans certaines espèces, les parties peuvent être disjointes et continuer de vivre en cet état, et offrir le phénomène de la sensation.

4º Il arrive aussi que le cerveau est altéré en certain cas, quelques uns même disent détruit, sans que pour cela la sensation cesse de se produire, surtout si l'altération ou la destruction se sont faites peu à peu et lentement.

5º L'idée de faire du cerveau l'organe unique de la sensation est peut-être venue de ce qu'on l'a pris pour le centre générateur du système nerveux. Or c'est là une hypothèse qui perd tous les jours de sa probabilité auprès des meilleurs observateurs.

Mais non seulement le cerveau n'est pas le centre unique et absolu de la faculté de sentir, les nerveux-mêmes ne sont pas les seuls agents de cette faculté. Ce qui le prouve, c'est que

1º Les nerfs présentent partout à peu près les mê-

aux apparences organiques et vitales, et que les sensations auxquelles ils contribuent ont la plus grande variété, et l'ont sans doute en raison de la diversité des tissus et des appareils qui modifient par cette raison l'uniforme action des nerfs.

2° C'est qu'il y a dans l'homme, comme dans beaucoup d'espèces, des parties qui sont sensibles sans avoir de nerfs, ou qui le sont moins que d'autres, quoique avec beaucoup de nerfs, ou qui, sans rien perdre ni rien gagner en fait de nerfs, perdent ou gagnent en sentiment. Mais bien plus, des animaux manquant de nerfs n'en ont pas moins quelque degré de vie et de sentiment.

D'après ces raisons et celles qu'on pourrait y joindre, il est assez clair que l'organisation, dans son rapport avec le moral, n'y joue pas le rôle que l'on suppose, et ne le joue pas comme on le suppose.

Nous terminerons cet exposé par le résumé de l'opinion de l'auteur, que nous empruntons textuellement à un chapitre de son livre :

« L'âme est une, indivisible, non matérielle. Unie au corps, elle ne peut se prêter à cette union que comme âme, et non d'après la loi qui unit le corps au corps. Elle ne peut pas être juxtaposée, interposée, intercalée aux organes; elle y est présente, elle y sent, leur prête et en reçoit de l'activité. Elle est liée, dans son exercice, à certaines conditions physiologiques et vitales, sans lesquelles elle ne pourrait bien déployer ses facultés, mais elle ne leur doit pas ses facultés. C'est une force en harmonie, en synergie, avec d'autres forces, qui elles-mêmes ont dans l'organisme leurs fonctions et leurs propriétés. »

Nous ne reprendrons pas, pour les discuter, les différents points de l'analyse que nous venons d'offrir à nos lecteurs : nous n'aurions qu'à adhérer à ceux qui sont de pure psychologie, et pour ceux qui appartiennent à la physiologie, nous en serions mauvais juge. Nous les admettons, parce qu'ils nous semblent philosophiques et rationnels; mais cependant, comme ils supposent la connaissance de faits qui ne nous sont point familiers, nous nous abstenons de prononcer, nous bornant à exposer, afin que chacun voie et conclue selon ses lumières. Nous ajoutons seulement que, pour notre compte, et jusqu'à concurrence de meilleures raisons, nous préférons certainement l'explication que donne M. Bérard, à celle que donnent les matérialistes; du moins s'accorde-t-elle beaucoup mieux avec les vérités de conscience, et satisfait-elle mieux par conséquent aux conditions de la psychologie.

Nous avons déjà eu l'occasion, en parlant de Cabanis, de dire un mot sur l'espèce d'exigence d'esprit et d'aigreur philosophique dont la discussion de M. Bérard n'est pas toujours exempte. Il y a dans son ouvrage plus d'une trace de ce défaut. Pour peu qu'une opinion ne soit pas la sienne au juste, il la traite avec une rigueur qui n'annonce pas cette sympathie et cette facilité d'intelligence qu'on aime à voir aux philosophes; il en devient parfois étroit et tracassier. Il fait la guerre pour un rien, et argumente pour une nuance. Il semble qu'il lui faille à tout prix se mettre à part et se distinguer; c'est une prétention excessive à être seul de son avis, qui peut même en certains cas nuire à l'étendue de ses idées.

Quant aux doctrines qui ne sont pas seulement en différence, mais en contradiction avec les siennes, il ne leur fait aucun quartier; il ne leur accorde ni paix, ni trêve; et comme il les voit dans des personnes et avec des noms qui les soutiennent, hostile au crédit qu'elles en reçoivent, sa critique, parfois trop rude, n'est pas toujours assez purement littéraire; elle ne disserte pas seulement, elle condamne et flétrit; elle se laisse aller à des mouvements qui ressemblent plus à de la colère qu'à une justice impartiale. S'il eût montré plus de mesure, son livre, mieux accueilli, eût été plus utile, et lui-même, mieux compris par les personnes dont il eut pu, en la combattant mieux, ménager l'opinon, n'eût pas à son tour été exposé à de mauvais et faux jugements.

M. VIREY.

M. Virey est du petit nombre des physiologistes qui, comme M. Bérard, faisant revivre, en la modifiant, la doctrine de Montpellier sur la *vie*, la *puissance vitale*, ou le *principe vital*, s'est mis de nos jours en opposition avec l'école de Cabanis. C'est un acte qui l'honore; non que, selon nous, il y ait plus de mérite à être spiritualiste que matérialiste. Ce n'est pas la couleur d'une opinion, ce n'est pas même sa vérité, qui en fait la valeur morale: c'est la manière dont elle se forme, la bonne foi qu'elle atteste, l'examen qu'elle suppose; ce sont les circonstances particulières dans lesquelles elles se produit. Mais être spiritualiste avec le petit nombre, et, quand presque tous les siens, presque tous ceux dont on partage les études et les travaux, sont pour la doctrine contraire, l'être avec conscience et indépendance, après des recherches sérieuses et dévouées, c'est un titre à l'estime, comme tout ce qui annonce de la force et de la franchise. Telle nous semble la position de M. Virey. Au lieu de prendre comme un croyant la religion du matérialisme, que la philosophie médicale avait presque unanimement adoptée au commencement du siècle, et jusqu'à ces derniers temps, il l'a discutée et jugée: une critique impartiale jointe à l'observation attentive de certains faits trop négligés l'a conduit à un spiritualisme qui peut bien n'être pas exact et vrai de tout point, mais qui certainement a sa base, et, sous son point de vue psychologique, est beaucoup plus satisfaisant que le système contraire ; il l'a développé avec un grand talent d'exposition et un appareil remarquable d'érudition et de connaissances positives, dans un ouvrage intitulé *De la puissance vitale* (1). Nous allons essayer d'en résumer les principales idées. Mais commençons d'abord par quelques réflexions qui montrent l'état précis de la question.

On peut ramener à deux opinions principales (2) les idées que l'on a eues sur la force qui se déploie dans l'univers. La première la conçoit comme une propriété ou un effet de la matière ; la seconde comme un principe à part, qui s'associe sans se confondre avec les éléments matériels. Celle-ci envisage la nature comme un assemblage de corps qui tirent d'eux-mêmes le mouvement et la vie ; celle-là comme un vaste corps dont toutes les parties sont unies, vivifiées et mises en action par une puissance primitive et une, dont la source est en Dieu.

A ces deux opinions se rattachent deux doctrines physiologiques opposées : l'une qui voit dans l'hom-

---

(1) *De la puissance vitale*, 1 vol. in-8°, 1823.
(2) Il y a une troisième opinion, celle qui sera exposée au chapitre de M. Maine de Biran ; mais il n'est pas nécessaire d'en tenir compte ici.

me un composé de molécules, dont la combinaison organique engendre toutes les fonctions vitales; l'autre une force simple, qui pénètre, anime, dispose l'organisme, et y produit tous les phénomènes de la vie.

La collection des corps et les forces qui en résultent, la combinaison des organes et les fonctions qui en dérivent, ou bien une force générale se répandant dans tous les corps, la vie excitant tous les organes, voilà le fond des idées, en métaphysique et en physiologie.

Ainsi, d'une part, l'on explique la force par la matière, la vie par l'organisme; de l'autre, le mouvement de la matière par la force, le jeu de l'organisme par la vie.

Or, si nous supposons que ces deux systèmes remplissent également bien la première condition de leur existence scientifique, c'est-à-dire qu'ils admettent, sans les altérer ni les fausser, les faits reconnus par l'expérience, et si nous n'avons plus à les juger que sur les explications qu'ils proposent, nous remarquons dans l'un deux grandes difficultés, dont l'autre nous paraît exempt. En effet, pouvons-nous croire, en premier lieu, que les forces soient les attributs essentiels de la matière, quand celle de toutes que nous connaissons le mieux, et d'après laquelle nous connaissons par analogie toutes les autres, quand notre force personnelle se montre à nous si visiblement distincte du corps, dans mille occasions où, se dirigeant librement, elle s'efforce de lui donner tel ou tel mouvement, et se trouve assez puissante ou trop faible pour réaliser cette volonté? Puis-je être l'effet de ces appareils, contre lesquels je lutte quelquefois avec tant de force et d'adresse, que je finis par les dominer, ou qui m'opposent malgré tout une invincible résistance? Si j'en suis l'effet nécessaire, par quelle vertu singulière m'arrive-t-il de me constituer cause à leur égard, et de tourner contre eux une puissance qui est la leur? N'est-il pas évident, en second lieu, que le matérialisme ne rend compte ni de l'unité d'action dans l'univers, puisqu'il fait de l'univers une totalité de corps qui se meuvent tous indépendamment d'un principe supérieur et central, ni de l'unité de la vie dans l'animal, puisqu'il en fait un ensemble de fonctions résultant d'un ensemble d'organes que n'anime pas une force commune? Au contraire le spiritualisme satisfait également bien la raison sous ce double rapport.

Aussi voit-on beaucoup d'esprits se détacher de l'hypothèse matérialiste, à laquelle les avaient séduits le génie de Cabanis et Bichat, et revenir à une doctrine plus exacte, qui la réforme et la complète.

Le livre de M. Virey hâtera certainement ce retour à des idées meilleures; c'est du moins l'espérance que nous avons conçue en l'examinant avec soin, et que fera peut-être partager à nos lecteurs l'analyse que nous allons en présenter.

L'auteur traite de la puissance vitale considérée dans la nature et dans l'homme.

Dans la nature, la puissance vitale est cette activité qu'un être éternel et immuable tire de son sein, produit dans le temps et l'espace, revêt d'une infinie variété de formes, et, sans jamais l'épuiser ni l'affaiblir, fait passer de phénomènes en phénomènes, et emploie incessamment à l'œuvre de la génération, de la conservation et de la transformation. Au mouvement qu'elle met dans l'univers naissent des milliers de créatures qui, chacunes, vivent leurs jours, et puis meurent, c'est-à-dire passent à une vie nouvelle, qu'elles gardent un temps, pour la dépouiller ensuite, et parcourir tout le cercle de vie que Dieu leur a tracé. Ainsi toute la nature est vivante, toujours vivante; la mort n'y apparaît que comme un acte qui continue l'existence en la déplaçant, et la ravive en la jetant dans des formes nouvelles. Seulement tout ne vit pas au même degré et de la même manière. Dans le minéral, la vie, se composant de forces isolées, qui rapprochent, sans les unir, les molécules qu'elles animent, est moins avancée que dans le végétal. Ici, plus près de l'unité, sans être encore une, elle se concentre en quelques points, ébauche l'organisme, mais ne l'achève pas. Dans l'animal et dans l'homme, elle a sa plus grande perfection, parce qu'elle s'y trouve indivisible, simple, unicentrale, et qu'elle y jouit ainsi au plus haut point de l'unité.

La puissance vitale, répandue dans la nature, ne se borne pas à vivifier chaque être en particulier, mais elle établit entre eux les plus intimes et les plus constants rapports. Elle les meut, pour ainsi dire, dans une sphère immense, où les unissent, de toutes parts, de manifestes harmonies ou de mystérieuses correspondances. Il n'en est pas un qui aille solitaire et abandonné, et qui ne trouve à tous les points de son existence d'innombrables liens qui l'attachent et le retiennent à l'ordre général. Nuls un jour ou l'autre n'échappent au tout qui les renferme, pour se mettre en dehors et vivre à part; et quelle que soit la rapidité des révolutions qui les entraînent, ils restent toujours dans le système auquel ils appartiennent. De là les innombrables influences qu'ils ne cessent d'exercer les uns sur les autres: de là cette combinaison d'actions ordonnées dans une fin commune: de là cette vie universelle dont la vie de chaque être n'est qu'une dépendance et un développement particulier : c'est pourquoi l'homme n'est pas seulement un individu, mais un membre de ce vaste organisme dont l'univers est plein ; c'est pourquoi le médecin ne doit pas seulement l'étudier en lui-même, mais dans ses rapports avec les différents règnes de la nature, avec l'eau, l'air, les climats, les saisons, en un mot, avec tous les phénomènes au sein desquels il est placé. C'est pourquoi, lorsqu'il veut lui conserver ou lui rendre la santé, il doit le traiter comme une partie de la nature, on pourrait dire comme une fonction de ce vaste corps, dans lequel, ainsi que dans le nôtre, tous les mouvements sont sympathiques.

Mais comment la puissance vitale agit-elle successivement sur tous les germes que le principe des choses a déposés dans l'univers? Sous quelle forme paraît-elle lorsqu'elle produit *l'animation*, cette espèce de création nouvelle qui vient continuer et finir une primitive création? N'est-ce pas sous celle du feu? Le feu n'est-il pas l'excitant nécessaire de tout corps animé? Où voit-on la vie sans la chaleur? La vie n'est qu'une chaleur infuse, un *calidum innatum*, espèce de foyer ardent qui, rayonnant dans une sphère plus ou moins étendue, met en fusion et organise les molécules qu'il absorbe, ou du moins les juxtapporte et les joint par cohésion.

De là l'expression du poète :

Igneus est ollis vigor et celestis origo
Seminibus.

Quoi qu'il en soit, la vie n'a pas plus tôt pénétré dans une créature, qu'aussitôt elle devient expansive, attractive, qu'elle s'élance au-dehors, y saisit les éléments qui lui conviennent, les attire dans son sein, et les convertit en sa propre substance. C'est une force qui fait graviter vers elle, comme vers un centre, toutes les parties qu'elle peut s'assimiler. C'est une force centralisante. Dans tous les êtres organisés réside une force pareille. Le minéral lui-même a la sienne, faible et latente, il est vrai, mais néanmoins active et efficace.

Or, s'il arrivait dans certains êtres que cette force se développât sans obstacle et sans mesure, elle aurait bientôt envahi toutes les existences indivividuelles, qui ne pourraient lui résister; bientôt toute la nature ne présenterait plus que le spectacle des forts détruisant les faibles, se détruisant entre eux, tant qu'enfin un seul survivrait, vaste abyme où tout viendrait s'engloutir sans retour. Ainsi disparaîtrait de la face du monde cette variété si harmonieuse et si belle, qui témoigne si clairement d'une providence conservatrice et sage. Mais partout la réaction égale l'action, la résistance se proportionne à l'attaque, et cette lutte continuelle d'efforts et de contre-efforts n'est qu'un jeu de puissances qui se balancent avec harmonie. En sorte qu'il règne entre tous les principes vivants un perpétuel antagonisme, qui, les opposant heureusement les uns aux autres, maintient entre eux ce parfait équilibre auquel les mondes doivent leur conservation et leur durée.

Telle est la doctrine de M. Virey sur l'action de la puissance vitale dans la nature. Prise dans sa généralité, elle satisfait l'esprit. On comprend bien les idées principales qu'elle présente : celle d'une force qui, émanant du sein de Dieu, anime tous les êtres, celle des rapports qu'elle établit entre tous ces êtres, celle enfin d'une forme particulière qu'elle revêt pour leur distribuer le mouvement et la vie ; et si, dans les développements qu'il donne à ces idées, l'auteur inspire quelquefois moins de conviction, c'est qu'en ces matières la foi est difficile, et demeure toujours un peu inquiète.

En passant à la partie de son ouvrage qu'il a spécialement consacrée à l'examen de la vie dans l'animal et dans l'homme, M. Virey expose, discute et combat l'opinion de ceux qui la considèrent comme la propriété ou l'effet de l'organisme.

Selon eux, la vie c'est la sensibilité et la contractilité. La sensibilité et la contractilité sont les propriétés, l'une de la pulpe nerveuse, l'autre des tissus musculaires. Le nerf et la fibre, voilà donc les deux principes de la vie.

Mais il faut remarquer que ces organes ne sont pas essentiellement sensitifs et contractiles comme ils sont essentiellement pesants, impénétrables et figurés, etc., etc. : la vie n'est donc pas en eux une qualité permanente et propre ; ils ne la possèdent que comme un accident, une espèce de don adventice qui leur échoit, leur reste ou leur échappe, au gré des circonstances qui ne dépendent pas d'eux; et s'il en est ainsi, est-elle autre chose que la production d'une force qui, d'elle-même active et animée, s'unit et se communique aux organes, y vient vivre, sentir et se mouvoir ; et les phénomènes de la vitalité sont-ils autre chose que les actes par lesquels sa présence dans l'animal s'annonce et s'exprime ? Que voir dans les nerfs et dans les muscles, sinon des appareils qu'elle pénètre, qu'elle empreint de son esprit, qu'elle vivifie de telle sorte qu'ils semblent la vie elle-même, quoiqu'ils n'en soient cependant que les auxiliaires et les alliés, auxiliaires et alliés d'un moment, dont elle se sépare et qu'elle délaisse aussitôt qu'affaiblis par le temps et la douleur, ils ne peuvent plus lui demeurer unis par aucun lien

Qu'on ne s'étonne donc pas si, une fois répandue dans le corps, la vie, qui se l'est intimement approprié, qui l'a fait sien, qui se l'est pour ainsi dire assimilé, semble lui être identique et même en résulter et en dépendre. Tant qu'elle y reste et qu'elle continue à en rendre les différentes parties sensitives, contractiles, vivantes, on peut aisément se tromper et croire qu'elle lui a été donnée comme une propriété essentielle et permanente ; mais quand on la voit s'en retirer peu à peu, et enfin, le quittant pour toujours, lui ôter toutes les qualités qu'elle lui avait prêtées dans l'origine, on revient à une autre pensée, et l'on distingue clairement la force qui est venue un moment animer et développer le germe organique, de ce germe organique qui, après avoir reçu et conservé la vie pendant un temps, s'en trouve enfin dépouillé.

Si l'on ajoutait à ces explications, sur lesquelles M. Virey n'a peut-être pas assez insisté, quelques considérations empruntées à la psychologie humaine ; si l'on montrait que, dans l'homme, le *moi*, essentiellement actif et un, ne saurait, à ce double titre, être la propriété ou l'effet d'un assemblage de molécules qui peut souffrir et transmettre l'action sans jamais la produire, et qui, pût-il la produire, ne lui donnerait pas l'unité qu'il n'a pas ; que ce *moi*, agissant dans l'organisme, y sentant des forces étrangères, qui souvent lui en disputent la possession et l'usage, n'est ni cet organisme qui ne lui appartient qu'en partie, ni ces forces qui se constituent *non-moi* en sa présence ; enfin si l'on observait dans tous ses actes cette âme simple, personnelle, sensible, intelligente et libre, on porterait de nouvelles lumières sur une question qu'il est important d'éclaircir, on compléterait en ce point la pensée de l'auteur, auquel on pourrait faire le reproche de n'avoir pas assez développé ses vues psychologiques.

Cependant son opinion n'est point douteuse, voilée, retenue et timide ; elle s'annonce au contraire d'un ton ferme et décidé. « Autre chose est l'organisme, dit-il quelque part, autre chose est la force excitatrice qui le met en mouvement. » Et dans un autre endroit : « Plusieurs physiologistes modernes ont cru pouvoir mettre la vie en pièces, c'est-à-dire la partager en diverses proportions entre nos différents systèmes ou appareils organiques : tant au système nerveux, tant à l'appareil musculaire, tant pour le tissu lamineux ou cellulaire ; et ainsi le premier aura la sensibilité, le second la motilité ou faculté contractile, le troisième la propriété tonique. Avec cette belle distribution ils croient pouvoir faire jouer parfaitement les rouages de leur horloge, sans s'inquiéter s'il ne faut pas une maîtresse roue, un ressort principal, intelligent, indépendant de ces facultés momentanément inhérentes à certains tissus ou appareils. Tel est le physiologiste actuel.

Infelix operis summa, quia ponere totum
Nesciet.

Car, je vous prie, comment s'y prendront la tonicité, l'irritabilité, la sensibilité, pour déterminer ce chien malade à mâcher précisément du gramen afin de se faire vomir. » Et plus loin : «Si notre moral était produit par le jeu du physique, ainsi que l'établit Cabanis, on pourrait concevoir comment l'influence des tempéraments, des sexes, des âges, etc., agit sur nos qualités et nos dispositions ; mais il serait impossible d'expliquer comment le moral, dans les passions, dans les divers états de méditation et de pensée, réagit si violemment sur le physique, sans admettre une force vitale distincte du corps. En effet, s'il n'y a que matière ou corps dans l'homme, l'esprit ne peut être qu'un esclave soumis et sans force. Cette question, que j'ai proposée à Cabanis lui-même, n'a pas été résolue, et l'on sait que ce savant revint sur une partie de ses premiers principes dans ses dernières réflexions, qui sont restées inédites (1). »

Après avoir établi la force vitale comme principe *animateur*, il montre qu'elle est essentiellement intelligente, même dans ceux des animaux chez lesquels la nature lui a le moins facilité le développement intellectuel. Il en est en effet qui sont privés de cerveau, de tête, de système nerveux visible, les polypes et les radiaires, par exemple ; et cependant elle y paraît encore comme un guide éclairé, qui les dirige quand ils cherchent, choisissent, saisissent leur nourriture, se placent à la lumière, se

(1) Il est probable que ce sont ces réflexions qui ont été publiées dans la *Lettre* de Cabanis que nous avons citée.

retirent, se contractent en recevant une blessure, etc. On a moins de peine à lui reconnaître ce caractère dans ceux dont le système nerveux, plus parfait, lui permet d'accomplir des opérations plus complètes, plus étendues, plus délicates, témoins les abeilles et les fourmis, dont l'industrie merveilleuse annonce une pensée qui, quelque instinctive qu'elle soit, n'en est pas moins un dessein plein de prévoyance et de sagesse. Enfin dans les espèces les plus relevées, dans l'homme surtout, elle se révèle par des traits de lumière qui frappent les yeux les moins clairvoyants. Elle est donc intelligente dans les animaux, et l'est plus ou moins dans chacun d'eux, en raison de l'état plus ou moins parfait de leur système nerveux. Ce rapport est constant ; mais quelle est la nature de ce rapport ? Pourquoi l'âme peut-elle mieux penser quand elle vit dans le cerveau de l'homme que dans celui du chien ou dans les nerfs informes du zoophyte ? C'est d'abord parce qu'elle trouve dans un tissu nerveux d'un artifice plus fin et d'une sensibilité plus exquise un conducteur d'impression, un excitateur d'idées plus subtil, plus fréquent, plus prompt, plus varié ; c'est en second lieu parce qu'elle y trouve un instrument plus docile, qui se prête mieux et plus long-temps à la méditation, un appareil dans lequel, plus libre, elle peut se livrer plus aisément à tous les actes de la réflexion. D'où vient que l'esprit humain est naturellement au premier rang des intelligences terrestres ? C'est que, dans son alliance avec un organisme en quelque sorte plus spirituel qu'aucun autre, il est souvent, plus tôt et beaucoup mieux provoqué à la pensée, plus maître de lui et plus capable de se porter vers la vérité avec application et méthode, que ces âmes moins favorisées, enchaînées par une loi plus dure à un système sensitif plus grossier, plus paresseux et plus confus, dans lequel leur activité n'a jamais qu'un jeu faible, arrêté, limité.

Un autre attribut de la force vitale dans l'animal, c'est d'être médicatrice. Présente et attentive à tous les systèmes qu'elle embrasse dans un amour commun, à peine s'est-elle sentie blessée ou troublée dans l'un d'eux, qu'aussitôt, lui portant un soin particulier, elle travaille à guérir le mal, à réparer le désordre dont il vient d'être atteint ; elle met en mouvement et fait servir à son but tous les autres systèmes, tous ceux du moins dont l'action peut seconder ses vues. A ses ordres, tout consent, s'accorde et conspire pour la fin qu'elle se propose ; et bientôt, pour peu que ses efforts soient heureux, on la voit ramener l'ordre, l'harmonie, la santé, dans les parties souffrantes. C'est ainsi que par des crises salutaires elle expulse du corps les matières morbifiques, qu'elle soulève l'estomac contre le poison, rejette d'une plaie le fer, le bois, les esquilles osseuses, etc., et qu'ensuite elle y reforme, elle y ravive les chairs attaquées et mourantes. Mais jusqu'à quel point est-elle médicatrice ? dans quelle circonstance l'est-elle par elle-même, et indépendamment de tout art étranger ? a-t-elle besoin de secours, de direction, ou même d'opposition ? Voilà des problèmes qui sont exclusivement du domaine de la pratique médicale, et sur lesquels les médecins seuls sont appelés à prononcer. Nous abandonnons à leur examen toute la partie de l'ouvrage de M. Virey qui traite des forces médicatrices, nous bornant à remarquer qu'il fait précéder son opinion particulière d'une critique savante et lumineuse des doctrines contraires qui ont été proposées sur ce sujet.

Il est encore quelques autres points dont nous ne rendrons pas compte, parce qu'ils exigeraient de nous, pour être appréciés exactement, des connaissances physiologiques qui nous manquent; mais nous les indiquons aux juges compétents, comme dignes de toute leur attention.

Tel est l'esprit de la doctrine dont nous venons de retracer les points principaux. On voit qu'il n'est pas celui de l'école moderne : aussi, tout en professant une juste estime pour les services qu'ont rendus à la science *Bichat, Cabanis* et leurs disciples, l'auteur regrette qu'ils aient borné la pratique de leur excellente méthode à l'observation des seuls faits qui tombent sous les sens, et qu'ils ne l'aient pas appliquée à des recherches plus profondes sur la nature de la force vitale. Leur physiologie eût été plus complète, et la psychologie qui en découle plus exacte et meilleure. Car, il ne faut pas l'oublier, un système sur la vie et un système sur l'âme sont entre eux comme le principe et la conséquence; l'un contient l'autre, le produit, et le fait en quelque sorte à son image. Quand on regarde la vie comme un ensemble de fonctions, on doit naturellement regarder le *moi* comme un ensemble, et pour prendre l'expression de Condillac, comme une collection de sensations, car le *moi* n'est que la vie douée de conscience ; mais quand on pense que la vie est un principe simple et actif qui anime, développe l'organisme et le met en fonction, on doit croire que le *moi* est une force qui éprouve à chaque instant des sensations nouvelles, parce que, sans cesse en action, je dirais presque en évolution, elle rencontre de toute part des forces étrangères, qui, elles-mêmes animées d'une continuelle activité, la frappent constamment d'impressions diverses et la font jouir ou souffrir par la manière dont elles accueillent, favorisent ou empêchent son mouvement expansif.

Si donc l'ouvrage de M. Virey est destiné à faire quelque bien, ce ne sera pas seulement en ramenant les esprits à des spéculations physiologiques qu'ils ne sauraient négliger sans erreur, mais en les conduisant à une science de l'âme, qui, plus vraie que celle à laquelle ils avaient foi, est plus propre en même temps à leur donner les croyances morales et politiques dont ne peuvent se passer les intelligences éclairées et les cœurs généreux. Ce sera peut-être aussi en les réconciliant avec des idées religieuses qui, dépouillées de mysticisme, satisfont la raison, et dans lesquelles il est consolant pour le sage de trouver une explication de sa condition présente et une révélation de sa destinée future. Comment ne pas concevoir ces espérances, quand on aperçoit tous les rapports qui lient entre elles la physiologie, la psychologie et la théologie; et quand on voit dans la connaissance de la vie et de l'âme un commencement de celle de Dieu, et dans l'étude de Dieu celle de la vie et de l'âme universelles, *in Deo vivimus et sumus?*

M. KÉRATRY,

Né en 1769.

L'ontologie n'est pas une chose vaine, mais elle est d'une grande difficulté. Ce qu'elle recherche dans l'homme et la nature, ce n'est pas seulement ce qu'ils ont d'actuel et de visible : c'est leur passé et leur avenir, leur origine et leur destinée, c'est-à-dire ce qu'il y a en eux de plus intime et de plus caché. En outre, du créé elle passe à l'incréé, elle s'élève au créateur, elle plonge dans les ténèbres de cette mystérieuse existence, elle en contemple profondément les ineffables attributs. Son objet est infini : s'il était compris, tout serait compris; la théorie qui s'y rapporterait serait absolue, universelle, ce serait la toute philosophie. Par malheur, une telle théorie n'est point encore constituée; souvent tentée, quelque peu avancée par la coopération successive des penseurs de tous les âges, elle est loin cependant d'avoir le caractère d'une science ; positive en quelques points, elle est incertaine en beaucoup d'autres. Il y reste une foule de choses à faire. Nous ne saurions donc refuser notre estime à l'écrivain qui, à son tour, a essayé d'y répandre quelques lumières nouvelles. S'y fût-il porté avec plus de mouvement que de méthode, plus de sentiment que de raison, en homme que son sujet domine, ravit et trouble quelquefois, ce serait encore un service qu'il aurait rendu à la vérité; il aurait fait penser à des questions graves, profondes, inévitables. Tel est un des mérites de M. Kératry dans l'ouvrage d'ontologie qu'il a publié sous le titre d'*Inductions morales et physiologiques* (1).

Nous allons en donner une rapide analyse.

Au commencement il n'y avait que l'Être : mais l'Être était intelligent. Il voulut créer, et soudain il pénétra le néant, vide immense où la matière et l'esprit étaient de toute éternité à l'état de possible. Il leur prêta l'être, et les réalisa : ce fut en les combinant entre eux sous mille formes diverses. De ces combinaisons sortirent toutes les existences individuelles qui peuplent l'univers, et le varient à l'infini. Dans notre monde, il en résulta trois grandes espèces, les minéraux, les végétaux et les animaux, êtres mixtes qui présentent tous l'alliance de l'esprit, ou pour mieux dire, de la force et de la matière, mais avec cette différence que, dans les premiers, la force est sans unité et la matière sans organes; que, dans les seconds, il y a commencement, et dans les autres complément de l'unité virtuelle et de l'organisation matérielle. Ces êtres vivent en cet état tout le temps que le permettent les lois qui les régissent; après quoi ils meurent : et alors en chacun d'eux la force et la matière se retirent l'une de l'autre, non pour rentrer au néant, mais pour continuer à être, en passant sous de nouvelles formes

(1) 1 vol. in-8.

et dans de nouvelles combinaisons. Telle est en particulier l'âme de l'homme, qui, dans le principe, s'unit au corps, pour s'en dégager ensuite et reparaître dans d'autres rapports, où sans doute elle reprend encore des organes, mais plus déliés et plus parfaits que ceux dont elle jouit ici-bas. Ainsi s'expliquent sous la loi de Dieu la *création* de l'être spirituel et de l'être matériel, leur *union* terrestre, leur *séparation* et leur *restitution* dans un autre monde.

Voilà quels sont les principaux points d'ontologie que M. Kératry a traités dans son ouvrage. Comme les développements qu'il leur consacre consistent pour la plupart en descriptions à demi-poétiques, qu'un résumé ne saurait reproduire, ou en explications physiologiques et physiques dont nous ne sommes point assez juge, nous ne suivrons pas l'auteur dans tous les détails de son système ; nous nous bornerons à en examiner trois opinions particulières, qui regardent spécialement la partie morale de la science.

Commençons par ses idées sur l'immortalité de l'âme. Quant au fond, elles ne s'écartent pas de celles que professe sur ce point la philosophie spiritualiste. Elles se fondent sur les mêmes raisons. C'est de la simplicité et de la moralité de l'âme, c'est de sa condition sur la terre, de l'épreuve qu'elle y subit, de la manière dont elle la subit, du besoin et du droit qu'elle a de passer à un monde meilleur ; c'est aussi de l'existence de Dieu, considéré comme ordonnateur de l'épreuve et juge du mérite, que l'auteur conclut une autre vie, succédant à celle-ci pour l'ordre et la justice. Mais non seulement il la conclut, c'est-à-dire la conçoit comme une conséquence rationnelle, il la voit en quelque sorte, ou du moins l'imagine, et en fait presque le tableau. Ainsi il croit que l'esprit ne dépouille ici-bas son appareil organique que pour en prendre ailleurs un autre plus parfait, qu'il échangera sans doute encore contre un autre qui vaudra mieux, et ainsi de suite, jusqu'à ce qu'enfin..... Mais qu'arrivera-t-il enfin? Est-ce à perpétuité, ou seulement pour un temps, que se feront tour à tour toutes ces métamorphoses? et dans quels lieux se feront-elles? Sera-ce de Sirius à Saturne, ou de Saturne à Sirius? Habitants de la terre, où irons-nous en la quittant? où sera notre première halte? Y retrouverons-nous les nôtres? nos aïeux nous y attendent-ils? y attendrons-nous nos descendants? Questions étranges, problèmes mystérieux, auxquels conduit le système de l'auteur, et pour lesquels il n'y a point de solution dans la science, mais seulement dans la poésie; inconcevable avenir, qu'on peut rêver en idée, mais qu'on ne saurait démontrer. Qu'il suffise de savoir, l'immortalité une fois prouvée, que l'âme doit trouver dans son nouveau mode d'existence plus ou moins de facilité à poursuivre sa destinée, et que c'est dans ce plus ou moins de facilité, ménagé à son action par les lois de la providence, que consisteront la récompense ou la peine qui l'attendent; que du reste on ne cherche pas à voir ce qui ne peut se voir, à dégager un inconnu sur lequel les données manquent. On ne ferait que se jeter dans de vaines conjectures, et peut-être arriver à un fâcheux *illuminisme :* car on s'éblouit aisément quand on cherche à voir dans les ténèbres, et qu'on se fatigue les yeux sur des mystères impénétrables.

On eût mieux profité des idées de M. Kératry si, au lieu d'aller si loin par de simples imaginations, il se fût arrêté à ce que son sujet a de positif, s'il l'eût traité plus sévèrement, et que, moins occupé d'hypothèses, il eût plus fait pour la science, et présenté ses preuves avec plus de force et de précision : il en eût résulté pour ses lecteurs une conviction plus solide.

Passons à sa théorie morale. A la prendre en elle-même, et dans la rigueur de son principe, elle n'est pas irréprochable. L'intérêt y paraît au fond : intérêt doux et bienveillant qui ressemble sans doute bien peu à l'*utile* étroit de Volney, et qui certainement dans la pratique, sous la direction d'une âme honnête, n'aurait aucun des inconvénients du sensualisme vulgaire; mais il n'en est pas moins un intérêt, une espèce d'égoïsme : c'est le plaisir entendu d'une manière large et généreuse, mais c'est toujours le plaisir. Or cette doctrine ne satisfait pas bien par la solution qu'elle propose sur le but de la vie humaine. En effet, comme nous l'avons montré, et comme nous le montrerons ailleurs, si l'homme est fait pour le bonheur, c'est seulement parce que le bonheur est la conséquence du bien;

c'est parce qu'il en est le sentiment, la preuve et la récompense. Mais à dire vrai, l'homme est fait pour le bien, c'est-à-dire pour le plus grand développement de toutes ses facultés; et comme il ne peut avec sa conscience arriver au bien sans le savoir, et le savoir sans être heureux, sa destinée a pour objet le bien et le bonheur à la fois · en sorte que les séparer entre eux, prendre l'un et laisser l'autre, renoncer à celui-ci pour celui-là, c'est mettre en deux le but de la vie, c'est lui ôter son intégrité, et avec son intégrité sa vérité. Les stoïciens pour leur part, les épicuriens pour la leur, n'ont pas fait autre chose; ils n'ont vu, ceux-ci que le plaisir, et ceux-là que la vertu; se partageant entre ces deux maximes, le bonheur sans condition, ou le bien pour le bien lui-même; partage mal entendu, d'où sont sorties deux opinions qui, toutes deux exclusives, sont par là même défectueuses : car il n'est pas vrai que le bonheur sans condition, ou le bien sans conséquence, soient le plein but de la vie. Le vrai est au contraire que c'est le bonheur à cause du bien, ou le bien avec le bonheur. M. Kératry nous a semblé incliner vers l'un de ces deux principes, vers le principe épicurien; et, sous ce rapport, sa théorie peut prêter à quelques critiques. Mais comme en même temps elle s'allie à des croyances si élevées, aux dogmes si saints de l'immortalité de l'âme et de l'existence de Dieu, elle se corrige et s'élargit, grâce à ces excellentes idées; elle prend la couleur d'une doctrine d'amour et de sentiment; ce n'est plus de l'égoïsme, c'est du sentimentalisme. Ajoutons que, si des principes peuvent gagner à passer par une âme excellente, M. Kératry, mieux que personne, a dû donner à ceux qu'il professe cette empreinte de loyauté qui ne manque jamais à sa pensée. Homme de cœur, et de cœur chaud, toujours en verve de conscience, tout inspiré de probité, il ne sort rien de sa pensée qu'il ne le nuance de son caractère; il le met dans tout ce qu'il écrit. Le philosophe en lui n'est point un être abstrait : c'est le citoyen, le patriote; c'est la personne elle-même, telle que nous l'avons vue toutes les fois qu'il a fallu dire ou faire quelque chose de bon et d'honorable. Il serait difficile de cette manière qu'une morale, même moins vraie que celle qu'il a adoptée, exposée avec ce sentiment d'honnêteté qui le domine, n'en reçût pas en effet les plus heureux amendements. Aussi est-ce là ce qui arrive, et ce qui explique comment M. Kératry, d'un système qui, chez tout autre, ressemblerait à l'intérêt, fait une doctrine de bonté, d'amour et de dévouement. Cette métamorphose n'est qu'une illusion, mais ce n'est pas celle de toutes les âmes. Elle était naturelle à M. Kératry.

Il y a un jugement à peu près semblable à porter sur la poétique de l'auteur. En principe, il réduit le beau à l'*utile*; dans l'homme et dans la nature, dans la réalité et dans les arts, il ne regarde la beauté que comme un effet de l'utilité. C'est là le fond de son système. Or, si par utilité on entend (selon nous mal à propos) tout ce qui peut contenter un besoin et satisfaire un désir, il est clair que le beau jusqu'à un certain point est l'utile. Il est l'utile, puisque (par hypothèse) l'utile embrasse tout. Toutefois il faut remarquer qu'alors même le beau n'est pas toute espèce d'utile, puisqu'il y a bien des objets dont on jouit sans les admirer, et dont on profite sans poésie. Mais il ne faut pas prêter à *l'utile* ce sens vague qu'il n'a pas : il faut le prendre comme tout le monde et dans sa commune acception. Or, à ce compte, il n'est que la propriété de contribuer au bien-être matériel : c'est la propriété qu'a un habit de couvrir, une maison d'abriter. Que si, en outre, l'habit plaît par sa coupe, la maison par son élégance, c'est que dans ces objets le beau se joint au bon ; c'est une qualité de plus, c'est une autre qualité. S'ils n'eussent été qu'utiles, ils n'eussent réellement satisfait, l'un qu'au besoin d'être couvert, l'autre à celui d'être abrité ; mais en s'embellissant, ils conviennent à un besoin d'un autre genre ; ils s'adressent au sens du beau, et éveillent l'idée de la poésie. Si donc le beau s'allie à l'utile, il n'est pas pour cela l'utile : il est autre chose. Reste à savoir ce qu'il est. Or rien n'est plus difficile. Bornons-nous à jeter quelques vues sur la question. Pour ne pas remonter trop haut, partons d'un point que nous prenons pour accordé : c'est qu'il y a, sous toutes les formes matérielles, dans tous les corps que nous voyons, des principes actifs ou des forces qui les animent. Des forces sont au sein de toute agrégation matérielle, et comme elles y sont avec de la puissance, elles y déterminent inévitablement, à chaque action qu'elles y opèrent, quelque changement d'état qui répond à cette action, qui la rend, la fait sentir. En sorte que, dans la nature, il n'est pas un phénomène qui ne soit l'expression en même temps que le résultat de quelque force qui se déploie : tout y est donc expressif. La nature entière n'est qu'une langue dans laquelle chaque force a ses signes et ses symboles. Mais comment y paraissent-elles? sous quels traits, avec quelles qualités? Rien sans contredit de plus divers; cependant, parmi tant de nuances, voici quelques rapports que l'on peut remarquer : ou ces forces ne développent et ne projettent en quelque sorte dans les formes qu'elles affectent qu'une activité lourde, languissante et monotone, elles vivent et se meuvent à peine, elles manquent de déploiement; ou au contraire elles s'agitent et se déchaînent en désordre, sont violentes et convulsives; ou enfin, plus heureuses, elles unissent harmonieusement l'énergie à la règle, le mouvement à la mesure, la variété à l'ordre ; elles se déploient avec plénitude et dans toute la vérité de leur nature. Dans ces trois cas, ce. qu'elles sont en elles-mêmes, elles le paraissent dans leurs formes ; telles on les verrait intimement, telles on les voit dans leurs dehors; elles font à leur image l'expression qu'elles revêtent. Il suit de là que la matière n'a pas qualité par elle-même; qu'elle n'a que ce qu'elle reçoit ; que, passive en toute chose, c'est de la force qu'elle emprunte les caractères qu'elle présente. Par conséquent, en fait de beauté, si l'on veut aller au principe, il faut aller à la force ; en elle est ce qui est beau et ce qui rend beau tout ce qu'elle anime. Or à quoi tient sa beauté ? Ce n'est pas à l'inertie, à une activité lourde, incomplète et arrêtée : car en cet état elle est informe, elle a le hideux d'un avorton et la laideur d'une chose sans vie. Ce n'est pas non plus à une activité extravagante et débordée, puisque ainsi elle est difforme, qu'elle répugne comme un monstre, comme une nature qui sort de l'ordre, qui se dérègle et se décompose. *Informe* ou *difforme*, elle ne saurait être belle : comment donc le devient-elle ? C'est lorsqu'elle a vie et vérité, qu'elle agit selon sa loi ; que, pleinement dans sa sphère, elle concilie avec bonheur le mouvement et la mesure, le jet et la tenue, le déploiement et l'ordre. Voilà de quel caractère elle tire tout son charme, à quelle harmonie elle emprunte tous ses genres d'agrément, gracieuse, noble ou sublime, selon les traits qui la distinguent et les circonstances qui la modifient. Tout vient de là ; et pourquoi ? Parce que c'est là qu'est la perfection ; parce qu'il n'y a rien de mieux pour une force que d'être force selon sa loi, que d'être active selon sa destinée. Ainsi donc, qu'est-ce que le beau considéré dans son principe ? C'est la force telle que nous venons de la définir. Qu'est-ce que le beau dans son expression ? C'est la force se produisant avec le caractère qui la rend belle, sous quelque forme de la matière, sous la forme du minéral, de la plante ou de l'animal. Et maintenant veut-on savoir quelle impression produit le beau sur l'âme de ceux qui le conçoivent? Sans faire pour cela de théorie, et en se bornant à une simple vue, on peut remarquer que le sens du beau, une fois que l'intelligence a démêlé dans la matière le principe de la beauté, se développe aussitôt avec un mouvement exquis de joie, d'amour et d'admiration; il se charme et s'enchante; il abonde d'affection pour l'objet qui le captive; il en jouit avec délices; et cependant il ne le désire pas pour y toucher, pour s'en servir et le consommer. A quoi bon? Il le désire pour le garder, pour le voir, pour le contempler avec religion : c'est pourquoi il paraît avoir tant de désintéressement dans son émotion, non qu'il ne s'y plaise singulièrement, que l'amour de soi n'y trouve son compte; mais, comme il n'en veut pas à l'existence de l'être qu'il a pris en admiration, comme au contraire il n'aspire qu'à la protéger et à la faire durer, il semble ne plus songer à soi, ne faire sur soi aucun retour : c'est le beau pour le beau lui-même qu'il semble aimer et rechercher. Grande différence avec ce que le cœur éprouve, quand c'est d'utile qu'il s'occupe : car alors, loin de s'abstenir, il ne travaille qu'à tenir, qu'à employer et consommer; son plaisir est d'user, et non plus de contempler; c'est de détruire à son profit, et non de conserver par admiration. Le sentiment *industriel* porte à se nourrir, à se vêtir, etc.; le sentiment *æsthétique*, à regarder et à adorer.

Mais ces questions en amènent bien d'autres. Le beau expliqué dans sa généralité, il s'agirait de savoir ce qui constitue les différents degrés de beauté, ce qui en fait les divers genres, ce qu'est la beauté physique et la beauté morale, la beauté réelle et la beauté artificielle ; il s'agirait d'aborder successivement tous les problèmes d'æsthétique, de discuter ainsi toute la philosophie des arts ; et le sujet ne manquerait ni d'intérêt, ni de nouveauté. Mais ce n'est pas en passant, et dans les limites d'une composition consacrée à la critique, que pourrait se traiter un sujet aussi étendu : il faudrait un livre exprès. Il suffit d'en avoir indiqué les principaux points de vue.

Maintenant, pour revenir à l'opinion de M. Kératry, si, prise à la rigueur, elle n'est pas, comme on l'a vu, d'une parfaite vérité, considérée avec les ménagements que demandent toujours les opinions un peu vagues, considérée surtout dans les applications que l'auteur en fait avec sentiment et imagination, elle paraît plus satisfaisante que ne le ferait supposer le principe dont il la tire ; il la corrige en la développant ; il y mêle à son insu des idées qui la modifient : sa poétique est comme sa morale, le faux y est au fond, mais cela ne l'empêche pas de porter, en fait de *beau* comme en fait de *bien*, des jugements pleins de vérité. Son goût ressemble à sa conscience : il vaut mieux que son système.

On sait comment écrit M. Kératry. Si les circonstances le pressent, si son sujet le prend au cœur, son expression, prompte, ferme et précise, rend avec autant de force que de simplicité la pensée qui l'émeut. Il a d'inspiration le style, qui, pour d'autres, n'est d'ordinaire que le fruit du travail et de la réflexion ; il est exact et réduit comme s'il avait voulu l'être : on dirait un logicien éloquent, quand il n'est qu'un orateur passionné. A la tribune ou dans les journaux, c'est quand la discussion a été flagrante, quand il n'a fallu prendre conseil que de sa conscience et de sa situation, que sa verve politique s'est produite avec le plus de raison. Sans doute alors la vérité le touche de si près et l'intéresse si vivement, qu'il en a d'abord le sens plus juste, et que, sans méditer ni attendre, il trouve, pour l'exprimer, le langage qui convient le mieux à l'impression de son esprit et au mouvement de son âme.

Mais quand les questions ne l'emportent pas, et que, plus tranquille et plus froid, il spécule à loisir, son intelligence, moins saisie, ne perçoit plus les objets avec la même exactitude. Sa pensée se néglige, et ne se tient plus aussi bien dans la juste vérité : elle devient vague, et se laisse aller aux jeux quelquefois bizarres d'une imagination mal contenue. Une fausse poésie se répand alors sur ses conceptions philosophiques. Il mêle à la science des couleurs qui ne lui vont pas : il la traite comme un sentiment, et l'exhale comme une émotion. L'art ne gagne rien à cette manière d'exposer; la science y perd beaucoup, elle en paraît moins vraie, moins positive et moins claire. Il ne faut rien moins que les élans d'âme, la chaleur de conviction, le ton et l'accent de bonne foi, qui ne manquent jamais à M. Kératry, pour empêcher que ces défauts ne dégénèrent quelquefois en déclamations sentimentales et en expressions de mauvais goût. Heureusement il couvre tout des bonnes qualités qui le distinguent.

M. MASSIAS,

Né en 1764.

La méthode la plus naturelle dans la critique philosophique est d'abord d'exposer, et ensuite de juger les doctrines dont on s'occupe. C'est la vraie manière d'instruire en philosophie comme en justice, parce qu'avant d'approuver ou de condamner, on commence par soumettre à l'examen les pièces du procès qui en est cause. Telle a été la marche suivie à l'égard du plus grand nombre des écrivains dont nous avons parlé; mais remarquons que chez eux, ou le système qu'ils embrassent est spécial, particulier, et se prête aisément à un résumé précis; ou il est général, mais composé de telle sorte qu'il y domine quelques idées auxquelles reviennent toutes les autres, et dans ce cas encore l'analyse est facile. Mais quand une théorie est vaste et vague en même temps, quand dans toute son étendue on ne trouve pas de ces points culminants, de ces principes en saillie qui dominent tout le reste, il devient très embarrassant d'en tracer une analyse: on ne sait que retrancher, que conserver; on ne peut tout dire et on ne sait que dire; on reste devant l'ouvrage comme devant une mer d'où rien ne ressort, que l'immensité. On est bien alors forcé de renoncer à une exposition, et de se borner à l'indication de l'objet, de l'esprit et du caractère du livre qu'il s'agit de faire connaître. C'est, après y avoir pensé, le parti que nous avons pris à l'égard de celui de M. Massias. Composé d'un assez grand nombre de volumes (1), tous consacrés au développement d'une philosophie qui embrasse une infinité de questions, il nous a paru très difficile de le réduire aux proportions d'un résumé exact : il contient tout un monde, et en même temps il offre peu de ces points de vue qui fixent d'abord le regard et servent de centre à tout le reste. Si l'on veut bien voir, il faut tout voir, et si l'on voit tout, on voit trop pour tracer du sujet un abrégé fidèle : il n'y aurait bien que l'auteur lui-même qui fût capable de resserrer sa pensée tout entière dans le cadre étroit d'une analyse. C'est sans doute là un défaut ; c'en est toujours un de ne pas frapper les esprits, de ne pas les saisir de quelques idées qui, les attirant entre toutes les autres, leur fassent une impression dominante et profonde. On ne regarde, on ne retient que les opinions qui ont du trait ; celles qui manquent de caractère sont comme ces physionomies de peu d'expression, dont on ne conserve rien dans la mémoire, quoique souvent on y ait admiré une sorte de noblesse et de beauté. On peut, toutefois avec le ménagement et le respect que méritent de grands et sérieux travaux, appliquer une partie de ces réflexions à l'auteur du livre des *Rapports de l'homme à la nature, et de la nature à l'homme*. C'est pour-

---

(1) *Rapports de l'homme à la nature*, 5 vol. in-8°.

quoi, au lieu d'une exposition, nous nous bornerons à donner une idée sommaire de sa philosophie.

Si l'on veut rattacher à quelques chefs généraux les diverses opinions dont elle se compose, on voit qu'en définitive toutes se rapportent à Dieu, à l'homme et à la nature ; toutes sont de la *théologie*, de la *psychologie* ou de la *physique*.

M. Massias considère dans l'homme trois grands faits qui, selon lui, l'expliquent tout entier, l'*instinct*, l'*intelligence* et la *vie :* l'instinct, qui commence son existence et en fait le fonds primitif ; l'intelligence, qui la développe ; la vie, qui la complète. Pour tout ce qui est de premier mouvement et ne peut attendre la réflexion, pour tout ce qui risquerait d'être mal fait sous le régime de la volonté, l'instinct veille et agit : c'est la providence de l'homme avant qu'il sache rien, et quand il a sa raison, c'est encore sa providence, si sa raison ne suffit pas. Cependant toutes ses actions n'ont pas été remises à la conduite de l'instinct : il en est un grand nombre dont il doit être lui-même le conseil et l'agent. Pour celles-là, il a la pensée, la liberté et la moralité : par conséquent sans instinct il ne vivrait pas, sans intelligence il ne vivrait pas moralement. Pour lui, la vie n'est complète que par l'union harmonieuse de ces deux facultés. L'instinct, pur besoin de conservation, a pour objet l'assimilation, la nutrition et la reproduction. L'intelligence, acte de sentiment et de raison, embrasse une foule d'autres objets ; elle considère l'utile, le vrai, le beau, le bien ; elle s'étend à toute la destinée humaine. La vie est en bon chemin quand, dirigée d'une part par les sûrs avis de l'instinct, de l'autre par les hautes et sages vues de la raison, elle s'accomplit selon l'ordre de la providence et de la conscience. Elle arrive alors à la vertu et au bonheur, qui ensemble sont le vrai but de toute l'activité de l'homme.

En résumant de la même façon les idées que l'auteur a développées sur le monde et sur Dieu, on reconnaît qu'il considère l'un comme un ensemble d'existences qui, créées, ordonnées et conservées en vertu de certaines lois, n'est lui-même qu'un effet d'une cause supérieure ; l'autre est cette cause supérieure, éternelle, immense, souverainement active, intelligente et forte. Elle prend l'univers, qu'elle a produit, pour théâtre de sa puissance ; elle y fait naître et vivre tous les êtres qu'elle appelle à y jouer un rôle. Toute la création n'est qu'un grand drame ; le poète mystérieux et divin qui l'a conçu et mis en jeu ne s'y montre pas en personne ; il n'est pas ici plutôt que là ; il n'a pas été hier plus qu'aujourd'hui, mais partout et toujours il est et se fait sentir ; il ne se dévoile pas, mais il se prouve, et, sans s'expliquer intimement, il se fait connaître par signes et se révèle par symboles. Si ce n'est pas assez pour notre curiosité, ce doit être assez pour notre raison. Telles sont les idées sages dans lesquelles M. Massias nous a paru se renfermer sur un sujet si difficile et si grave.

Si maintenant on se demande quelle est la couleur de cette doctrine, on n'aura pas de peine à voir que c'est celle du spiritualisme : c'est ce qui paraît assez au simple aperçu que nous venons d'offrir. Il n'y a en effet que le spiritualisme qui mène aux résultats que nous avons énoncés; mais s'il en fallait d'autres preuves, on les trouverait en lisant les notes très étendues que l'auteur a consacrées à la réfutation de diverses opinions matérialistes. Il les attaque avec autant de force que de bonne foi, et c'est sans esprit de parti, sans préjugé ni aveuglement. Il ne mêle à la discussion rien d'étranger, rien de politique et d'intéressé; il n'y parle que de science.

Quant au caractère même de ses idées, il semble que quelquefois il les présente sans leur donner assez ce développement extérieur, cette exposition sensible, cette démonstration de l'auteur au lecteur, qui cependant leur prêteraient du relief et de la lumière. Il philosophe trop pour lui, et pas assez pour le public. Il ne prend pas les esprits où ils en sont, pour les conduire où ils veulent aller; il a sa route à lui, et la suit sans prendre garde. Il ne songe à personne. Il n'enseigne pas, il pense : il pense à sa manière, comme il l'entend, en solitaire. De là quelque chose d'arbitraire et d'un peu étrange, soit dans le fond, soit surtout dans la forme de son ouvrage.

On ne saurait contester à M. Massias la faculté du sens philosophique ; il la possède certainement, mais il ne l'applique pas toujours avec assez d'art et de méthode. Il voit trop par aperçus, il s'en tient trop au simple aspect. En présence des faits, il n'attend pas, l'œil attentif, qu'ils se déterminent, se dégagent, et se montrent à lui nettement : après un premier moment d'observation, il les laisse aller, et n'en garde qu'une notion de première vue. Aussi qu'arrive-t-il? C'est qu'au lieu de les expliquer, il les indique seulement, les résume, et ne les montre pas. Il pèche par concision, et devient obscur faute de développement ; ce qui n'empêche pas néanmoins que, quand il affectionne une idée, il ne s'y arrête avec complaisance, ne la suive longuement, ne l'étende, ne la délaie avec une surabondance d'expressions qui fatigue le lecteur ; en sorte qu'à côté de l'extrême concision règne parfois la diffusion, et qu'on voit se succéder, par un rapprochement singulier, des formes arides de logique et des développements demi-poétiques, des définitions pressées et des descriptions prolongées ; mélange peu agréables de deux genres de style, où l'on reconnaît tour à tour la manière de Condillac et celle de Bernardin.

Pour finir par un jugement général, il nous semble que M. Massias, dont le livre est plein de philosophie, quoiqu'il ne soit pas parfaitement philosophique, penseur par goût, esprit sérieux et sage, riche de connaissances variées, avait tout ce qu'il fallait pour faire un ouvrage excellent. Mais on dirait qu'il a fait le sien avant d'être bien préparé, c'est-à-dire avant d'avoir perfectionné ses bonnes qualités, corrigé ses défauts, achevé son éducation de philosophe et d'écrivain. S'il en eût été autrement, il eût sans doute réussi à se concilier un peu plus de cette popularité de bon aloi qu'un livre fait en conscience comme le sien manque rarement d'attirer à l'auteur qui y a consacré ses veilles et son talent. Il eût ainsi joui du prix de ses longs travaux, et obtenu la récompense que mérite sans aucun doute son dévouement à la science et son amour de la vérité.

M. BONSTETTEN,

Né en 1745.

Si, au lieu de borner à notre pays l'histoire de la philosophie contemporaine, nous l'avions suivie ailleurs, et particulièrement en Angleterre et en Allemagne, nul doute que notre *Essai* n'eût offert plus d'intérêt, et que la critique, élargie par un sujet plus varié, n'eût étendu ses vues et généralisé son examen ; des comparaisons se seraient établies, des rapprochements se seraient présentés, des jugements auraient été portés sur la situation relative des doctrines de chaque peuple. Il eût été curieux de chercher si chacun d'eux avait eu les mêmes écoles, avait eu son *sensualisme*, sa *théologie* et son *éclectisme* dans le même rapport et avec le même caractère ; on eût aimé à voir quelle influence diverse avaient pu tour à tour exercer et recevoir ces philosophies de lieux et de génie si différents. C'eût été le tableau de tout un mouvement d'idées, et il est aisé de sentir de quelle importance il eût été de le retracer complétement. Mais outre les difficultés de ce sujet pris en lui-même, il y avait d'autres obstacles, tels que l'ignorance des langues et des littératures, qui devaient nous empêcher d'entreprendre une telle tâche : nous n'en avons pas eu la pensée. C'est donc à la France que nous nous sommes réduit; cependant comme quelques écrivains ont, en se servant de notre langue, pris en quelque sorte parmi nous des lettres de naturalisation, qu'ils se sont faits Français, qu'ils ont parlé pour les Français, nous ne pouvons guère nous dispenser de leur donner une place dans la galerie que nous avons essayé de présenter au public. C'est ce que nous avons déjà fait pour M. le baron d'Eckstein, c'est ce que nous allons faire en ce moment pour MM. Bonstetten et Ancillon. Ils appartiennent à l'éclectisme, et ils y ont leur rang et leur nuance; ils viennent, naturellement, et après les philosophes qui précèdent, et avant ceux qui vont suivre. Ils ouvrent dans leur école la série de ceux chez lesquels la pensée de *l'éclectisme* commence à paraître plus développée et plus expresse. Parlons d'abord de M. Bonstetten.

Une remarque nous a frappé dans la lecture de ses ouvrages, c'est la position qu'il a su prendre entre deux philosophies qui semblaient l'une ou l'autre devoir le gagner et le captiver. En commerce avec toutes deux, exposé à leurs séductions, il a gardé sa liberté, et est demeuré indépendant; vivant au milieu de penseurs et d'amis qui tenaient pour Kant ou Condillac, il n'a lui-même été ni kantiste, ni condillacien. Né en Suisse, et dans le moment où devait s'y faire sentir le système de philosophie qui avait remué toute l'Allemagne, où la France y devait porter avec son goût et sa littérature ses opinions métaphysiques, placé comme sur un lieu neutre, où arrivaient toutes ces idées. il ne s'est exclusivement livré ni à celles-ci, ni à celles-là; il a tout regardé, tout jugé avec bienveillance et calme, et s'est ensuite retiré, sans préjugé, dans sa conscience, pour s'y former de son propre fonds une opinion qui fût à lui. Il n'est comme aucun des maîtres dont il reçut les leçons; il n'est pas même comme Bonnet, avec lequel il philosopha dans des rapports si doux, et qui excitèrent dans son âme tant d'admiration et tant d'amour. Il a sympathie pour tous, mais il n'a foi qu'à ce qu'il sent. S'il ressemble à quelqu'un, c'est plutôt à un Écossais, c'est à Stewart, dont il rappelle assez la manière et l'esprit; mais ce n'est pas comme disciple, c'est comme homme du même cru et de même nature philosophique. On peut, au reste, expliquer cette liberté de pensée par les deux causes qui toujours concourent à donner à l'intelligence son caractère et sa direction, par les dispositions originelles et les circonstances dans lesquelles ces dispositions se sont développées. Or ce qu'on voit dans M. Bonstetten, c'est, d'une part, un goût naturel pour l'observation et la vie intimes, c'est le besoin d'être à soi, de s'étudier et de se connaître; c'est un sens curieux et sérieux, sincèrement dévoué à la recherche de la vérité. De l'autre, c'est l'impression qu'il reçoit du monde dans lequel il vit; c'est ce concours d'opinions qui se débattent sous ses yeux, et dont il suit le spectacle avec une attention impartiale et un examen instructif. Il y a en effet de tout cela dans ses ouvrages de philosophie; tout s'y ressent et de son génie particulier, et des objets qui l'ont modifié.

Si on recherche avec soin la pensée qui domine dans ses diverses compositions, on reconnaît que c'est surtout celle de trouver aux sciences morales et métaphysiques un point de départ et un principe auxquels elles se rattachent, et qu'il le trouve avec raison dans la science de l'âme ou dans la psychologie. Il fait donc de la psychologie, et il en fait selon sa méthode. Observateur recueilli, sincère et spirituel, il laisse les livres dès qu'il philosophe, et les systèmes avec les livres; il n'en garde que les questions, qu'il traite alors par lui-même, en la seule présence des faits, avec les seules lumières de sa conscience.

Spiritualiste par toutes les bonnes raisons qui, lorsqu'on suit l'expérience, mettent hors de doute la vérité d'une force simple et immatérielle, il s'applique à la connaître dans ses facultés et dans ses actes; il s'occupe particulièrement de l'intelligence, pas autant de la sensibilité, et peu ou point de la liberté, sur laquelle il avoue naïvement qu'il n'a point d'opinion faite. Ce serait sans doute une omission assez importante à relever, si elle se trouvait chez un auteur qui affichât la théorie; mais dans un livre qui ne prétend qu'au titre d'*essai* ou d'*études*, quoique souvent il mérite mieux, ce n'est qu'une chose qui reste à faire, et qui, un jour ou l'autre, pourra s'achever. Ce n'est pas une négation, c'est plutôt un ajournement. Ainsi prenons les choses pour ce qu'elles sont, et n'exigeons pas d'un livre qui n'est point fait pour un système, mais pour de simples observations, une rigueur et un *complet* qu'il n'est point dans sa nature d'avoir : il n'en est pas pour cela moins vrai, mais seulement moins scientifique. M. Bonstetten s'occupe donc principalement de l'intelligence, dont, sans précisément présenter tous les faits, il décrit cependant les plus importantes circonstances. Selon lui, la pensée a deux principales applications : elle est sens externe et sens interne, perception et conscience, vue de la matière et vue de l'esprit; ce ne sont point là ses termes, mais ce sont ses idées. Dans chacune de ses applications, la pensée se modifie de certaines façons particulières : elle commence par sentir, ensuite elle réfléchit; et quand elle en est à réfléchir, son temps se passe à observer, à comparer, à faire des principes et à raisonner. Mais non seulement elle sent et connaît, elle ressent et reconnaît, elle a la vue des faits passés; en outre elle imagine, elle idéalise, elle conçoit autrement, et mieux que dans la nature (au moins c'est sa tendance), les choses que son expérience lui a fait sentir et lui rappelle. Ainsi, quoi qu'elle regarde, que ce soit l'âme ou le monde, l'esprit ou la matière, elle peut, de premier mouvement, ou par réflexion, *voir, revoir, prévoir* et *imaginer*. Telles sont les généralités sous lesquelles on pourrait ranger et classer les diverses observations d'idéologie dont l'auteur a enrichi ses deux ouvrages philosophiques (1). Ajoutons qu'il donne une attention toute particulière à la mémoire et à l'imagination, dont il a étudié les actes et les lois avec un soin, des détails, et une méthode, qui rappellent tout-à-fait la manière de Stewart.

Du principe psychologique dans lequel il reconnaît que l'âme est à la fois douée de sentiment et de sensation, il tire une conséquence qu'il propose comme la règle morale de la vie. Que suit-il en effet de ce que nous avons la double faculté de connaître notre nature et celle du monde extérieur ? C'est que nous devons agir en vue de ce double sujet ; c'est que nous devons nous conformer à ce qui est l'ordre dans l'un comme dans l'autre ; c'est que la vérité dans l'homme, comme la vérité hors de l'homme, c'est que la vérité tout entière est la loi selon laquelle nous devons régler nos actions. En sorte que le sens *moral*, qui n'est ni seulement le sens *interne*, ni seulement le sens *externe*, mais l'harmonie de l'un et de l'autre, est obligatoire pour nous toutes les fois qu'il nous paraît regarder l'ordre et la justice.

Mais il y a des philosophes qui, méconnaissant dans leur système soit la conscience, soit la perception, ont voulu faire le sens *moral* du seul sens qu'ils admettaient. Ils n'en ont fait qu'un sens faux,

---

(1) *Recherches sur l'imagination*, 2 vol. in-8°, Genève, 1807.

Études de l'homme, 2 vol. in-8°. Genève, 1821.

qu'une faculté incomplète, et leur doctrine en a souffert ; elle n'a plus embrassé qu'un côté du devoir et de la destinée humaine. Les uns n'ont vu que la matière, et l'ont proposée comme unique fin de tous les actes de la vie ; les autres n'ont pensé qu'à l'esprit, et y ont réduit toute la morale. Ils se sont trompés de part et d'autre ; et l'*ascétisme* de ceux-ci comme le *sensualisme* de ceux-là n'a fait que tracer à l'homme des préceptes insuffisants et quelquefois dangereux. *Ascétiques* ou *sensualistes*, mystiques ou épicuriens, dévots ou industriels, sous quelque nom qu'on les désigne, et quelque nuance qu'ils puissent prendre, tous raisonnent dans un système qui, poussé avec rigueur jusqu'à ses dernières conséquences, doit finir par recommander d'une manière exclusive l'absorption en soi ou l'absorption dans la matière, le régime du couvent ou celui des ateliers, les rêveries de l'idéalisme ou la vie purement physique. Il n'y a pas de milieu, ou plutôt il y en a un, mais c'est à une condition : c'est que chaque système, se reconnaissant pour incomplet, consentira à s'élargir, et se fondra dans une théorie plus générale, qui, du haut d'un principe où tout sera compris, tempérera leurs conséquences et modérera leurs excès ; alors seulement la morale sera dans le vrai et dans le bien.

Tel est le point de vue sous lequel M. Bonstetten envisage la question du devoir. C'est évidemment de l'éclectisme, et non pas de celui qui, voyant deux systèmes contraires, se place entre eux sans raison, par routine et sans jugement ; mais de celui qui a son idée, et, fort de son principe, sent aussitôt ce qui manque aux opinions extrêmes, et, après l'avoir marqué, le supplée, le rétablit, et forme ainsi, d'éléments qui d'abord se repoussaient, une unité large et harmonieuse. C'est une philosophie éclairée et non une modération d'instinct, de la critique et non de la crainte, de la science et non de la tactique. Une telle philosophie vient à l'auteur de cette observation simple et scrupuleuse avec laquelle, oubliant tout, système et autorité, il n'apprend rien que par expérience, et reconnaît tout par lui-même. Il est éclectique de sentiment ; assuré par sa conscience que certains faits existent, il n'a pas de peine à apprécier le défaut des théories qui, portant sur les mêmes faits, ne les prennent qu'à moitié, les mutilent et les altèrent. Il est toutefois à regretter qu'il n'ait pas plus développé l'idée qu'il a conçue ; il s'en tient trop à la généralité ; il pose bien son principe, mais il ne l'applique pas, et aucune doctrine morale assez précise et assez forte ne sort de cette unité qui pourtant est féconde ; tout y demeure en germe. L'esprit de M. Bonstetten semble se peu prêter à ce travail de patience qui achève et finit. Curieux et coureur, il aime mieux s'occuper de sujets neufs et variés qu'insister jusqu'au bout sur ceux qu'il connaît ; il jette ainsi plus d'esquisses, mais il termine moins de tableaux ; et souvent de ses recherches il ne demeure, au lieu de science, qu'une trace un peu vague de la vérité dont il traite.

Après la psychologie et la morale, l'ordre naturel des idées amenait la religion. L'auteur a suivi cet ordre ; il a traité dans un chapitre de Dieu et de l'immortalité de l'âme. Ici encore son opinion n'est qu'une conséquence de sa psychologie. C'est en lui, en sa nature, c'est de conscience qu'il trouve les raisons qui le portent à croire à ces deux grandes vérités. Ainsi Dieu *est* pour lui, parce que lui-même il *est*. L'homme en effet prouve Dieu ; mais non seulement il le prouve, il sert encore à le connaître ou du moins à le concevoir : il en est l'image, comme l'ouvrage ; il y a de l'homme dans Dieu, comme il y a de Dieu dans l'homme : la différence n'est pas de nature, mais de dégré : l'infini les sépare, mais ne les fait pas dissemblables. Dieu, c'est l'homme avec l'éternité, l'immensité, la toute-puissance ; l'homme, c'est Dieu venu au monde et tombé dans des rapports qui limitent ses perfections. Le créateur, en un mot, est l'idéal de la créature, de même que celle-ci n'est à son tour qu'un type imparfait du créateur. Quant à la destinée future de l'homme, son rapport avec Dieu, dont les attributs lui sont des garanties d'ordre, de bonté et de justice, et ses propres facultés, qui demandent du temps d'ailleurs pour continuer à se développer, auxquelles il faut une autre vie, soit pour expier celle-ci, soit pour en recevoir la récompense, ce besoin d'être qui ne le quitte pas, cet ennui qu'il a du monde, ce pressentiment d'un avenir qui conviendra mieux à son activité, cette foi enfin que toute sa race a constamment montrée à un ordre de choses qui doit succéder à celui-ci : tout prouve la vérité du dogme à la fois philosophique et religieux de l'immortalité de l'âme. M. Bonstetten l'adopte avec sentiment et avec amour ; sa conviction est profonde, et lui tient au fond du cœur. On la partage en le lisant, on sent à tout ce qu'il dit qu'elle n'est pas vaine et sans raison ; mais peut-être ne donne-t-il pas à ses preuves un caractère assez scientifique ; il ne les fait pas valoir avec toute la force dont elles seraient susceptibles ; il donne trop au développement poétique ou oratoire, et pas assez au développement philosophique et démonstratif ; sa pensée a quelquefois l'air du sentimentalisme. Nous devons même avouer que ce n'est qu'en précisant à notre manière les idées qu'il expose, que nous avons pu les réduire au petit nombre d'arguments que nous venons d'indiquer.

Et en général on peut remarquer qu'il ne fait point assez d'efforts pour donner à ses idées le caractère de la science ; il s'en tient à des vues, et travaille peu à la théorie. Il a souvent par-devers lui tous les éléments d'un système ; mais il ne tente pas le système, ou se borne à l'ébaucher. Sur beaucoup de points il a un avis, et un avis plein de sagesse ; sur presque aucun il n'a de doctrine, point d'opinion achevée et poussée jusqu'au dernier terme, point de généralité en saillie, point de ces principes dominants qui saisissent les esprits et les forcent à l'examen ; toujours quelque peu de vague, et des questions qui auraient besoin d'être traitées avec plus de rigueur et d'exactitude. De là sans doute le peu d'impression que les ouvrages de M. Bonstetten ont produit sur notre public. Il n'y a point encore en France un goût assez sérieux de la philosophie pour qu'on la recherche avec ardeur, même dans les livres où elle se montre sans art et sans système ; on ne la sent pas assez quand elle manque de relief, et on la néglige faute de la sentir. Toutefois on n'a peut-être pas rendu à M. Bonstetten toute la justice qu'il mérite. Il philosophe d'une si bonne manière, avec tant de bon sens et d'observation, qu'il y a certainement à profiter en étudiant avec lui ; il ressemble beaucoup aux Ecossais (1). Il est moins avancé dans les questions, moins près des applications, moins développé et moins classique ; mais il a leur méthode, leur conduite d'esprit, leur sage circonspection : c'est un maître qui, comme eux, est excellent pour le début.

(1) M. Bonstetten a peut-être ressenti plus que nous ne l'avons dit l'influence de la philosophie anglaise et écossaise. Né dans le pays de Vaud, où de bonne heure cette philosophie a eu siége et faveur, il a dû naturellement en prendre l'esprit et la méthode.

M. ANCILLON,

Né en 1766.

Nous avions d'abord eu la pensée de rendre un compte particulier de chacun des *Essais* de M. Ancillon; mais comme, sans être tout-à-fait étrangers les uns aux autres, ils ne font pas cependant suite entre eux, nous avons cru que si, au lieu de présenter une assez longue succession d'analyses et de critiques isolées, nous recherchions la philosophie générale de l'auteur, l'objet qu'il se propose, la méthode qu'il suit, les principales opinions qu'il professe, nous aurions un meilleur moyen d'apprécier et de faire connaître le mérite qui le distingue.

Il est une science assez hardie pour se mesurer à l'univers, et qui, dans son ambition, vaste comme la vérité, prétend à tout, s'applique à tout, à l'invisible comme au visible, à l'infini comme au fini, à Dieu comme au monde. Les forces physiques et morales, le principe qui les a créées, les êtres et leur raison, il n'est rien qu'elle n'embrasse dans ses immenses recherches. Elle veut des solutions pour tous les problèmes, des explications pour tous les mystères, des démonstrations pour tous les inconnus : c'est la toute-science. Telle est une espèce de philosophie.

Il en est une autre, plus modeste et plus sage, qui, au lieu de porter ses vues si haut et d'aspirer à l'universalité, n'a pour but que de reconnaître la nature et la destinée de l'homme. A l'exemple de toutes les vraies sciences, qui limitent leur domaine, et n'embrassent chacune que certains êtres et certains faits, elle se borne à la question de l'humanité, qu'elle trouve encore assez grande, assez complexe, et assez difficile à résoudre.

Entre ces deux philosophies, le choix de M. Ancillon ne pouvait être douteux. Ami prudent du vrai, il devait craindre de s'engager dans un système ontologique : un système ontologique est un voyage autour du monde ; il faut de la force et de l'audace pour le tenter; s'il a quelque chose de séduisant pour l'ardente curiosité de la jeunesse, il n'a que des difficultés et des périls aux yeux de l'homme dont l'expérience a mûri la raison. Quand on est instruit par l'histoire des erreurs dans lesquelles sont tombés les anciens philosophes, quand on a été témoin de celles auxquelles ont été entraînés les philosophes contemporains, quand peut-être soi-même on s'est égaré sur les pas des uns ou des autres, et qu'enfin on reconnaît que le mal vient de l'ambition de tout voir, de tout expliquer, de tout comprendre, on est moins porté à ces vastes recherches, qui souvent ne mènent à rien, et l'on aime à borner sa vue pour être plus sûr de la reposer sur la réalité. C'est ce qu'a senti M. Ancillon: aussi l'objet de sa philosophie n'a-t-il rien de transcendental et d'ontologique. C'est de l'homme surtout qu'il s'occupe ; connaître l'homme et appliquer cette connaissance aux grandes questions morales, politiques et littéraires, tel est le dessein général qui se montre dans ses *Essais;* et sa méthode répond à son but, elle est pleine de sagesse et de mesure.

Convaincu qu'en philosophie, dès qu'on fait système, il faut être bien malheureux pour n'avoir pas un peu raison, ou bien heureux pour n'avoir jamais tort, il excelle à garder entre tous les partis la plus constante neutralité. Mais cette neutralité n'est pas celle du sceptique indolent ou railleur, qui laisse aller la guerre ou s'en moque à plaisir, et, loin de la mêlée, se complaît en son repos, ou jouit du combat comme d'une occasion de rire. La sienne est judicieuse, active et utile; il ne l'emploie qu'à ménager des rapprochements, à terminer des débats, et à fonder cette science conciliatrice qui recueille la vérité partout où elle la trouve, et la prend de quelque main qu'elle lui vienne. Quand on n'a pas cette impartialité d'esprit, et qu'on se préoccupe de quelque vue systématique, on saisit un point de vue ou un côté de la vérité à l'exclusion de tous les autres: on ne tient aucun compte de ceux que l'on ne saisit pas, ou l'on tâche de les ramener forcément à son point de vue favori : on se fait ainsi une fausse unité dont on se félicite, dont on s'engoue, et l'on finit par se perdre sans retour dans une théorie exclusive et incomplète. C'est donc à l'éclectisme qu'il faut recourir pour éviter toutes les erreurs qui tiennent à l'esprit de sytême : tel est le précepte que M. Ancillon donne dès la première page de son livre (*inter utrumque tene*), qu'il exprime en toute occasion, et qu'il suit lui-même avec la plus grande fidélité.

S'agit-il en effet de morale, il pense avec les stoïciens que l'homme est fait pour le bien ; avec les épicuriens, qu'il est fait pour le bonheur ; et comme il ne prend pas à la fois toute l'opinion des uns et des autres, mais seulement une partie, la partie raisonnable, il peut dire sans contradiction que réellement le but de la vie est en même temps le bien et le bonheur à considérer l'un comme principe, l'autre comme conséquence, à commencer par l'un et à finir par l'autre. Et dans le fait, il n'est pas plus possible à l'homme d'être vraiment vertueux sans être heureux, que d'être vraiment heureux sans être vertueux : j'entends qu'il ne saurait sous tous les rapports parvenir à l'ordre ou au bien parfait sans goûter nécessairement la plus parfaite félicité, et que, s'il a jamais joie pure et sans mélange, il a par là même le signe et la preuve de sa perfection morale.

S'agit-il de la science sociale, c'est le même esprit qui le guide dans le choix des opinions qu'il embrasse. En pensant avec tous les publicistes que le but de la société est la conservation et l'amélioration de l'espèce humaine, il n'admet pas avec les uns que cette société doive être gouvernée par une législation exclusivement variable et temporaire, ni, avec les autres, par une législation exclusivement immuable et absolue ; mais qu'il lui faut, selon ses besoins, qui sont de deux sortes, généraux et constants, ou particuliers et divers, des lois fondamentales qui ne changent pas plus que l'essence même de l'ordre social, et des lois de circonstances qui varient et passent, comme les circonstances auxquelles elles se rapportent. Pour conduire la société à sa fin d'après les lois établies, il est besoin d'un pouvoir public qui ait une forme déterminée : sur ce point, accord unanime. Mais tandis que ceux-ci veulent qu'il ait la plus grande unité possible, ceux-là tout au contraire se prononcent pour qu'il soit le plus possible divisé et partagé ; les uns, s'ils le pouvaient, le constitueraient en tout point inamovible, les autres le déplaceraient à tout moment. Formes purement monarchiques, formes purement démocratiques, point de milieu, disent les politiques exclusifs. Mais, répond M. Ancillon, ne serait-il pas mieux de ne pas porter les choses à l'extrême, et de donner au pouvoir un heureux tempérament d'unité et de partage, de stabilité et de mouvement, qui lui assurât les avantages et le garantît des inconvénients de la monarchie et de la démocratie absolues (1) ?

(1) Nous avons une remarque à faire sur l'éclectisme politique de M. Ancillon. De ses *Mélanges* à ses *Nouveaux essais*, c'est-à-dire de 1809 à 1824, cet éclectisme n'est pas resté le même ; il a varié, et passé d'une nuance à une nuance assez différente. A la première époque, c'est vers la liberté qu'il incline ; à la seconde, c'est vers le pouvoir : le peuple et ses droits est ce qui le préoccupe d'abord, plus tard

S'agit-il enfin de la littérature et des beaux-arts, même manière de voir, même éclectisme. Selon l'auteur, il n'y a de beau que le mouvement et l'action, et la nature en général n'est gracieuse, noble et sublime, c'est-à-dire belle à tous les degrés et dans toutes les nuances, qu'autant qu'elle est active, animée et vivante. Il n'y a au monde de beau que la vie; mais pour que la vie ait cette perfection, il ne suffit pas qu'elle se montre et se déploie : elle peut souvent avoir un développement pénible, lent, traînant ou fougueux, déréglé et violent; et dans cet excès de faiblesse ou d'énergie elle n'a rien d'admirable, quelquefois même elle devient repoussante et monstrueuse. Mais qu'elle présente dans ses mouvements un juste accord d'activité et de règle, d'élan et de mesure, de variété et d'unité, qu'en un mot elle paraisse naturelle et vraie : elle réjouit, touche, ravit, étonne l'âme. C'est donc la vie dans sa vérité qui doit être l'objet commun des beaux-

---

c'est le gouvernement et l'autorité; il se tient toujours à distance de la démocratie pure et de la pure monarchie; mais de telle manière cependant qu'il commence par être beaucoup moins du côté de celle-ci que de celle-là, et qu'il finit par le contraire. Comment expliquer ce changement dans l'opinion de M. Ancillon; quelle en est la cause et le motif? Nous ne savons; nous ne constatons que le fait, laissant d'ailleurs aux lecteurs le soin de voir si c'est par intérêt, par position et pour s'accommoder aux circonstances, ou si c'est par conviction, par pur travail scientifique, que le ministre philosophe a modifié sa politique.

arts; c'est à la sentir telle qu'elle est, à l'imaginer mieux qu'elle n'est, s'il est possible, c'est à exprimer fidèlement l'impression réelle ou idéale qu'il en reçoit, que l'artiste, peintre, musicien ou poète, doit mettre ses soins et son talent.

Guidé par ces principes, M. Ancillon prend place en littérature entre les classiques et les romantiques, pour leur porter des paroles de paix, et les engager, les uns à se relâcher un peu du rigorisme étroit de l'*unité*, les autres à suivre avec plus de réserve leur goût trop vif pour la *variété*. Classiques et romantiques, il ne leur trouve d'autre tort que de vouloir avoir raison chacun à part, et de ne pas s'entendre pour mettre en commun des idées qui, loin de se repousser mutuellement, doivent au contraire, à la gloire des lettres, se rapprocher et se concilier.

Tel est en général le caractère des opinions de M. Ancillon; il est la conséquence naturelle de sa manière de philosopher. Essentiellement éclectique, on le voit toujours tenir le milieu entre les systèmes opposés. Qu'une telle conduite soit quelquefois timidité et faiblesse, cela peut être; mais le plus souvent elle est prudence, modération et force; surtout au temps où nous vivons, elle est pleine de sagesse. Trop d'esprits aujourd'hui se précipitent aux extrêmes, et ne cherchent la lumière que dans des points de vue isolés et partiels : il est heureux qu'il s'élève des intelligences modératrices, qui veillent sur leurs écarts, les en avertissent, et les ramènent, des jugements exclusifs et incomplets qu'ils portent dans leur préoccupation systématique, à une considération plus vraie des objets de leur étude. Il faut de ces hommes de conseil, qui, prenant dans le pour et le contre tout ce qui revient au sens commun, fassent ainsi tourner les idées mêmes les moins exactes au profit de la science; gens d'entre-deux, si vous voulez, qui ne marchent jamais en première ligne, mais qui rendent l'éminent service de tenir la grande route et d'y rappeler ceux qui s'en écartent et se fourvoient. M. Ancillon est un de ces hommes; c'est un des éclectiques de l'époque : à ce titre il a certainement son utilité (1).

(1) Mélanges *de littérature et de philosophie*, 2 vol. in-8°, 1809.

Nouveaux essais de politique et de philosophie, 2 vol. in-8°, 1824.

M. DROZ.

En traitant des sujets de philosophie, M. Droz a cependant pris place plutôt parmi les littérateurs que parmi les philosophes de notre époque. Moins métaphysicien que moraliste, il ne s'est mêlé à la science que pour lui emprunter de ces questions qui demandent à l'écrivain le talent de l'orateur plus que celui du logicien. Il développe une idée, et n'expose pas un système; il s'attache aux points de vue qui prêtent à l'art et au style, et s'occupe peu de théorie et de déductions rationnelles. S'il spécule, c'est de sentiment, avec son âme et son bon sens; mais il évite les discussions scientifiques et abstraites. En un mot, ce n'est pas un penseur qui travaille pour un public de penseurs semblables à lui, c'est un traducteur élégant de certaines opinions philosophiques, qui les adresse au peuple sous des formes toutes littéraires. Aussi n'est-il guère susceptible d'une analyse rigoureuse, et vaut-il mieux faire sentir l'esprit répandu dans ses ouvrages que chercher à en exposer les principes et les doctrines : c'est le parti que nous prendrons.

M. Droz, dans un premier ouvrage (1), publié sous l'*empire*, au moment où le *sensualisme* était encore en crédit, adopta en morale la solution que proposait ce

---

(1) *Essai sur le bonheur.*

système de philosophie, et se montra partisan des maximes épicuriennes. Il vit tout dans le bonheur: mais, à la différence de Volney, qui réduisait le bonheur au bien-être, et le bien-être à la conservation et aux jouissances physiques, plus impartial et plus sage, il étendit son idée à une foule d'autres objets; et ami de la volupté, dans le plus large sens du mot, il y comprit tous les plaisirs que le sentiment comme les sens peuvent procurer à l'homme; il fit entrer l'âme pour quelque chose, et même pour la part la meilleure, dans ce concours d'impressions dont se compose la félicité; il releva ainsi son épicuréisme, et l'assimila à ces doctrines qui, plus sentimentales que sensualistes, tendres, pures et généreuses, sans être la vérité, ne renferment pas cependant de dangereuses erreurs.

Plus tard, et à mesure que se développa le nouvel esprit du siècle, il sentit ce que son idée pouvait avoir d'inexact, et, par une étude scrupuleuse et une comparaison attentive des divers moralistes, soit anciens, soit modernes, il arriva à reconnaître que ce qui manquait à son principe se trouvait à peu près dans le principe contraire: et, s'élevant alors à un point de vue plus général, il sentit que le but de la vie humaine n'est exclusivement ni le bien ni le bonheur, mais le bien et le bonheur dans le rapport qui les unit, c'est-à-dire dans le rapport qui fait suivre constamment une action conforme à l'ordre du sentiment de cette action, et la pratique de la vertu, de la joie de la conscience.

C'est dans cette opinion qu'est composé le nouvel ouvrage de M. Droz sur la philosophie morale (1).

L'*éclectisme* y perce de toute part; il y paraît senti et avoué; on voit que l'auteur y a été amené par la réflexion et la critique. C'est la pensée qui domine ce livre, c'est par conséquent la pensée à en dégager et à en faire sortir. Un de nos amis, M. Jouffroy, s'est acquitté de cette tâche avec une telle exactitude d'analyse et de raison, que nous lui demandons la permission de lui emprunter le morceau qu'il a consacré dans *le Globe* (2) à l'exposition de ce point de vue :

« S'il fallait devenir philosophe pour distinguer le bien du mal, et décider entre Épicure et Zénon pour connaitre son devoir, la morale serait aussi étrangère aux affaires de ce monde que les hautes mathématiques, et l'honnête homme plus difficile à former que le grand géomètre. Deux ou trois individus par siècle agiraient avec connaissance de cause : les autres, échappant à la responsabilité par l'ignorance, n'auraient rien à démêler avec Dieu ni avec la justice. Le code pénal serait ridicule, le jury incompétent, et l'organisation de la société absurde.

« Heureusement pour le bien public et l'honneur de nos institutions, quand, par un beau clair de

(1) *De la Philosophie morale*, 1 vol. in-8°, 1825.
(2) Tome 1, n° 92, *de la Philosophie morale* de M. Droz, ou *de l'Éclectisme moderne*.

lune et lorsque tout dort dans le village, le paysan qui n'a de sa vie philosophé regarde avec un œil de convoitise les fruits superbes qui pendent aux arbres de son opulent voisin, il a beau se rassurer par l'absence de tout témoin, calculer le peu de tort que causerait son action, et, comparant la douce vie du riche aux fatigues du pauvre, et la détresse de l'un à l'aisance de l'autre, pressentir tout ce qu'a dit Rousseau sur l'inégalité des conditions et l'excellence de la loi agraire : toute cette conspiration de passions et de sophismes échoue en lui contre quelque chose d'incorruptible qui persiste à appeler l'action par son nom et à juger qu'il est mal de la faire. Qu'il résiste ou qu'il cède à la tentation, peu importe. S'il cède, il sait qu'il fait mal ; s'il résiste, qu'il fait bien : dans le premier cas, sa conscience prendra parti pour le tribunal correctionnel, et, dans le second, elle attendra du ciel la récompense que les hommes laissent à Dieu le soin de payer à la vertu.

« A quelle école de philosophie ce pauvre homme a-t-il appris son devoir? et, s'il le sait, que cherchent les philosophes ?

« Apparemment, à défaut des philosophes, qu'il n'a pas lus, les sermons du curé ou les dispositions du code lui auront révélé que le vol est un crime ? Mais si le curé lui prêchait qu'il commet un péché en ne portant pas au presbytère le dixième de sa récolte, il n'en croirait rien ; s'il lisait le code pénal, et qu'il y vît que vingt personnes peuvent causer

ensemble sans outrager la justice, mais non pas
vingt et une, il ne pourrait le comprendre. D'où
vient la différence ? Les autorités sont les mêmes,
et tantôt la conscience acquiesce, tantôt elle résiste.

« Nous avons pour la philosophie, le code pénal
et les sermons, tout le respect possible ; mais nous
tenons à laisser chaque chose à sa place ; et puisque
le paysan, sans être philosophe, distingue le bien
du mal, juge les dispositions du code, approuve ou
désapprouve les préceptes de son curé, nous pensons qu'il porte en lui une règle d'appréciation morale qu'il ne doit ni au catéchisme, ni au code, ni
à la philosophie ; que cette règle, vulgairement appelée *conscience,* puisqu'elle n'en dérive pas, les
précède, puisqu'elle rectifie leurs décisions, leur est
supérieure, et puisqu'elle a sur eux le double avantage de la priorité et de l'autorité, pourrait bien
rendre compte de leur origine au lieu de leur devoir la sienne.

« Et s'il en était ainsi, la conscience de l'homme
ne serait pas raisonnable ou dépravée, selon qu'elle
se conformerait aux préceptes du catéchisme, aux
articles du code, aux maximes de la philosophie ;
mais le catéchisme serait raisonnable ou absurde,
le code juste ou injuste, la philosophie bonne ou
mauvaise, selon que le catéchisme, le code et la
philosophie interpréteraient fidèlement ou infidèlement la conscience.

« Et de la sorte les catéchismes, les codes, les
systèmes de philosophie, ne seraient que des inter-

prétations, des expressions, des traductions diverses de la conscience du genre humain. Et comme, d'une part, toute traduction suppose le texte et le reproduit plus ou moins, et que, de l'autre, aucune traduction ne peut atteindre à la complète exactitude, tous les catéchismes, tous les codes, tous les systèmes, représenteraient nécessairement la conscience, mais toujours plus ou moins altérée, plus ou moins incomplétement et infidèlement reproduite.

« Tous les catéchismes, tous les codes, tous les systèmes, participeraient donc plus ou moins à la vérité, et tous plus ou moins à l'erreur : à la vérité par la nécessité de leur origine ; à l'erreur, à cause de la faiblesse humaine.

« Par leurs côtés vrais, tous s'accorderaient, car en eux la vérité serait toujours l'expression fidèle d'une seule et même réalité, la conscience humaine. Ils ne se diviseraient donc et ne pourraient se diviser que par leurs côtés faux. La guerre des catéchismes, des codes et des systèmes, serait donc absurde, puisque l'erreur serait la cause et le prix du combat. Le bon sens, l'amour de la vérité, s'uniraient donc à la charité pour condamner l'intolérance.

« L'homme raisonnable ne se déclarerait ni pour ni contre aucun catéchisme, aucun code, aucun système, car il saurait que tous contiennent inévitablement quelque chose de vrai qu'il ne voudrait point rejeter, et quelque chose de faux qu'il ne voudrait point admettre. Il se déclarerait pour la vérité partout où elle est, et contre l'erreur partout où elle se reproduit ; en d'autres termes, il chercherait dans toute opinion le côté de la conscience humaine qu'elle exprime, et les rallierait toutes au sens commun, leur point de départ nécessaire.

« Placé au centre commun d'où se sont élancés nécessairement les auteurs de tous les catéchismes, de tous les codes, de tous les systèmes, c'est-à-dire dans la réalité de la conscience humaine, il y sentirait vivre, il y reconnaîtrait les germes éternels de toutes les doctrines morales sous quelques formes qu'elles aient paru, germes qui ne sont que les diverses faces de cette réalité, une au fond, mais féconde en manifestations variées. Il verrait comment l'esprit de l'homme a reproduit successivement, et sous mille formes différentes, cette invariable réalité : la faisant toujours sentir dans la multiplicité de ses esquisses, mais la défigurant toujours d'une nouvelle façon; montrant toujours d'elle quelque chose, jamais tout ; ne pouvant exprimer qu'elle, et cependant ne parvenant jamais à égaler l'expression à la réalité.

« L'homme raisonnable n'appartiendrait donc à aucune école, à aucune secte, à aucun parti, et cependant il ne serait ni sceptique ni indifférent. Cette manière d'envisager les opinions humaines s'appelle *éclectisme*.

« L'éclectisme n'est point le scepticisme. Le scepticisme nie qu'il y ait de la vérité, ou nie qu'on puisse la distinguer de l'erreur. L'éclectisme n'accorde pas seulement l'existence de la vérité, il établit en quoi elle consiste, et, par là, comment on peut la reconnaître. Deux choses existent : la réalité, et l'idée, qui est son image. La réalité n'est ni vraie ni fausse ; l'idée seule est susceptible de vérité et de fausseté : elle est vraie quand elle est conforme à la réalité, fausse quand elle en diffère. Or l'idée, par sa nature même, ne peut être inspirée que par la réalité : elle la reproduit donc nécessairement par quelque point ; elle est donc nécessairement vraie. Mais, par la nature infirme et bornée de l'intelligence qui aperçoit la réalité, l'idée ne peut jamais être ni complète ni fidèle : jamais complète, car jamais l'intelligence ne peut embrasser toute la réalité ; jamais fidèle, car jamais l'intelligence ne peut saisir avec une entière exactitude la partie de la réalité qu'elle embrasse, et quand elle le ferait, jamais elle ne pourrait traduire fidèlement dans la langue des idées ce qu'elle a vu, ni dans la langue des mots ce qu'elle a mis dans l'idée. Toute opinion est donc aussi nécessairement fausse qu'elle est nécessairement vraie. L'éclectisme, s'appuyant sur la nature de l'idée, ne doit donc admettre ni rejeter complétement aucune opinion, mais, partant de la réalité, qui est le type inévitable de toute opinion, chercher et admettre dans chacune ce qu'il y trouve de conforme à ce type, chercher et rejeter dans chacune ce qu'elle contient et d'exclusif et d'inexact.

« Encore moins l'éclectisme est-il l'indifférence :

pour n'admettre exclusivement aucune opinion, il ne prétend point qu'il n'y en ait pas de préférable, mais seulement point de parfaite. Il préfère tel code, tel catéchisme, tel système; mais, par amour même de la vérité, il ne consent point à affirmer que tel code, tel catéchisme, tel système contienne toute la vérité et rien que la vérité. Il ne partage point la manière de voir d'Omar, et ne brûlerait point la bibliothèque d'Alexandrie. Et il ne la partage point, parce qu'un tel fanatisme, loin de servir la vérité, la sacrifie, loin de l'honorer, lui préfère son imparfaite image.

« Ce qui distingue l'éclectisme, ce qui l'enfante, c'est le sentiment profond que le monde des opinions n'est que l'image du monde des réalités; et qu'ainsi les opinions ne peuvent être jugées, ni en elles-mêmes, ni par leurs conséquences, ni par l'autorité de leur auteur, ni par leur antiquité, ni par la qualité ni par le nombre des hommes qui les ont reconnues, ni par aucun autre signe que leur conformité à la réalité : en sorte qu'examiner une opinion sans avoir auparavant pris conscience de la réalité qu'elle a la prétention d'exprimer, c'est vouloir la fin et renoncer au moyen. La substitution de ce *criterium* véritable à la foule des *criterium* faux adoptés jusqu'ici, voilà ce qui a produit l'éclectisme moderne, et tout son esprit et tous les résultats qui en émanent. De là cette conviction que toute opinion est nécessairement vraie et nécessairement fausse; de là ce triage de ce qu'il y a de vrai dans chacune ; de là cette tolérance universelle ; de là cet esprit historique, conciliant, étendu, qui sort de chez lui, visite les croyances de tous les pays et de tous les âges, s'arrange en tous lieux, comprend toutes les langues, admet, comme observations, tous les systèmes, glane partout sans se fixer nulle part, parce que la vérité est partout un peu, mais toute en aucun pays, en aucun temps, chez aucun homme.

« Cet esprit nouveau, introduit dans les sciences naturelles, a remplacé le règne des opinions par celui des observations, et leur a fait parcourir en cinquante ans plus de chemin qu'elles n'en avaient fait depuis l'origine du monde.

« Cet esprit nouveau, introduit dans la critique, est destiné à concilier le romantique et le classique, comme deux points de vue différents du beau réel.

« Grâce à cet esprit, les amis de Mozart comprennent que Rossini peut être admirable, et les partisans de David qu'on peut essayer de nouvelles routes en peinture sans tomber dans la barbarie.

« Grâce à cet esprit, les partisans des républiques comprennent qu'on peut être libre sous une monarchie, et peut-être bientôt les partisans de la monarchie comprendront qu'on peut être moral et heureux sous une république.

« Grâce à cet esprit, les nouveaux philosophes s'aperçoivent qu'il y a de la philosophie dans le christianisme, et les nouveaux chrétiens conçoivent qu'il y a de la religion dans la philosophie.

« Grâce à cet esprit, la philosophie française moderne a cessé de jurer par Condillac et ne sent plus le besoin de jurer par personne. Elle publie *Platon*, *Proclus* et *Descartes* ; elle expose *Locke*, *Reid* et *Kant*, rapproche les siècles et les pays, cherche partout le vrai, partout le faux, et, en approfondissant la nature humaine, qui est la réalité philosophique, prépare en silence un traité de paix entre tous les systèmes, qu'il est peut-être dans les destinées de la France de voir signer à Paris.

« C'est à cet esprit nouveau que notre siècle et surtout notre jeunesse doivent leur physionomie ; c'est à cet esprit que M. Droz a succombé et dont son livre offre un symptôme si remarquable. Élève du dix-huitième siècle, nourri dans la morale du plaisir, ami de Cabanis, auteur d'un traité *sur l'art d'être heureux*, où il avait adopté une morale exclusive, par quel miracle un philosophe éclectique a-t-il pu sortir de ces antécédents ? Sans doute l'ascendant des idées nouvelles a beaucoup fait, mais non pas tout. Pour ceux qui ont le bonheur de connaître et l'étendue d'esprit, et la bonne foi parfaite, et l'extrême bienveillance du caractère de l'auteur, sa conversion à l'éclectisme paraîtra moins encore l'effet de l'époque que le triomphe de la nature de l'homme sur son éducation. »

M. DE GÉRANDO.

Les ouvrages de M. de Gérando sont bien de leur temps. Publiés les uns à la fin du dernier siècle ou dans le commencement de celui-ci, les autres plus récemment et depuis que les idées ont pris un autre cours, ils datent de deux époques philosophiques différentes ; et quoique quelques années seulement se soient écoulées de l'une à l'autre, c'est assez pour que dans l'intervalle les esprits qui ont travaillé aient changé de point de vue et agrandi le champ de leurs recherches. Condillacien à un moment où il était bien difficile de ne l'être pas en France, condillacien sinon par l'adoption pure et simple des doctrines du maître, au moins par le choix des questions et l'esprit dans lequel elles sont traitées, M. de Gérando ne l'est plus aujourd'hui que la philosophie marche dans une autre direction, et est affranchie de la loi de Condillac. Il a cédé sciemment sans doute, et avec toute la réflexion qui convient à un esprit distingué, au mouvement intellectuel qui s'est fait parmi nous ; mais, même à son insu, et quand il ne l'eut pas senti, par cela seul qu'il ne restait pas étranger à la science, il eût été forcé d'aller comme elle allait, et de venir, à sa suite, au point où il en est aujourd'hui. Quand il arrive un changement dans les idées, il n'est nulle part plus sensible que chez ceux dont la pensée est active et prompte à s'éclairer. Ce n'est pas chez eux inconséquence, légèreté, variation sans motif : c'est mouvement de conscience, amour de la vérité, et liberté de pensée. Nous nous plaisons à faire honneur de tous ces sentiments à l'écrivain auquel nous consacrons ce chapitre ; et lorsque nous disons qu'en rapprochant ses premiers et ses derniers ouvrages on s'aperçoit d'un changement en lui, nous ne voulons qu'exprimer notre estime pour des travaux qui attestent dans leur auteur une grande facilité à se modifier et à se perfectionner.

Le grand objet, comme la gloire de l'école *idéologique*, a été d'étudier et d'expliquer avec le plus grand soin deux faits importants de la nature humaine, l'intelligence et la parole. Quelle est l'origine et la génération des idées ? qu'est-ce que le langage, et quelle est son utilité comme instrument de la pensée ? telles sont les questions dont cette école s'est presque exclusivement occupée ; et si l'on en cherche la raison, elle n'est pas difficile à trouver. La philosophie, comme la littérature, comme les arts et l'industrie, est toujours dans le sens des goûts et des besoins du temps ; elle est ce que la fait le monde ; et lors même qu'elle a le plus d'originalité et d'indépendance, elle est encore la conséquence et l'expression des opinions qui dominent dans le public. Ainsi, sans doute elle est bien neuve et bien libre dans Descartes ; cependant, quand on y regarde de près, on voit que Descartes lui-même n'est que le fait de son siècle ; c'est le réformateur philosophique venu au temps où la réforme philosophique était de toute part imminente et fatale. Au temps de Condillac, tous les esprits étaient tournés vers l'étude des sciences exactes. On voulait donc des procédés et des méthodes propres à cette étude ; on voulait de la logique, une logique nouvelle, qui pût mieux convenir que celle de l'*école* aux recherches dont on s'occupait : voilà ce qu'on demandait à la philosophie. Condillac comprit ce besoin des esprits, et se trouva mieux que personne en état de le satisfaire; il fut le logicien de son époque. Mais comme il ne pouvait être seulement logicien, que pour être logicien il fallait être *idéologue*, c'est-à-dire avoir la connaissance des opérations par lesquelles se forment et se développent les idées, il fut *idéologue* et logicien, il le fut par excellence ; mais il ne fut pas autre chose : la faute, si faute il y a, n'en fut pas à lui, mais à ses contemporains, qui eux-mêmes ne firent que céder aux circonstances dans lesquelles ils se trouvaient, et marcher dans la direction qu'elles leur imprimaient inévitablement. A des hommes tout intelligents, tout en réflexion et en raisonnement, il n'y avait d'autre philosophie à proposer qu'une idéologie et une logique. Les disciples de Condillac se trouvèrent dans la même position que leur maître ; ils n'eurent affaire qu'à des savants, et ils ne furent en général qu'idéologues et logiciens. Ils l'auraient été par nécessité, quand ils ne l'auraient pas été par imitation et esprit d'école.

Il n'est pas étonnant d'après cela que M. de Gérando, qui entra dans la carrière sous de tels auspices, ait débuté par les deux ouvrages dont nous allons donner une idée. Le premier a pour titre (1) : *De la génération des connaissances humaines*; et l'autre : ***Des signes et de l'art de penser, considérés dans leurs rapports mutuels*** (2).

En traitant la question de la génération des connaissances humaines, il commence par passer en revue les principales opinions que présente sur ce sujet l'histoire de la philosophie ancienne et moderne; il en fait la critique; après quoi, il expose sa doctrine, ou du moins celle qu'il se fait, en prenant avec discrétion à celles de Locke et de Condillac ce qu'elles peuvent avoir de plus plausible et de plus vraisemblable. Il énumère en les définissant les principales facultés dont à son avis se compose l'intelligence; il les décrit, en explique l'action, et montre comment, seules ou combinées entre elles, elles produisent les idées de toute espèce. Plus méthodique et plus complet que Locke, dont au reste il profite beaucoup, moins systématique et moins exclusif que Condillac, qu'il corrige et réfute quelquefois, M. de Gérando, dans son traité *De la génération des connaissances*, a certainement le mérite d'avoir discuté, traité et résolu la question avec sagesse. S'il manque d'originalité et de nouveauté, il ne manque pas de vérité. En effet, le fond de son opinion c'est que, pour avoir une idée telle quelle,

---

(1) 1 vol. in-8.
(2) 4 vol. in-8.

il faut avoir senti, avoir réfléchi pour l'avoir claire et distincte, et s'être servi de telle ou telle faculté pour l'avoir de telle ou telle espèce : il n'y a rien là qui ne s'accorde bien avec les faits.

Dans le livre *Des signes,* M. de Gérando a pour objet de montrer comment le perfectionnement de l'art de parler peut contribuer à celui de l'art de penser. En conséquence il dit ce que c'est que penser et se former des idées, ce que c'est que parler, avoir des expressions et les appliquer aux idées. Il fait voir que l'homme pense et acquiert ses idées en mettant en jeu ses diverses facultés intellectuelles : même théorie que dans le traité *De la génération des connaissances.* Il ajoute que, s'il n'avait pas le langage ou plutôt le pouvoir de se faire un langage, et d'employer les mots au service de la pensée, il serait nécessairement très borné dans ses connaissances ; et ici la doctrine qu'il suit n'est guère que celle de Condillac, avec des applications nouvelles, plus nombreuses et plus particulières. Tirant des faits qu'il vient d'établir les conséquences qui s'en déduisent, il montre très bien que, quand une langue est précise (et la précision entraîne la variété, l'analogie et toutes les qualités d'une langue bien faite), elle est pour la pensée un moyen puissant de perfectionnement et de progrès, qu'elle est le grand instrument de la science, qu'elle est presque toute la science, qu'en un mot la science, selon l'expression de Condillac, n'est qu'une langue bien faite. Dans toute cette partie de son ouvrage, M. de Gérando abonde en remarques excellentes, quoique quelquefois un peu longues; il laisse peu de chose à désirer. Quant à celle qui contient l'exposition et l'explication des faits, la vérité n'y manque pas, mais il pouvait y avoir plus de précision et de profondeur. On pouvait pénétrer plus avant dans cette liaison si merveilleuse, si obscure, de la parole et de la pensée, et mieux faire sentir à quoi elle tient, en quoi elle consiste, et ce qu'elle produit. Si nous n'avions déjà proposé nos idées sur ce sujet dans l'article de M. Bonald, nous les proposerions ici. Nous nous bornerons à les rappeler. Mais, qu'on les adopte ou non, il est certain qu'il y a sur ce point quelque chose de plus philosophique à dire que ce qu'ont dit Condillac et ses disciples; ils sont demeurés un peu superficiels.

Par les deux ouvrages dont nous venons de parler, M. de Gérando appartient à l'école *idéologique*.

Si cependant l'on inférait de là qu'il a partagé l'opinion matérialiste de quelques uns des partisans de cette école, on se tromperait. Quoiqu'il n'ait nulle part expressément traité la question de la nature de l'âme, ce que d'ailleurs ses sujets n'exigeaient pas, il en a néanmoins en plus d'un endroit reconnu et indirectement démontré la nature simple et spirituelle. Il est partout spiritualiste; il le fut dès le principe, et se distingua toujours, ainsi que M. Laromiguière, de quelques autres condillaciens qui eurent sous ce rapport une autre doctrine que Condillac.

Nous voilà arrivé à la seconde époque de la vie philosophique de M. de Gérando. Expliquons bien notre pensée à cet égard.

Il est constant que de nos jours, c'est-à-dire dans les dix ou douze dernières années qui viennent de s'écouler, le condillacisme pur a beaucoup perdu de son crédit. Les hautes et fermes attaques de M. Royer-Collard lui ont porté coup ; les éloquentes leçons de M. Cousin ont achevé de l'ébranler. On a senti que l'idéologie et la logique, loin d'être toute la philosophie, ne sont même pas toute la philosophie de l'homme, que la nature humaine est plus que de l'intelligence, et le perfectionnement qu'elle doit recevoir plus que le développement de l'intelligence ; on s'est fait une idée plus large de l'homme et de sa destination ; on est sorti du point de vue trop étroit auquel s'était réduit le condillacisme, et, à l'exemple des écoles de l'Écosse et de l'Allemagne, on a refait, ou du moins on a mieux fait la science de l'âme et de sa destinée. On a remplacé l'idéologie par la psychologie, et la logique par la morale ; ou plutôt l'idéologie n'a plus été qu'une partie de la psychologie, et la logique une branche de la morale (1). Ni la théorie ni l'art

---

(1) *La logique une branche de la morale* : ceci demande un mot d'explication. La morale générale doit s'occuper de tous les moyens qui contribuent à rendre l'homme meilleur et plus parfait. L'étude de la vérité est un de ces moyens. Or que fait la logique ? Elle trace des règles pour cette étude :

de la pensée n'ont été négligés, mais ils ont été mis à leur place.

Les faits le voulaient ainsi. Car, pour peu qu'on se dégage de l'esprit de système et qu'on observe simplement, on s'aperçoit sans peine que l'âme n'est pas toute expliquée par l'*idéologie,* et que, pour en compléter l'explication, il faut rendre compte non seulement de ses idées, mais de ses passions et de ses volontés. On voit par conséquent que, pour conduire l'homme à sa véritable fin, il ne suffit pas, quoique ce soit nécessaire, de lui apprendre à bien user de son esprit : il faut lui apprendre aussi à régler ses passions et à former sa volonté ; il faut embrasser également toutes ses facultés dans les préceptes de bien qu'on lui donne ; en négliger quelqu'une, c'est négliger une partie de sa nature, c'est le laisser incomplet. Il n'a pas trop de tous ses moyens pour arriver au but qu'il doit atteindre ; il ne serait pas sage de lui en ôter aucun. Ainsi, puisqu'il est à la fois passion, pensée et volonté, il importe que la morale qu'on lui trace ait pour objet

elle concourt donc pour sa part à ce système de préceptes, dont le *bien* est le sujet ; elle appartient donc à la morale. En d'autres termes, c'est pour l'homme une manière de se perfectionner que de s'éclairer ; il s'éclaire en apprenant à diriger son esprit dans la recherche de la vérité ; la logique a pour objet de le lui apprendre : elle est donc comme tout art qui se propose sous quelque rapport le développement légitime des facultés humaines. Elle a sa place et son rang dans la théorie générale du devoir.

de cultiver en lui avec un soin égal le cœur, l'esprit et le caractère. C'est où en doit venir toute philosophie qui veut être utile et vraie.

C'est dans le sens de ces idées que paraît composé le dernier ouvrage de M. de Gérando. Le livre *Du perfectionnement moral*, publié au commencement de 1825 (1), est en effet tout entier consacré à montrer que la vie de l'homme est une grande et continuelle éducation, qui s'étend à toutes ses facultés, et embrasse toutes ses relations; que les deux conditions nécessaires, les deux grands moyens de cette éducation, sont l'amour du bien et l'empire de soi : l'amour du bien, qui, pourvu qu'il soit éclairé et sincère, donne à l'âme l'idée et le goût de la vertu; et l'empire de soi, qui, bien dirigé, lui en donne la force et l'habitude. Bonté de cœur, sagesse d'esprit, indépendance, énergie et force de caractère, et, par suite, aptitude et penchant à toutes les actions belles et honnêtes, voilà les fruits de l'amour du bien et de l'empire de soi bien ordonnés. Pour obtenir de tels fruits, il faut s'attacher à développer en soi les principes qui les produisent. Or on les développe au moyen d'un régime moral qui fait tourner à leur profit toutes les circonstances intérieures ou extérieures qui peuvent en favoriser la naissance, la bonne direction et l'heureuse harmonie. Tel est, en peu de mots, le résumé du livre *perfectionnement moral*, et ce peu de mots suffit

---

(1) *Du perfectionnement moral*. 2 vol. in-8°.

pour montrer que l'auteur est réellement bien dans le point de vue que nous avons indiqué plus haut, qu'il a par conséquent quitté, ou, si l'on veut, agrandi celui auquel il nous a paru s'être d'abord exclusivement borné. Sa philosophie est aujourd'hui plus large ; il est plus psychologue ; il est plus moraliste ; il n'est plus purement *idéologue* et logicien.

Et ce que nous venons de remarquer sur les ouvrages théoriques de M. de Gérando se pourrait observer de même de son *Histoire des systèmes de philosophie comparés*. Elle a eu deux éditions ; et, de la première à la seconde, elle a reçu de sensibles améliorations. Or ces améliorations paraissent surtout dans les jugements moins sévères, mieux sentis et plus profonds que porte l'auteur sur des philosophes, Platon en particulier, que l'école de Condillac traite avec trop de légèreté et de dédain. On pourrait conclure de là que, si M. de Gérando n'eût pas entrepris son *Histoire des systèmes* au temps où les préjugés de cette école pouvaient le dominer encore, il ne l'aurait pas composée, comme il l'a fait, dans un point de vue exclusivement *idéologique* : il eût suivi une autre méthode ; et, au lieu de se proposer l'examen et la comparaison des différents systèmes de philosophie uniquement sous le rapport de l'origine des idées, il se fût tracé un plan plus large, qui lui eût permis de faire de ces systèmes une critique et des rapprochements plus étendus et plus importants. Ainsi son dessein de faire, en quelque sorte, comparaître à son tribunal toutes les philosophies anciennes et modernes, de les interroger et de les juger ; ce dessein, dans lequel il y a de la grandeur, s'il eût été exécuté sur de plus larges bases, eût produit une des compositions les plus remarquables et les plus utiles dont eût pu s'honorer notre littérature philosophique. Heureusement que l'auteur, souvent forcé d'abandonner la route qu'il s'était tracée à son point de départ, a mieux trouvé, en déviant, qu'il n'aurait fait en restant fidèle à son idée ; son horizon s'est étendu, ses vues se sont agrandies et multipliées, et il lui est fréquemment arrivé d'appliquer sa critique à bien d'autres questions que celles auxquelles il avait d'abord voulu se borner. Au reste, nous n'avons pas la prétention de juger l'*Histoire des systèmes*. Pour la juger comme elle mérite de l'être, il nous faudrait des connaissances et une érudition qui nous manquent. Nous laissons cette tâche à un critique que de longues et sérieuses études ont familiarisé avec la philosophie ancienne et moderne, et qui peut, à ce titre, estimer mieux que personne le prix d'un travail du genre de celui dont nous parlons. Nous renvoyons nos lecteurs aux articles que M. Cousin a insérés dans le *Journal des savants* (1) : ils y trouveront ce jugement supérieur et cette équité bienveillante qui méritent et gagnent la confiance.

Quand on a une opinion à se faire et à exprimer sur le talent d'un auteur, on est heureux de trouver

---

(1) Et dans les *Fragments philosophiques*, 1 vol. in-8°.

à ses écrits un caractère original et saillant, qui leur donne une physionomie déterminée. Ainsi, il y a eu plaisir pour nous, sous ce rappport, à parler de MM. de Maistre et de La Mennais. Mais quand, au contraire, un écrivain ne présente aucun trait distinctif, rien de particulier à remarquer, on éprouve une peine extrême; bon gré, mal gré, il faut bien être un peu vague, et se borner à ces demi-éloges, à ces demi-critiques, qui ne font pas trace, et ne laissent rien dans l'esprit. Cette réflexion s'applique un peu à M. de Gérando. Soit que, tout occupé de ses matières, qui sont en effet difficiles et graves, il ne prenne d'autre soin que celui d'y penser, et laisse aller la phrase avec la facilité d'un homme qui a plus à cœur les choses que les mots; soit que, se fiant trop au bonheur de sa plume, souvent élégante et pure, il se contente trop vite des premières expressions qu'elle rencontre, il y a dans son style je ne sais quoi d'effacé qui empêche d'en porter un jugement précis. Il n'écrit pas assez: on voudrait une autre manière de s'exprimer, dût-on y trouver plus de défauts. Quant à sa manière de penser, on peut remarquer que la première vue qu'il a d'un sujet, cette vue qui consiste à le saisir sous ses faces principales et dans ses grandes divisions, est généralement juste et vraie. Ses plans sont presque toujours heureux; mais quand, ensuite, il arrive à l'exécution, et descend aux détails, quand il analyse, son esprit, moins propre à ce travail, semble perdre de sa force, et n'avoir plus ce degré de précision qui est nécessaire pour voir nettement et avec ordre toutes les particularités d'une question. Sa pensée devient vague ; et comme en même temps elle est abondante, il en résulte parfois longueur et diffusion. C'est peut-être aussi pourquoi il n'a point assez d'idées neuves et originales : sa façon de travailler s'y oppose. En philosophie plus que dans aucune autre science, il faut, pour avoir de ces idées, bien sentir et longuement méditer les vérités dont on s'occupe. Il y a un certain sens commun, en philosophie, auquel on arrive sans beaucoup de peine ni de réflexion ; mais pour avoir ce sens commun et quelque chose de mieux en même temps, quelques vues supérieures et nouvelles, il est besoin d'une sorte de recueillement intime et de pénétration qui ne se concilie guère avec une manière de penser trop rapide et trop peu contenue.

Malgré tout, cependant, les ouvrages de M. de Gérando méritent, par leur utilité, un rang distingué dans notre littérature philosophique. On lui doit surtout de la reconnaissance pour son *Histoire des systèmes de philosophie comparés* : c'est un livre qui nous manquait, et qu'il n'a pu nous donner qu'au prix de longs et pénibles travaux. Et lors même qu'il ne l'aurait pas parfaitement exécuté, il y aurait encore beaucoup à gagner dans une lecture dont le résultat est de nous faire passer successivement sous les yeux, et rapprochées les unes des autres, toutes les opinions des philosophes anciens et modernes. C'est une revue comparative de toutes les opinions humaines réduites par les penseurs de chaque siècle à une forme abstraite et scientifique : c'est par conséquent le moyen d'entendre l'histoire générale de l'humanité, car l'humanité est toute dans ses opinions. Ainsi d'une étude purement spéculative en apparence peut résulter, pour qui sait en tirer parti, une connaissance profonde et vraie de la vie pratique des peuples, et de tous ces grands mouvements qui, séparés des idées qui les ont produits, paraissent souvent extraordinaires et bizarres, et qui cependant, rattachés à leurs principes, ne sont que naturels, simples et nécessaires. Nous devons donc savoir beaucoup de gré à l'écrivain qui a consacré ses veilles à nous rendre une pareille étude plus facile et plus simple; nous lui devons d'autant plus de reconnaissance, que son livre, peu populaire de sa nature, trouve moins de lecteurs et de juges, et n'obtient jamais du public toute l'estime dont il est digne.

M. MAINE DE BIRAN,

Né en 1766, mort en 1824.

Un des philosophes qui ont marché le plus près de Cabanis et de M. de Tracy, dans l'école *sensualiste*, est sans contredit M. Maine de Biran. Il faut distinguer toutefois : c'est à son début dans la carrière qu'il paraît leur disciple ; par la suite, il l'est moins ; à la fin, il ne l'est plus, il devient celui de Leibnitz ; il arrive au plus pur spiritualisme. Mais n'anticipons pas.

On connaît peu la philosophie de M. Maine de Biran, et cela doit être : il n'y a rien dans ses ouvrages ni dans son talent qui ait pu frapper vivement l'attention du public. Un mémoire sur *l'influence de l'habitude*, un mémoire sur *la décomposition de la pensée*, un *examen des leçons de M. Laromiguière*, un article sur *Leibnitz* (1), voilà des travaux qui sont peu propres à exciter l'intérêt et la curiosité de la plupart des esprits. Quelle question un peu populaire s'y rattache? en quoi touchent-ils d'un peu près aux beaux-arts, aux lettres, à la morale, à la politique et à la religion? Comment se laisser prévenir pour des dissertations purement métaphysiques et qui ne roulent d'ailleurs que sur quelques points particuliers de la science? Ajoutez à cela que M. Maine de Biran a d'ordinaire

(1) Inséré dans la *Biographie universelle*, t. 25.

un sentiment si profond et en quelque sorte si personnel de ce qu'il veut dire, qu'il ne peut le dire qu'à sa manière; il lui faut sa langue, et il la fait ; ce n'est pas un écrivain, c'est un penseur qui se sert des mots comme il l'entend, et sans songer au lecteur. De là ces longueurs, ces bizarreries et ces négligences qui choquent souvent dans son style et rebutent ceux qui s'en tiennent à la phrase et n'entrent pas dans l'esprit de l'auteur, ne sympathisent pas avec sa conscience, ne sentent pas avec lui et comme lui. Mais pour les philosophes qui pénètrent sa pensée intime et qui savent combien cette science de soi-même, à la fois si profonde, si déliée et si diverse, est difficile, ils comprennent et pardonnent aisément ces défauts d'expression. M. Maine de Biran est un de ces hommes si rares en des temps d'affaires et de mouvement, qui, par tempérament autant que par réflexion, ont la faculté de descendre, de rester en eux-mêmes, avec une sorte de contemplation et de bonheur. Il se complaît à oublier le monde extérieur, à se faire dans sa conscience un asyle impénétrable et paisible, où sa vie se passe dans l'étude et la jouissance du spectacle des impressions qui l'affectent. En cet état il n'emploie pour se connaître aucun de ces artifices logiques auxquels on a recours pour saisir et déterminer les objets qui ne peuvent pas être immédiatement aperçus. Sa science n'est que la conscience ; son grand mérite, c'est d'avoir fait de la philosophie avec le sens philosophique, et non avec les yeux, les mains, l'ouïe, en un mot avec les organes de la perception externe. Notre philosophie trop souvent n'est que la physique appliquée à la connaissance de l'âme; elle conçoit l'âme à l'image de quelque substance matérielle, d'une flamme subtile, d'un souffle, d'un fluide délié; elle assimile ses actes aux mouvements d'un agent naturel, et lors même qu'elle veut le mieux être spiritualiste, il lui arrive encore de ne se former une idée de l'esprit que par analogie avec le corps. Cela tient à une fausse méthode, au préjugé qui porte à croire que l'étude psychologique doit se faire par voie de raisonnement : car alors on procède du connu à l'inconnu ; et comme l'inconnu est l'esprit, que le connu ne peut être que la matière, on conclut ou du moins on incline à conclure du physique au moral, de l'externe à l'interne. Telle n'est pas la manière de M. de Biran. Il sent et il observe : aussi c'est un témoignage que lui rendent ceux qui l'ont bien lu, ceux qui l'ont vu, dans des entretiens familiers, pressé du besoin de communiquer et de rendre sensibles par le ton, l'air et des expressions trouvées, les résultats de son observation intérieure ; tous le regardent comme ayant possédé au plus haut point la vraie méthode philosophique. *Il est notre maître à tous*, a dit de lui un homme qui ne prodigue pas son estime et qui lui-même a été la gloire de l'enseignement avant d'être celle de la tribune politique.

Ce qui a manqué à M. Maine de Biran pour avoir plus de succès, c'est, comme nous l'avons déjà dit, l'art du style, dont il a trop ignoré ou négligé les secrets. Il n'a donné à sa pensée aucun de ces avantages extérieurs qui pourraient la faire valoir ; il n'a mis dans les formes qui l'expriment ni vivacité, ni grâce, ni force, ni même assez de clarté. On peut aussi regretter que dans ses écrits, dans ceux du moins qu'il a publiés, il n'ait point embrassé un point de vue plus large que celui auquel il s'est constamment borné. Nul n'a vu mieux que lui l'âme comme une pure force, comme un principe essentiellement actif et libre ; nul n'a plus insisté sur ce point capital en philosophie. Mais, de cette vérité si féconde, il n'a presque tiré aucune importante application ; il n'en a presque jamais suivi les conséquences jusqu'à la morale, à la politique et à la religion ; il s'est toujours étroitement tenu aux spéculations psychologiques les plus générales. C'était peut-être en lui le besoin d'un esprit qui, avant de quitter un principe pour passer aux idées qui s'en déduisent, veut parfaitement l'approfondir; c'était peut-être timidité de caractère et condescendance pour des opinions dominantes qu'il craignait de blesser. Quoi qu'il en soit, c'est là un des défauts qu'on peut remarquer dans ses ouvrages.

Nous avons dit que M. de Biran a passé de l'école de Cabanis à une école toute différente : pour s'en convaincre, qu'on lise dans leur ordre les traités qu'il a successivement publiés. Dans le premier, dont l'objet est de déterminer *l'influence de l'habitude sur la faculté de penser*, son *idéologie* n'est évidemment qu'une espèce de physiologie, la physiologie des *impressions actives* ou *passives*, dont les nerfs sont les organes et le siége. C'est ce que fait d'abord soupçonner le choix de son épigraphe : *Mon cerveau est devenu pour moi une retraite où j'ai goûté des plaisirs qui m'ont fait oublier mes afflictions* (Bonnet); et c'est ce qui résulte clairement de l'analyse de sa doctrine. Selon lui, la pensée n'est en général fortifiée ou affaiblie que par des habitudes passives ou actives. Ces habitudes passives ou actives consistent dans la répétition fréquente et facile de deux espèces de sensations : ces sensations sont produites les unes par le simple ébranlement, la simple action; les autres par l'action et la réaction des nerfs. Ainsi, en dernière analyse, les nerfs, le cerveau, qui en est le centre commun, voilà le principe de toute impression, de tout renouvellement d'impression, de toute habitude intellectuelle, de toute pensée; l'étude de la pensée n'est que celle d'un phénomène particulier de l'organisation. Or cette opinion de M. Maine de Biran se trouve déjà beaucoup modifiée dans son mémoire *sur la décomposition de la faculté de penser*. Là en effet, s'il continue à voir dans la pensée passivité et activité, sentiment et réflexion, il paraît moins disposé à expliquer tout cela par la physiologie. La physiologie lui semble toujours, et avec raison, très propre à éclaircir les circonstances au milieu desquelles s'opère le développement intellectuel; mais il n'est pas éloigné de croire que l'être intelligent, distinct de l'organisme, est un principe à part, une substance réelle qui sent ou réfléchit, perçoit simplement ou pense, selon que les impressions, les idées qu'elle reçoit des objets, sont ou ne sont pas modifiées par la réflexion. Mais c'est dans son *Examen des leçons de M. Laromiguière* qu'il faut le suivre pour le voir arrêter et déclarer ses principes nouveaux. Là il établit à chaque pas que l'âme est une cause, une force, un principe actif. Cause, force, activité, activité libre, volontaire et motrice, voilà le point de vue qu'il considère à l'exclusion de tout autre. Aussi ne doit-on pas s'étonner de le trouver ensuite, dans son article de *Leibnitz*, leibnitzien, monadiste, ou du moins partisan d'un système dont le fond est le monadisme. A sa manière de voir les choses, à cette façon de se concentrer en lui-même, de se préoccuper de l'observation intérieure, il était facile de juger qu'il finirait par ne plus avoir qu'une idée, celle de vie, de force, de pure activité, et qu'il arriverait ainsi à un spiritualisme absolu et universel qui explique tout, Dieu, l'homme et le monde, leur nature et leurs rapports, par les seules notions de *principes actifs et d'actions*. C'est en effet à ce système qu'il a été conduit; sa dernière pensée, son dernier mot, celui qu'il a assez positivement donné en exposant la doctrine de Leibnitz, est le monadisme, sauf toutefois le dogme de l'harmonie préétablie, et celui de la prédestination fatale de l'âme humaine, qu'il n'admet pas.

De nos jours, ce monadisme modifié s'est assez

répandu et a trouvé assez de crédit dans les esprits pour qu'il ne soit peut-être pas hors de propos d'en donner une idée.

Dans ce système, on juge de toute chose d'après l'âme, et on juge de l'âme par la conscience. Or, en jugeant de l'âme par la conscience, on la reconnaît évidemment comme active; elle agit lorsqu'elle sent, elle agit lorsqu'elle pense, elle agit lorsqu'elle veut; quelque faculté ou qualité qu'elle déploie, elle montre de l'activité. Sa passivité n'est que la propriété de recevoir des impressions, c'est-à-dire d'être excitée à l'action; son repos n'est qu'une moindre action : il n'y a point pour elle d'inertie véritable. Lors même que, par suite de certaines dispositions organiques, elle vient à perdre la connaissance et la direction de ses actes, elle ne cesse pas de vivre, d'agir, de se mouvoir sourdement; elle se tient prête à reprendre aussitôt qu'elle le pourra la possession et l'usage de ses facultés; et en effet à peine l'obstacle a-t-il disparu, qu'elle revient à elle-même et renaît pleinement au sentiment et à la liberté. Ainsi elle est une force, elle n'est qu'une force.

Maintenant, que sont les objets extérieurs ? Pour le savoir il faut voir ce qu'en dit la conscience. Or ce qu'elle en dit, c'est que ce sont des causes d'impressions; elle ne les sent, ne les saisit que dans les impressions qu'ils font sur l'âme; leurs différentes propriétés, la saveur, l'odeur, le son, la couleur, l'étendue, ne lui paraissent que leurs différentes manières d'agir et de faire impression : ils ne sont donc

à ses yeux que des substances actives ou des forces.
Les minéraux, les végétaux, les animaux, tous les
corps, tous les êtres de la nature, ne sont autre
chose que des forces ou des combinaisons de forces.
Toutes ces forces ne sont pas, comme l'âme, intelligentes et libres, mais toutes sont plus ou moins
douées d'activité, même celles qui n'ont en propre
que la simple résistance : car résister, c'est agir. Il
en est donc entre elles qui ne sont point âmes ; d'autres le sont presque, d'autres le sont vraiment ; et si
l'on ne peut précisément prêter un esprit aux fleurs
et une vie aux plantes, on peut bien du moins concevoir les animaux comme des agents qui possèdent
à un certain degré le sentiment et la volonté.

Ainsi il n'existe pas dans l'univers deux espèces
de choses, les éléments actifs et les éléments passifs,
les forces et les molécules : il n'y a que des éléments
actifs, que des forces ; ce qui n'empêche pas qu'il n'y
ait des corps, car ceux des éléments actifs qui n'ont
pour propriété que la résistance, qui ne sont que
des points résistants, constituent en s'agrégeant ces
êtres qui produisent sur l'âme la sensation de l'étendue, de la figure, etc., et que nous appelons *corps*.

La molécule, il est vrai, n'est pas ; et cela par la
raison que la conscience, qui ne perçoit que des
impressions, que des causes d'impressions ou des
forces, ne peut admettre quelque chose de parfaitement inerte et passif. Mais la matière n'en existe pas
moins ; elle est cette continuité ou cette juxtaposition de points résistants que sent l'âme lorsqu'elle

en reçoit telle ou telle impression. D'après ces idées, on ne nie pas plus la matière que l'esprit, mais on explique la matière comme l'esprit; on ne nie rien, on explique tout par la force.

Ce système donne une grande facilité pour rendre raison des relations qui existent entre l'âme et le corps. On n'a plus à dire comment une substance active et simple, et une substance inerte et composée, peuvent agir et réagir l'une sur l'autre; on n'a pas besoin de recourir à l'imagination d'un médiateur, moitié esprit et moitié matière, être contradictoire et impossible, qui d'ailleurs ne sert à rien; ni d'en venir à l'hypothèse des causes occasionelles ou de l'harmonie préétablie, qui supprime le fait, au lieu de l'expliquer; ni enfin de se retrancher dans son ignorance et d'abaisser sa raison devant un mystère. On peut mieux faire : on n'a qu'à réfléchir un moment sur l'idée qu'on s'est formée de la nature de l'âme et du corps, et on comprend aussitôt que la relation qui les unit est celle de force à force, celle d'action et de réaction. De part et d'autre, en effet, il y a agent, ici la matière, là l'esprit, qui, sans avoir la même manière d'agir, n'en ont pas moins chacun leur activité, c'est-à-dire leur propriété d'exciter et d'être excité à l'action. Toute la difficulté qui reste, c'est de savoir si le principe spirituel est immédiatement en rapport avec plusieurs points de l'organisme, et lesquels; s'il ne l'est immédiatement qu'avec un seul et médiatement avec tous les autres, et comment. Mais cette difficulté n'est point insoluble *a priori :* c'est à la physiologie à l'éclaircir par l'expérience et le raisonnement, et c'est une tâche qu'elle remplit chaque jour avec plus de succès.

Quant au point de vue religieux de ce système, il est très simple. Puisque toute la création ne se compose que de forces, que peut être le créateur, si ce n'est une force lui-même, force infinie, éternelle, immense, à laquelle appartiennent, dans toute la plénitude, la conscience, le bonheur, la pensée, la volonté et la puissance? Dieu est la force des forces, le type des âmes, l'esprit pur et souverain. C'est comme tel qu'il a tout fait, tout produit. Tous les êtres ou plutôt tous les agents de l'univers, ceux qui sont doués d'intelligence et de liberté, ceux qui n'ont que de la résistance et de la mobilité, ceux qui se rapprochent plus ou moins des uns ou des autres, tous ne sont que des effets ou des formes de son activité; on pourrait presque dire qu'ils n'en sont que les actes vivants. Pour les créer, il n'a pas eu besoin de deux choses, de la force et de la molécule : la molécule lui était inutile, puisqu'il n'en devait rien tirer ; la force lui a suffi ; il n'a eu qu'à la répandre dans l'univers pour le peupler de milliers d'êtres ; il n'a eu qu'à la distribuer à ces êtres, à degrés et avec des attributs différents, pour en diversifier à l'infini les genres et les espèces.

Tels sont les principes généraux de cette sorte d'immatérialisme dont nous avons aperçu le germe dans le dernier des écrits de M. Maine de Biran.

Cette doctrine est singulière, il faut en convenir,

et elle pourrait d'abord paraître si étrange qu'on serait tenté de la rejeter sans examen. Cependant il faut y prendre garde : elle peut être exclusive ; elle peut être fausse en partie, et cependant renfermer en elle assez de vérité pour être digne d'attention. Mais dans tous les cas, avant de la juger, il est une question préalable à décider. Il s'agit de savoir si nous avons deux manières distinctes de percevoir, deux espèces de sens, le sens interne et le sens externe ; si nous sentons seulement des impressions, des causes d'impressions ou des forces, ou si nous sentons en outre des éléments étendus, inerts, c'est-à-dire des molécules ; si, après que nous avons vu en nous, dans notre *moi*, les objets extérieurs dont l'existence et l'action viennent s'y révéler par les sensations, nous les voyons ensuite en eux-mêmes et dans leur réalité ; si à la faculté de les concevoir d'après les effets qu'ils font sur notre âme, et de les croire en conséquence actifs, nous joignons celle de les connaître d'une vue directe et immédiate, et de saisir en eux des éléments inerts combinés et mêlés avec des principes actifs. C'est de la solution de cette question que dépend l'adoption ou le rejet de la doctrine immatérialiste. Or on ne s'accorde pas sur cette solution. D'une part on dit : Nous ne sentons que nos impressions ; nous n'avons qu'un sens, qui, s'appliquant successivement aux impressions de la vue, du toucher, de l'ouïe, etc., se diversifie, se transforme, devient successivement sens du toucher, sens de la vue, sens de l'ouïe, etc., mais sans

cependant jamais percevoir autre chose que l'action
d'une cause ou d'une force extérieure ; et par conséquent nous ne pouvons juger de rien que par le
moyen de ce sens, qui est la conscience elle-même.
De l'autre côté, on dit : Nous avons la conscience;
mais nous avons de plus les sens externes, les sens
proprement dits, qui nous instruisent de la nature
et des propriétés de la matière, et nous la montrent
comme une juxtaposition de molécules, etc., etc.
Les uns, frappés de ce fait que la conscience est réellement le principe et la condition de toute connaissance, veulent qu'elle soit toute la connaissance,
qu'elle donne toutes les idées ; les autres, tout en
reconnaissant ce fait, croient qu'il en est un aussi
constant : c'est l'existence et l'exercice de la perception
externe. De ces deux opinions, la première est plus
simple, au risque d'être incomplète ; la seconde est
plus sûre, mais moins systématique : celle-ci s'accorde mieux avec le sens commun ; celle-là sourit
davantage aux esprits qui aiment à vivre en eux-
mêmes et à philosopher avec leur conscience, et
c'est pour cette raison, sans nul doute, que M. Maine
de Biran a fini par l'adopter.

M. ROYER-COLLARD.

Pour bien comprendre M. Royer-Collard, il faut nécessairement se reporter à l'époque qui précéda son enseignement, et voir quel était alors l'état de la philosophie française. Ce fut en 1811 qu'il commença ses cours. A ce moment rien ne semblait annoncer encore une réaction contre les doctrines de Condillac. Quelques uns de ses disciples les modifiaient en certains points, mais c'était pour mieux les soutenir en d'autres; un très petit nombre d'adversaires les combattaient, mais c'était sans publicité, sans succès, et le plus souvent avec des armes empruntées à l'arsenal oublié de la vieille scolastique. Le condillacisme était partout, dans les ouvrages les plus recommandables par leur mérite littéraire comme dans l'enseignement le plus distingué : Cabanis, de Tracy, Volney, et plusieurs autres, chacun dans leur point de vue et avec leur talent, avaient écrit des livres remarquables pour le compléter, le rectifier, l'expliquer ou l'appliquer. Les brillantes leçons de Garat aux écoles normales, celles de la plupart des professeurs de philosophie aux écoles centrales et dans les lycées, les improvisations si lucides si spirituelles, et pour ainsi dire si aimables de M. Laromiguière à la faculté de Paris, tout avait contribué à le propager et à le rendre populaire. Il avait force de croyance; c'était un dogme, qui avait même ses enthousiastes et ses fanatiques. En Allemagne et en Écosse, il est vrai, cette religion de la sensation n'avait pas le même crédit que parmi nous; elle était même traitée assez légèrement par les penseurs d'Édimbourg et de l'école de Kant, qui, à côté de leurs théories de bon sens ou de profonde métaphysique, la trouvaient sans doute un peu étroite et superficielle. Mais nous n'avions pas avec leur pays des relations assez faciles et assez pacifiques pour pouvoir prendre leur avis et en profiter. Le mouvement politique et militaire entraînait tout, et empêchait qu'au sein des écoles et dans le public on ne songeât à réformer ou à innover. Comme on n'avait pas le temps de discuter, on croyait; on avait une doctrine toute faite; on la prenait, faute de loisir pour chercher mieux. De plus, quoique peu ami de l'idéologie, qui l'importunait au reste plus qu'elle ne l'effrayait, Napoléon aimait mieux encore le *statu quo* philosophique qu'un changement dont il ne pouvait pas prévoir et apprécier les conséquences. Si déjà il s'inquiétait de l'idéologie réduite aux termes dans lesquels elle se tenait, ce n'était pas pour s'embarrasser en outre de doctrines nouvelles, qui, peut-être plus sérieuses et plus fortes, n'auraient fait que gêner son gouvernement et contrarier ses vues. Ainsi, par suite des circonstances dans lesquelles on était placé, Condillac et son école, voilà à peu près tout ce qu'il y avait de philosophie en France, au moment où M. Royer-

Collard prit sa chaire et commença à enseigner. Il allait donc être seul de son avis; et il ne venait pas déjà chef d'école, puissant de renom et de popularité, grand de cette estime européenne que lui a valu la tribune nationale ; il venait seul, sans disciples, sans antécédent ni autorité dans la science ; il n'avait ni système connu, ni titre qui l'annonçât ; tout était difficulté pour lui à son entrée dans la carrière. Pour y paraître avec succès, il fallait qu'il eût, de sa personne, bien des qualités supérieures. Heureusement elles ne lui manquaient pas. Esprit de grande réflexion, et de vigueur singulière, il a la pensée profondément sérieuse. Au regard qu'il porte sur les choses, on voit qu'il n'y cherche pas un vain spectacle, un amusement, mais un sujet de science et de méditation. Il ne se plaît qu'aux théories; et quand il en possède une, il la traite avec tant de facilité et de puissance, qu'il trouve pour l'exprimer non seulement de la précision et de la force, mais de l'imagination, de l'âme et du mouvement ; il devient éloquent, comme Pascal, par la logique; il raisonne avec une telle conviction, un tel besoin de la faire sentir, que sa démonstration, vive et animée comme la passion, finit par trouver le cœur, l'ébranler et lui imposer. C'est sa haute raison qui le fait orateur. Ajoutons aussi que c'est la générosité de ses opinions, son noble et grand caractère, sa probité toute virile. Il n'a peut-être pas dans les idées cette espèce d'originalité qui n'est que le prompt bonheur d'apercevoir sans étude les faces inaperçues d'une question ; mais il a celle qui tient à une savante et sévère analyse ; il a celle du philosophe, si ce n'est celle du poète et de l'artiste. Il la cherche en tout sujet, il en a besoin ; et quand il ne la trouve pas au fond, il faut qu'il la trouve dans la forme. Il crée des expressions, et elles ont cours en son nom ; il est presque cité comme un ancien. Nourri à la fois des doctrines des dix-septième et dix-huitième siècles, représentant assez bien dans sa pensée grave et libre ce qu'il y a de retenu et de religieux dans le génie de Descartes, de Pascal et de Bossuet, de hardi et d'avancé dans celui de Montesquieu, de Voltaire et de Rousseau, disciple éclairé des deux écoles et les modifiant l'une par l'autre, l'homme du temps s'il en fut, grâce à cette double affinité qu'il a avec les grands penseurs des deux âges, M. Royer-Collard avait bien ce qu'il fallait pour parler à la jeunesse un langage qui l'attirât. Aussi lui convint-il d'abord. Il n'en fut pas de suite parfaitement compris, parce qu'il était sans précurseur, et qu'aucun enseignement analogue ne préparait le sien. Mais il en fut senti, suivi, admiré. Ses leçons commencèrent par imposer, et puis elles furent entendues, accueillies avec intelligence et conviction ; et dès lors commença, en opposition à Condillac, le mouvement philosophique qui prit naissance aux derniers jours de l'empire, et qui à la restauration, grâce à la liberté qu'elle amena, se poursuivit de plus en plus et gagna plus de terrain en avançant.

Pour aller par ordre dans ses leçons, il devait d'abord entreprendre la critique de ce qui était. Ce fut là son début. Ce dont il y avait à traiter avant tout, c'était de la vieille foi condillacienne : il importait de la réduire, de la discuter, de la juger. Ce dessein domina tout son premier enseignement. Appuyé de Reid, qu'il fit connaître, et au bon sens duquel il prêta son style exact, vigoureux, spirituel et élevé, il montra que l'idéalisme, que le philosophe écossais avait suivi et combattu à la trace dans toute la métaphysique ancienne et moderne, était aussi au fond du *Traité des sensations*. Condillac en effet, réduisant l'homme à la sensation et supposant que la sensation est tour à tour odeur, son, saveur, couleur et étendue, est naturellement conduit à mettre en doute la réalité du monde extérieur, et *à prononcer que, s'il existe, assurément il n'est pas visible pour nous ;* c'est-à-dire, en d'autres termes, que, si l'homme se sent, et rien de plus, que s'il se sent modifié en odeur, saveur, couleur, etc., sans qu'il y ait là autre chose qu'une sensibilité diversement affectée, seul avec ses impressions, il ne voit que lui au monde, ne conçoit que son existence, et se trouve ainsi porté non seulement à soupçonner, mais à penser, *que l'étendue n'a pas plus de réalité extérieure que les sons et les odeurs.* Ce fut contre cette conséquence du système de la sensation que M. Royer-Collard renouvela avec grande force les objections que Reid avait dirigées contre la doctrine de Loke, de Berkeley et de Hume. Il fit voir que, répugnant à la fois au sens commun, qui ne l'admet pas, à la philosophie, qui l'explique mal, l'idéalisme manque trop de vérité pour satisfaire la raison. Reprenant les faits méconnus ou négligés par Condillac, il les retraça dans leur réalité, et s'en servit pour montrer comment, la sensation reçue, nous sortons de nous-mêmes, nous voyons hors de nous quelque chose qui *est*, comme nous; comment cela se passe, non en vertu d'un raisonnement, mais par la force d'un instinct, par la nécessité d'une *induction*, qui nous mène fatalement à l'idée nette et positive d'un monde extérieur qui existe réellement. M. Royer-Collard insista beaucoup sur ce procédé de l'*induction* ; il essaya de le décrire, et le décrivit, ce nous semble, aussi bien que le permettent les circonstances obscures au milieu desquelles il se développe. Il l'indiqua, dans tous les cas, de manière à prouver l'inexactitude de l'hypothèse qui le rejetait.

Mais ce n'était pas là à ses yeux le seul vice du *Traité de la sensation;* il y trouvait d'autres côtés faibles, qu'il attaqua également. Nous avons tous les idées de substance, de cause, de durée, et d'espace. Un système idéologique est à coup sûr tenu d'en rendre compte. Le *Traité de la sensation* le faisait-il ? pouvait-il légitimement ramener à quelque impression des sens ces notions singulières et incontestables ? Sentons-nous la substance et la cause, l'espace et la durée, comme nous sentons l'étendue, la figure, la couleur, etc. ? les sentons-nous avec la

main, l'œil, l'ouïe, etc.? sont-ce des objets de même sorte que les qualités perceptibles de la matière, déterminés, définis, saisissables comme ces qualités? connaissons-nous, par exemple, l'éternité, l'immensité, c'est-à-dire l'infini, comme nous connaissons une odeur ou une saveur? Il n'y a que cinq espèces de sensations : si les idées dont il s'agit sont des sensations, de quelle espèce seront-elles? Qu'on essaie de le dire, et on verra qu'on ne le peut. Les sensations, quelles qu'elles soient, quoi qu'on en fasse, qu'on les transforme ou qu'on les laisse, qu'on les compose ou décompose, les sensations ne se rapporteront jamais qu'à ce qui tombe sous les sens. Si elles sont idées, elles ne le sont que de choses sensibles. Comment donc embrasseraient-elles des choses qui le sont si peu? comment s'étendraient-elles à des objets placés hors du cercle où elles s'exercent. Cependant il faut expliquer la présence en notre esprit des notions de substance, de cause, de temps, d'espace. L'explication n'est pas une pour toutes, quoiqu'elle parte d'un point commun. Ce point commun est la conscience, car sans conscience il n'y a rien. Mais, la conscience admise, voici les divers développements que paraît prendre la pensée :
1º Dès que l'âme se sent, elle croit être ; elle croit au rapport de son impression à son être; et à peine en est-elle là, qu'elle généralise ce rapport, qu'elle l'étend d'elle à tout, et que désormais elle ne conçoit pas plus de qualité sans être que d'être sans qualité ; et cela nécessairement, instinctivement,

par le seul fait qu'elle ne peut pas se voir ni rien voir sans que l'attribut ne paraisse avec le sujet, et le sujet avec l'attribut. 2° Comme elle est active de sa nature, qu'elle l'est avec volonté et pouvoir, elle le sait à peine, qu'elle se conçoit comme une cause, qu'elle rapporte à cette cause ce qu'elle veut et ce qu'elle fait, qu'elle établit de l'effet à la cause une relation qui, particulière au premier coup-d'œil, bientôt se généralise et la porte à juger absolument que tout effet suppose une cause. 3° Mais en se sentant agir, en se souvenant qu'elle agit, elle a l'idée de sa durée ; elle comprend sa durée d'après la succession de ses actions ; elle comprend en général la durée par la succession ; et par suite de ce jugement elle parvient bientôt à la croyance aussi ferme qu'inévitable d'une durée non seulement indéfinie, mais infinie, au-delà et en-deçà de laquelle il n'y a et ne peut rien y avoir : cette durée, c'est le temps, c'est l'éternité. C'est par un procédé en quelques points analogue que l'esprit comprend l'espace. En percevant un corps, il le perçoit dans un lieu, et ce lieu n'est pas tout ; il tient dans un lieu plus grand, et celui-ci dans un plus grand encore, ainsi de suite jusqu'à ce que paraisse l'espace indéfini, infini, l'immensité, qui contient tout.

Telles sont, mais abrégées, mais affaiblies et dépouillées de leurs traits d'éclat et de leur force, les explications que donna M. Royer-Collard des faits dont Condillac avait si peu rendu raison. Pour faire sentir à nos lecteurs tout ce qu'ils perdent à notre analyse, nous citerons quelques passages empruntés à une des leçons que l'illustre professeur consacra au sujet qui vient de nous occuper : ce sera une espèce de dédommagement.

Voulant prouver que, si la durée se conçoit par la succession, elle n'est cependant pas la succession, il la considère dans le *moi* :

« Le premier acte de la mémoire emporte la con« viction de notre existence identique et continue, « depuis l'événement qui est l'objet de cet acte. Mais « notre identité continue n'est autre chose que notre « durée. La durée est renfermée dans l'identité ; « l'une et l'autre le sont dans l'exercice de la mé« moire. Puisque nous ne nous souvenons que de « nous-mêmes, la durée qui nous est donnée par la « mémoire est nécessairement la nôtre : car si elle « n'était pas la nôtre, nous n'aurions pas le senti« ment de notre identité. Mais le *moi* seul est iden« tique ; ses pensées varient à tout moment. La du« rée qui est renfermée dans l'identité appartient « donc au *moi* seul, non à ses pensées : elle est donc « antérieure à la succession de celles-ci. Il ne dure « pas parce que ses pensées se succèdent, mais ses « pensées se succèdent parcequ'il dure. La succession « présuppose la durée, dans laquelle elle n'est qu'un « rapport de nombre, comme le mouvement pré« suppose l'étendue. Qu'on ne cherche pas l'origine « de la durée dans la succession : on ne la trouvera « que dans l'activité du *moi*. Le *moi* dure parce « qu'il agit ; il dure sans cesse parce qu'il agit sans

« cesse ; sa durée, c'est son action continue, ré-
« fléchie dans ' conscience et dans la mémoire. De
« la continuité de l'action naît la continuité de la
« durée. Si l'action cessait pour recommencer, et
« cessait encore pour recommencer encore, le *moi*
« se sentirait à chaque instant défaillir et renaître ; la
« durée serait une quantité discrète comme le nom-
« bre ; ses parties seraient séparées par des intervalles
« où il n'y aurait pas de durée. Elle est une quantité
« continue parce que le *moi* se sent continu, et il se
« sent continu parce que son action est continue. »

Et plus loin il s'exprime en ces termes, pour montrer comment la pensée passe de la durée limitée à la durée illimitée :

« A l'occasion de la durée contingente et limitée
« des choses, nous comprenons une durée nécessaire
« et illimitée, théâtre éternel de toutes les existen-
« ces ; et non seulement nous la comprenons, mais
« nous sommes invinciblement persuadés de sa réa-
« lité. Cette durée est le temps. Que la pensée anéan-
« tisse, elle le peut, et les choses et leurs successions ;
« il n'est pas en son pouvoir d'anéantir le temps : il
« subsiste vide d'événements ; il continue de s'écou-
« ler, quoiqu'il n'entraîne plus rien dans son cours.
« Dans l'ordre de la connaissance, c'est la durée par-
« ticulière du *moi* qui amène le temps ; dans l'ordre
« de la nature, le temps est antérieur à toutes les vi-
« cissitudes qui s'opèrent en lui, à toutes les révolu-
« tions par lesquelles nous le mesurons. Le com-
« mencement du temps implique contradiction : la

« supposition d'un temps qui aurait précédé le temps
« est absurde. »

Enfin voici comment il compare en elles-mêmes et dans leurs idées le temps et l'espace :

« Comme la notion de durée devient indépendante
« des événements qui nous l'ont donnée, de même
« la notion de l'étendue, aussitôt que nous l'avons
« acquise, devient indépendante des objets où nous
« l'avons trouvée. Quand la pensée anéantit ceux-
« ci, elle n'anéantit pas l'espace qui les contenait.

« Comme la notion d'une durée limitée nous sug-
« gère la notion du temps, c'est-à-dire d'une durée
« sans bornes, qui n'a pas pu commencer et qui ne
« pourrait pas finir, de même la notion d'une éten-
« due limitée nous suggère la notion de l'espace,
« c'est-à-dire une étendue infinie et nécessaire qui
« demeure immobile, tandis que les corps s'y meu-
« vent en tout sens. Le temps se perd dans l'éter-
« nité, l'espace dans l'immensité. Sans le temps il
« n'y aurait pas de durée ; sans l'espace il n'y aurait
« pas d'étendue. Le temps et l'espace contiennent
« dans leur ample sein toutes les existences finies,
« et ils ne sont contenus dans aucune. Toutes les
« choses créées sont situées dans l'espace, et elles
« ont aussi leur moment dans le temps; mais le
« temps est partout, et l'espace aussi ancien que le
« temps. »

Reprenons. Le système qui réduit toute l'intelligence à la sensation n'est pas incomplet seulement
parce qu'il n'explique pas les notions de substance,

de cause, de temps et d'espace ; il l'est aussi parce qu'il n'explique bien aucune idée morale. En effet, si la sensation est tout le sens humain, il ne peut y avoir que la matière qui soit un objet de connaissance : car la sensation ne tombe jamais que sur l'étendue, la figure, la couleur, etc. Elle ne porte pas sur les faits qui sont du domaine de la conscience. Elle se fixe sur le monde et ne se retourne pas sur l'âme. Elle est la vue de l'esprit par les sens ; et par les sens l'esprit ne voit ni passion, ni pensée, ni volonté ; il ne voit rien d'intime, de moral : il ne perçoit que le physique, du moins si on le réduit rigoureusement à la sensation, et qu'on ne prête pas à la sensation une propriété qu'elle n'a pas. Ainsi, borner l'homme au toucher, à la vue, au goût, à l'ouïe et à l'odorat, le borner à la sensibilité externe, c'est nier qu'il ait le sentiment des faits psychologiques ; ou, si on ne le nie pas, on désavoue, on contredit le principe duquel on part. Condillac serait en opposition avec lui-même s'il reconnaissait à l'âme humaine d'autres notions que celles des sens. Or une telle conséquence ruine le système dont elle sort, et M. Royer-Collard n'eut pas de peine à le faire voir : il démontra qu'une idéologie qui se condamne à ne rien dire du sens moral et des idées dont il est la source est par là même exclusive et défectueuse. Et, pour cela, il n'eut qu'à appeler l'attention sur cette foule de faits internes dont, à chaque instant, nous avons, sans organes, sans moyen physique de perception, une connaissance tout aussi certaine et tout aussi claire que celle que nous devons à la sensation et à ses instruments.

Mais ce n'était pas assez que le système fût jugé sous le point de vue métaphysique, il fallait qu'il le fût aussi sous le point de vue pratique. Quel en était le principe sous ce rapport? Si la sensation est tout l'homme, la seule chose que l'homme ait à faire est de céder à la sensation, car c'est là sa nature. Or que veut la sensation? le plaisir par instinct, l'utilité par calcul, le bien-être dans tous les cas. Et où voit-elle ce bien-être? dans la matière apparemment, puisqu'elle ne conçoit pas d'autre objet. C'est donc aux jouissances physiques qu'elle réduit tout le bonheur; et comme un tel bonheur ne peut être qu'à la condition de l'exercice facile et continu des sens, veiller à ce que le corps ne s'altère ni ne se détruise, telle est la loi suprême, la grande loi de la vie. Si Condillac ne le dit pas, Volney le dit pour lui; et il ne le dit qu'en raisonnant d'après le maître dont il suit les idées. Le *Catéchisme du citoyen* n'est en effet que le commentaire moral du *Traité des sensations*. Et il ne faudrait pas objecter que le matérialisme d'un de ces ouvrages et le spiritualisme de l'autre empêchent qu'il n'y ait entre eux le rapport que nous supposons. Cette différence n'y fait rien car, si Condillac est spiritualiste, il l'est de telle manière, qu'il autorise, disons plus, qu'il force l'application pratique que nous venons d'indiquer de sa théorie. Qu'importe l'âme, en effet, si elle n'a de faculté que pour la matière? qu'importe l'esprit s'il se réduit à la sensation? En est-il moins vrai que dans cette hypothèse la destination de l'homme est de sentir, de ne sentir que les choses matérielles, et d'y chercher toute sa félicité. Le spiritualisme ne sert donc de rien dans cette question. C'est une pensée à part, une spéculation sans conséquence, qui, adoptée ou rejetée, n'en laisse pas moins la logique aller son train et déduire avec rigueur du sensualisme métaphysique le sensualisme moral qui y est contenu; et il n'y a pas d'injustice à accuser, je ne dis pas Condillac, mais sa doctrine, d'avoir fait la philosophie d'une morale qui, certainement, a des effets fâcheux. S'il n'a pas voulu cette morale, il l'a pensée; s'il ne l'a pas avouée comme conséquence il en a posé le principe; et il ne peut être à l'abri de reproche d'un côté, que pour être accusé de l'autre de n'avoir pas assez prévu toutes les suites de son système. Nous ne reproduirons pas les arguments par lesquels M. Royer-Collard porta coup à cette morale; nous avons essayé de le faire en examinant le *Catéchisme* de Volney. Mais nous rappellerons l'effet que produisait sur son auditoire cette parole grave, puissante, pleine d'émotion et de sérieux, avec laquelle il flétrissait les principes qu'il réfutait. Il imposait aux intelligences qui ne se rendaient pas ou qui ne comprenaient pas; il captivait les autres; il les élevait, les fortifiait, les remplissait de sagesse et de raison. Il eût du rôle de Socrate auprès de la jeunesse qui l'écoutait.

Mais en même temps qu'il réprouva sévèrement

les fâcheuses maximes d'un égoïsme étroit, il n'accorda pas plus de faveur à cette morale sentimentale ou mystique, qui peut bien être une religion de cœur, mais qui n'est pas une conviction de l'esprit. Il s'écarta également de l'école sensualiste et de l'école rêveuse; et sur les pas des sages écossais il chercha le fondement du devoir dans une connaissance exacte de la nature humaine. Au lieu de déduire les règles de la vie d'une mesquine ou vague idée du bien, il les tira d'une philosophie à la fois positive et large; il les traça pleines de sens, d'élévation et de vérité. Le temps et la nature même de l'enseignement dont il était chargé ne lui permirent pas d'exposer toute sa pensée sur ce sujet. Mais chaque fois qu'il y toucha, ce ne fut jamais sans en faire sortir ces leçons de sagesse et d'honneur moral que plus tard il reproduisit à la tribune avec tant d'éloquence et d'autorité. Aussi ce ne fut pas en vain qu'il jeta dans les âmes ces excellentes impressions: elles gagnèrent, se répandirent, passèrent dans le public; et grâce à lui, grâce à ceux qui travaillèrent avec lui dans le même sens, quand il eut à parler, non plus devant des disciples, mais devant des concitoyens, devant le pays, il trouva de toute part des cœurs qui l'entendirent, des hommes de son école, des partisans de ses principes.

Le mouvement moral qu'il avait imprimé ne s'arrêta pas avec son enseignement: d'abord parce qu'il fut remplacé dans son cours par son élève de prédilection; et l'on sait comment M. Cousin rem-

plit la belle et difficile tâche que lui léguait son
maître : plein d'âme et de science, éloquent et penseur, philosophe avec amour, enthousiaste de bien
et de vérité, il ne perdit pas, si l'on peut ainsi parler, cette clientèle des consciences qu'il avait reçue
avec tant d'honneur ; il la conserva entière, l'agrandit et la popularisa ; il eut à lui toute la jeunesse.
Ainsi rien ne fut en défaut. Mais ensuite M. Royer-Collard, en passant à la politique, n'en continua
pas moins à parler pour cette philosophie, qui n'était pas moins bonne à mettre dans la législation
que dans les intelligences. La tribune ne fut guère
pour lui qu'une autre chaire. Il y parut comme un
docteur de la loi, comme un père de notre église
constitutionnelle. Au milieu des fausses interprétations ou des perfides attaques dont ses doctrines devaient être l'objet, elle avait grand besoin d'un de
ces hommes à voix puissante et d'imposant génie,
dont l'autorité la défendît contre les sophismes ou les
mauvais desseins de ses ennemis. Ce fut là le rôle
de M. Royer-Collard, et il le remplit dignement.
En toute occasion, confesseur dévoué de la liberté,
il en plaida la cause avec cet éclat d'évidence et cette
vigueur de logique qui emportent les convictions.
Mais ce fut surtout à mesure que les vérités politiques dont la liberté est le principe furent successivement mises en question et menacées, que sa parole,
que sa raison s'émut, s'éleva, grandit, pour accabler
de ses reproches et de ses démonstrations la malhabileté, l'erreur ou le mensonge de ses adversaires. Il

eut dès lors une des plus belles attributions dont l'opinion publique puisse honorer un citoyen. Il fut une sorte de précepteur national et de moraliste public, aux discours duquel tout le pays eut foi, comme aux leçons d'un sage selon son cœur et d'un élu de ses vœux. Nous devons nous féliciter plus que d'autres, nous amis de la philosophie, de voir un de ses principaux représentants dans notre siècle investi de cette espèce de magistrature de conscience, qui confère de si beaux droits à celui qui l'exerce. Dans un temps où l'enseignement moral manque partout en France soit de liberté, soit de dignité, il est heureux qu'il trouve des organes à la tribune politique; il est heureux qu'entravé, timide, réduit à rien dans les chaires universitaires, sans lumières et sans influence au sein de l'église, il puisse reprendre dans nos chambres législatives son caractère et son autorité. Honneur aux hommes qui nous rendent cet éminent service. Ils font la force et l'espoir du pays. S'ils ne peuvent lui donner les lois qu'ils voudraient, ils peuvent au moins lui donner les croyances qu'ils jugent bonnes. Ils en ont le gouvernement moral, et avec celui-là on produit du bien malgré tout (1).

(1) M. Royer-Collard n'a publié, en fait de philosophie, qu'un discours d'ouverture de cours en 1813; mais bientôt la plupart de ses leçons paraîtront dans une traduction de Ried que M. Jouffroy imprime en ce moment.

M. COUSIN.

En quittant la chaire qu'il avait occupée avec tant de force et d'éclat, M. Royer-Collard se fit remplacer par un jeune professeur qui répondit d'autant mieux aux espérances de son maître, qu'il avait par son âge et son âme plus de sympathie avec la génération à laquelle il s'adressait. M. Cousin dans ses leçons eut un moyen de succès bien simple et bien puissant, ce fut l'éloquence que lui donnèrent sa jeunesse et sa pensée. Cette manière qu'il avait d'être possédé de ses idées, cette facilité de mettre en tableaux des abstractions métaphysiques, ces vivacités d'esprit, ces élans de coup-d'œil, ces explosions de conscience dont se composaient ses improvisations à la fois si animées et si sérieuses, si faciles et si imposantes; tout captivait et touchait ses nombreux auditeurs. Avec un grand fonds d'érudition et de théories positives, son enseignement se distinguait par une sorte de poésie, de cette poésie qui fait le charme de Platon et de Mallebranche, et qu'on aime à voir se répandre sur les pensées philosophiques, pour leur prêter la lumière, le mouvement et la vie. Il faisait vivre, en l'exposant, la vérité qu'il sentait. Comme il n'était pas un simple démonstrateur, un froid témoin des choses, mais un observateur animé et un maître enthousiaste, philosophe-orateur, dans sa chaire et hors de sa chaire à l'École normale, et dans ces entretiens de l'intimité auxquels il était toujours prêt pour ses jeunes amis, il prêchait la science avec ce mouvement de cœur, cette gravité passionnée, cette élévation de vues, qui remuent et entraînent les esprits. Il y avait dans ses leçons autre chose que de la doctrine : il y avait le travail qui la prépare, la méthode qui y conduit, l'amour et le zèle qui la font chercher ; et tout cela passait de son âme dans celle de ses élèves ; il les inspirait de sa philosophie. Ce qu'il y avait d'excellent dans sa manière, c'est qu'il faisait école sans lier ses disciples ; c'est qu'après leur avoir donné l'impulsion et une direction, il les laissait aller et se plaisait à les voir user largement de leur indépendance. Nul n'a moins tenu que lui à ce qu'on jurât sur ses paroles. Il voulait des hommes qui aimassent à penser par eux-mêmes, et non des dévots qui n'eussent d'autre foi que celle qu'il leur donnait ; il le voulait d'autant plus, qu'il savait bien, surtout en commençant, qu'il n'avait point un système assez arrêté pour prendre sur lui de dogmatiser et de formuler un *credo*. Comme chaque jour il avançait et changeait en avançant, et qu'il ne pouvait prévoir où le mènerait cette suite de changements et de progrès, il se serait fait scrupule de dire à ceux qui le suivaient, Arrêtez-vous là, car c'est là la vérité ; il disait plutôt, Venez et voyez. Rien de moins réglementaire que son enseignement ; c'était la liberté et la franchise même. L'École normale, cette école *bien-aimée*, selon l'expression dont il se sert, eut surtout à se féliciter de l'influence qu'il exerça sur les élèves qu'elle lui confiait. Quelque branche d'enseignement que par la suite ils aient embrassée, ils y ont toujours porté, en les appliquant avec sagesse, les excellentes doctrines qu'ils avaient puisées à ses leçons. Toute l'école se sentit de lui; il en fut l'âme tant qu'elle dura; détruite, il la rappela et l'honora par ses travaux (1).

(1) Qu'il nous soit permis de citer un passage de ses *Fragments*, où il rend compte de sa manière de travailler avec ses élèves : « Tous les élèves de la troisième année suivaient mon cours, mais il était particulièrement destiné au petit nombre de ceux qui se vouaient à la carrière philosophique. C'étaient ceux-là qui portaient le poids des travaux de la conférence; c'étaient eux aussi qui en faisaient tout l'intérêt. Ils assistaient à mes leçons de la *faculté des lettres*, où ils pouvaient recueillir des idées plus générales, respirer le grand air de la publicité et y puiser le mouvement et la vie. Dans l'intérieur de l'école, l'enseignement était plus didactique et plus serré; le cours portait le nom de conférence et le méritait : car chaque leçon donnait matière à une rédaction, sur laquelle s'ouvrait une polémique à laquelle tout le monde prenait part. Formés à la méthode philosophique, les élèves s'en servaient avec le professeur comme avec eux-mêmes; ils doutaient, résistaient, argumentaient avec une entière liberté, et par là s'exerçaient à cet esprit d'indépendance et de critique qui, j'espère, portera ses fruits. Une confiance vraiment fraternelle unissant le professeur et les élèves, si les élèves se permettaient de discuter l'enseignement qu'ils recevaient, le professeur aussi s'autorisait de ses devoirs, de ses intentions et de son amitié, pour être sévère. Nous aimons tous aujourd'hui à nous rappeler ce temps de

Le jeune professeur, après avoir, à son début, rapidement exploré, sur les pas de M. Royer-Collard, la philosophie écossaise, qui commençait à être connue, se hâta de passer à l'Allemagne, qui l'était beaucoup moins. L'Allemagne était un pays nouveau à voir. Pour le bien voir, il fallait peut-être imiter ces voyageurs qui, en visitant des terres étrangères, oublient, en quelque sorte, les mœurs de leur patrie, pour prendre celles des peuples qu'ils viennent étudier. M. Cousin se fit kantiste pour se rendre plus familier un système qu'il voulait connaître; et, grâce à cette heureuse flexibilité d'esprit qui, prenant une habitude aussi vite qu'elle en quitte une autre, se prête à tout, même à l'étrangeté, il eut bientôt du philosophe allemand les opinions et le langage. Il saisit, développa, exprima les idées du maître, comme s'il les tenait de lui et les avait reçues de sa bouche. Mais quand le moment fut venu de n'être plus ni Écossais, ni Allemand, ni étranger d'aucune sorte, de revenir à lui-même, à son individualité, il ne fit plus la philosophie de Ried ou celle de Kant : il fit la sienne, et il y consacra désormais toutes ses pensées.

mémoire chérie, où, ignorant le monde et ignorés de lui, ensevelis dans la méditation des problèmes éternels de l'esprit humain, nous passions notre vie à en essayer des solutions, qui depuis se sont bien modifiées, mais qui nous intéressent encore, par les efforts qu'elles nous ont coûtés, et les recherches sincères, animées, persévérantes, dont elles étaient le résultat.

Cette philosophie se trouve résumée dans la préface que l'auteur a mise à la tête des *Fragments* qu'il a publiés en 1826 : c'est là que nous la prendrons pour en donner une idée.

Il y est traité de trois principales choses : 1° de la méthode philosophique, 2° de la psychologie, 3° de l'ontologie.

L'opinion de M. Cousin sur la méthode n'a rien de particulier : c'est celle du monde savant, à quelques exceptions près. Il pense qu'il ne peut y avoir de psychologie, et par conséquent de philosophie, qu'au moyen de l'observation. Seulement il insiste, et avec raison, sur un point qu'on néglige trop : c'est qu'en appliquant l'observation aux phénomènes de la conscience, il ne faut pas l'appliquer à demi ou dans une vue systématique, mais avec l'impartialité et l'étendue qui conviennent à la vérité. Rien de plus sage en effet. Ne pas tout voir quand on se met à voir, ne voir les choses qu'à la surface ou que d'un côté, c'est évidemment fausser l'observation et la réduire à une étude qui doit toujours plus ou moins altérer la réalité. La psychologie, plus qu'aucune autre science, exige de ceux qui s'en occupent le soin de tout considérer, de tout reconnaître, de tout admettre ; cette curiosité impartiale, cette vue ouverte à tout, qui seule peut conduire aux théories positives. Il n'y a rien à ajouter sous ce rapport aux réflexions de M. Cousin : on les trouvera vives, claires, rapides, mêlées d'aperçus historiques et dogmatiques du plus haut intérêt.

Quant à la question psychologique, il la divise en trois points : la *liberté*, la *raison* et la *sensibilité*.

Or, pour ne nous arrêter qu'aux opinions les plus saillantes qu'il exprime sur chacun de ces points, nous remarquerons d'abord qu'il regarde la liberté comme le principe et l'essence de la personnalité. Selon lui, le *moi* est tout entier dans la liberté, il est la liberté elle-même ; dans tous les faits où il y a empire de soi, possession de soi-même, activité maîtrisée, il y a *moi* et personne : dans les autres, il n'y a pas *moi*, la fatalité en rejette toute espèce de personnalité. Ainsi les actes de la raison, comme ceux de la sensation, ne sont pas sans rapport au *moi*, mais ils ne lui viennent pas de lui-même, au moins dans le principe. Il s'en empare par la suite, s'y mêle et y intervient ; mais dans l'origine il ne les fait pas. Avant de se mettre librement à penser ou à sentir, il faut que l'âme ait d'abord la pensée et le sentiment, qu'elle les ait reçus en quelque sorte, et les ait vus se développer par le fait des circonstances au sein desquelles elle est placée ; en d'autres termes, avant d'agir comme force libre, il faut qu'elle agisse comme force fatale, avec une intelligence et une passion qui s'exercent fatalement : c'est pourquoi l'âme ne devient une personne, ne se fait un être moral, ne peut parler d'elle et en son nom, que quand elle est parvenue à être pour quelque chose dans les mouvements auxquels elle se livre. Jusque là, si elle est un *moi*, ce n'est qu'à titre de conscience et parce qu'elle se sent exister ; c'est comme individa, comme vie distincte et une, comme force sortie de l'être, où tout est vaguement, et venue dans des rapports qui la déterminent et la définissent; mais ce n'est pas comme agent qui se possède et se gouverne, ce n'est pas comme *moi* moral et responsable, comme personne devant la loi. Sans doute en nous il y a du *moi* dès que nous savons que nous sommes, quelleque soit d'ailleurs notre manière d'être; mais ce n'est là que le fait de nous sentir en dehors de tout ce qui n'est pas nous, et dans la sphère particulière où se renferme notre activité, et ce fait est nécessaire et sans caractère moral. Mais pour que la moralité, la vraie personnalité, nous vienne et nous demeure, il faut absolument que nous sortions de cet état de dépendance, où nous n'agissons que sous la loi et aux ordres de la nature. Tant que nous y restons, nous ne sommes que comme toutes les forces qui se déploient dans l'univers nous sommes comme les astres ou les éléments; nous appartenons à leur système, nous n'appartenons pas à l'humanité: pour lui appartenir, nous avons besoin de tirer notre activité de l'esclavage où la retiennent les causes extérieures, de l'avoir sous notre main, de la diriger comme nous l'entendons; alors seulement nous sommes hommes, et nous jouissons bien de notre existence. Telle est la pensée de M. Cousin. Le fait qu'elle exprime n'est pas nouveau, mais elle le dégage de manière à lui donner une importance qu'il n'a pas toujours eue dans les théories psychologiques. Outre celles qui ne le reconnaissent pas, il y a celles qui l'expliquent mal, et qui, faute de la bien saisir, n'en voient pas toutes les conséquences et en négligent le développement. Or l'admettre sans l'apprécier, le faire figurer dans un système sans lui marquer sa vraie place et lui assigner sa valeur, c'est presque le nier, c'est du moins le méconnaître. M. Cousin l'a bien senti : aussi s'est-il attaché à l'établir largement, à le présenter dans tout son jour. Il a montré comment à ce fait, à la liberté, se rattachent étroitement la qualité de personne, le caractère d'agent moral, et par conséquent le devoir et le pouvoir, l'obligation et le droit, la responsabilité et l'inviolabilité ; il a montré comment l'homme, une fois maître de lui-même, se trouve dès lors avec une destination dont il a la charge, et qu'à la différence des forces fatales, il est tenu d'accomplir en son nom et par lui-même, sauf à jouir en même temps de toutes les facultés nécessaires à l'accomplissement d'une telle tâche. C'est ce qui fait que sous tous les rapports, sur tous les points où se porte son activité morale, dans toute carrière et tout état, dans l'industrie comme dans les arts, en politique comme en religion, il a sa loi et son pouvoir, son devoir et son droit. Otez-lui la liberté, et rien de cela ne lui reste : il aura encore son but, mais il y sera conduit ; il aura de la puissance, mais elle ne sera pas inviolable ; il vivra comme la plante, sans obligation ni sanction. En quelque position qu'il se trouve dans la famille ou dans l'état, inférieur ou supérieur, gouverné ou gouvernant, il *peut* parqu'il *doit*, et il doit parce qu'il est libre. M. de Bonald pense que les enfants et les sujets ont des devoirs, et point de droits : c'est comme s'il disait qu'ils ont des obligations, et qu'ils n'ont pas l'usage légal des moyens propres à les remplir. Quand on reconnaît le libre arbitre, ainsi que le fait cet écrivain, il ne faut pas le reconnaître à demi, mais l'admettre tout entier, et alors en voir sortir, avec la loi qui impose le bien, la faculté sacrée d'agir librement pour l'accomplir.

Tel est le fait que M. Cousin s'est attaché à constater et à développer, afin qu'on sentît mieux toute l'importance qu'il a dans l'économie morale de la nature de l'homme. Il a commencé par l'envisager en métaphysicien et en philosophe, il a fini par le considérer en moraliste et en publiciste ; il l'a d'abord traité comme simple matière de psychologie, il l'a ensuite suivi dans ses grandes conséquences pratiques : il ne pouvait mieux faire pour le placer à un rang élevé de la science.

Deux points de vue principaux sont à remarquer dans la théorie qu'il a présentée sur la raison : 1° les lois de cette faculté, 2° l'autorité qu'elle doit avoir.

Quelles sont les lois de la raison, en quel nombre et dans quel rapport, voilà ce qu'il s'agit d'abord de déterminer. Or, si on veut le faire au moyen des données que peut fournir la philosophie soit ancienne soit moderne, on éprouve quelque embarras, et rien ne satisfait complétement. Pythagore et Platon ont reconnu ces lois, mais ils ne les ont pas analysées; ils en ont eu le génie, ils n'ont pas eu la logique. Selon l'expression de M. Cousin, il semble qu'il répugnait à Platon de laisser toucher par une analyse profane ces ailes divines sur lesquelles il s'envolait dans le monde des idées. Aristote, plus sévère, porte son regard sur ces principes, les discerne, les énumère et les distribue en *catégories*. Mais, s'il est exact quant au nombre, il ne l'est pas quant au système, et s'il compte bien il classe mal. Chez les modernes, Descartes et son école sentent aussi ces nécessités qui sont imposées à la raison; mais ils n'en tentent pas la théorie, ils se bornent à les concevoir. Locke et ses disciples les négligent; les Ecossais les remettent en honneur, mais les citent plus qu'ils ne les classent, et les entrevoient plus qu'ils ne les expliquent. Kant refait l'œuvre d'Aristote, et la refait avec avantage ; mais il laisse encore de l'arbitraire dans les généralités qu'il propose, et ne les soumet pas à la réduction dont elles seraient susceptibles. M. Cousin à son tour aborde la question. « Si, dans mon enseignement, dit-il, j'ai fait quelque chose d'utile, c'est peut-être sur ce point. J'ai du moins renouvelé une question importante, et j'ai essayé une solution que le temps et la discussion n'ont point encore ébranlée. Selon moi, toutes les lois de la pensée peuvent se réduire à deux, savoir la loi de la causalité, et celle de la substance. Ce sont là les deux lois essentielles et fondamentales, dont toutes les autres ne sont qu'une dérivation, un développement, dont l'ordre n'est point arbitraire. Je crois avoir démontré que, si on examine synthétiquement ces deux lois, la première, dans l'ordre de la nature des choses, est celle de la substance, la seconde celle de la causalité; tandis qu'analytiquement et dans l'ordre d'acquisition de nos connaissances, la loi de causalité précède celle de la substance, ou plutôt toutes les deux nous sont données l'une avec l'autre, et sont contemporaines dans la conscience. »

Ainsi toutes ces idées auxquelles l'esprit se trouve conduit par un mouvement de sa nature, ces idées de temps et d'espace, de possible et de réel, de relations et de modes, de cause et d'effet, de qualité et de substance, etc., etc., toutes ne sont finalement que la conception variée de ce qui *est* et de ce qui *agit*. L'existence et l'action, voilà le point où tout revient; quoi que fasse la pensée, quelque objet qu'elle regarde, quelque vérité qu'elle considère, elle ne sort jamais, dans son développement, de l'être ni de la cause. C'est là son univers. Ni le temps, ni l'espace, ni le possible, ni le réel, ni quoi que ce soit au monde, n'est proprement et indépendamment de la substance et de la force; elles sont le fonds de tout. Le reste ne vient que par elles et ne se rencontre qu'à leur suite; c'est-à-dire, en d'autres termes, que la substance et la force, avec les circonstances qui s'y rattachent, sont toujours et partout les seules choses que voit l'esprit. Il faut même remarquer que ces choses ne sont pas distinctes et réellement divisibles; elles ne font pas deux, elles ne font qu'un. La substance en effet n'est que la force qui *est*, comme la force, de son côté, n'est que la substance qui *agit* ; seulement, par abstraction et pour le besoin de la science, on dit *être* et *action*, mais dans le fait il n'y a vraiment que l'être en action, ou l'action dans l'être.

Les principes de la raison énumérés, classés et réduits comme ils doivent l'être, il faut en reconnaître l'autorité. Est-elle absolue, invariable, ou sujette à contrôle et à changement? Ici de nouveau le débat est grand et dure depuis des siècles: nulle philosophie n'y est étrangère. Mais la question s'est agitée de nos jours avec une ardeur toute nouvelle. M. de Lamennais l'a soulevée avec une force et un éclat qui l'ont rendue plus vive que jamais. Il a prétendu la décider par le témoignage des hommes. En la résolvant dans le sens et à l'honneur de la raison, M. Cousin n'a cependant pas suivi toute la doctrine des *rationnalistes* ; en pensant comme Descartes et comme Kant, il ne partage pas tout leur avis. A ses yeux, la raison es souveraine et absolue, mais elle ne l'est pas au même titre qu'ils le supposent l'un et l'autre; elle ne l'est pas au nom du *moi*, qui ne la constitue ni ne la consacre, mais qui seulement la reçoit, la trouve et la sent en lui: elle l'est en son propre nom et de sa seule autorité. Elle cesse même d'être absolue, du moment qu'elle prend le caractère d'une raison personnelle et privée. Du moment que, dans sa conscience, l'homme ne peut pas se dire de ce qu'il voit, *Il est*, *voilà le vrai*; mais se dit, *Il me paraît*, *je pense*, il n'a plus une idée véritablement rationnelle, mais une opinion particulière, un sentiment, un vote. Il juge comme individu, et ne juge pas comme raison; il a sa manière de voir, il n'a pas la science. Pour que la pensée ait la vérité, il faut qu'elle soit pure et ne se mêle à rien de personnel. Il faut que, dégagée du *moi*, dont elle ne saurait relever, elle se développe librement et d'après ses seules lois. Or en quels cas se montre-t-elle avec cette pureté et cette indépendance? Ce n'est pas quand la réflexion, qui est l'action du *moi* sur les idées, a déjà pu, par sa présence, les altérer et les fausser : c'est quand ces idées, fraîches écloses et dans leur primitive naïveté, ne se sentent que du vrai et en sont la simple image. L'âme humaine a des moments où elle ne met rien du sien dans ses perceptions; elle ne s'y attend ni ne s'y prépare, elle ne les cherche ni ne les provoque; elle les reçoit, et voilà tout : alors ce qui se passe en elle, cet esprit qui s'y déploie, cette lumière qui s'y produit, cette raison qui s'y déclare, c'est la raison en elle-même, celle qui vaut par sa propre force, et est la source de toute science. Ainsi, pour assister en quelque sorte au spectacle, d'ailleurs si difficile à voir, de cette faculté s'exerçant dans toute sa pureté, il faut tâcher de se surprendre dans un de ces états où le *moi* n'est pas en jeu et s'oublie, pour laisser faire le Dieu qui veille en lui. Si l'on rencontre en soi de ces états, et qu'on les observe de ce coup-d'œil à la fois prompt et profond, qui saisit vite ce qui passe vite, et cependant pénètre avant, certainement on reconnaîtra que rien n'est plus réel que cette espèce d'aperception qui vient à l'homme comme d'en-haut, et l'on inclinera à adopter la solution de M. Cousin. Elle a du moins l'avantage d'être à l'abri des objections auxquelles sont en butte tour à tour le système de l'*autorité* et celui du *sens privé*. Son *criterium* du vrai n'est ni le témoignage des hommes, qu'on ne peut admettre sans le juger, ni les opinions individuelles, qui ne présentent rien d'absolu : c'est la raison dans son essence et sa pureté primitive. Ce *criterium* ne doit pas être cherché hors de nous et dans les autres ; mais il ne doit pas non plus être cherché dans un sentiment relatif, variable et personnel ; il n'est ni d'un côté ni de l'autre : il se trouve dans un principe supérieur et primitif. Voici, du reste, comment M. Cousin rend compte du fait qu'il explique :

« Plus que jamais fidèle à la méthode psychologique, au lieu de sortir de l'observation, je m'y enfonçai davantage, et c'est par l'observation que, dans l'intimité de la conscience, et à un degré où Kant n'avait pas pénétré sous la *relativité* et la *subjectivité* apparente des principes nécessaires, j'atteignis et démêlai le fait instantané mais réel de l'aperception spontanée de la vérité, aperception qui, ne se réfléchissant pas immédiatement elle-même, passe inaperçue dans les profondeurs de la conscience, mais y est la base véritable de ce qui, plus tard, sous une forme logique et entre les mains dela réflexion, devient une conception nécessaire. Toute *subjectivité* avec toute *réflexivité* expire dans la spontanéité de l'aperception. Mais la lumière primitive est si pure, qu'elle est insensible; c'est la lumière réfléchie qui nous frappe, mais souvent en offusquant de son éclat infidèle la pureté de la lumière primitive. La raison devient bien *subjective* par son rapport au *moi* volontaire et libre, siége et type de toute *subjectivité;* mais en elle-même elle est impersonnelle, elle n'appartient pas plus à tel *moi* qu'à tel autre *moi* dans l'humanité; elle n'appartiennent pas même à l'humanité, et ses lois ne relèvent que d'elle-même, etc., etc. »

Du fait de la raison, l'auteur passe à la sensation, qu'il considère moins comme le principe des affections que comme la source des idées physiques. C'est sous ce rapport qu'il l'examine et s'attache à la montrer avec les données qui lui sont propres. La sensation, selon lui, est la faculté que nous avons de savoir du monde extérieur tout ce qui tombe sous les sens. Or que savons-nous de cette manière ? Qu'il y a hors de nous des phénomènes dont la présence produit en nous des impressions de divers genres; nous les jugeons d'après ces impressions, nous les qualifions en conséquence, nous ne les percevons pas à un autre titre. Or des impressions supposent une action, l'action qui les détermine; elles se rapportent à une cause qui est le principe de cette action : c'est donc comme causes actives, comme forces, que nous concevons tous les objets avec lesquels nous sommes en relation par la sensation. Ne fussent-ils pour nous que des choses résistantes et adhérentes, encore seraient-ils des forces, car il n'y a que des forces qui soient capables de résistance et d'adhésion. Nous sommes là dans notre conscience, ne communiquant avec le dehors que par certains moyens organiques: vient un fait qui nous modifie. Que pouvons-nous en penser, d'après les lois de notre intelligence, si ce n'est qu'il agit sur nous, comme nous-mêmes dans d'autres cas nous agissons sur ce qui n'est pas nous, si ce n'est que dans son essence il est actif comme notre âme, moins certaines différences de développement et de degré ? « Variez et multipliez le phénomène de la sensation, dit M. Cousin : aussitôt que la raison l'aperçoit, elle le rapporte à une cause, qu'elle charge successivement non des modifications internes du sujet, mais des propriétés *objectives* capables de les exciter ; c'est-à-dire qu'elle développe successivement la notion de cause, mais sans en sortir, car des propriétés sont toujours des causes et ne peuvent être connues que comme telles. Le monde extérieur n'est donc qu'un assemblage de causes correspondant à nos sensations réelles ou possibles ; le rapport de ces causes entre elles est l'ordre du monde : ainsi ce monde est de la même étoffe que nous, et la nature est la sœur de l'homme. Elle est active, vivante, animée comme lui, et son histoire est un drame tout aussi bien que celui de l'humanité. » Et plus loin :

« Quel physicien, depuis Euler, cherche autre chose que des forces et des lois? Qui parle aujourd'hui d'atomes? et même les molécules, renouvelées des atomes, qui les donne pour autre chose qu'une hypothèse? Si le fait est incontestable, si la physique moderne ne s'occupe plus que de forces et de lois, j'en conclus rigoureusement que la physique, qu'elle le sache ou qu'elle l'ignore, n'est pas matérialiste, qu'elle s'est faite spiritualiste le jour où elle a rejeté toute autre méthode que l'observation et l'induction, lesquelles ne peuvent jamais conduire qu'à des forces et à des lois. »

On le voit, cette opinion est à peu près celle qui a été embrassée par M. Maine de Biran, sauf qu'ici elle est plus dégagée, plus positive, plus éclatante, telle, en un mot, qu'elle devait paraître en passant de l'idée d'un esprit profond, mais timide et contraint, à celle d'une intelligence hardie, prompte et déclarée. Cette opinion nie la matière, ou du moins elle l'explique sans admettre l'élément dont d'ordinaire on fait le fonds de la substance matérielle, de la molécule et de la force; elle ne reconnaît que la force; le monde, à ses yeux, n'est que de la force. Pour juger un tel système, il s'agit de savoir, en premier lieu, si avec la force on peut rendre raison des corps et de leurs qualités; ensuite, si réellement nous n'avons pas la sensation de quelque chose qui n'est pas la force, mais la molécule ou l'atome. Or, de ces deux questions, qui, au reste, se tiennent intimement, la seconde seule est décisive : car, selon qu'il sera reconnu que nous avons ou n'avons pas la perception de la molécule, l'explication de la matière par la puissance de la force sera inexacte et fausse, ou raisonnable et vraie. C'est donc là qu'est la difficulté, et il n'est pas aisé de la résoudre. De quoi s'agit-il en effet? De savoir si nos sens nous attestent dans les corps des éléments inactifs. Mais à quel signe reconnaître l'inaction d'un élément? A l'inertie? Reste à savoir si l'inertie tient à l'absence de toute force, ou seulement à une force qui se borne à résister; reste à décider si cet état, qu'on désigne du nom d'inert, est le contraire de la force ou un des effets qu'elle produit. Ramenée à ces termes, la question ne peut bien être résolue que si on parvient à distinguer deux choses qui ne se distinguent guère, la négation d'une force ou son action réduite à rien : car si cette résistance dont il s'agit est encore de l'activité, c'est de l'activité au plus bas degré, et à peu près réduite à rien. Il devient donc, quand on en est là, très embarrassant de prononcer. L'observation est en défaut et le raisonnement ne la supplée pas; on éprouve, malgré tout, de l'incertitude dans son jugement.

Du reste, il faut en convenir, le système qui explique tout par la force et ses effets a plus de simplicité que le système contraire. Il rend mieux raison de certains faits, et résout mieux certaines questions, toutes celles, entre autres, où se mêlent la psychologie et la physiologie, la théologie et la physique. En n'admettant au monde qu'une sorte de principes, les forces, avec toute la diversité de leurs caractères et de leurs degrés, il n'a pas à répondre à l'éternelle difficulté du rapport qui unit l'esprit à la matière, le simple à l'étendu, une nature d'une espèce à une nature opposée. Comme il n'y a qu'une nature, qu'une espèce d'éléments, tout se borne à montrer la relation qui existe du semblable au semblable, de la vie à la vie, de l'actif à l'actif; mais dans l'hypothèse moléculaire, outre que la molécule est inutile, puisque, même en la supposant, la philosophie la néglige et se borne à étudier les forces et leurs lois, elle est souvent embarrassante dans les problèmes de métaphysique et de haute ontologie; on est toujours arrêté par la difficulté de montrer le rôle qu'elle joue dans l'univers, soit au regard de Dieu, soit à celui de l'âme. Si donc le motif de la simplicité systématique peut décider le doute que ne décident pas assez les sens et l'expérience, c'est certainement du côté de la première explication que doit pencher la balance.

Passant de la psychologie à la question religieuse, M. Cousin résume ainsi l'opinion à laquelle il s'arrête :

« Le dieu de la conscience n'est pas un dieu abstrait, un roi solitaire relégué par-delà la création sur le trône d'une éternité silencieuse et d'une existence absolue, qui ressemble au néant même de l'existence : c'est un dieu à la fois vrai et réel, à la fois substance et cause, toujours substance et toujours cause, n'étant substance qu'en tant que cause, et cause qu'en tant que substance, c'est-à-dire étant cause absolue, un et plusieurs, éternité et temps, espace et nombre, essence et vie, individualité et totalité, principe, fin et milieu, au sommet de l'être et à son plus humble degré, infini et fini tout ensemble, triple enfin, c'est-à-dire à la fois dieu, nature et humanité. »

Cette opinion a été déjà et sera peut-être encore accusée de panthéisme. Nous ne croyons cependant pas qu'elle mérite cette accusation. Pour qu'elle fût panthéiste, il faudrait qu'elle ne reconnût qu'un être au monde; existence unique, universelle, dans laquelle viendrait se perdre et s'abymer toute existence particulière; il faudrait qu'elle niât les individus, et ne regardât l'humanité et la nature que comme deux attributs, deux modes d'une seule et même substance, hors de laquelle il n'y aurait que des qualités sans êtres, de pures abstractions; il faudrait par conséquent qu'elle ne tînt compte ni des réalités physiques, ni de réalités morales, et qu'elle dît : Il n'y a pas d'âme, il n'y a pas de corps; il n'y a que des attributs spirituels ou matériels de l'être, qui seul est réel. Ce système irait encore au panthéisme, si, prenant les choses comme elles sont, l'homme, les animaux, les végétaux, les minéraux, la terre, le le ciel, les astres, tous les êtres en un mot, il en composait une somme, un tout qu'il dirait dieu. Mais alors le moyen que ces êtres fissent à eux tous un dieu total, le *pan* divin, sans avoir leur divinité chacun à eux, sans être de petits dieux dont le tout résulterait, en sorte que chacun serait dieu par lui-même, et contribuerait pour sa part à la divinité universelle ; ce qui serait faire sortir le panthéisme du polythéisme. Voilà les deux seules suppositions dans lesquelles il me semble qu'un système philosophique pourrait être avec raison accusé de panthéisme. Or celui de M. Cousin ne rentre ni dans l'une ni dans l'autre de ces suppositions. Il ne rentre pas dans la première, en ce que, loin de nier aucune individualité, il les admet et les reconnaît toutes, et qu'à l'égard de la personne humaine en particulier, il est plein de foi, de respect et d'amour. Il ne rentre pas dans la seconde, en ce que, s'il voit dieu dans le monde et dans l'homme, il ne voit pas l'homme et le monde comme dieux. Ce sont là, à ses yeux, des signes et des symboles de la divinité, mais non la divinité elle-même ; il ne renferme la divinité sous aucune forme finie ; il ne la divise ni ne l'individualise ; il la fait plus grande que tout ce qui est fini, plus durable que tout ce qui n'a qu'un temps ; il la met partout et pour toujours. Son dieu est le dieu un, infini, éternel ; mais en même temps ce n'est pas *un roi solitaire, relégué par-delà la création, sur le trône désert d'une éternité silencieuse et d'une existence absolue qui ressemble au néant même de l'existence.* Il est présent à tout, anime tout, fait tout vivre. Chaque chose n'est pas lui, mais chaque chose est de lui, est son ouvrage, un effet de sa puissance, un témoignage de sa présence active et providentielle. Rien ne lui est étranger ; la nature et l'humanité lui sont intimes. Depuis qu'il les a créées, il ne s'est point retiré d'elles, il les assiste au contraire continuellement de son action régulière et puissante. Il est leur principe vivifiant, elles sont des créatures animées de son souffle, des manifestations visibles de son esprit et de sa puissance. Ce n'est pas là du panthéisme.

Au reste nous n'avons pas besoin de défendre M. Cousin d'une opinion dont lui-même fait si bonne justice dans un morceau que nous allons citer, et que nous empruntons à un article sur *Xénophane*, publié dans la *Biographie universelle*.

« L'école ionienne et l'école pythagoricienne ont introduit dans la philosophie grecque les deux éléments fondamentaux de toute philosophie, savoir, la physique et la théologie. Voilà donc la philosophie en possession des deux idées sur lesquelles elle roule, l'idée du monde et celle de Dieu. Les deux termes extrêmes, et pour ainsi dire les deux pôles de toute spéculation, étant donnés, il ne reste plus qu'à trouver leur rapport. Or la solution qui se présente d'abord à l'esprit humain, préoccupé qu'il est nécessairement de l'idée de l'unité, c'est d'absorber l'un des deux termes dans l'autre, d'identifier le monde avec Dieu ou Dieu avec le monde, et par là de trancher le nœud au lieu de le résoudre. Ces deux solutions exclusives sont toutes deux bien naturelles. Il est naturel, quand on a le sentiment de la vie et de cette existence si variée et si grande dont nous faisons partie, quand on considère l'étendue de ce monde visible et en même temps l'harmonie qui y règne et la beauté qui y reluit de toutes parts, de s'arrêter là où s'arrêtent les sens et l'imagination, de supposer que les êtres dont se compose ce monde sont les seuls qui existent, que ce grand tout si harmonique et si un est le vrai sujet et la dernière application de l'idée de l'unité, qu'en un mot ce tout est Dieu. Exprimez ce résultat en langue grecque, et voilà le panthéisme. Le panthéisme est la conception du tout comme Dieu unique. D'un autre côté, lorsque l'on découvre que l'apparente unité du tout n'est qu'une harmonie et non une unité absolue, une harmonie qui admet une variété infinie, laquelle ressemble fort à une guerre et à une révolution constituée, il n'est pas moins naturel de détacher de ce monde l'idée de l'unité, qui est indestructible en nous, et, ainsi détachée du modèle imparfait de ce monde visible, de la rapporter à un être invisible placé au-dessus et en dehors de ce monde, type sacré de l'unité absolue, au-delà duquel il n'y a plus rien à concevoir et à chercher. Or, une fois parvenu à l'unité absolue, il n'est plus aisé d'en sortir, et de comprendre comment, l'unité absolue étant donnée comme principe, il est possible d'arriver à la pluralité comme conséquence, car l'unité absolue exclut toute pluralité. Il ne reste donc plus, relativement à cette conséquence, qu'à la nier ou tout au moins à la mépriser, et à regarder la pluralité de ce monde visible comme une ombre mensongère de l'unité absolue, qui seule existe, une chute à peine compréhensible, une négation et un mal dont il faut se séparer pour tendre sans cesse au seul être véritable, à l'unité absolue, à Dieu. Voilà le système opposé au panthéisme. Appellez-le comme il vous plaira, ce n'est pas autre chose que l'idée d'unité appliquée exclusivement à Dieu, comme le panthéisme est la même idée appliquée exclusivement au monde. Or, encore une fois, ces deux solutions exclusives du problème fondamental sont aussi naturelles l'une que l'autre, et cela est si vrai, qu'elles reviennent sans cesse à toutes les grandes époques de l'histoire de la philosophie, avec les modifications que le progrès des temps leur apporte, mais au fond toujours les mêmes, et que l'on peut dire avec vérité; que l'histoire de leur lutte perpétuelle et de la domination alternative de l'une ou de l'autre a été jusqu'ici l'histoire même de la philosophie. C'est parce que ces deux solutions tiennent au fond même de la pensée, qu'elle les reproduit sans cesse dans une impuissance égale de se séparer de l'une ou de l'autre, et de s'en contenter. En effet, l'une ou l'autre prise isolément ne suffit point à l'esprit humain, et ces deux points de vue opposés, si naturels, et par conséquent si durables et si vivaces, exclusifs qu'ils sont l'un de l'autre, sont par cela même également défectueux et insuffisants. Un cri s'élève contre le panthéisme. Tout l'esprit du monde ne peut absoudre cette doctrine, et réconcilier avec elle le genre humain. On a beau faire, si l'on est conséquent, on n'aboutit avec elle qu'à une espèce d'âme du monde comme principe des choses, à la fatalité comme loi unique, à la confusion du bien et du mal, c'est-à-dire à leur destruction dans le sein d'une unité vague et abstraite, sans sujet fixe, car l'unité absolue n'est certainement dans aucune des parties de ce monde prise séparément : comment donc serait-elle dans leur ensemble? Comme nul effort ne peut tirer l'absolu et le nécessaire du relatif et du contingent, de même de la pluralité, ajoutée autant de fois qu'on voudra à elle-même, nulle généralisation ne tirera l'unité, mais seulement la totalité. Au fond, le panthéisme roule sur la confusion de ces deux idées si profondément distinctes. D'une autre part, l'unité sans pluralité n'est pas plus réelle que la pluralité sans unité n'est vraie. Une unité absolue qui ne sort pas d'elle-même ou ne projette qu'une ombre, a beau accabler de sa grandeur et ravir de son charme mystérieux, elle n'éclaire point l'esprit, et elle est hautement contredite par celles de nos facultés qui sont en rapport avec ce monde et nous attestent sa réalité, et par toutes nos facultés actives et morales, qui seraient une dérision et accuseraient leur auteur, si le théâtre où l'obligation de s'exercer leur est imposée n'était qu'une illusion ou un piège. Un Dieu sans monde est tout aussi faux qu'un monde sans Dieu; une cause sans effets qui la manifestent ou une série indéfinie d'effets sans une cause première, une substance qui ne se développerait jamais ou un riche développement de phénomènes sans une substance qui la soutienne, la réalité empruntée seulement au visible ou à l'invisible ; d'une et d'autre part égale erreur et égal danger, égal oubli de la nature humaine, égal oubli d'un des côtés essentiels de la pensée et des choses. Entre ces deux abymes, il y a long-temps que le bon sens du genre humain fait sa route ; il y a long-temps que, loin des écoles et des systèmes, le genre humain croit avec une égale certitude à Dieu et au monde. Il croit au monde comme à un effet réel, certain, ferme et durable, qu'il rapporte à une cause, non pas à une cause impuissante et contradictoire à elle-même, qui, délaissant son effet, le détruirait par cela même, mais à une cause digne de ce nom, qui, produisant et reproduisant sans cesse, dépose, sans les épuiser jamais, sa force et sa beauté dans son ouvrage ; il y croit comme à un ensemble de phénomènes qui cesserait d'être à l'instant où la substance éternelle cesserait de les soutenir ; il y croit comme à la manifestation visible d'un principe caché qui lui parle sous ce voile, et qu'il adore dans la nature et dans sa conscience. Voilà ce que croit en masse le genre humain. L'honneur de la vraie philosophie serait de recueillir cette croyance universelle, et d'en donner une explication légitime. Mais faute de s'appuyer sur le genre humain, et de prendre pour guide le sens commun, la philosophie, s'égarant jusqu'ici à droite ou à gauche, est tombée tour à tour dans l'une ou l'autre extrémité de systèmes également vrais sous un rapport, également faux sous un autre, et tous vicieux au même titre, parce qu'ils sont également exclusifs et incomplets. C'est là l'éternel écueil de la philosophie.»

Jusqu'à présent nous n'avons parlé que des travaux *théoriques* de M. Cousin: resterait à apprécier ses travaux *historiques*; mais cette tâche a été remplie par un de nos amis, M. Jouffroy, auquel, comme on l'a vu, nous ne craignons pas d'avoir recours dans l'occasion. Ici encore nous le prions de nous laisser prendre un article qu'il a inséré dans le *Globe*, au sujet des œuvres complètes de Platon, traduites par M. Cousin :

« Il est impossible de n'être point frappé de la direction des travaux de M. Cousin depuis qu'il a quitté sans l'avoir voulu la carrière brillante du professorat pour la vie solitaire et laborieuse du cabinet. On s'attendait, lorsqu'il descendit de cette chaire où il avait produit tant d'impression par la grandeur et la nouveauté de son enseignement, que la plume de l'écrivain consolerait le public du silence du professeur d'une tout autre manière qu'elle ne l'a fait. On pouvait croire qu'un esprit aussi original ne s'était point jeté par choix dans l'exposition des idées des autres, et que, si la destination de son cours l'avait fait un moment l'historien de la philosophie, l'indépendance du cabinet le rendrait à sa vocation naturelle et le ramènerait aux recherches positives de la science. Une observation qui n'avait pu échapper à ses auditeurs semblait confirmer cette présomption. Dans l'exposition des différentes théories de la philosophie moderne, les doctrines les plus diverses et les plus opposées trouvaient si aisément leur place et leur part de vérité dans l'esprit de M. Cousin, qu'à chaque instant on sentait se révéler un système plus étendu et plus profond, tout vivant dans son intelligence, et qui semblait n'y rester que par complaisance pour ses prédécesseurs. Ce système personnel dont quelques parties largement développées dans ses leçons avaient donné une haute idée, et qui aurait certainement porté le caractère d'un vaste et puissant éclectisme, on s'attendait qu'en sortant de la faculté M. Cousin s'occuperait à le mûrir, et ne tarderait pas à le rédiger et à le donner au public. Cependant il en a été tout autrement. Sans égard pour nos suppositions et nos espérances, M. Cousin est resté dans les voies de l'histoire. Il a semblé plus curieux de nous faire connaître les opinions des autres que les siennes. Une édition complète de Descartes, les quatre premiers volumes d'une traduction de Platon et les cinq premiers d'une édition, d'après les manuscrits de la Bibliothèque du roi, des ouvrages inédits de Proclus, ont presque exclusivement occupé et signalé sa vie, depuis sa retraite de l'enseignement public. Ce n'est guère que comme hors-d'œuvre et pour ainsi dire par délassement qu'il a laissé échapper une esquisse, forte il est vrai, mais enfin une simple esquisse de sa propre philosophie.

« Cependant le public faisait un tel fonds sur les espérances toutes différentes qu'il avait conçues des loisirs de M. Cousin, la force de langage et la puissance d'analyse que le jeune professeur avait fait paraître dans ses cours lui avaient donné une si haute idée de ce qu'il pourrait produire d'utile et de beau en développant ses propres pensées sur les grandes questions qui intéressent l'humanité, qu'il n'a point voulu sanctionner encore la détermination que M. Cousin a jugé à propos de prendre, et qu'à peine a-t-il reçu avec toute l'estime qu'ils méritaient les nobles dédommagements qu'il lui a offerts, et surtout cette belle traduction de Platon qui restera tout à la fois comme un monument de la souplesse de notre langue et de l'intelligence philosophique de notre nation.

« Nous avouons que nous avons long-temps partagé sans réserve l'opinion du public, et qu'avec lui nous avons long-temps accusé M. Cousin et de trop mépriser le soin de sa propre gloire, et de méconnaître les intérêts de la philosophie et du pays. Nous avouons même qu'à n'envisager que le premier motif, qui n'est certainement pas le plus puissant dans le cœur de M. Cousin, mais qui peut l'être dans celui de ses amis, nous conservons notre opinion. Il nous a toujours coûté et il nous coûte encore de voir s'épuiser sur le texte de Platon et sur les manuscrits à demi effacés de Proclus un esprit si fécond et une âme si éloquente. Mais, quant au regret des intérêts, en apparence méconnus, de la philosophie, il faut le dire, la réflexion l'a dissipé, et sur ce point nous avons entièrement changé d'avis.

« Ce n'est pas que nous ayons cessé de croire qu'une exposition de doctrines personnelles de M. Cousin ne fût une chose très belle et très grande ; mais c'est une illusion de penser que les idées d'un homme, quelque profondes qu'on les suppose, puissent être aujourd'hui d'une grande utilité pour la philosophie. Quand on songe aux puissantes intelligences qui, depuis Pythagore jusqu'à nos jours, ont soulevé et remué dans tous les sens le champ de cette science ; quand surtout on a parcouru quelques uns des admirables monuments de leurs recherches, on ne peut guère échapper à la conviction que toutes les solutions des questions philosophiques n'aient été développées ou indiquées avant le commencement du dix-neuvième siècle, et que par conséquent il ne soit très difficile, pour ne pas dire impossible, de tomber en pareille matière sur une idée neuve de quelque importance. Or, si cette conviction est fondée, il s'ensuit que la science est faite, quoiqu'elle soit inconnue à notre siècle ; et que par conséquent, au lieu de la recommencer pour lui sur de nouveaux frais, il est plus simple et plus sûr de la lui apprendre telle qu'elle existe dans les ouvrages des immortels génies qui l'ont créée.

« Notre siècle ne sait de la philosophie que le petit nombre de vérités qui ont passé dans le sens com-

mun, et qui sont devenues des maximes populaires
et triviales; encore ne les sait-il pas scientifiquement,
et comme vérités démontrées, mais seulement comme
vérités convenues et généralement admises. Sans
appui dans le monde depuis que les études philosophiques sont négligées, il n'est jamais bien difficile
au scepticisme de les ébranler. Ceux-là même qui
les chérissent le plus ne s'y fient qu'avec inquiétude, et seraient bien embarrassés de les défendre.
Quant aux autres, elles nous sont étrangères, et la
science elle-même nous échappe. Cependant les
questions sont immortelles, parce qu'elles touchent
aux intérêts les plus sérieux de l'humanité. Le public les pose donc de nouveau, et demande des solutions. Platon, Aristote, Proclus, Descartes, Leibnitz, Mallebranche, Kant, sont là pour lui répondre. Mais comment trouver leurs ouvrages et
comment les entendre? La plupart sont écrits dans
des langues qui nous sont peu familières; quelques
uns dorment encore en manuscrits dans la poudre
des bibliothèques. En outre, chacun de ces grands
hommes parle un langage philosophique qui lui est
propre, et n'est point celui du siècle. Chacun a considéré les questions sous son point de vue, et, dans
chacun, la question que l'on voudrait étudier occupe une place différente et se trouve enchaînée aux
autres d'une manière particulière; en sorte que c'est
un premier travail de la découvrir dans chaque système, un autre de la dégager, un autre de la comprendre, un autre de rapprocher la solution qu'elle

y reçoit de toutes les solutions différentes qu'on lui a données dans les autres systèmes, et un dernier enfin de tirer de la comparaison de toutes ces solutions, qui contiennent chacune une portion de vérité, la solution complète, qui est la véritable.

« La philosophie existe donc; mais elle n'existe pas pour le commun des hommes, ni même pour les hommes très éclairés, ni même pour les simples savants, ni même pour les simples philosophes : elle n'existe que pour le petit nombre de ceux qui, étant à la fois et très érudits et très philosophes, ont passé leur vie à en chercher les membres épars dans les monuments qui la contiennent. Il manque à la philosophie, pour être véritablement, qu'on la connaisse et qu'on l'organise : qu'on la connaisse, c'est-à-dire qu'on traduise et qu'on publie tous les grands monuments qui la renferment; qu'on l'organise, c'est-à-dire qu'on arrange les questions dans leur ordre légitime, avec les vérités découvertes sur chacune par les différents philosophes, de manière que le tout forme une science méthodique où l'on puisse voir d'un coup-d'œil et ce que l'on sait et ce qui reste à trouver.

« Ces deux entreprises ne sont pas moins difficiles l'une que l'autre. Elles exigent une réunion de qualités qui n'est point du tout nécessaire pour élever un système : il n'y a pas d'intelligence un peu capable qui, en réfléchissant sur les questions philosophiques, ne puisse produire, au bout de deux ou trois ans, un système qui vaudra tout autant que bien d'autres. En effet, il suffit que cette intelligence attrape quelques vérités que vingt philosophes ont déjà infailliblement aperçues (ce qui n'est point du tout malaisé dans le siècle plein de pénétration où nous vivons), qu'elle les généralise avec audace et ignorance, et le grand œuvre sera accompli. Faire un système est aujourd'hui un travail d'enfant, que les philosophes devraient laisser aux femmes du monde qui ont du temps et de l'esprit à perdre. Mais pour venir à bout de la double tâche que nous avons indiquée, il faut une autre science et une autre portée d'esprit. Car, d'abord, pour recueillir et traduire les grands monuments de la philosophie ancienne, la philologie est un instrument indispensable; mais seul, il est insuffisant : l'intelligence profonde des questions philosophiques et la connaissance de l'histoire de la philosophie sont deux conditions non moins impérieusement exigées. Le plus habile helléniste ne comprend point Platon : il suffit pour s'en convaincre de comparer les traductions du savant Dacier avec celles de M. Cousin; il suffit encore d'observer comment la philologie a toujours reculé devant les dialogues les plus métaphysiques de cet auteur, au point qu'ils sont encore à traduire dans la plupart des langues modernes. Mais il ne suffit pas de traduire, même avec une parfaite intelligence : la traduction proprement dite ne fait que substituer un idiome à un autre. Une seconde traduction est indispensable, c'est celle du langage philosophique de chaque auteur; c'est-à-dire qu'après avoir traduit les mots, il faut traduire les idées, ou, ce qui revient au même, les exposer sous les formes simples d'aujourd'hui, sous les formes du sens commun, accessibles à tous. C'est là ce que M. Cousin a fait pour Platon dans ses arguments. Non seulement nous pouvons lire Platon dans sa traduction, mais le comprendre dans ses arguments, et nous assurer que nous le comprenons bien, en relisant le texte avec la lumière des arguments et en soumettant à une comparaison sévère la pensée de l'original et celle de l'interprétation. Or cette traduction des idées sans laquelle celle du texte ne serait qu'un demi-service n'exige pas seulement un philosophe, mais un philosophe qui n'ait point de système qui l'empêche de se prêter au génie et aux idées de Platon pour le comprendre, et qui de plus connaisse assez tous les systèmes, et la vérité dont tous les systèmes expriment quelque face, pour ne point s'enfermer dans le point de vue de Platon, et pouvoir encore le juger et lui faire sa part en l'exposant. Disons-le, c'est là une réunion rare de qualités, et peut-être faudrait-il en désespérer, si l'éclectisme n'était pas le caractère éminent de notre siècle, et si l'air que nous respirons ne douait pas, pour ainsi dire, au berceau les esprits distingués de nos jours de celle de toutes ces qualités qui est la plus difficile et la moins commune, nous voulons dire l'étendue.

« Quel service rendu à la philosophie si Pythagore et son époque, si Arioste et le péripatétisme, si Zénon et le stoïcisme, si Sextus et le scepticisme, si les Alexandrins, si Leibnitz, si Kant, étaient un jour traduits à l'intelligence du sens commun, comme l'épicuréisme l'a été à peu près par Gassendi, et comme le seront dans quelques années par M. Cousin le cartésianisme et le platonicisme ! Quelle large donnée pour comprendre la philosophie, et comme à ce spectacle l'organisation de cette science à peine entrevue apparaîtrait et naîtrait d'elle-même. Voilà ce qui a toujours manqué à la philosophie et ce qui lui manque encore : c'est cette vaste connaissance d'elle-même, c'est en d'autres termes sa propre histoire. Voilà ce qui fait qu'on n'a cessé de la recommencer comme une chose éternellement neuve, sans que, dans cette succession de tentatives, elle ait pu trouver le moment de s'organiser. Deux vérités, principes de cette organisation, et que nous avons vingt fois reproduites dans ce journal, sortiraient alors du sein des faits, éclatantes de lumière et d'évidence. La première, c'est que tous les systèmes ne sont que des points de vue divers de la vérité ; la seconde, c'est que la vérité n'est pas d'une autre nature en métaphysique qu'en physique ; qu'en métaphysique comme en physique, elle n'est autre chose que la connaissance de la réalité, et par conséquent se compose uniquement de faits observés dans la partie observable de la réalité, et d'inductions tirées de ces faits sur la partie de la réalité qui se dérobe à notre observation. Ces deux vérités, disons-nous, organiseraient la science. En effet la dernière donnerait l'ordre légitime des questions : elle les distinguerait en deux classes, les questions de faits et les questions d'induction : les premières, que l'observation peut résoudre ; les secondes, qui ne peuvent l'être que par les conséquences tirées de l'observation. Elle donnerait en même temps et le *criterium* de vérité de la science, et sa méthode : son *criterium* de vérité, qui est le même que celui des sciences naturelles, à savoir, que cela seul est vrai qui a été constaté par l'observation ou qui dérive rigoureusement de ses données ; sa méthode, qui est encore la même que celle des sciences naturelles, c'est-à-dire l'observation attentive des faits et la déduction prudente et rigoureuse des inductions. Ainsi, par cette première vérité, le *criterium*, la méthode et le cadre seraient donnés. L'autre vérité apprendrait à loger dans ce cadre les découvertes de tous les philosophes. En effet, si tous les systèmes ne sont que des vues incomplètes de la réalité érigées en images complètes de cette même réalité, tous les systèmes contiennent quelque partie de la vérité ; ils n'ont de faux que la prétention de la contenir tout entière. Il ne faut point rejeter la vérité qu'ils contiennent ; il faut au contraire la recueillir soigneusement sur chaque question, et, pour l'y trouver, chercher dans l'observation de la réalité le côté de cette réalité dont chaque système s'est emparé et inspiré. Puis, recueillant toutes ces vues diverses, les concilier comme les faits qu'elles représentent se concilient dans la nature. Par cette opération, les cadres de la science se trouveraient tout à coup remplis de tout ce que le génie des différentes écoles a saisi de vrai sur chaque question. La contradiction de ces écoles serait tout à la fois expliquée et terminée ; et l'esprit humain, relevé comme la philosophie des éternelles accusations de leurs ennemis communs, se reposerait dans la conviction qu'il y a une vérité pour l'homme sur les questions qui l'intéressent le plus, et que l'homme est capable de la trouver malgré sa faiblesse et ses erreurs.

« Nous le disons avec la plus intime conviction, s'il existe une manière de restituer la philosophie et de la tirer enfin de ce dédale d'opinions où elle est ensevelie toute vivante, nous venons de l'exposer. C'est aussi celle-là que M. Cousin a conçue ; c'est celle-là du moins que toutes ses publications indiquent et révèlent ; et nous ne croyons pas trop présumer en affirmant que nous avons donné à nos lecteurs la pensée même qui préside à tous ses travaux. Non seulement le souvenir de ses leçons l'atteste à ceux qui les ont suivies, mais ses *Fragments philosophiques*, publiés en 1826, le témoignent explicitement.
« Il n'y a point et il ne peut y avoir de philosophie
« absolument fausse, dit M. Cousin dans un pas-
« sage de ce livre : car l'auteur d'une pareille philo-
« sophie aurait pu se placer hors de sa propre pen-
« sée, c'est-à-dire hors de l'humanité. Cette puis-
« sance n'a été donnée à nul homme. — Quel est
« donc le tort de la philosophie ? c'est de n'avoir
« considéré qu'un côté de la pensée et de l'avoir vue
« tout entière dans ce côté. Il n'y a pas de système

« faux, mais beaucoup de systèmes incomplets,
« assez vrais en eux-mêmes, mais vicieux dans la
« prétention de contenir en chacun d'eux l'absolue
« vérité, qui ne se trouve que dans tous. L'incom-
« plet, et par conséquent l'exclusif, voilà le tort de
« la philosophie, et encore il vaudrait mieux dire
« des philosophes : car la philosophie domine tous
« les systèmes, elle fait sa route à travers tous, et
« ne s'arrête à aucun. Amie de la réalité, elle en
« compose le tableau total des traits empruntés à
« chaque système : car, encore une fois, chaque
« système contient en soi la réalité ; mais, par mal-
« heur, il la réfléchit par un seul angle (1). » Voilà
quelle était la pensée de M. Cousin sur l'histoire de
la philosophie en 1818. Il la garde en 1826, et annonce qu'elle a été et qu'elle est encore le flambeau
de ses travaux historiques. « Toujours fidèle à la
« méthode psychologique, dit-il dans la préface
« du même ouvrage (2), je la transportai dans l'his-
« toire, et, confrontant les systèmes avec les faits
« de conscience, demandant à chaque système une
« représentation complète de la conscience sans pou-
« voir l'obtenir, j'arrivai bientôt à ce résultat, que
« *mes études ultérieures ont développé,* savoir, que
« chaque système exprime un ordre de phénomènes
« et d'idées qui est très réel à la vérité, mais qui
« n'est pas seul dans la conscience, et qui pourtant,

---

(1) *Fragments philosophiques,* page 214.
(2) *Fragments philosophiques,* page XLVIII.

« dans le système, joue un rôle presque exclusif :
« d'où il suit que chaque système n'est pas faux,
« mais incomplet ; d'où il suit encore qu'en réunis-
« sant tous les systèmes incomplets on aurait une
« philosophie complète, adéquate à la totalité de la
« conscience.... C'est à ce but que se rattache la sé-
« rie de mes publications historiques, dont mes amis
« seuls peuvent comprendre entièrement la portée.»

«Ainsi, publier les systèmes, et des systèmes tirer la philosophie, tel est, en deux mots, le plan que M. Cousin a conçu. Nul homme n'est capable de l'exécuter à lui seul. La seule publication des monuments avec les interprétations nécessaires est une tâche immense qu'une vie ne saurait accomplir. Mais il n'appartient qu'aux esprits supérieurs de viser aux buts éloignés et de compter pour rien dans leurs entreprises le temps et les individus. M. Cousin, dans la conscience solitaire de la grandeur et de la beauté de son dessein, consumera sa vie à son service, léguant à ses successeurs les travaux commencés et renonçant au bonheur de voir l'édifice achevé.

«Là se reconnaît le véritable amour et le véritable esprit de la science. M. Cousin, quoi qu'on en dise, a choisi une noble destinée, d'autant plus noble que l'avenir la comprendra mieux et lui en saura plus de gré que le présent. »

Après cette appréciation pleine de sagacité et de justesse des études historiques auxquelles s'est livré M. Cousin, et après ce que nous avons dit nous-même sur les vues théoriques qu'il a développées dans son cours et publiées dans ses *Fragments*, on peut peut-être se former une idée assez exacte de ce qu'il a fait pour la philosophie. Cependant cette idée ne sera nécessairement que sommaire, et n'embrassera ses travaux que dans leur plus grande généralité. Il nous faudrait plus d'espace, il nous faudrait sortir des limites d'une analyse, pour faire sentir tout ce que produisit son large et fécond enseignement. Mais si, obligé de nous borner, nous ne pouvons pas entrer dans de plus grands développements, n'oublions pas cependant de rappeler par quelques mots les services que le professeur rendit à la jeunesse du pays, en lui parlant avec tant d'âme et de conscience des hautes vérités auxquelles il s'efforçait de l'initier. Successeur de l'excellent maître qui lui avait préparé les voies, il marcha dignement sur des traces aussi brillantes. Un auditoire sérieux, quoique dans l'ardeur de l'âge, se pressa à ses leçons, qu'animaient le zèle de la science et le désir de s'éclairer. Les disciples lui vinrent en foule, et lui restèrent jusqu'à la fin. Il ne faudrait pas l'oublier, parce que ce temps est déjà loin : M. Cousin fut l'instituteur moral de cette jeunesse qui, aujourd'hui, fait l'espérance et déjà la force de la patrie. C'est de lui principalement qu'est venu cet esprit impartial, consciencieux et indépendant, qu'il porta dans la philosophie, et que portèrent, à son exemple, dans les questions littéraires, politiques et religieuses, ceux qui s'instruisirent à ses leçons, et se formèrent à sa méthode. Beaucoup qui ne s'en rendent plus compte ou qui même n'ont en effet rien reçu de lui immédiatement ne savent peut-être pas que les idées avec lesquelles ils ont plaidé et gagné plus d'une cause, en principe, ne sont que celles qui sortirent de son cours et se répandirent dans le public. Elles y ont germé et porté fruit. Si elles triomphent aujourd'hui, c'est à lui qu'on le doit, c'est de lui que leur vient cette vie et cette puissance qu'il y a mises par la vérité. Il convient de le rappeler, afin qu'à chacun soit son œuvre ; de le rappeler, pour qu'il demeure en mémoire tout ce qu'il a fait de bien, et tout ce qu'il mérite pour l'avoir fait. Espérons qu'un des témoignages qui lui en seront d'abord donnés sera le droit de remonter dans cette chaire qu'il honora par ce patriotisme philosophique qui est l'obligation et qui devrait être la garantie de tout professeur.

M. TH. JOUFFROY,

Né en 1799.

M. Cousin devait faire école; son âme n'est pas de celles qui ne laissent pas trace dans les intelligences. Tous ceux qui ont suivi avec quelque soin son enseignement peuvent se rendre le témoignage qu'ils en ont gardé quelque impression. Mais ce fut surtout à l'Ecole normale, au sein de ces travaux assidus qui en remplissaient la retraite, que, plus rapproché des jeunes gens auxquels s'adressaient ses leçons, vivant presque avec eux, leur maître et leur ami, il put mieux les guider dans la direction de leurs études et exercer sur eux une influence plus efficace; ce fut là surtout qu'il eut des disciples. De ce nombre fut M. Jouffroy (1), qui bientôt comme répétiteur, puis comme maître de conférences, partagea

---

(1) De ce nombre aussi fut M. Bautain, maintenant professeur de philosophie à la faculté de Strasbourg. Esprit d'une patience et d'une pénétration remarquables, d'une grande force logique, s'attachant à ses idées avec suite et persévérance, consciencieux et plein d'amour pour la vérité, nous n'aurions pas manqué de lui donner place dans cette revue, si nous avions mieux connu son système; mais il ne l'a guère fait connaître que par son enseignement. Il a beaucoup travaillé, peut-être un jour publiera-t-il: ce sera alors le moment de rendre compte de ce qu'il aura fait.

avec M. Cousin l'enseignement de la philosophie jusqu'au moment où fut détruite une institution qui méritait un autre prix de ses services. Alors il employa ses loisirs soit à des cours particuliers, auxquels se rassemblait une élite de jeunesse, heureuse de puiser dans ses leçons des idées à peu près sans organe dans l'instruction publique; soit à des écrits détachés où il traita plusieurs points de la science avec une netteté de vues, une abondance de pensée, une simplicité d'expression spirituelle et originale qui les firent à bon droit remarquer et distinguer (1). Il s'occupa en même temps d'une traduction des *Esquisses de philosophie morale* par Stewart, qu'il publia en 1826, précédée d'une préface sur laquelle s'arrêtera principalement notre examen.

« On ne saurait trop recommander à ceux qui
« cultivent la philosopie morale l'étude et la médi-
« tation d'un ouvrage qui, sous des formes très
« simples, cache souvent des vérités profondes, n'o-
« met aucune vérité utile, contient une foule d'ob-
« servations solides et ingénieuses, et rend partout
« hommage à la raison et à la vertu. » Telles sont les expressions par lesquelles M. Cousin termine, dans ses *Fragments*, un excellent article sur les *Esquisses de philosophie morale* de Dugald Stewart; et ce jugement, que précède et justifie une analyse développée, est d'une vérité qui ne sera contestée

---

(1) Le *Globe* a recueilli la plupart de ces morceaux; ils y ont paru sous *les initiales* T. J.

par personne. Un tel livre méritait donc d'être connu en France, et nous devons savoir gré à M. Jouffroy d'avoir contribué à le faire connaître par la traduction qu'il en a donnée. Il est populaire en Angleterre ; il l'est surtout en Ecosse, où il fait presque toujours partie de ces petites bibliothèques de famille qu'on retrouve chez la plupart des paysans et des ouvriers ; espérons qu'il le deviendra aussi dans notre pays, à mesure que les sciences philosophiques, fondées enfin sur l'observation, satisferont mieux le sens commun, et prendront crédit parmi le peuple. En attendant, c'est aux personnes éclairées qui se plaisent aux idées graves et simples, c'est aux jeunes gens qui fréquentent nos écoles supérieures, et qui voudraient se livrer à des études un peu sérieuses de philosophie, qu'il s'adresse et qu'il peut convenir. Il en doit être recherché comme un recueil, sinon très systématique, au moins assez complet, des principales vérités relatives à la nature et à la destinée de l'homme. C'est le résumé ou le germe de la plupart des ouvrages qu'a publiés Stewart ; c'est une représentation en abrégé des doctrines écossaises, à l'état où elles sont aujourd'hui : car Brown, le successeur et le disciple de Stewart, n'a guère fait, dans ses *leçons*, que développer et classer les idées de son maître ; et Wilson, qui occupe aujourd'hui la chaire d'Edimbourg, philosophe et poète à la fois, homme d'ailleurs assez singulier, n'a encore exposé dans aucun écrit son système, qui, dit-on, s'écarte assez de celui de ses devanciers. Ainsi les

Esquisses peuvent vraiment être considérées comme la fidèle expression de cette école que son bon sens, sa méthode expérimentale, et sa crainte des spéculations hasardées, rend plus propre qu'aucune autre à ramener les esprits aux véritables études philosophiques. C'est ce qu'a senti M. Jouffroy, et ce qui l'a déterminé à publier la traduction que nous lui devons. Il a voulu mettre sous les yeux du public français un ouvrage capable de le réconcilier avec un genre de recherches dont un préjugé malheureusement trop commun et en apparence assez fondé a fini par détourner l'intérêt; il a voulu faire voir, par un exemple sensible, ce que peut être la philosophie lorsqu'elle est exempte d'hypothèse, et qu'elle procède à la manière des sciences naturelles. Les *Esquisses* de Stewart sont, en effet, un modèle sous ce rapport; elles ressemblent à un traité de physiologie; c'est une vraie physiologie de l'homme moral. Si l'on y remarque encore des lacunes et des observations incomplètes ou superficielles, c'est que la science ainsi entendue n'est pas encore très avancée; mais au moins, telle qu'elle est, repose-t-elle sur des bases solides.

Il était nécessaire, pour bien faire apprécier le mérite d'un livre qui n'a rien de cet art de composition et de ce charme des formes extérieures que nous sommes accoutumés à trouver dans nos ouvrages originaux, il était, disons-nous, nécessaire que le traducteur prît soin d'en montrer la valeur intime et l'esprit : car les lecteurs pouvaient s'y tromper, et ne pas estimer tout leur prix des idées que l'auteur a présentées avec trop peu de prétention littéraire. M. Jouffroy a donc ajouté aux *Esquisses* une préface qui leur sert d'introduction, et qui en prépare et en facilite l'intelligence.

Cette préface mérite attention : c'est, à notre avis, un plaidoyer sans réplique en faveur des sciences morales, qu'elle réhabilite victorieusement. M. Jouffroy y traite les quatre questions suivantes : 1° *des phénomènes intérieurs et de la possibilité de constater leurs lois ;* 2° *de la transmission et de la démonstration des notions de conscience ;* 3° *du sentiment des physiologistes sur les faits de conscience ;* 4° *du principe des faits de conscience.* De ces quatre questions, la première et la dernière sont surtout importantes ; nous nous y arrêterons de préférence, pour voir comment l'auteur les entend et les discute.

Il est des faits qu'aucun sens ne nous atteste : ce sont les passions, les pensées et les volontés. Que ces faits soient ou non les résultats d'un principe matériel, toujours est-il que nous les percevons tout autrement que les phénomènes du monde extérieur : ceux-ci, c'est à l'aide de la main, de l'œil, de l'ouïe, etc., que nous les connaissons ; les autres ne nous sont connus par aucun de ces organes ; nous ne touchons, ne voyons, ni n'entendons, etc., etc., la joie ou la douleur, les actes de l'intelligence, et les déterminations volontaires ; et cependant nous en avons l'idée certaine, nous les sentons et nous sommes sûrs de ne pas nous tromper en les sentant ; il y a même quelquefois dans cette conviction un degré de certitude qui ne se trouve pas toujours dans la croyance aux objets extérieurs. Comment avons-nous la perception et la foi de cette sorte de faits? ce n'est, nous le répétons, par aucun de nos sens, ou, si l'on veut, c'est par un sens tout différent des autres, qui agit sans organe et s'exerce par lui-même, espèce de sens intime, de vue immédiate, de pure intelligence, qui veille constamment en nous pour nous apprendre ce qui s'y passe. Cette intelligence est la conscience. La conscience est donc à notre état moral, à ce monde intérieur, comme on peut bien l'appeler, ce que les sens à appareils organiques sont au monde extérieur : ce qu'ils font sur leurs objets, elle le fait sur les siens ; elle est capable des mêmes opérations ; elle peut, tout comme eux, purement percevoir, regarder, comparer, généraliser, raisonner, se souvenir et imaginer ; il ne lui manque rien pour la science, elle en a la pleine faculté. Si donc elle ne sait pas, si elle ne s'élève pas à la théorie, si elle ne trouve pas les lois et l'explication positive des faits dont elle est témoin, ce n'est pas en elle défaut de nature et impuissance originelle. La science lui est possible, mais elle lui est difficile : car la science ne se fait pas sans fatigue et sans étude. Ceux qui voudront y travailler auront avant tout à vaincre soit l'instinct, soit l'habitude, qui entraînent incessamment leur esprit vers les objets extérieurs, et le distraient des faits révélés à la conscience. Il faudra qu'ils endorment en quelque sorte leurs sens, et y laissent mourir, sans les regarder, les impressions qui viennent s'y produire. Il faudra qu'en commençant surtout, ils se fassent vive et longue violence pour prolonger ce sommeil artificiel de la sensibilité organique, sans lequel il ne peut y avoir de bonne observation intérieure. Et quand ils auront à grand' peine gagné sur eux de s'isoler ainsi des objets du dehors et de concentrer toute leur attention sur eux-mêmes, leur tâche, devenue plus facile, sera cependant encore loin d'être achevée.

Que feront-ils en présence de ces scènes intimes sur lesquelles ils sont parvenus à fixer leurs regards? Qu'y verront-ils? S'attacheront-ils à y remarquer quelques traits singuliers ou bizarres, quelques particularités extraordinaires, pour pouvoir ensuite, au moyen de cette science de détail, conter les anecdotes curieuses du cœur humain, ou en analyser les finesses et les secrets étranges? Cet art, qui fut celui des Théophraste, des Labruyère et des Vauvenargues, a bien ses difficultés et son mérite : il demande une vivacité de réflexion, une manière de voir à nu, une pénétration de sens, dont peu d'esprits sont capables; et cependant l'art du philosophe, plus sévère et plus vaste, veut encore quelque chose de plus. La Rochefoucaud a dit : « Il est plus aisé de connaître l'homme en général que de connaître un « homme en particulier.» Cette maxime n'a qu'une apparence de vérité; au fond, elle est trompeuse.

Ce qui est vrai, c'est que l'étude de l'homme est plus difficile que l'étude des hommes : on voit assez de gens qui savent leur monde, comme on dit; mais combien en voit-on qui sachent la nature humaine? La connaissance des hommes n'est que de l'empirisme; celle de l'homme est de la philosophie, c'est-à-dire de l'empirisme plus une théorie.

Pour faire la science de l'homme, il faudra donc observer, mais observer autrement que les peintres de mœurs. Ce ne sera plus aux détails et aux individualités qu'on devra s'attacher, mais aux masses et aux faits généraux; il ne s'agira plus de savoir ce qui se passe de particulier dans l'âme de tels ou tels individus, mais ce qui se passe de commun dans l'âme de tous : les anecdotes feront place à l'histoire, et les traits aux explications scientifiques. On prendra la manière de Descartes, de Leibnitz ; encore ne faudra-t-il pas la prendre tout entière, elle n'est point assez purement philosophique. «En effet, il ne suffit
« pas de savoir observer, il faut encore avoir le cou-
« rage de ne voir dans les faits constatés que ce qui
« y est, de n'en tirer que les inductions qui en sor-
« tent rigoureusement; il ne faut pas avoir en tête une
« foule de questions qu'on ait hâte de résoudre, et
« qu'on désire résoudre d'une certaine manière; il
« ne faut pas, pour satisfaire son impatience et jus-
« tifier son opinion, extorquer aux faits, à force de
« subtilité et d'imagination, les solutions que l'on
« veut, et qu'ils ne rendent pas : il faudrait être as-
« sez sage pour comprendre que le meilleur moyen

« de résoudre des questions de faits d'une manière so-
« lide est d'oublier ces questions dans l'observation
« des faits, afin de pouvoir constater ceux-ci d'une
« manière impartiale et complète, etc., etc. (1). »
Voilà à quelles conditions on pourra se faire la
science des faits de l'âme. Si jamais elle est composée dans cet esprit et d'après ces principes, elle
soutiendra sans peine le parallèle avec les théories
physiques les plus exactes et les mieux applicables.

Telles sont à peu près les idées que M. Jouffroy
a exposées dans la partie de sa préface dont nous
nous occupons en ce moment. Au lieu de les résumer, comme nous l'avons fait, avec ce resserrement d'expressions qu'exige une analyse et qui est
si contraire à la manière de l'auteur, à cette manière
large et unie de développer une vérité jusqu'au bout,
et de faire couler la clarté sur un sujet jusqu'à ce
qu'il n'y manque rien, nous aurions voulu mieux faire
sentir le mérite d'un talent si éminemment philosophique; mais nous espérons au moins que notre résumé donnera à nos lecteurs le désir de l'apprécier par
eux-mêmes, et alors nous ne sommes pas inquiet.

En jugeant ces idées en elles-mêmes, nous ne concevons que deux objections dont elles puissent être
atteintes; encore ces objections ne sont-elles que
secondaires, eu égard au point de vue de l'auteur.

On demande en premier lieu s'il est vrai, comme

---

(1) Préface des *Esquisses*.

il en exprime l'opinion probable, que la conscience soit continuelle en nous, et si, dans le profond sommeil et l'évanouissement, elle n'est pas suspendue comme le sont certainement alors d'autres facultés. Or ici les faits, qui seuls résoudraient bien la question, sont trop contestés et trop incertains pour pouvoir rien positivement décider. On ne se souvient pas ordinairement de ce qu'on a senti pendant le profond sommeil ou l'évanouissement : est-ce une raison pour nier qu'on n'ait alors rien senti? Non, puisqu'il est des impressions réellement perçues dont il ne reste pas trace dans le souvenir. Mais ce n'est pas non plus une raison pour affirmer qu'on a senti quelque chose, car il se peut qu'on n'ait pas senti ; et voici comment on conçoit cette possibilité : L'âme, dans la plénitude de son activité et lorsque l'organisation ne la gêne pas dans son développement, déploie un certain nombre de facultés ou de manières d'agir, qui toutes présupposent la conscience. Cependant il arrive que l'organisme change de dispositions et tombe dans un de ces états qui amènent le sommeil ou l'évanouissement; l'âme, la force spirituelle, moins libre et moins puissante, n'a plus alors tout son jeu ; elle ne jouit pas, comme avant, de toutes ses facultés ; elle perd, pour le moment du moins, la mémoire, le raisonnement, l'usage des sens. Ne pourrait-elle pas perdre aussi la conscience, et rester, tout le temps que durent les circonstances qui la troublent et l'accablent, non pas inactive, mais insensible et indifférente : après quoi, revenant à elle, elle reprendrait successivement l'usage de ses diverses facultés, et, avant tout, celui de la conscience? Tout cela serait certainement possible.

La seconde objection dont nous avons parlé regarde cette autre opinion de M. Jouffroy, que la perception interne n'est l'œuvre d'aucun sens. On demande s'il est vrai que la conscience n'ait pas un organe, un moyen physique de perception. A cela on peut d'abord répondre qu'elle n'a pour cet usage aucun des sens externes; qu'ensuite, si elle a quelque appareil intérieur et secret, l'existence et la fonction de cet appareil n'ont pas été jusqu'ici démontrées; qu'enfin la nécessité d'un tel appareil ne se voit pas, puisque, si l'âme a besoin d'intermédiaire pour sentir les choses qui sont hors d'elle, elle n'en a pas besoin pour se sentir elle-même. Ou si ce prétendu organe de la conscience venait à être positivement reconnu, il en devrait peu coûter à M. Jouffroy de le reconnaître aussi : car ce serait pour lui un nouveau moyen de distinguer le sens intime et le sens externe, la conscience et la sensation.

Du principe des faits de conscience : telle est la seconde question dans la discussion de laquelle nous nous sommes proposé, en commençant, de suivre M. Jouffroy.

Après avoir démontré la réalité des faits de conscience, et la possibilité d'en constater les lois, il resterait sans doute à chercher d'où ils viennent, à quel principe ils se rapportent et si ce principe est spirituel ou matériel; et cette recherche, on le sent bien, ne serait pas d'un médiocre intérêt. Mais quel qu'en fût le résultat, elle n'ajouterait ni n'ôterait rien à l'évidence de la proposition que M. Jouffroy a si complétement démontrée, savoir, qu'il y a des faits d'une nature particulière dont nous pouvons faire la science au moyen du sens interne, tout aussi certainement que nous pouvons faire celle des faits physiques au moyen des sens externes.

Il n'était donc pas nécessaire que l'auteur traitât ce sujet à fond, puisqu'il ne rentrait pas dans le plan qu'il s'était tracé. Il n'était obligé de l'aborder qu'en ce qui touchait à la question spéciale dont il s'occupait. Ainsi a-t-il fait. Après la démonstration qu'il a donnée de la vérité et de la certitude en matière de psychologie, il ne pouvait rester dans les esprits que deux préjugés contraires : l'un se tirant du peu d'accord qui existe en cette matière entre les métaphysiciens et les physiologistes ; l'autre s'appuyant sur l'assertion, trop légèrement admise, qu'on ne peut étudier l'intelligence, ou, plus généralement, les faits de conscience, que comme résultant de l'organisation. Ce sont ces deux préjugés que l'auteur s'est attaché à combattre en finissant, et il nous paraît les avoir victorieusement réfutés. En effet, quant au premier, il a très bien fait voir que, si les physiologistes et les métaphysiciens ne s'entendent pas, c'est sur un point placé hors du champ de l'observation et livré jusqu'à présent à des explications hypothétiques : car, pour tout ce qui est observable et logiquement évident, ils l'admettent de concert, et y ont une foi commune ; c'est-à-dire que, s'ils ne croient pas de la même manière à la nature du *moi*, que les uns regardent comme matériel et les autres comme spirituel, tous cependant le reconnaissent, en proclament l'unité, en avouent les facultés, et tout cela comme choses sur lesquelles la conscience prononce et dont il serait absurde de douter.

La réponse à la seconde assertion n'est pas moins péremptoire. Nous ne saurions mieux la faire connaître qu'en la citant, au moins en partie :

« 1° Attribuer à un appareil organique quelcon« que la vertu de produire certains phénomènes, « c'est lui attribuer une faculté que nous ne décou« vrons pas en lui et que nous ne saurions y décou« vrir. Nous voyons bien, par l'expérience, qu'il y « a une dépendance entre l'appareil organique et la « production du phénomène ; mais comme cette dé« pendance existerait également si cet appareil, au « lieu d'être le principe de cette production, n'en « était que l'instrument, il est impossible d'assigner « une raison de préférer la première supposition à « la seconde.........

« 2° L'observation ne découvre dans le cerveau « comme dans tout autre organe qu'un amas de par« ticules matérielles arrangées d'une certaine ma« nière. Comment cet amas de particules matérielles « est-il capable de produire quelque chose ? C'est ce « que les physiologistes ne comprennent pas du tout: « le mot *organe*, employé pour désigner la cause de « certains phénomènes, ne laisse donc pas dans l'es-

« prit une idée plus nette que le mot *âme*........

« 3°......... Il nous est facile de concevoir l'hy-
« pothèse d'une force servie par des organes, tandis
« que nous ne concevons pas du tout comment des
« parties matérielles, qui n'ont pas par elle-mêmes
« la propriété de penser, peuvent constituer par
« leur réunion seule et le mode de leur arrangement
« des forces pensantes. Hypothèse pour hypothèse,
« celle de la distinction de la cause et de l'organe
« est donc plus intelligible.

4° « Comme il est démontré que les organes des
« sens et les nerfs sont indispensables à la percep-
« tion et à la sensation, et ne sont cependant que
« des instruments qui ne sentent pas et ne connais-
« sent pas,........ il nous est facile de concevoir par
« analogie que le cerveau, tout indispensable qu'il
« soit à la sensation et à la perception, n'est lui-même
« qu'un autre instrument, une autre condition de
« la production de ces phénomènes............ Dans
« cette application, l'hypothèse de la distinction a
« donc encore sur l'autre une supériorité de clarté
« particulièrement remarquable. »

Il est un dernier argument qui nous paraît moins
incontestable que les autres, et qui peut être sujet à
critique : c'est celui où M. Jouffroy, raisonnant d'a-
près le fait qu'aucun désordre accidentel ou artificiel
du cerveau ne parvient jamais à supprimer en nous
la volonté, en tire la conclusion que le cerveau n'est
pas le principe de la volonté, puisque, s'il l'était, il
serait étonnant qu'aucune maladie, qu'aucune opé-

ration ne produisit sur lui l'effet de l'empêcher de vouloir. Mais le fait est-il bien vrai? n'arrive-t-il jamais que l'altération des organes jette l'âme en tel état, qu'elle perde momentanément connaissance, et qu'alors, insensible et indifférente, elle n'ait plus ni liberté ni volonté? Une forte compression cérébrale, une congestion sanguine, une blessure grave, n'auraient-elles pas ce résultat? en faudrait-il davantage pour que l'organisme, tout en étant distinct du principe volontaire, lui fît un moment violence et mît obstacle à l'exercice de la volonté? L'avis qu'on peut avoir sur cette question dépend en grande partie de celui qu'on a sur la question de la continuité de la conscience : pour qui la résout affirmativement, il est aisé d'admettre que rien n'ôte jamais à l'âme le pouvoir de vouloir; mais il n'en est pas de même pour ceux qui pensent que l'âme a ses instants de défaillance, d'oubli d'elle-même, d'aveuglement, et qu'alors elle est incapable de donner à son activité une direction volontaire. Voilà donc deux opinions. Or ces deux opinions peuvent se partager tellement les esprits, qu'un raisonnement qui s'appuie sur l'une ou sur l'autre ne satisfasse pas également tout le monde. C'est pourquoi il nous a semblé que celui qu'a fait M. Jouffroy n'a pas ce caractère de certitude et d'universalité qu'il aime, et qu'il parvient presque toujours à donner aux idées qu'il expose.

Du reste, il n'en est pas moins vrai que les faits s'expliquent en général beaucoup mieux d'après le système des métaphysiciens que d'après celui des physiologistes.

En reprenant d'un coup-d'œil toute la *préface* de M. Jouffroy, on reconnaît que l'auteur, dans cet exposé si net d'une direction d'études qu'il justifie si bien, n'a sans doute pas développé une idée entièrement neuve, mais il a su la porter à un tel degré d'évidence, qu'il en a fini, on peut le dire, avec ces questions préalables qui se jetaient à la traverse, et dès les premiers pas arrêtaient la marche de la science. Elles doivent désormais être écartées comme jugées et hors de cause. Il ne s'agira plus maintenant de discuter encore après tant de discussions s'il y a une philosophie et comment elle peut se faire ; mais il s'agira de la faire, d'en établir successivement les différentes théories, et de passer aux applications dont ces théories sont susceptibles. Le champ de la philosophie ne sera plus désormais ce mystérieux *Eldorado* qu'on ne savait où placer ni comment parcourir, objet éternel de disputes, de doutes et de recherches incertaines. La réalité en est constante, les limites en sont tracées, et il a son *guide du voyageur*. Une simple démarcation, une ligne tirée clairement entre ce qui est évident et ce qui ne l'est pas, entre ce qui peut s'observer, se conclure de l'observation, et ce qui ne peut encore que se supposer plus ou moins probablement, a suffi pour faire cesser la confusion, et mettre d'accord entre eux ceux qui cherchent la vérité avec méthode et bonne foi. C'était une affaire de bon sens, de ce bon sens philosophique qui, instruit et éclairé, devient la faculté de la science. Il était naturel que M. Jouffroy, chez lequel le bon sens est une des qualités dominantes, traitât la question comme il l'a traitée, c'est-à-dire la terminât sans chicane et à la commune satisfaction. Il y a dans sa préface autre chose qu'un avant-propos de traducteur : il y a la préface d'une science. Une science doit sortir de là. L'ouvrage de Stewart, qui vient à la suite, en est déjà un essai; s'il manque peut-être de profondeur, de simplicité systématique, de portée et d'étendue, il est du moins plein de vérité, de sagesse et de raison : c'est un fonds excellent, il est facile de l'améliorer. Espérons que le temps n'est pas loin où il pourra produire tous les fruits que promettent les principes qui s'y trouvent déposés.

La conséquence naturelle de la méthode d'observation doit être pour ceux qui la pratiquent une sorte d'engagement à l'éclectisme. En effet, dès qu'au lieu de commencer par des hypothèses et des systèmes on prend les faits pour les faits eux-mêmes et dans le seul but de les connaître, on arrive certainement à une manière de voir qui embrasse le plus possible de vérité. Alors si l'on compare son opinion à celles qui, conçues dans un autre esprit, et procédant d'une autre façon, ne tiennent au vrai que par certains points, on les juge d'après ce rapport, c'est-à-dire qu'on ne les admet ni ne les rejette d'une manière absolue ; mais on les critique et on les apprécie, on leur fait avec équité leur part de réalité. Or voilà précisément l'éclectisme. L'éclectisme suppose donc dans le philosophe qui s'y livre une mesure de vérité, un *criterium*, un principe à l'aide duquel, sûr de lui-même, il discerne avec science dans les théories exclusives ce qu'elles comprennent ou ne comprennent pas de l'objet auquel elles se rapportent. Le véritable éclectisme a déjà son idée quand il se met à regarder, et il ne regarde que pour voir jusqu'à quel point les idées d'autrui s'écartent ou se rapprochent de la sienne. Ce n'est pas pour savoir ce qu'il doit penser qu'il interroge tour à tour tous les systèmes divers ; il a déjà son opinion : c'est pour les inspecter et les juger. Il ne s'en va pas au milieu d'eux, quêtant de l'un à l'autre quelques brins de philosophie ; il les passe en revue pour les vérifier et les contrôler. Son procédé ne ressemble pas à celui du peintre qui, sans conception originale, prendrait çà et là chez d'autres peintres des figures et des couleurs pour en faire tant bien que mal une composition tenant de tout. Il a d'avance son tableau, et c'est ce modèle sous les yeux qu'il marque et extrait des opinions diverses les traits et les nuances qui lui paraissent revenir à l'expression du vrai. Tel est l'éclectisme auquel M. Jouffroy, comme tous ceux qui font de la critique philosophique d'après les données d'observations, a été conduit par sa méthode, et il a porté dans cette manière de voir la sûreté du coup-d'œil, la netteté d'esprit et cette facilité demi sérieuse, demi plaisante, qui, sans ôter à la métaphysique le caractère de la science, y répand avec goût une sorte de grâce populaire dont elle profite pour mieux convaincre et mieux gagner les esprits.

Une autre conséquence de l'emploi de l'observation dans les recherches philosophiques, c'est de faire que la philosophie s'accorde de plus en plus avec le sens commun, qui est le sens de l'humanité. L'humanité, en effet, sur toutes les questions qui l'intéressent, a pensé certaines choses qui, pour varier de formes, selon les temps et les pays, n'en sont pas moins les mêmes au fond, et ces choses sont la vérité. La preuve en est d'abord dans le consentement unanime avec lequel elles sont admises; mais une preuve plus intime, c'est l'espèce d'intelligence qui préside à ces idées. « L'humanité en masse est spontanée et non réfléchie ; l'humanité est inspirée (1). » Quand elle se prend à un objet, elle ne le regarde pas selon un système, elle le sent d'instinct et le comprend d'intuition; elle ne le cherche pas, elle le trouve; elle ne le discute pas, elle le croit. C'est une vue à laquelle elle se livre sans rien y mettre du sien; et la voilà précisément en cet état intellectuel où la raison, laissée à elle-même, primitive, obscure, mais sans préjugé ni personnalité, saisit tout avec vérité quoique avec peu de connaissance. C'est cette raison du genre humain que le philosophe doit se proposer de retrouver par la réflexion, d'éclaircir et de reproduire sous une forme scientifique. Or il n'en a pas de meilleur

---

(1) M. Cousin, *Fragments philosophiques*.

moyen que la méthode d'observation. Car observer c'est se rendre aux faits et s'y conformer si bien, que la théorie qui résulte de l'attention qu'on leur donne ne soit que le sens commun, abstrait et généralisé.

C'est où en est M. Jouffroy. Avec le goût et le talent qu'il a pour l'expérience psychologique, il se place en tout sujet dans un point de vue si large, il se presse si peu de conclure, il aime tant à attendre et il en a tellement la force, que, tranquille en ses recherches sur la foi de sa méthode, il laisse tout venir à lui, tout paraître et se développer jusqu'au moment où, sûr enfin de sa conscience et de sa raison, il compose son idée et arrête son système. Il faudrait bien du malheur pour qu'en suivant une telle marche il n'arrivât pas à la science; tout au plus se pourrait-il qu'il ne la finît pas du premier coup, mais du moins il ne l'aurait ni manquée, ni faussée : il l'aurait ébauchée et il ne tiendrait qu'à lui, en la reprenant sur nouveaux frais, de la continuer et de l'achever. Ce ne serait qu'un peu de travail à ajouter dans le même sens. Cependant d'ordinaire, la chance doit mieux tourner : on ne traite pas les questions avec cette prudence d'esprit et cette maturité d'examen sans parvenir à la vérité. Aussi est-il peu de matières dont se soit occupé M. Jouffroy sur lesquelles il n'ait répandu cette clarté philosophique qui fait voir dans une idée abstraite et générale une de ces croyances du sens commun qu'on retrouve dans toutes les âmes. Il refait par la logique ces notions de simple sens, et en les refaisant il les altère si peu et les explique si bien, que tout d'abord on les reconnaît, et qu'on leur donne son assentiment comme à sa propre conviction. C'est là le caractère de sa philosophie. Nous en parlerions plus à fond, si le public avait en main plus de pièces qui la lui révélassent; mais au moins pouvons-nous dire que, quand un jour il les aura, ainsi que nous devons l'espérer, le jugement que nous venons de porter sera pleinement justifié, et ne paraîtra pas une présomption trop favorable et trop bienveillante.

CONCLUSION.

PREMIÈRE PARTIE.

La seule manière de faire de la philosophie est la méthode d'observation; c'est aujourd'hui l'opinion la plus générale dans le monde savant. Cependant nous concevons une opinion différente, et non seulement nous la concevons, mais nous la trouvons chez des hommes qui, par leur savoir et leur esprit, lui donnent le droit d'être discutée.

Eux, ils pensent qu'il n'y a de philosophie que par la révélation; et comme il n'y a de révélation que par l'histoire, leur méthode se réduit à l'érudition historique appliquée à la recherche de la révélation.

Leur motif pour adopter ce sentiment est la croyance où ils sont que la vérité en toute chose, mais surtout en philosophie, ne saurait se présenter nulle part plus pure, plus simple, et pour ainsi dire plus vraie, que dans l'idée primitive qui en a été révélée à la raison humaine.

Ainsi, qu'est-ce que la révélation comme principe de philosophie? qu'est-ce que l'hitoire comme expression et témoignage de révélation? Voilà les questions que nous avons à examiner pour apprécier convenablement l'opinion opposée à la nôtre.

Mais d'abord y a-t-il eu révélation?

A voir comment l'esprit procède, toutes les fois que, surpris par la manifestation prompte et facile d'une vérité, il se laisse faire son idée, et se livre dans toute la simplicité de sa conscience à l'impression de l'objet qui s'offre à lui, on peut concevoir comment, à l'origine du monde, dans cette primitive nouveauté des choses qui prêtait tant à voir, les intelligences vives et neuves, soudain frappées d'évidence, se trouvèrent éclairées comme par miracle, et se sentirent une science dont elles n'avaient pas le secret. Elles étaient comme il nous arrive encore quelquefois d'être nous-mêmes, lorsque nous nous trouvons en état de simple perception. Vienne soudain une vérité nouvelle qui, grande, simple, vive, à l'instant dévoilée, nous jette d'abord en admiration: aussitôt, intelligents comme par magie, nous la saisissons, nous la sentons merveilleusement; nous redevenons en sa présence simples d'esprit, inspirés et poëtes. Nos idées tiennent de l'enchantement; elles sont une véritable révélation. En effet, qui nous les donne, quelle puissance les suscite en notre âme et à notre insu, qui nous les fait, si ce n'est Dieu? Le Dieu de vérité et de lumière, le principe et la cause de l'*intelligibilité* de l'univers (qu'on nous passe l'expression), qui, prêtant aux êtres et à leurs rapports une singulière propriété de s'expliquer et de se montrer, est le maître invisible qui nous fait la leçon avec mystère et nous instruit sans qu'il y paraisse. Il en est surtout ainsi quand, aux prises avec les événements, nous éprouvons quelque grande et prompte nécessité d'être éclairés subitement. Par exemple, n'est-il pas vraisemblable que, dans l'effervescence de notre révolution, au milieu des périls imminents de la liberté et de la patrie, le génie de quelque homme politique ou militaire, à défaut de réflexions que le temps ne permettrait pas, ait eu ses révélations, ses vues soudaines, et nous ait valu plus d'un droit ou d'une victoire, grâce à l'inspiration de la tribune ou du champ de bataille? A toutes les époques critiques des sociétés il en a été de même; à toutes il s'est fait de ces grands mouvements d'idées dont rien ne rend raison, si ce n'est la force des choses, ou, pour mieux dire, la puissance de la vérité, qui se découvre d'elle-même, et tombe vive et nue dans les intelligences qu'elle éclaire. A ce compte, il est peu de siècles qui n'aient eu leur révélation : car les temps ne vont pas sans ces changements extraordinaires et ces fatalités inattendues qui illuminent l'âme humaine et lui donnent de merveilleuses intuitions. L'histoire l'atteste en mille endroits; mais c'est particulièrement au premier âge du monde qu'a dû se déployer plus naïve et plus pleine cette faculté de simple vue, cette intelligence d'un seul jet, dont l'homme dans sa nudité native avait un si pressant besoin. Il a dû y avoir pour lui un coup de lumière et comme un *fiat lux* de la pensée, qui lui donnât tout d'abord une sorte de science intuitive, capable de suppléer l'expérience par l'instinct, et la raison par le sentiment. Autrement la société, sans idées, sans ces idées vitales qui étaient nécessaires à sa conservation et à son état, n'eût pu que se dépraver et périr. Née d'hier, ignorant tout, sans tradition ni sagesse acquise, que fût-elle devenue dans son dénûment, si elle eût été forcée de se composer elle-même un système de philosophie approprié à l'urgence de sa situation. La première loi de son existence était d'avoir immédiatement des principes positifs d'action; il était de la sagesse divine de les lui donner en la constituant, de les lui donner par grâce prompte et spéciale. C'est pourquoi le rôle de révélateur a dû succéder pour Dieu à celui de créateur; il a produit, et puis il a instruit. Non qu'à cet effet il ait pris visage et corps, et se soit incarné sous quelque forme ; tout ce qui s'est dit de semblable sur cette matière est, à notre sens, figure et poésie ; il n'a point eu voix et langage, il n'a enseigné que sous voile et n'a révélé que par symbole : c'est comme père des lumières, comme auteur de tout ce qui *est* et *paraît,* que, se manifestant par toutes les puissances de la nature et tous les phénomènes de de l'univers, il s'est fait sentir aux âmes et les a inspirées. Ainsi s'est passée la révélation, ainsi du moins l'entendons-nous.

Maintenant il faut savoir quel est le caractère des idées venues par révélation. Ce qui semble d'abord, c'est qu'elles sont essentiellement vraies, du moins tant qu'il ne s'y mêle aucunes interprétations ou analyses qui les altèrent et les faussent; elles sont vraies, parce qu'elles sont la pure et simple expression des réalités qui les font naître. Mais en même temps ces idées, qu'aucune réflexion ne contient, laissées à elles-mêmes et comme abandonnées, s'étendent et s'élargissent à l'image des choses qu'elles représentent; elles deviennent grandes et vastes comme le monde; elles seraient comme l'infini, si l'infini se montrait : ainsi vont-elles, ne s'arrêtant ni ne se limitant, courant à tout, embrassant tout, tant qu'enfin elles tombent dans le vague et prennent une extension démesurée. Ce qui fait leur beauté fait aussi leur défaut. Cet heureux laisser-aller, ce naturel parfait qui leur donne tant de facilité pour se développer avec grandeur et simplicité, les expose par suite à avoir quelque chose d'indéfini, de gigantesque et d'obscur, qui empêche qu'on les comprenne bien. Ce ne sont pas des connaissances, quoiqu'elles aient de la vérité au fond : c'est plutôt de la poésie; elles en ont tout le caractère.

Telles sont ces idées. Ajoutons qu'à peine il vient s'y mêler une demi-réflexion, qu'aussitôt naissent en foule ces superstitions et ces hypothèses qu'on retrouve à l'origine de toutes les sociétés, superstitions pour le peuple, hypothèses pour les philosophes. Le peuple, en effet, qui sort de l'âge de la pure inspiration et débute au raisonnement, trop jeune encore et trop pressé pour raisonner de sens rassis, se précipite aux questions, les résout à la volée, et achève par l'imagination ce qu'il a commencé par l'analyse.

De là ses croyances partie vraies, partie fausses, démontrées en certains points et mystérieuses en d'autres; de là ce quelque chose de vrai que recèlent toujours ses opinions les plus étranges et ses plus bizarres préjugés. Pour les philosophes des mêmes époques, même sort à peu près les attend. Leurs hypothèses ne sont guère que des superstitions mieux entendues; ils ont dans l'esprit plus de sagacité et de puissance; ils sont plus penseurs, mais ils ne peuvent pas devancer les temps et jouir en un siècle tout de verve et d'intuition du génie patient et sûr des âges réfléchis. Ils systématisent donc, ils systématisent largement; ils embrassent tout dans leurs vastes explications, Dieu, l'homme et la nature; ils ne vont à rien moins qu'à comprendre l'univers. Mais, dans cet excès de génie, ils s'aventurent souvent à d'inconcevables suppositions; il n'hésitent ni ne reculent devant rien, pas même devant les abymes. Ce sont les géants de la philosophie; ils tenteraient d'aller au ciel et d'en escalader le secret.

Quand les idées de révélation ont été traitées de cette manière tant par le peuple que par les philosophes, il devient encore plus difficile de les approprier à la science et d'en tirer parti pour une théorie. Et cependant c'est à peu près toujours en cet état, c'est-à-dire après qu'elles ont subi l'effet d'une demi-réflexion, que la tradition les recueille et les transmet à la postérité. Plutôt, les esprits enchantés s'oublient trop et ne se possèdent pas assez pour pouvoir consigner dans un discours les merveilles de vérité dont ils ont eu le spectacle ; ils se taisent d'admiration ; tout au plus ils chantent, mais ils ne parlent pas : car, pour parler, il faut toujours quelque peu de recueillement, et un commencement de retour sur soi-même.

Voilà donc à quelles idées ont affaire ceux qui cherchent la science dans la révélation.

Mais ce n'est pas tout. La révélation n'est accessible que par la tradition. Or la tradition, lors même qu'elle est fidèle, exprimant tel qu'il est un sujet obscur et vague, ne saurait être elle-même bien précise et bien claire ; elle manque de lumière. Vraie, naïve, inspirée, pleine de simplicité, de grandeur et d'audace, elle abonde de poésie : c'est partout comme un chant populaire ou un hymne métaphysique ; mais il n'y paraît pas de théorie, tout y est de sentiment. Que si, courant les siècles et les pays, traduite et retraduite, interprétée diversement, modifiée de mille manières, incomplète et altérée, elle arrive en cet état à des générations qui, par leur position et leurs habitudes d'esprit, soient peu propres à la comprendre, loin de les éclairer, elle les trouble, elle confond leur pensée, et répugne à leur génie. Et quand, grâce aux efforts de l'érudition et de la critique, elle parviendrait à s'expliquer, à se faire entendre, encore y aurait-il à dire qu'elle offrirait un sens bien plus plein de poésie que de science.

Ainsi, sous quelque rapport qu'on la considère, la tradition ne semble pas destinée à être la source où doivent puiser leurs connaissances des esprits mûris par la réflexion. Excellente et nécessaire pour les hommes simples et sans savoir des anciens temps, elle ne peut avoir le même prix pour les savants de nos jours. Ils ne sauraient lui emprunter tout au plus que quelques vagues données, dont encore ils ne tireraient parti qu'en y appliquant leurs procédés logiques; mais ils n'y trouveraient ni théorie ni principes scientifiques. Ceci serait surtout vrai des physiciens, des chimistes et des médecins; mais ce le serait aussi des philosophes, qui certainement assureront bien mieux leurs recherches en observant rationnellement l'objet dont ils s'occupent qu'en l'étudiant à travers l'expression souvent défectueuse d'une science qui ne fut que de l'inspiration. Telle est donc notre position, que, pour arriver à la vérité rigoureuse en philosophie comme en toute autre chose, nous n'avons pas à prendre le long chemin de l'érudition, mais à suivre tout simplement la méthode de l'observation et du raisonnement.

Plusieurs philosophes de nos jours (1) ont tenté

(1) Après avoir lu avec soin, et examiné avec attention, dans le point de vue de notre *Essai*, les premiers ouvrages de M. Ballanche, et particulièrement son livre sur les *Institutions sociales*, publié en 1818, en y reconnaissant plutôt les caractères de l'histoire et de la politique que ceux de la philosophie, nous avions résolu de faire pour lui ce que nous avons fait pour tous les écrivains qui n'ont philosophé qu'indirectement, c'est-à-dire de ne pas le comprendre dans la revue qui est l'objet de notre travail. Nous le savions bien

de composer la science d'après la méthode que nous venons de combattre. Qu'ont-ils fait? Des systèmes

d'une école, de l'*école théologique,* dans laquelle il est vrai de dire qu'il a sa nuance et sa place à part, et dont il est en quelque sorte le philanthrope et le libéral. Mais, ainsi que MM. Bergasse et de Haller, il nous semblait y appartenir comme publiciste, et non comme métaphysicien, et par conséquent ne pas rentrer dans le plan que nous nous sommes tracé. Sans avoir changé d'avis, il nous paraît cependant que n'en rien dire absolument, ne rien mentionner de ses idées, serait un oubli et une injustice. Peut-être même déjà, soit pour être venu trop tôt, et dans des circonstances où l'opinion, plus aux affaires qu'aux théories, et à la politique pratique qu'aux systèmes, n'était point assez libre et en même temps assez formée pour bien sentir un livre conçu comme celui de M. Ballanche, l'auteur n'a-t-il pas obtenu toute l'estime qu'il méritait. Sa modestie d'ailleurs si peu empressée et si calme, son désintéressement du succès, l'abandon fait avec tant de simplicité de ses vues et de son sentiment au jugement du public, tout cela demande une réparation, à laquelle nous serions heureux de pouvoir concourir pour notre part. Ajoutons que, comme l'impression de notre *Essai* se poursuivait et était déjà assez avancée, M. Ballanche a publié le premier volume d'une composition étendue et importante, dont le titre est *la Palingénésie sociale.* C'est un nouveau droit à l'attention et à l'examen.

Ce que nous dirons sur les idées de l'auteur sera sans doute bien incomplet, mais suffira peut-être pour donner aux esprits le désir de les étudier et de les apprécier.

Une pensée, entre une foule d'autres, domine dans les *Institutions sociales*: c'est celle du développement graduel et successif que prend l'esprit humain. Essayons de la suivre en la résumant.

qui ne sont au fond que vague et mystère. Rappelons-nous la doctrine de M. de Maistre, exposée d'ail-

Dans le principe, quand l'homme eut été créé, il y eut révélation; ce fut un acte de Dieu, qui, pour achever sa créature et la pourvoir d'intelligence, prit organes et visage, et à la lettre parla, enseigna par la parole, et fit, par ce moyen, pénétrer dans les âmes les vérités que sa sagesse destinait à l'humanité. *Fides ex auditu,* la foi vint de l'ouïe; toutes les croyances primitives furent une transmission par ce sens du *verbe* et de l'esprit divin. L'homme pensa dès que Dieu eut parlé; mais en même temps qu'il eut la pensée, il eut le don de la répandre, et, précepteur à son tour, il put faire pour les siens ce qui avait été fait pour lui, il put les instruire comme il avait été instruit, et ses enfants eurent la même faculté et les enfants de ses enfants; en sorte que désormais le genre humain ne formât plus qu'une longue suite de générations, qui, successivement enseignées et enseignantes, ont perpétué jusqu'à nous, en la développant plus ou moins, souvent aussi en l'altérant, cette antique révélation dont notre premier père fut le dépositaire immédiat. Or cette tradition primitive, qui part de si haut et qui va si loin, et qui dans ce cours de temps se divise et se partage en tant de traditions locales et nationales, a reçu l'une après l'autre trois principales expressions : elle a été purement parlée, elle a été parlée et écrite, et enfin parlée, écrite et imprimée; et à mesure qu'elle a pris de degrés en degrés ce développement extérieur, elle n'est pas restée la même; elle s'est modifiée au fond comme dans la forme, ou plutôt c'est parce qu'elle s'est modifiée au fond que la forme a changé. Simple sentiment au point de départ, poésie plus que pensée, intuition, et non intelligence, religion en un mot, et religion vierge et naïve, il ne s'y est pas plus tôt mêlé quelque degré de réflexion, qu'aussitôt

CONCLUSION. 595

leurs et soutenue par son auteur avec une logique
si brillante et si vive, un esprit si haut, une si ha-

elle s'en est ressentie, et a commencé, quoique légèrement, à prendre couleur de raison ; elle est devenue
plus sérieuse. Sans doute elle y a perdu; elle a eu moins
d'innocence, de grâce et d'inspiration ; ce sont tous les
charmes du jeune âge qui la quittent à l'adolescence. Mais
en même temps elle s'est fortifiée; en entrant dans la jeunesse, elle en a eu la vigueur; elle en a eu aussi l'intempérance et l'audace. Mais, quand quelques erreurs et
quelques excès pourraient lui être reprochés, il ne faudrait
ni s'en étonner ni l'en blâmer trop sévèrement; sa force
même et son inexpérience les expliquent et les excusent. Cependant le temps s'écoule, et la pensée humaine de plus en
plus réfléchie approche chaque jour de sa maturité ; chaque
jour elle croît en sagesse; elle reconnaît ses erreurs ; elle réprime ses écarts, elle se tient dans l'ordre, et dans le vrai.
Si elle est plus sévère, elle est plus positive; si elle amuse
moins, elle instruit plus; elle plaît par la raison, et se
fait estimer par la science : c'est la pensée à l'âge viril.
Elle n'a ni les grâces de son enfance, ni les vifs et beaux
développements de sa jeunesse; mais elle a la vertu de
l'expérience; elle est puissante et éprouvée. Ici plus d'analogie entre la marche de l'esprit humain et celle de la
vie des individus et des peuples : eux ils tombent et périssent
après qu'ils ont atteint la vieillesse; mais il n'y a pas de
vieillesse pour l'esprit humain, il est indéfiniment vivant et
perfectible, il ne s'éteindra qu'avec l'humanité, et il s'éteindra plein de vie et de lumière, à l'apogée de sa gloire, et
dans toute la force de sa nature. Du moins ce qui explique
comment il ne suit pas la loi commune de décadence des
individus et des peuples, c'est qu'à mesure qu'ils finissent, lui, destiné à leur survivre, continue à se perfectionner,

bile érudition. Le grand défaut que nous y avons vu, n'est-ce pas de se résoudre toujours en quelque

et, passant d'un lieu à l'autre, trouve toujours un asyle où déployer son activité. Cette marche de la pensée rend raison des trois formes successives qu'elles a prises pour paraître depuis l'origine jusqu'à nos jours. En effet, tout le temps que, pure poésie, elle n'est que l'élan spontané des consciences placées sous le charme de la vérité révélée, vive, enveloppée, rapide, et d'une admirable naïveté, elle s'exprime par la voix, par la simple parole; il ne lui faut qu'un chant pour se dire et se redire; c'est comme un hymne religieux qui vole de bouche en bouche, et captive le souvenir avec une irrésistible facilité. Elle n'a donc besoin que de l'accent et des mots; il serait même difficile qu'elle eût un autre langage. L'écriture la rendrait mal; elle n'en rendrait jamais bien le mouvement d'inspiration, la mystique obscurité, la grâce et la candeur: il n'y a que la voix et ses inflexions qui puissent aller jusque là.

Mais, à mesure que la pensée se développe et passe de la poésie primitive à la demi-réflexion, elle n'a plus le même abandon, ni le même enthousiasme; elle n'est plus aussi lyrique; elle donne moins au chant et un peu plus au discours; elle se prête à une expression plus matérielle et plus sensible; elle peut se prêter à l'écriture. En même temps les races qui la possèdent se multiplient, se divisent, émigrent, et emportent dans leur sein cette foi de leurs aïeux dont elles vivent moralement; mais, comme on la chante moins, on la sait moins de pure idée; comme elle est moins simple, on l'oublie plus tôt; pour la garder, on cherche à la fixer en traces durables; on la figure, on la peint, on la *tatoue*, on l'écrit, en un mot, car tout cela est écrire. Cet art, une fois trouvé, ne s'arrête ni ne finit pas; il suit la marche des idées; il se perfectionne en raison du besoin qu'on en éprouve.

dogme mystique, emprunté sans explication à l'autorité des livres saints? n'est-ce pas de poser con-

C'est grâce à lui que se propagent tous les textes divers que les races divisées ont de la tradition antique; il leur sert de garde, d'organe et de véhicule. La transmission orale est comme un souffle qui va finir : la lettre a tout saisi, son règne s'étend à tout. Cependant, avec les années, les idées surabondent; l'écriture ne suffit plus pour les recueillir et les propager; elle est trop lente en ses procédés, trop bornée dans ses moyens. L'impatience prend les âmes; elles ont l'instinct d'un art nouveau, quelques unes en ont le génie, et l'imprimerie est trouvée. Dès lors la pensée, avec même facilité à passer des mots aux lettres, a bien plus de ressources pour se multiplier par la copie, pour aller où on la demande, pour se livrer à toutes les mains. Consignée dans des livres à milliers d'exemplaires, elle n'en est que plus propre à être apprise et enseignée. Rien n'empêche plus chacun d'y prendre part avec tout le monde : c'est chose de droit commun, c'est comme l'air et la lumière.

Orale, écrite ou imprimée, la tradition sous ces trois formes n'a pas même condition légale. Sous la première, il y aurait grand risque que, trop sujette à s'altérer en passant de bouche en bouche, elle ne se corrompît, si personne ne veillait à la conserver. Il lui faut donc une garde : c'est celle des prêtres et des poètes, dépositaires inspirés des vérités qu'elle renferme; c'est celle des castes spirituelles, institutions excellentes tant que, fidèles à leur principe, et tout animées de religion, elles ne font usage de leur empire que pour entretenir le feu sacré. Toute société à sa naissance, et dans la simplicité de sa foi naïve, a eu de ces magistratures de la pensée; elles lui étaient nécessaires pour le salut de ses croyances. En devenant écrite, la tradition,

stamment, à la place de principes évidents par eux-mêmes, des croyances traditionnelles, qui, pour

mieux fixée, n'a plus eu autant à craindre de s'altérer et de se perdre. Cependant elle courait encore trop de périls et trop de risques pour rester sans protecteurs, sans interprètes et sans juges. Les prêtres et les poètes ont demeuré; mais les philosophes sont venus, initiés eux aussi aux secrets de cette vérité, mais d'une autre manière, et par un autre sens. En partageant le pouvoir, ils l'ont divisé et affaibli; en le mettant en discusssion, ils lui ont ôté de son autorité. Chaque jour il devient moins puissant et moins imposant. Avec l'imprimerie les choses changent encore : exposée à moins de chances, plus prompte à se publier, la pensée se défend mieux, et en même temps se prête moins à être gouvernée et mise en tutelle. Parvenue à sa majorité, elle a trop de force, d'indépendance, et à la fois trop de sagesse pour rester en surveillance. Elle a le droit d'être libre, et elle use de ce droit. Peut-être quelque temps encore elle ne l'exerce pas pleinement, et, gênée par le pouvoir et la jalousie de ses anciens maîtres, elle trouve des obstacles à son entier développement; mais, tôt ou tard, elle les vaincra, et arrivera à la liberté, dans les limites de la raison, de la justice et de l'ordre. Alors il n'y aura plus ni corps ni caste qui la possèdent; elle sera à tous et pour tous; elle n'aura de maître que le public.

Elle en est là parmi nous; c'est un fait accompli. Or ce fait est trop grave pour rester sans influence sur nos nouvelles institutions. Il les a produites et déterminées; il les maintiendra et les développera ; il leur prêtera sa force, et les poussera où elles doivent aller. Si cette vérité était méconnue par les chefs de notre société, et qu'il y eût de leur part résistance aveugle au mouvement fatal qui de jour en jour est plus puissant, il ne pourrait en résulter que combat et malheur. Il faut

avoir leur vérité, n'en sont pas moins obscures, et n'en demandent pas moins, avant d'être admises,

donc qu'ils y prennent garde, et qu'ils laissent les institutions se former et marcher comme les temps le demandent : c'est la seule manière de donner au pays paix, bonheur et avancement.

Telles sont, en résumé, quelques unes des idées répandues avec abondance dans le livre de M. Ballanche. On voit que le mysticisme est au fond ; mais ce principe mystique n'empêche pas qu'elles ne présentent, dans la suite de leurs conséquences, des aperçus larges et vrais ; il n'empêche pas surtout que l'âme excellente de l'auteur ne conçoive bien notre état présent, ne l'aime et n'aspire à l'améliorer, au lieu de le haïr et de le combattre comme quelques uns des écrivains de son école. Les réflexions générales que nous faisons, dans ce chapitre, sur les philosophies qui se tirent d'une révélation traditionnelle, s'appliquent sans doute à M. Ballanche ; mais comme il est plus homme de sentiment que de système, il y a moins d'inconvénient pour lui à puiser à cette source ; il s'y trempe d'antiquité, s'y pénètre du vieil esprit, et, au lieu d'une doctrine qui, eu égard au principe, ne pourrait être qu'irrationnelle, il en tire une constante inspiration et comme un hymne de science.

Ayant à peine eu le temps de parcourir son nouvel ouvrage, *la Palingénésie*, dont d'ailleurs un seul volume sur cinq est encore publié, nous n'en porterons pas un jugement : nous nous bornerons à faire connaître le but et le dessein de l'auteur d'après ses propres paroles. Voici comment il s'explique dans sa préface :

« L'homme hors de la société n'est pour ainsi dire qu'en puissance d'être ; il n'est progressif et perfectible que par la société.

« L'homme est destiné à lutter contre les forces de la nad'être ramenées à leur sens clair et naturel? en sorte que les admettre de pure foi, c'est les prendre sans

ture, à les dompter, à les vaincre ; si, durant cette lutte pénible, il veut prendre quelque repos, c'est lui qui est dompté, qui est vaincu ; il cesse en quelque sorte d'être une créature intelligente et morale.

« Cette lutte contre les forces de la nature est une épreuve et un emblème ; le véritable combat, le combat définitif, est une lutte morale.

« Enfin, la Providence de Dieu, qui n'a jamais cessé de veiller sur les destinées humaines, a voulu qu'elles fussent une suite d'initiations mystérieuses et pénibles, pour qu'elles fussent méritoires comme foi et comme labeur.

« Tels sont les principes dont je désire établir la conviction intime, affermir et fortifier le sentiment profond. En un mot, le haut domaine de la Providence sur les affaires humaines, sans que nous cessions d'agir dans une sphère de liberté; l'empire des lois invariables régissant éternellement, aussi bien que le monde physique, le monde moral, et même le monde civil et politique ; le perfectionnement successif, l'épreuve selon les temps et selon les lieux, et toujours l'expiation; l'homme se faisant lui-même, dans son activité sociale, comme dans son activité individuelle : n'est-ce point ainsi que l'on peut caractériser la religion générale du genre humain, dont les dogmes, plus ou moins formels, plus ou moins observés, reposent dans toutes les croyances?

« ..... Sans doute il ne peut m'être donné de dévoiler le plan de la Providence, son dessein sur la grande famille humaine, car ce plan est caché dans des profondeurs inaccessibles à nos yeux, et ce dessein ne nous sera complétement révélé qu'après cette vie; mais du moins il me sera permis de montrer qu'il y a un plan et un dessein. Ce que nous voyons nous

y voir, c'est ne tenir compte ni de ce qu'elles ont été,
ni de ce qu'elles sont devenues ; c'est en méconnaître

racontera une partie de ce que nous ne voyons pas, et toujours serons-nous autorisés à croire, de toutes nos forces religieuses les plus intimes, qu'une créature intelligente et morale ne peut être destinée à subir une fin ignoble et misérable. »

Ajoutons à cette citation un morceau que nous empruntons au *Catholique* de M. d'Eckstein (n° de février 1828), et dans lequel la manière de M. Ballanche, comme écrivain, nous paraît bien caractérisée :

« L'auteur anonyme de la *Palingénésie* est M. Ballanche, auquel on doit un remarquable essai sur les *Institutions sociales*, le poème en prose d'*Antigone*, le *Vieillard et le Jeune Homme*, enfin l'*Homme sans nom*. Un même esprit anime toutes ces compositions : c'est un mysticisme religieux, politique et philosophique, assez varié dans ses formes.

« En lisant ses ouvrages, un air de candeur, même de pureté virginale, inconnue aux écrivains depuis saint François de Sales, et que Fénelon lui-même n'a pas toujours possédée, charme et ravit la pensée. La malignité moderne d'esprits plus sévèrement rigoureux pourrait quelquefois accuser d'une bonhomie trop naïve cette confiance avec laquelle il croit à la magnificence des destinées futures du genre humain, cette conviction avec laquelle il en trace le tableau ; mais la profondeur des idées religieuses qui l'inspirent est son excuse et sa force. On serait tenté sans cela de le classer parmi ces philanthropes si naïfs et si tendres, que leur niaiserie est devenue proverbe. Ce jugement serait inique et faux. Les écrits de M. Ballanche laissent lire le fond même de son âme, et ressemblent à ces ondes d'un pur crystal dont la limpidité laisse apercevoir les dernières profondeurs du bassin de marbre qui les contient. Rien n'est plus touchant que ce

la nature, l'expression et la transmission, et les donner mal à propos pour fondement à la science. Le mystère est également au fond du système de M. de Bonald. M. de Bonald en effet est aussi dans l'opinion que la révélation doit être le principe de la philosophie. Ennemi déclaré des méthodes rationnelles, il ne voit d'autre source de vérité que les idées venues par inspiration : comme si ces idées, eussent-elles été une science du premier coup, n'a-

contact intime, cette parfaite connaissance du lecteur avec l'auteur. Vous étudiez M. Ballanche, et déjà vous êtes à lui. Un attrait invisible, une séduction insensible, vous enlacent quand vous croyez le soumettre à votre critique. Telle la magie puissante de la beauté d'une femme, du parfum d'une fleur, le sourire angélique d'un enfant. La raison, droit imprescriptible de la nature humaine, fait entendre sa voix ; elle gronde, mais doucement; elle craint d'effrayer par un accent trop mâle une âme si tendre. A moitié désarmée par la pureté de la pensée de l'écrivain, et cherchant à se défendre contre ses séductions, elle est prête à inscrire ces mots sur le frontispice de l'ouvrage nouveau de M. Ballanche : *Livre des erreurs et de la vérité.*

« De la profondeur alliée à de la grâce, un style pur et onduleux, semblable à l'onde sinueuse dont le doux murmure baigne la racine des fleurs, des vues souvent d'une grande portée, surtout un défaut de vigueur moins dans la forme que dans le fond de la pensée, tels sont les avantages et les défauts de ses écrits. Jamais il ne plane sur son sujet, jamais il ne pénètre dans ses plus intimes profondeurs; il se l'identifie, et, dans son transport plein d'ardeur, il s'égare dans sa propre pensée, pour se relever ensuite riche d'idées généreuses et hautes. »

vaient pas dû s'altérer avec le temps, et perdre de leur pureté par la diffusion et la tradition ; comme si au contraire la tradition, venue de si loin, n'offrait pas souvent une expression obscure ou infidèle de notions qui, toutes vraies qu'elles aient pu être à leur naissance, n'étaient pas alors même en état de former une exacte philosophie. Aussi l'auteur de la *Législation primitive*, en cherchant dans la révélation autre chose qu'une inspiration, autre chose qu'un sentiment, en y cherchant un système, n'en a-t-il tiré qu'un système forcé, obscur et subtil ; ouvrage d'une raison vigoureuse qui se condamne à ne démontrer que par le mystère et à n'éclairer que par les ténèbres. Nous n'oublierons pas non plus, parmi les exemples que nous pouvons citer à l'appui de ce que nous soutenons, celui d'un écrivain qui nous paraît avoir philosophé dans le même point de vue. Fort d'études historiques étendues et variées, riche des données qu'elles lui ont fournies sur les origines de la pensée humaine, doué d'ailleurs d'un esprit élevé, prompt et fécond e. aperçus, M. d'Eckstein n'a pas mieux réussi que MM. de Bonald et de Maistre à retrouver dans la tradition antique une science vraiment satisfaisante. Sans avoir une idée claire et complète de son système, dont le *Catholique* nous a plutôt donné des points de vue partiels et des applications critiques qu'une exposition générale et directe, sans par conséquent le juger absolument, nous pouvons cependant, sur ce que nous en savons, prononcer que c'est bien moins une théorie qu'une vue, qu'un sentiment. Ce sentiment est souvent large, original et profond; il y paraît quelques grandes vérités; ce serait bien comme religion, ou comme poésie, mais comme science, ce n'est pas ce qu'il faut : il faudrait plus de précision et de lumière; et, pour cela, il n'y aurait d'autre moyen que de quitter la voie de la révélation, de prendre celle de l'observation et du raisonnement. Or ce ne serait pas là le compte de l'auteur, dont la prétention systématique est précisément toute contraire. Aussi s'en tient-il presque toujours à ces notions de premier jet qui sont le propre de la révélation, et traite-t-il avec une sorte de dédain les idées simplement rationnelles : heureux quand il ne se laisse pas trop aller, et que, dans sa verve quelquefois peu mesurée, il ne jette pas en courant des opinions et des paroles qui troublent ses lecteurs et ne leur donnent pas d'instruction. Mais si, dans les défauts que peut avoir sa philosophie, il y a de sa faute, il y a bien plus encore de la faute de sa méthode. C'est la méthode surtout qui est vicieuse : car elle poursuit la science à travers d'innombrables difficultés, et cependant elle la cherche là où certainement elle ne la trouvera pas. L'erreur essentielle est de croire qu'on puisse faire sortir une théorie d'une inspiration, et fonder un système sur de la poésie : il y a contradiction dans ce procédé.

Le peu de succès d'hommes supérieurs, de talent et de génie divers, dans la tentative qu'ils ont faite pour philosopher au moyen de la révélation, prouve par l'expérience, comme nous l'avons prouvé par le raisonnement, qu'il n'y a pas eu, à proprement parler, de la science, mais seulement du sentiment et de l'intuition, dans cette haute antiquité à laquelle on voudrait nous rappeler. La science n'est venue et n'a dû venir que dans des temps plus reculés. Elle est comme la vertu de la pensée, dont l'intuition est l'innocence; ce n'est pas l'âge de la vertu qui est le premier, c'est celui de l'innocence. Les hommes ont commencé par voir dans toute la simplicité de leur esprit; ils ont fini par comprendre de toute la force de leur raison. De l'inspiration primitive à la doctrine moderne, il y a eu de longues et fréquentes vicissitudes. L'humanité, après le premier moment de révélation, et quand elle s'est mise à réfléchir, neuve et inhabile à la réflexion, n'a pas pu se tenir dans la pure et pleine vérité; elle s'en est éloignée; il y a eu déchéance et chute véritable, mais aussitôt elle s'est relevée; elle se relève tous les jours, tous les jours elle revient davantage à cette vérité qui est son éternelle fin. Seulement elle n'y revient pas par l'inspiration, qui n'est plus de son âge, mais par l'expérience et la méditation, qui conviennent à sa maturité. Elle est plus sûre d'elle-même, plus en état de résister à l'erreur: elle a la vertu de la pensée; elle courra moins de périls que si elle n'en avait que l'innocence. Telle nous semble être la marche naturelle des connaissances humaines.

Qu'on ne s'inquiète pas du reste d'une prétendue opposition entre la révélation et la science, par suite de l'isolement où elles seront l'une de l'autre. Cette opposition n'est pas à craindre. Toutes deux vraies à leur manière, elles ne peuvent pas ne pas s'accorder; la réalité, dont elles ne sont qu'une expression diverse, doit nécessairement les mettre en rapport et les concilier. Que si par hasard la vérité manquait à l'une des deux, et que la contradiction devînt manifeste, où serait dans ce cas le mal que le vrai ne fût plus l'allié du faux, et qu'une révélation pure d'erreur accusât le mensonge d'une science trompeuse, ou qu'une science pleine de vérité relevât le défaut d'une tradition corrompue? Il n'y aurait à cela aucun péril; il y en aurait bien plus à vouloir par une confusion forcée ramener l'une à l'autre et réduire à l'unité deux manières de voir qui sont et doivent rester distinctes : ce serait les altérer toutes deux; ce serait vouloir faire de la philosophie par la poésie, ou de la poésie par la philosophie; ce serait tout gâter et tout perdre. Que la distinction subsiste donc, puisque ainsi l'a voulu l'auteur de toute chose : c'est aussi une religion que d'entrer dans ses vues et d'être selon l'ordre de sa providence. Mais, nous le répétons, la vraie révélation et la vraie science ne peuvent être en opposition entre elles: car l'une est la pure intuition, l'autre la pure connaissance d'un objet qui leur est commun. C'est là un lien d'union qui doit les mettre en harmonie.

On pourrait croire aussi, en se méprenant sur

notre pensée, que nous voulons insinuer par tout ce qui précède que la révélation doit être mise de côté, comme chose vieillie et hors d'usage. Rien n'est moins dans notre esprit. Oui, sous le rapport de la science et de la philosophie, nous sommes d'avis qu'il ne faut pas l'appeler à l'œuvre; elle ne serait pas de bon secours. Mais elle a une autre vertu dont nous apprécions sincèrement la grâce bienfaisante et les excellents effets. Si elle n'est pas un principe de doctrine, elle est un assemblage admirable des meilleures inspirations du passé. Elle réunit en elle tout ce que l'âme humaine, dans son innocence et son antique pureté, a senti de plus beau, de plus honnête et de plus divin. On y voit à leur source la poésie, la morale, la religion; elles s'y déploient avec une simplicité et une grâce, avec une véhémence et une élévation qu'on ne retrouve plus aux âges nouveaux; c'est un chant continuel d'amour, de conscience et de piété. Heureux qui, d'un esprit droit et d'un cœur simple, recherche et goûte ces magnifiques paroles. Il en recrée sa pensée avec un charme inconcevable; il y retrempe son âme, y purifie son sentiment; on dirait que, dans ce commerce intime avec la haute et sainte antiquité, il puise une vie nouvelle, qui, en se mêlant à celle que lui font son temps, son pays et sa condition, y répand un peu de cette activité spontanée du vieil âge dont il ne serait pas mal que notre civilisation moderne prît quelque chose. Ainsi, pour tout ce qui est de cœur et de sentiment, la révélation nous paraît excellente; rien de mieux que d'y revenir, de s'en nourir intimement; c'est l'aliment qui convient le mieux à l'âme, quand elle a besoin de renaître un peu à ces émotions vives et simples, à ces élans de cœur, à ces pensées d'entraînement, que font mourir en elle d'arides spéculations ou de vulgaires travaux. Voilà sous quel point de vue il faut estimer les études des savants qui consacrent leurs veilles soit à nous rendre dans leur vérité primitive celles des traditions antiques que nous possédons déjà, soit à rechercher celles que nous n'avons pas encore, et dont ils espèrent retrouver les traces. Ils font là œuvre utile et méritoire; ils travaillent réellement au bien de notre esprit. Mais il ne faut pas cependant se former une fausse idée de leurs services, et croire qu'en nous rendant le sens de ces traditions, ils nous livrent à la fois le secret de la religion et de la science. Celui de la science n'est pas là : il est dans l'étude rationnelle de l'objet même de la science.

En résumé, s'il est d'abord assez difficile d'arriver à la pure et vraie révélation, et si, quand on y est arrivé, il y a peu de chose à y gagner sous le rapport de la philosophie, il est clair que la méthode à suivre dans ce genre de connaissances n'est pas l'érudition appliquée à la révélation : mais l'observation soutenue du raisonnement.

Outre la méthode d'observation que M. Jouffroy a si bien exposée dans sa *préface*, outre celle dont nous venons nous-même de présenter l'analyse, en est une encore dont nous avons à parler : c'est la méthode de l'hypothèse.

Deux choses la distinguent : l'invention des principes, et leur extension.

Quand les principes ne sont pas une affaire d'évidence, comme dans les sciences mathématiques, quand il est nécessaire de les chercher et de les découvrir par l'expérience, il est une manière bien sûre d'y procéder : c'est de constater les faits, de les comparer avec soin, de les généraliser avec prudence. Certes alors les principes ne peuvent manquer d'exactitude et de vérité. Mais ce moyen est le plus long. Il en est un autre plus rapide et plus simple : il consiste à généraliser de prime abord, à débuter par les principes, à préjuger la science. Quand on s'en sert, on ne compose pas un système; on le pose, ou plutôt on le suppose ; on ne cherche pas s'il est vrai, on s'en tient à la vraisemblance ; on s'en fie aux présomptions; on devine, au lieu de voir. Cette méthode est l'hypothèse : hypothèse en effet, car ce qu'elle explique, elle ne le sait pas ; ce qu'elle enseigne, elle ne l'a pas appris ; elle ne part pas de ce qui est, elle imagine ce qui doit être. Et toutefois nous ne nions pas qu'elle n'ait ses avantages et ses titres de gloire. En plus d'une occasion elle a pu bien rencontrer et conduire à la vérité des esprits heureux et justes : alors elle a abrégé la route et épargné les lenteurs. Il faut même reconnaître que, dans des matières nouvelles, et pauvres de faits, quand d'ailleurs on ne l'emploie qu'avec réserve et discrétion, elle peut souvent ouvrir des vues que l'observation n'aurait trouvées que plus tard et à plus grand' peine. Dans ce cas, il ne faudrait pas se l'interdire; mais excepté de tels cas, et surtout quand les faits commencent à se multiplier et permettent l'induction, rien n'est plus funeste aux théories, et particulièrement à la philosophie, que de systématiser de première vue et de généraliser par supposition.

La méthode dont nous parlons offre encore un autre inconvénient. Non seulement, au lieu d'établir les principes, elle les suppose, mais elle les étend outre mesure. Sa prétention est de les rendre universels. L'induction aussi cherche à universaliser, mais c'est après s'être assurée que les choses se prêtent bien à ce haut degré d'abstraction. Avant, elle a soin de réduire son idée, de la mesurer sur les faits, de ne la généraliser que peu à peu. Attentive et retenue, elle ne cesse de veiller sur elle-même, de peur de se laisser aller à un jugement trop étendu. De cette manière, elle n'universalise qu'à coup sûr, et n'éprouve pas de désappointement, quand par suite ses théories sont mises à l'épreuve de l'application. Il n'en est pas de même de l'hypothèse. Plus ambitieuse et plus hardie, elle donne toute latitude à ses systèmes : ce ne sont jamais qu'explications universelles et doctrines absolues, questions que rien ne borne, solutions que rien n'arrête, science pleine et entière. Elle ne vise à rien moins qu'à la toute-science ; et réellement, s'il lui arrivait bonheur, si, par un hasard divin, elle pénétrait si bien l'essence et le fond des choses qu'elle en saisît *a priori* le secret et l'ensemble, certainement elle rendrait alors un éminent service. Elle produirait en un moment toute une vaste philosophie. Mais ce bonheur, elle ne l'a jamais, elle ne l'a pas eu du moins jusqu'à présent. Bien des fois elle s'est ainsi jetée d'élan sur la vérité universelle, et toujours elle l'a manquée. Elle a tenté bien des fois l'omniscience ; mais elle l'a tentée en vain : c'est une œuvre qui reste à faire, et qui, si un jour elle doit être faite, ne le sera vraisemblablement que par les travaux de l'induction.

Quand, une fois séduit par un principe hypothétique, on se préoccupe vivement du système qui en découle, on est mal disposé à bien voir la vérité. Persuadé qu'on la possède, et qu'on n'a plus pour la développer qu'à raisonner et à conclure, on n'observe pas, ou l'on observe mal ; on ne se soucie pas d'expérience, on ne se soucie que de logique. Cependant les faits sont là, qui restent malgré tout. S'ils ne rentrent pas naturellement dans le prétendu principe, le raisonnement a beau faire, il ne peut les y ramener ; il le sent et s'en irrite, les mutile ou les rejette, les maltraite de toute façon. C'est un véritable despotisme. Mais le despotisme ne va pas loin, quel qu'il soit, et celui-là moins qu'un autre. Aux prises avec la vérité, il ne peut ni la détruire, ni la défaire ; il la nie ou la conteste, mais malgré tout elle demeure et finit par prévaloir.

Nous venons de juger l'hypothèse sous un point de vue tout abstrait; jugeons-la aussi historiquement : ce sera le moyen d'expliquer comment, malgré ses défauts, elle a long-temps régné et dû régner sur la pensée humaine. Lorsqu'au sortir des religions de l'Orient, la philosophie commença à prendre en Grèce le caractère d'une science, trop nouvelle et trop jeune, elle n'avait point par-devers elle assez de faits observés, pour en tirer par l'induction les idées qu'elle cherchait; elle recueillait des âges qui l'avaient précédée plus de poésie que de données, plus de mystères que de principes. Les matériaux lui manquaient : elle était donc hors d'état de procéder à la théorie par l'expérience. Et cependant il lui fallait la théorie : autrement elle ne se fût pas distinguée des religions; elle eût été religieuse, et non savante, c'est-à-dire qu'elle n'eût point été philosophie. Comme philosophie, elle avait sa mission ; elle devait mener les esprits du sentiment à la réflexion, de la foi à la science. Elle devait reprendre les questions résolues par les religions, les poser de nouveau et les résoudre à son tour, sinon dans un autre sens, au moins dans un sens plus précis. Son œuvre était la science. Or la science, elle ne pouvait l'essayer par l'induction, qui de long-temps encore n'était guère praticable; elle le le pouvait par l'hypothèse, qui lui était possible et facile dès le début. Elle l'essaya de cette manière, et elle fit sagement. Si elle n'eût pas commencé de cette façon, elle eût attendu des siècles avant de commencer, parce que des siècles étaient nécessaires pour qu'elle se pourvût de faits et s'enrichît d'observations. Elle se fût traînée tout ce temps dans un empirisme étroit : elle ne se fût pas exercée, comme elle l'a fait, aux systèmes de toutes sortes qui, sans être la vérité, en étaient la préparation et comme la condition préalable. En se livrant à l'hypothèse, elle s'est fortifiée, élevée, affermie, et, chemin faisant, elle a encore rencontré assez de réalités pour n'avoir pas regret à la marche qu'elle a suivie. Sait-on bien en effet ce que nous a valu le génie de l'antiquité avec ses suppositions hardies, étendues et profondes ? Croit-on que tant de théories imaginées par des esprits si puissants et si divers aient été inutiles à nos doctrines modernes? Eussent-elles été tout erreur, encore auraient-elles servi d'avertissement et d'exemple. Mais rien n'est tout erreur dans la pensée humaine, et à moins de folie, il s'y trouve toujours beaucoup plus de vrai que de faux et de bien que de mal. Le vrai abonde dans tous ces systèmes que l'histoire nous retrace, et il ne faut qu'y regarder pour l'y recueillir à pleines mains.

Les anciens n'étaient pas placés pour observer; ils ne pouvaient que supposer avec plus ou moins de raison. Ou il leur fallait renoncer à la science et s'en tenir à la religion, et alors ils n'avançaient pas, ils en restaient à la poésie et au mystère; ou il fallait, pour s'élever à la science, qu'ils eussent recours à l'hypothèse. Ils sentirent leur position, comme les hommes la sentent toujours, et ils agirent en conséquence. Ils se hasardèrent aux notions *a priori*, et supposèrent de génie de vastes et beaux systèmes. Ils firent des prodiges en ce genre; et comme ce fut au milieu des périls et des écueils de toute espèce, plus d'une fois ils échouèrent, mais ce fut à leur gloire, car ils tentèrent de grandes choses.

Si les modernes se trouvaient placés dans les mêmes circonstances, c'est-à-dire s'ils ne faisaient que de passer de l'âge religieux à l'âge philosophique, il n'y a pas de doute qu'à leur exemple, ils ne dussent aller à la théorie par l'hypothèse : ce serait la seule manière d'occuper utilement ces premiers moments de réflexion, qui ne sauraient être employés à observer. Mais généralement ils n'en sont plus là : grâce aux efforts de leurs devanciers et à leurs propres travaux, sur tous les points à peu près ils sont en pleine philosophie. Le pays de la vérité n'est plus pour eux un nouveau monde : c'est une terre connue où ils ne vont plus à l'aventure. Riches de documents précieux, instruits de mille faits, éclairés par les erreurs même dans lesquelles on est tombé avant eux, ils peuvent poursuivre en sûreté leurs recherches scientifiques. L'observation leur est loisible; elle doit donc être leur méthode.

En se remettant à l'hypothèse, ils recommenceraient la philosophie, au lieu de la continuer et de la perfectionner; ils la feraient reculer et la ruineraient peut-être. Remise en question, ramenée à l'arbitraire dans un âge où elle doit devenir de plus en plus positive, elle perdrait tout crédit et resterait sans pouvoir. Toute systématique qu'elle pouvait être au temps où elle n'avait pas le moyen d'être autre chose, elle n'était pas déplacée à ces époques de peu de critique ; elle était en harmonie avec l'état des intelligences ; elle en exprimait les sentiments, en satisfaisait les besoins ; elle régnait sur les pensées, du droit de toute philosophie qui les prend où elles en sont, et les conduit où elles veulent aller. Aussi les systèmes des anciens passaient-ils tout naturellement des écoles des philosophes sur la place publique, dans les mœurs et dans les lois. Mais à présent ils n'auraient plus même cours, parce qu'ils n'offriraient pas la même vérité relative, à plus forte raison les systèmes modernes qu'on ferait à leur image. Composés aujourd'hui, dans le point de vue du passé, ils n'auraient pas l'à-propos de ceux qui furent en leur temps l'expression des idées communes ; ils ne répondraient à rien, ne se rattacheraient à rien, ne seraient que de vaines formes, imitées de l'antique, mais vides de son esprit. Faite de cette façon, la philosophie serait sans autorité ; pour qu'elle gouverne désormais, il faut qu'à tout prix elle soit science, science comme toutes celles auxquelles on croit et qui font règle.

Et du reste il importe extrêmement, à considérer les choses dans l'intérêt social, qu'elle prenne deplus en plus le caractère que nous lui demandons. S'il est vrai, comme nous le pensons, qu'elle serve de principes à toutes les sciences morales, et en particulier à la politique et à la législation, elle peut former une opposition forte et sérieuse au mauvais ordre où conduiraient de purs systèmes ou des théories factices. Mais pour cela il faut qu'elle prenne bien garde de ressembler à ces systèmes et d'imiter ces théories : pour peu qu'elle s'en rapproche, elle ne prévaudra pas. Tant qu'au lieu de principes elle présentera des suppositions, elle ne peut légitimement prétendre à régner sur les consciences. Elle ne remuera pas les âmes, elle ne passera pas dans les actions. Pour qu'elle soit efficace, il faut qu'elle soit vraie, et vraie la preuve en main. Une fois qu'elle convaincra, elle obtiendra crédit : le peuple la croira, et quand il aura foi, il aura volonté, il aura action. Elle ne doit pas s'irriter de ce que d'autres doctrines que les siennes, et des doctrines moins bonnes, dominent et dirigent le public, qui ne la suit pas. C'est sa faute s'il en est ainsi ; et, au lieu de s'en indigner, elle doit bien plutôt se hâter d'avoir raison et s'efforcer de le montrer. Alors la foule lui viendra, le pouvoir lui viendra ; elle vaincra par la vérité : cette victoire n'échappe jamais, car il n'y a pas d'âme humaine qui ne se rende et ne cède à ce qui est et paraît vrai. Quand on se décide à sacrifier une vérité à quelque motif d'intérêt ou de passion, c'est qu'on ne sent pas bien cette vérité, c'est qu'on sent davantage celle qu'on trouve à son motif. En tout état de choses, ce que l'on veut, ce que l'on fait, c'est ce qu'on a réellement dans la conscience. Voilà pourquoi la

philosophie ne saurait trop s'attacher à mettre hors
de contestation les principes qu'elle veut répandre.
Elle n'a que ce moyen d'y réussir, mais il est infaillible. Voyez plutôt ce qui en est des sciences physiques et naturelles. Se fait-il rien qui les regarde,
sans que ce soit en vertu de quelque idée qui leur est
propre? Y a-t-il une opération de leur ressort qui
ne se règle pas par leurs théories? Arrive-t-il jamais qu'après avoir adhéré sciemment aux principes
qu'elles établissent, on se détermine à agir par des
principes opposés? Non, sans doute; une telle contradiction ne se voit pas. C'est que ces sciences, du
moins en ce qu'elles ont d'achevé, exemptes d'hypothèse, et toutes puissantes d'évidence, ne laissent pas
place au doute dans les esprits qui les comprennent;
souveraines dans leur empire, elles y règnent sans
partage, elles y règnent du grand droit de la vérité
et de la raison. Malheureusement la philosophie est
loin d'en être là; peut-être même, en quelques points
plus délicats et plus obscurs, est-elle condamnée à
n'avoir jamais que des probabilités et des soupçons :
mais cependant elle a aussi sa partie positive, et ses
certitudes. Là elle peut être science, avoir l'autorité
d'une science, en avoir la force réelle et efficace.
Alors plus de difficultés. Cette manière aujourd'hui
trop fréquente de ne croire qu'à demi en matière
morale, et de n'être en conséquence qu'à demi disposé à faire ce qu'on croit; cette molle adhésion aux
principes, faute d'évidence dans les principes; la
facilité qu'elle donne aux âmes de faiblir et de fail-

lir sans trop se le reprocher; les inconséquences, les fautes et les vices qui en sont la suite, tout disparaîtra peu à peu, à mesure que viendra la vraie sagesse, celle qui n'est que la science. Rien ne prête force à l'homme comme les idées dont il est bien possédé. Dès qu'il croit bien, il est prêt à tout; l'action ne fait plus question pour lui, il la veut sans hésiter et l'exécute avec vigueur. Ainsi le crédit de la philosophie sera grand du jour où elle se présentera avec des idées évidentes et positives; il n'y aura pas de puissance qui vaille la sienne, parce que la sienne, toute de vérité, disposera des croyances, des volontés par les croyances, et des actions par les volontés.

DEUXIÈME PARTIE.

Entendue comme elle doit l'être, la méthode d'observation, en s'appliquant aux faits de l'âme, doit certainement conduire à la science de ces faits. Que sera cette science, nous ne prétendons pas le dire; avant il faudrait qu'elle fût, et elle est encore à faire ou du moins à finir : mais, à défaut d'exposition, donnons du moins une indication.

Et d'abord il s'agit de l'objet même à étudier, du sujet dont on se propose de reconnaître la nature et d'expliquer les facultés. Ce sujet est le *moi*. Sur ce, point de débats, point de divisions d'opinions. Il n'y a pas deux manières de voir : car qui jamais a nié sa propre existence, cette existence qu'il se sent, cet être qu'il appelle *moi*, qu'il retrouve sans cesse en lui, et qu'il distingue de toute autre chose ?

L'âme, on peut la nier en tant que substance spirituelle; il y a des hypothèses dans ce sens-là : mais le *moi*, mais cette substance indivuelle qui a conscience d'elle-même, nul système n'a tenté d'en contester la réalité; il y aurait trop d'absurdité. Ainsi, le moyen pour la science d'avoir d'abord une vérité qui soit admise par tout le monde, c'est de prendre, non pas l'âme, mais le *moi*, pour sujet de son examen, sauf plus tard à élever et à discuter la question de l'être spirituel. La voilà donc sûre d'un principe, c'est qu'il est quelque chose en l'homme qui a conscience et *égoïté*, et qui est le centre de tous les faits qui modifient son existence.

Mais qu'est ce quelque chose ? quelle en est la nature, sous quels rapports l'observer, qu'y chercher et qu'y voir ? Ce qu'on y voit, avant tout, quand on procède avec ordre, c'est l'activité, c'est une activité pure et entière, qui, quoique sujette à des impressions, n'est pas pour cela passive, si par là on entend inerte, mais seulement *réceptive*, excitable, accessible et sensible à l'action des causes extérieures. Cette activité est de plus constante, continue, et comme immortelle ; *latente* ou manifeste, languissante ou énergique, nécessitée ou libre, de toute manière elle persiste, ne cesse pas pour recommencer, cesser et recommencer encore ; si elle se repose, c'est sans s'arrêter ; elle va moins vite, mais elle va toujours, c'est une moindre action, et rien de plus. Or, ce qui est actif, uniquement actif, est *force* autant que possible : tel est le *moi ;* il est donc *force*.

Mais est-il une seule force ou plusieurs forces réunies ? est-il un dans son activité, ou composé et multiple ? Voilà un nouveau point à éclaircir. D'abord, ce qui paraît clair, c'est que, si le *moi* était multiple, il ne serait au fond que plusieurs *moi*. Il y en aurait deux, trois, quatre, plus ou moins, le nombre n'y ferait rien ; il y en aurait un pour sentir, un autre pour penser, un autre encore pour vouloir, autant de moi que de facultés que la conscience attesterait. Or rien de semblable ne se passe en nous. C'est au contraire le même *moi* qui est ou fait tout ce qui s'y voit. Toutes les émotions sont les siennes, toutes les idées sont les siennes, toutes les volontés les siennes; il n'y a que lui dans tous ces actes : il se diversifie de mille façons, sans jamais perdre son unité; cette unité suffit à tout, parce qu'elle est vivante, énergique, féconde, et qu'elle peut, par sa nature, et selon les circonstances, se prêter aux développements les plus variés et les plus singuliers.

Elle n'est pas comme celle de parties qui tiennent ensemble par un rapport soit de temps soit de lieu. Dans ces deux cas, il y a du nombre; on compte les choses qui se succèdent, on compte celles qui se combinent, on en conçoit du moins l'énumération. Quant au moi, il ne fait ni série dans la durée, ni composé dans l'espace; il dure et il agit, il ne se donne pas à compter. Il est simple, et cette simplicité, qui ne tombe pas sous les sens, qui n'est ni étendue, ni figurée, ni sonore, ni rien de semblable, achève par là de distinguer l'unité réelle de l'unité apparente, l'unité morale de l'unité physique, le moi de la matière.

Un autre fait, qui se présente à la suite de celui-ci, c'est l'identité personnelle. Cette force, qui se sent dans le présent, se souvient de s'être sentie dans le passé, elle a mémoire d'elle-même comme elle en a conscience; ce qu'elle sait être en ce moment, elle se rappelle l'avoir été. Il faut donc que, de l'une à l'autre époque, elle n'ait eu réellement qu'une seule et même existence, il faut qu'elle ait duré identique en son unité; autrement elle ne se reconnaîtrait pas aujourd'hui pour être encore ce qu'elle fut hier; et, parmi tout ce qu'elle se retrace, elle ne verrait rien de personnel, rien qui lui appartînt réellement. Or c'est ce qui n'est pas; bien au contraire, ses réminiscences sont toujours tellement pleines d'elle-même, qu'elle aurait peine à en trouver une où elle ne fût pas par quelque rapport, tant il y a d'elle dans toutes les choses dont elle se représente l'existence. Elle est la même continuellement. Et la variété de ses actions n'est pas une objection contre cette parfaite identité; il ne s'agit, pour le concevoir, que de remarquer que cette force identique et permanente n'est pas rigide, uniforme, toute d'une pièce, pour ainsi dire, de manière à n'avoir qu'une faculté et qu'un développement; elle est vivante, mouvante, flexible, susceptible d'une infinité de modes divers; et comme les occasions ne lui manquent pas, il n'est pas dans la durée deux instants où elle se montre semblable de tout point à elle-même : elle nuance à merveille son inépuisable activité; mais, sous toutes les formes qu'elle revêt, pendant le jeu auquel elle se livre, elle ne cesse pas d'être elle-même; sa substance demeure, et la variété de ses mouvements atteste sa facilité à se modifier selon le besoin, et non un changement radical et une mutation d'existence.

Actif, un, simple, identique, on voit déjà assez

clairement que le *moi* n'est pas la matière, et que, sous tous ces rapports, il s'en distingue par des différences assez sensibles. Il n'y aurait point de difficulté à traiter dès à présent la question de l'immatérialité ; les arguments ne manqueraient pas, mais il vaut mieux attendre ; la science, en avançant, ne peut que répandre de nouvelles lumières sur un sujet qui en exige tant. Ainsi donc, ce qu'il y aura à faire après ce qui vient d'être indiqué, ce sera de se demander quels autres faits la conscience observe et saisit dans notre *moi*.

Alors se présenteront successivement les trois grands faits dont il est le principe. On aura à reconnaître la sensibilité, l'intelligence et la liberté ; il faudra chercher, pour chacune d'elles, dans quelles circonstances elle se développe, en quoi consiste ce développement, et quelle en est la loi générale ; il faudra voir comment, dans leurs rapports, car elles en ont de continuels, elles se modifient l'une l'autre, et combinent entre elles leurs phénomènes ; enfin il faudra ne pas se borner sur tout ceci à de simples aperçus, à des demi-généralités, mais s'élever à des principes, à des idées scientifiques.

En ce qui regarde la sensibilité, quelles sont les causes qui l'excitent, et comment l'excitent-elles ; quels sont les mouvements auxquels elle se livre en présence de toutes ces causes ; quel est l'ordre de ces mouvements, quelle est leur succession et leur loi ? Voilà des questions qui, résolues avec méthode, doivent mener à une théorie où seront expliqués tous les sentiments du cœur humain, la joie, l'amour, le désir, la douleur, la haine et l'aversion, la réjouissance et le regret, l'espérance et la crainte, les affections de toute espèce, les émotions de tous degrés, dont la conscience offre à chaque instant le riche et vivant spectacle.

De même pour l'intelligence : qu'est-ce qui l'éclaire et la fait voir ; comment voit-elle et comment croit-elle ? Questions de la vérité et de l'évidence, de l'idée et de la certitude ; idéologie générale, qui, embrassant dans son ensemble tous les phénomènes de la pensée, doit rendre raison, si elle est exacte, de la manière dont l'esprit, spontanément ou avec réflexion, *acquiert*, *se rappelle* et *combine* toutes les notions qu'il peut avoir : voilà ce qui doit constituer une théorie de l'intelligence, qui comprendra à la fois la connaissance proprement dite, la mémoire et l'imagination.

A côté de la sensibilité et de l'intelligence se présente la liberté, avec tout ce qui en est la suite. Ici encore il y a matière à explication et à science. L'âme n'est pas, dès le principe, une force libre, ou du moins en exercice de liberté : elle commence par être fatale, et ce n'est qu'après du temps et de l'expérience qu'elle vient à se posséder, à se contenir, à se reconnaître, à délibérer, à vouloir et à exécuter ce qu'elle a voulu. Tous ces actes méritent attention ; le passage de l'instinct à l'empire de soi, qui, à proprement parler, est la liberté, le rapport de la liberté à la délibération, à la résolution et à l'exécution, tout doit être observé et éclairci, si l'on veut que sur ce point il y ait lumière comme sur les autres.

Après quoi il restera à montrer comment les trois facultés qui ne sont isolées que par abstraction, et qui, dans la réalité, se tiennent et sont unies, se modifient dans leur union, et prennent ainsi un autre aspect que si elles allaient chacune à part et se développaient sans liaison.

Arrivé à ce terme, si on y est venu par le bon chemin, si on ne s'est pas livré en route à quelques unes de ces illusions si difficiles à éviter dans des recherches de cette nature, on pourra avoir de l'âme une connaissance rationnelle, on pourra avoir une *psychologie*.

Mais ce ne sera là encore qu'une psychologie sans physiologie. Or, ainsi limitée, elle serait incomplète par la raison que la force dont elle étudie la nature n'est pas absolue, solitaire, inaccessible à tout, mais liée aux organes et sensible à leur action. Il devient donc nécessaire, pour qu'elle ait toute son extension, qu'elle examine dans quels rapports l'âme se trouve avec le corps, et qu'elle tâche, sinon de pénétrer tout ce mystère d'union, au moins de l'aborder et d'en connaître ce qui peut en être connu. Et pour commencer, il y aura à voir comment cette force douée de conscience, vivant au sein de l'organisme, y déploie son activité et concourt, avec d'autres forces, à y répandre convenablement le mouvement et l'animation ; il y aura à chercher comment, une et simple de sa nature, elle n'en est pas moins, en cet état, présente à plusieurs points, soit pour y recevoir, soit pour y rendre des impressions de divers genres. Cette propriété qu'elle a de posséder plusieurs siéges, de les occuper tour à tour selon qu'il le faut ou qu'elle le veut, ce pouvoir de se porter ici ou là, de venir ou de se retirer, cette faculté de mobilité, de diffusion, et pour ainsi dire d'*ubiquité successive,* devra être observée dans ses principaux phenomènes. Il en sera de même de l'identité : il y aura à l'opposer au renouvellement graduel et finalement intégral de la substance matérielle, et à expliquer comment elle se ressent de ce changement sans en être altérée. Puis viendra la sensibilité ou la passion, dont il faudra reconnaître les conditions physiologiques et constater le caractère, le mouvement, les habitudes, d'après l'état normal ou pathologique de la vie. En même temps se présentera l'action de la passion sur les organes, la vie qu'elle y répand, l'expression qu'elle leur prête, le bien ou le mal qu'elle leur fait, selon sa nature et ses degrés : car les émotions ont en général un tel effet sur l'organisation qu'elles l'abattent ou la relèvent, l'affaiblissent ou la fortifient souvent avec plus de puissance que les causes physiques et médicales. L'intelligence, quels que soient son caractère et sa forme, intuition ou raison, mémoire ou imagination, l'intelligence comme la passion, est une faculté qui n'a son jeu qu'au sein des appareils de la vie ; elle y tient intimement ; elle n'en vient pas, mais elle y est, elle y vient, s'y déploie, s'y exerce :

de là son rapport avec les organes, de là les effets qu'elle en éprouve et ceux qu'elle leur fait éprouver. Ils l'excitent et elle les excite, ils la secondent et elle les seconde, ils la gênent et elle les gêne. Telle fonction de la pensée n'aurait pas lieu sans les sens, la perception, par exemple ; telle autre ne se suspend ou ne s'éteint que que par la faute des sens, la mémoire en particulier. Il n'est pas jusqu'à la conscience qui, malgré son indépendance, ne reçoive quelques atteintes de certains désordres physiologiques. D'autre part, l'esprit fait merveille dans le corps : il y porte le mouvement, la direction et l'habileté ; il y porte presque le sentiment. Ne dirait-on pas dans quelques instants que ce sont l'œil et l'ouïe qui perçoivent, tant il les remplit de sa présence et les pénètre de sa perception. Et la parole, qu'est-elle, si ce n'est une sortie de l'esprit qui, passant de la conscience dans les nerfs, s'y projette, pour ainsi dire, et s'y produit sensiblement au moyen du son et de la voix ? Il n'est pas jusqu'au trouble qu'il met parfois dans l'économie animale qui n'atteste clairement l'empire qu'il exerce sur les organes. Quant à la liberté et à tous ses faits, on voit assez par ce qui précède qu'ils doivent être examinés sous un point de vue analogue. En effet, il y a encore à se demander comment l'âme est libre au sein des organes, comment elle y exerce cette faculté, avec quels appuis et quels obstacles, ce qu'elle y fait et y peut faire lorsqu'elle attend, délibère, se résout et exécute.

Une fois achevée, ou du moins établie dans ses principes généraux, la science dont nous venons de parcourir les principaux problèmes formera une philosophie qui, si elle explique l'homme avec vérité, aura entre autres deux conséquences d'une gravité remarquable : nous voulons parler de la morale et de la théorie de l'histoire.

Il est clair, en premier lieu, que, si on sait bien de l'homme ce qu'il est, on sait implicitement ce qu'il doit être : car le secret de sa destinée est dans celui de la nature. Or la morale est précisément l'art de montrer ce qu'il doit être : elle n'est donc par conséquent qu'une conclusion de la psychologie, qu'une application pratique de la connaissance de l'âme. Ainsi, de quoi s'agit-il dans la grande question du *bien?* De connaître l'être moral au sujet duquel on se la propose, d'en connaître les facultés et les rapports, la loi et la condition. Cela fait, rien n'est plus aisé que de voir ce qui est *bien*, soit en général, soit en particulier. Si donc il est vrai, comme nous l'avons dit, que l'homme soit une force, et une force douée de facultés déterminées, le *bien* sera pour lui d'agir selon la nature de ses différentes facultés, d'en perfectionner, par le travail, le développement et les progrès.

Or, comme avant tout il a la *conscience*, avant tout, ce qu'il aura à faire, ce sera d'apprendre à se connaître, afin de pouvoir s'améliorer; ce sera de voir journellement tout ce qui passe dans son âme, afin d'y conserver ce qui est bon, d'y corriger ce qui est mauvais. Un examen de conscience attentif et impartial, une sorte de confession intime, la reconnaissance assidue de ses actions et de ses habitudes, deviendront, dans ce dessein, des pratiques obligatoires. Ensuite, puisque l'homme est *passionné*, et qu'il n'est pas mal qu'il le soit tant qu'il l'est sans erreur et sans excès, il faudra que, se connaissant, il travaille en lui-même, non à éteindre les passions, ce qui serait mal et impossible, mais à les tenir dans le vrai, dans la mesure et dans l'ordre, et à les tourner ainsi au bien et à la vertu. Une âme, en effet, dont les passions toutes en harmonie entre elles ne se rapporteraient qu'avec convenance à des objets vrais et réels, loin de pécher par ses affections, n'y puiserait au contraire que de bons mouvements de cœur, et n'en serait que plus vive et plus prompte au devoir. *Intelligent*, l'homme aura à se perfectionner sous ce rapport comme il en a l'obligation pour tous ses genres d'activité : il aura à former son esprit, à développer ses idées, et, selon son goût et son talent, peut-être aussi selon sa situation, à cultiver en lui le sentiment ou la raison, la poésie ou la science ; et quelque parti qu'il prenne, artiste ou philosophe, il n'aura bien atteint son but intellectuel qu'autant que dans son travail il aura mis zèle et dévouement : ce sera là une règle morale qui, pour n'être pas aussi rigoureuse que celle de la justice ou de la charité, n'en a pas moins sa consécration ; de sorte que celui qui la pratique avec scrupule et fidélité, d'un mérite en apparence tout littéraire et tout scientifique, se fait cependant, s'il y songe bien, un mérite d'une autre espèce, qui, jusqu'à un certain point, tient de celui de la vertu. Devenir intelligent le plus et le mieux qu'on peut est en soi digne et honorable : il n'y a que l'oubli des autres devoirs sacrifiés à celui-là, il n'y a que l'orgueil de la pensée qui n'estime rien à côté d'elle, il n'y a que la prétention de tout réduire à la perfection de cette faculté, qui soient mauvais et coupables; mais le talent mis à sa place et coordonné avec tout le reste, s'il est pur et désintéressé, est un vrai mérite moral.

Il y aura un art de la liberté comme il y en a un de l'intelligence; là comme ici, la théorie pourra conduire à une pratique qui tendra à rendre meilleure une des facultés de l'âme humaine. Il ne s'agira que de tirer des faits les conclusions qui en dérivent. Or, comme il a été reconnu qu'être libre c'est se posséder, délibérer, vouloir et exécuter, il s'ensuivra que, pour rester libre, pour le devenir de plus en plus, ce qu'il faut, c'est de prendre de l'empire sur soi-même, d'avoir un but et de le juger, de juger les voies qui y conduisent, de vouloir ce qu'on croit bien et de le vouloir avec constance, avec suite et énergie, de telle sorte que les choses se fassent et ne restent pas inaccomplies faute de vigueur ou de patience. C'est ainsi que l'homme prendra du caractère et la dignité, et imprimera à son activité une direction vraiment humaine, c'est ainsi qu'il remplira bien la destinée qui lui a été tracée; il n'a même pas d'autre moyen de perfectionnement et de vertu, car ce qui lui vient de la nature n'est pas un mérite, mais une faveur; il n'a de dignité que par la liberté.

Le corps tient à l'âme par des rapports trop intimes, il lui est trop nécessaire comme instrument d'action, pour être traité avec indifférence. Non qu'en lui-même il ait des droits à des soins qui lui soient propres : en lui-même il n'est que physique. Effet de l'ordre, partie du monde, il y aurait sans doute de la folie et par conséquent quelque mal à le détruire sans raison, à le mutiler par caprice. Cependant après tout il n'y aurait pas crime et injure ; ce serait une atteinte à la nature, et non à un être moral. Mais comme, outre l'univers, auquel ils se lient, nos organes sont aussi à nous, qu'ils sont nôtres en ce sens que c'est en eux que nous vivons et par eux que nous agissons, à ce titre ils participent, du moins jusqu'à un certain point, au respect et aux égards que mérite notre personne. Comme elle, et à cause d'elle, ils deviennent un objet de devoir : de là l'obligation d'un régime qui donne au corps toutes les qualités qu'il doit avoir pour ne pas empêcher et pour seconder le développement; de là l'activité morale ; de là, pour tout dire en peu de mots, l'hygiène, l'industrie et la gymnastique se rattachant par ce rapport à un système général de perfectionnement, système dans lequel, sans s'élever au premier rang, elles ont cependant leur place, l'une comme moyen de santé, l'autre comme moyen de richesse, l'autre enfin comme principe d'expression et de beauté.

Après avoir considéré l'homme sous le point de vue que nous venons d'indiquer, après l'avoir traité comme individu, la morale doit aussi le suivre dans ses rapports avec les autres êtres et lui tracer la conduite qui peut convenir à ces rapports. Or il y en a de trois espèces : 1° ceux qui l'unissent à la nature, 2° ceux qui l'unissent à ses semblables, 3° ceux qui l'unissent à la providence. De là trois grandes règles d'action, ayant pour objet le bien dans l'ordre physique, social et religieux. Le bien dans l'ordre physique, quelque but qu'on se propose, que ce soit le beau ou que ce soit l'utile, qu'on le cherche par l'art ou par l'industrie, ce bien ne peut jamais être que de travailler selon les lois établies dans l'univers, et de profiter habilement des combinaisons auxquelles elles se prêtent pour satisfaire avec succès son goût ou ses besoins. Des procédés qui, au lieu de rendre la matière plus belle ou plus riche, n'auraient au contraire pour résultat que de l'enlaidir ou de l'appauvrir, seraient en opposition avec la raison ; ce serait presque du mal ; il y aurait même certains cas où une sorte d'immoralité s'attacherait à la conduite de l'homme qui violerait ces préceptes : ce serait celui, par exemple, où sciemment et par caprice il dégraderait pour dégrader, détruirait pour détruire des objets d'art ou d'utilité ; bien qu'il ne violât aucun droit et qu'il ne fît tort qu'à lui-même (en supposant bien entendu qu'il fût le maître de ces objets), il y aurait dans son action tant de déraison et de folie, qu'elle encourrait jusqu'à un certain point le blâme et le mépris; comme aussi dans les efforts de l'artiste ou de l'artisan qui, chacun à leur manière, se dévoueraient de conscience au perfectionnement du monde physique, il y aurait plus que du génie, plus que du talent, pour peu du moins qu'à leur idée il se joignît quelque pensée d'ordre et de destination morale : il y aurait comme une vertu, comme une façon particulière de concourir aux vues de Dieu, qui, dans le bien qu'il a donné à faire, a mis le beau et l'utile, et les a consacrés sous ce rapport par un commandement de la raison.

Le bien, dans l'ordre social, est ce qu'il y a à la fois de plus simple et de plus vaste. Dans son principe il se réduit à cette maxime évidente : laisser faire et aider à faire; laisser faire ceux qui font, aider ceux qui font faiblement; ne pas mettre obstacle à la destinée d'autrui; s'il le faut, la seconder ; s'il le faut même, s'en charger, au moins pour une part et pour un temps; ne pas nuire, et secourir; être juste et charitable (et, quand on connaît bien la nature de l'homme, on doit savoir quel est le but de la justice et de la charité : c'est le bien de l'âme et du corps); voilà le bien social dans sa plus grande généralité; mais, appliqué dans tous ses points, ébranché dans toutes ses conséquences, il s'étend à l'infini ; il est la source de toutes les lois qui lient l'humanité à l'humanité, les continents aux continents, les nations aux nations, les gouvernements aux gouvernés, les citoyens aux citoyens, les parents aux enfants, les amis aux amis etc. ; lois de justice et bienveillance, qui embrassent tous les rapports, comprennent toutes les situations, règlent toutes les actions, depuis celles qui se passent au plus large de la scène jusqu'à celles qui se renferment dans le secret de l'intimité ; les *codes* et les *morales*, le *droit* et les *préceptes*, les devoirs de rigueur et ceux d'honneur et de conscience, tout en vient et en dérive, car il n'est pas de vertu sociale qui ne consiste à respecter l'homme ou à le seconder dans le développement légitime de ses facultés naturelles.

Quant à l'ordre religieux, à part ce qui se doit aux créatures à cause du créateur (ce qui vient d'être indiqué en parlant de l'homme et de la nature), le bien, dans son point de vue exclusivement théologique, consiste à élever son âme à Dieu avec pureté et avec amour, à appeler sur soi ses grâces, à se fier à sa providence, à le regarder dans son cœur comme la force des forces, comme l'âme par excellence, comme le type de tout bien, l'idéal de tout ordre ; être souverainement parfait, dont il suffit de s'approcher de pensée ou d'action pour se sentir meilleur, plus fort et mieux disposé. Cette union à Dieu, faite avec foi et recueillement, ce regard sur sa sainteté, ce commerce pieux de la créature avec son créateur, le mystère qui l'enveloppe, le détachement qu'il exige, tout porte l'âme au bon conseil, au repentir et à la vertu : la religion, ainsi dirigée, fait certes partie de la morale ; elle en est même le complément, la consécration et la couronne.

La question du bonheur tient nécessairement à celle du bien, elle en est la conséquence immédiate. Aussi la solution de celle-ci entraîne-t-elle la solution de celle-là : en effet, puisque quand l'âme agit elle se sent agir, qu'elle jouit de ce sentiment lorsqu'elle agit selon l'ordre, que le bien n'est que l'activité dans son légitime développement, le bonheur ne peut donc être que le bien senti par la conscience ; c'est le sentiment du bien. Le développement légitime d'une grande activité, voilà l'objet et la cause du bonheur ; la conscience de cette activité, voilà le bonheur lui-même : ce peu de mots éclaircit tout.

Et d'abord il explique combien il y a d'espèce de bonheur ; il y en a autant que de bien. Tout ce qui se fait de bon, sous quelque rapport, rend heureux celui qui le fait. L'homme religieux a ses joies, l'homme juste a les siennes, l'homme industrieux a les siennes : quiconque se sent devenir meilleur, dans quelqu'une de ses facultés, s'en félicite intérieurement. Pour qu'une bonne action n'eût pas son prix dans la conscience d'un agent, il faudrait qu'il la jugeât mal, qu'il y vît ce qui n'y est pas, ou n'y vît pas ce qui y est : car, s'il la jugeait bien, il en jouirait avec volupté, puisqu'il y trouverait ce qu'il lui faut, ce qu'il faut à tout être moral, de la puissance bien ordonnée, du talent ou de la vertu.

Le même principe explique aussi comment une âme qui se livre a bien, tout en jouissant de ses mérites, peut éprouver assez de misères pour être insensible à son bonheur, et par conséquent être malheureuse : c'est que ce qu'elle fait lui coûte à faire; c'est qu'elle lutte, combat, se déchire et se dévoue pour accomplir sa rude tâche; c'est que la victoire, remportée au prix de tant de fatigues et de sacrifices, laisse après elle trop de tristesse, trop de regrets et de blessures. Quand il n'y aurait même que les maux qui sont le partage de l'humanité, qu'elle a par sa condition, parce qu'elle est faible et qu'elle le sent, ils suffiraient encore pour rendre raison de l'amertume qui se mêle aux jouissances que le bien peut procurer : il n'y a pas de pure félicité pour un être faible et fini; il n'y en a que pour l'infini, le tout-puissant, l'éternel. Si donc l'homme vertueux est malheureux, c'est parce qu'il est homme, qu'il a destinée d'homme, et qu'il n'est pas exempt des afflictions communes à toute son espèce; c'est parce qu'en outre il a des peines qui lui sont propres et personnelles, et qui tiennent aux efforts mêmes qu'il fait pour remplir son devoir; mais, à part ces situations où le placent sa condition et son courage, et considéré seulement dans l'acte de vertu qu'il exerce, il est heureux, car il a la conscience d'être fort et d'être bon. Il y a pour lui une épreuve de plus à n'avoir pas ce sentiment pur, plein, sans amertume; à l'avoir au contraire altéré et troublé par la douleur : il faut qu'il s'y résigne ; il n'en peut être autrement. Mais en même temps, qu'il se demande si cette joie de la vertu ne lui sert pas de consolation, et si, après tout, il ne préfère pas le sort qui lui est départi à celui qui est réservé au méchant et au coupable.

Ainsi réellement il est très vrai que le bonheur est dans le bien, qu'il est en raison du bien, qu'il en est le sentiment et la conséquence.

Mais, dira-t-on, le méchant prospère ; il fait le mal et il en jouit : comment expliquer un tel désordre ? — D'abord il se peut que, péchant par l'essentiel, sans justice et sans bonté, sans religion véritable, il ait cependant sous d'autres rapports des biens qui le rendent heureux ; la santé, par exemple, la richesse et le pouvoir, l'intelligence et le talent ; et il n'y a rien là que de naturel, car la loi est que tout ce qui est bien, à quelque titre que ce soit, ait le plaisir pour conséquence. Que si maintenant l'on nous demande pourquoi le méchant est favorisé d'avantages dont il est si peu digne, on pose une autre question, la question de la providence et de ses vues sur ses créatures, et à cela il y a réponse : affirmons-le avec confiance, ce n'est pas sans dessein que Dieu comble l'indigne ; il l'éprouve, n'en doutons pas, et l'éprouve pour le ramener ; mais ici tout ce qu'il faut voir, c'est qu'il n'y a rien d'extraordinaire à ce que l'homme qui excelle de quelque façon, fût-ce par la santé ou par la richesse, ait le sentiment de cet état et la jouissance de ce sentiment. Ce qui serait vraiment une anomalie, c'est qu'il souffrît du bien qu'il a, et fût malheureux de ses avantages, ou de ce qui lui paraîtrait ses avantages. Mais, du reste, ne lui enviez pas l'espèce de prospérité dont il jouit. S'il a quelques plaisirs extérieurs qui lui donnent satisfaction, en lui-même il souffre, et souffre cruellement, du mépris qu'il se porte, de la crainte qui l'agite, du remords qui le déchire; non, il n'est pas heureux, et sa vie n'est pas douce. Mieux vaut encore la bonne conscience avec les misères qui peuvent s'y mêler : au moins donne-t-elle la paix de l'âme, et ce sentiment de vertu qui console et dédommage de bien des traverses et des malheurs.

Cependant y aurait-il des âmes si dépravées et si monstrueuses, qu'elles fussent criminelles sans remords et sans douleurs? Il se peut; mais alors il faut supposer qu'elles ont perdu le sens moral : car, si elles le conservaient, elles se verraient telles qu'elles sont, et s'en affligeraient profondément. Et si elles l'ont perdu, il est tout simple qu'elles ne souffrent pas des actes auxquels elles se livrent; elles n'en ont pas le sentiment. C'est comme si on était malade ou pauvre sans le savoir : quel chagrin en aurait-on? Mais restituez à ces âmes la conscience qu'elles n'ont pas, rendez-leur le sens moral, aussitôt le vice se montre à elles; elles le perçoivent tel qu'il est, et ne le voient qu'avec dégoût; elles en sont souffrantes, malheureuses, parce que, encore une fois, il est impossible à la nature de l'homme de se sentir corrompue sans éprouver une peine amère.

Quand donc on pense que dans la vie le bien ne va pas avec le bonheur, c'est sans doute parce qu'on remarque que certaines espèces de bien ne se lient pas constamment à certaines espèces de bonheur, comme par exemple le talent à la richesse, la vertu à la puissance; mais si l'on voyait les choses avec plus de vérité, et qu'au lieu d'un vain rapport entre un bien d'un certain genre et un bonheur d'un genre différent on cherchât le rapport réel d'un bien à un bonheur semblable, on reconnaîtrait l'harmonie qui les unit l'un à l'autre; on jugerait que le talent est heureux de son bonheur, et que la vertu ne manque jamais de la joie qui lui est propre; on rendrait justice à l'ordre; et pour expliquer comment une âme qui accomplit bien sa destination est cependant sujette à la douleur, on se dirait que par sa condition cette âme vit dans un monde qui est loin d'être parfait, et y est livrée dans sa faiblesse à des épreuves de toute nature.

Ainsi, qu'on y fasse attention, il n'y a jamais scission réelle entre le bien et le bonheur quand ils sont pris dans le même ordre. Après cela rien de plus commun que de voir des destinées arrangées de telle façon qu'elles se réduisent, en fait de jouissances, à celles-là seules que peuvent donner l'estime de soi et la conscience, tandis que d'autres réunissent toutes les prospérités qui dépendent du hasard et de la naissance. Mais n'importe, dans les unes comme dans les autres, la loi est toujours la même : à tout développement bien ordonné d'activité et de puissance répond toujours quelque bonheur. Seulement les premières sont plus honorables, les secondes plus favorisées; dans celles-ci, c'est le mérite qui fait le bonheur, c'est la fortune dans celles-là.

Nous ne savons pas si l'on aura bien saisi les idées que nous venons d'exposer au sujet du bonheur, mais elles reposent sur un fait qui est aussi simple que constant : c'est que l'âme est une force, que cette force se sent agir; qu'elle est heureuse, malheureuse, selon qu'elle se sent bien ou mal agir.

Quoique, dans le coup-d'œil que nous venons de jeter sur une des applications de la psychologie, nous n'ayons ni parcouru toutes les questions qu'elle comprend, ni développé celles que nous avons indiquées, notre esquisse peut cependant suffire pour montrer quel rapport il y a des idées de la science de l'âme aux règles pratiques de la morale. Ces règles sont de tout point une déduction des principes que la théorie établit. Qu'elles regardent la vie intime, la vie physique, la vie sociale ou religieuse, elles ne sont que les conséquences de la manière dont on considère l'homme en lui-même et dans ses relations avec le monde, la société et la divinité. La psychologie se trouve ainsi à la tête de toutes les sciences morales; quels que soient leur caractère et leur but, elle est leur souveraine commune : elle les institue et les consacre toutes.

Voilà une de ses applications. En voici maintenant une autre ; elle n'est pas moins positive, et a bien aussi son utilité. Elle est relative à l'histoire. L'histoire proprement dite se renferme dans les faits ; elle expose ce qui se passe et rapporte ce qui se voit ; elle représente les hommes tels qu'ils paraissent à l'extérieur, avec corps et visage, avec parole et mouvement. Elle les peint et les met en tableaux ; et si ses images sont fidèles, si elles sont complètes et expressives, elles prêtent assez à l'interprétation pour que le philosophe, y portant l'œil, puisse connaître ce qu'elles signifient, ou plutôt ce que signifient les personnages qu'elles figurent et les actions qu'elles retracent. Mais ces images en elles-mêmes, tant qu'il ne s'y mêle aucune science, toutes pittoresques, et parlant aux yeux, peuvent amuser l'esprit, embellir la mémoire, enrichir les beaux-arts, en un mot elles peuvent donner l'idée vraie de l'homme visible ; mais l'homme moral, l'homme intime, elles ne l'expliquent pas, tout au plus elles le laissent entrevoir et soupçonner. Elles n'en livrent pas le secret, elles l'indiquent seulement: reste à le pénétrer, à l'éclaircir, à en avoir la théorie. Or ceci n'est plus l'affaire des sens, mais de la raison ; il ne s'agit plus de ce qui s'est fait, il s'agit de ce qui s'est pensé ; il faut aller logiquement des images aux idées, des figures au sens moral, des mouvements aux mobiles ; il faut entrer profondément dans l'ordre intime de la conscience. Mais alors comment faire sans connaissances psychologiques ? Comment rattacher à leurs principes les actes qu'on doit juger, si l'on ignore ces principes et la manière dont ils se produisent? Comment concevoir l'âme sous ces phénomènes divers, quand on n'a pas l'idée de l'âme, quand on n'a point fait sur soi-même un retour assez sérieux pour y saisir nettement cette force qui y est présente, la voir en exercice, l'observer dans ses lois, la suivre en ses effets, la mettre enfin en théorie. Sans cette science de l'âme, y a-t-il rien à comprendre aux récits des historiens? Si même on avait quelque théorie, quelque système, mais étroit et exclusif, plus hypothétique que rationnel, plus mystique que scientifique, quel qu'il fût, il ne mènerait pas à la vérité, mais seulement à une demi-vérité, à des conclusions incomplètes, à des erreurs par conséquent ; on n'appliquerait à l'histoire qu'une mauvaise philosophie ; au lieu de l'éclairer d'un jour pur, on n'y répandrait qu'une lumière douteuse, trompeuse et partielle. Tel est le défaut des écrivains qui, mal instruits en psychologie, portent dans les études historiques leurs préjugés systématiques. Ils se méprennent sur le vrai sens des faits qu'ils considèrent ; en les expliquant dans leur point de vue, ils n'en saisissent que certaines faces ; heureux encore si, par amour de l'idée qu'ils ont embrassée, ils n'altèrent pas la réalité, et ne la faussent pas à plaisir. Voilà pourquoi la philosophie n'est vraiment bonne à l'histoire que quand elle procède d'une théorie large et rigoureuse en même temps.

Mais aussi, à cette condition, elle y est pleine d'utilité. En effet, dès qu'attentive aux événements du passé, elle en a une fois reconnu l'existence et le caractère, recherchant aussitôt d'après les lois qu'elle possède ce qu'il peut y avoir de moral dans de tels événements, elle en détermine les motifs, en découvre les raisons ; et si quelques cas l'embarrassent, si des accidents particuliers se prêtent mal à l'analyse, du moins sur les masses elle est à l'aise et n'a pas de peine à apercevoir l'état intellectuel qui a produit les grands mouvements qu'elle contemple dans l'histoire ; elle a l'idée du drame, quoique quelques détails lui échappent. Un siècle ou un pays ne se montrent pas à ses yeux sur une large et haute scène, qu'elle ne sente aussitôt l'esprit puissant qui les anime, et ne voie au fond des cœurs l'instinct secret qui pousse tout : car elle sait que dans l'humanité certains faits et certaines formes n'adviennent et ne sont développées que par la présence effective de certains sentiments. De sorte qu'elle peut ainsi, s'arrêtant sur chaque époque, en démêler le génie d'après tout ce qu'elle y voit, d'après les lois, les mœurs, la politique, les arts et la religion ; puis, rapprochant ces époques et les coordonnant dans la durée, elle peut se donner par là le vaste et grand spectacle du développement moral de toute l'humanité ; elle peut voir se dérouler, de son origine jusqu'à nos jours, avec ses variations et ses progrès, cette destinée intime des peuples et des nations, que figurent à ses yeux les faits contés par l'histoire. Alors, recourant encore à la science psychologique, elle en fera de nouveau une impartiale application. Sachant que l'homme, en général né imparfait, mais perfectible, et placé pour se perfectionner au milieu d'épreuves de toute sorte, ne les soutient pas, quoi qu'il fasse, sans faiblesse et sans chute, et cependant, malgré tout, avance et fait des progrès, elle conçoit que la même loi régit les masses et les sociétés, c'est-à-dire qu'elle conçoit des difficultés à leur avancement, et, en présence de ces difficultés, des délais ou des désordres ; mais ils ne durent qu'un temps, après quoi revient la force, revient l'ordre, et avec l'ordre et la force la civilisation, qui, accidentellement arrêtée ou déréglée, rentre bientôt en bonne voie et chemine à son but pour y arriver tôt ou tard. Et de même que dans tout homme la grande affaire de la vie se compose de l'affaire de chaque âge, que chaque âge a son emploi, son office et son bien propre, par lequel il contribue au bien de l'âge qui suit, de même durant les siècles, et dans cette longue vie du genre humain, où se succèdent les générations, chacune d'elles a sa mission et fait sa part de l'œuvre sociale. Il y en a qui ont à faire le travail de l'enfance et de la première jeunesse, d'autres celui de l'adolescence, d'autres celui de la virilité ; et toutes, selon leur place et leur rôle, selon le mérite qu'elles y déploient, concourent avec plus ou moins de gloire au but commun de la création.

Considérée de ce point de vue, toute l'histoire

prend un autre sens que celui qu'elle pourrait avoir si elle était étudiée sans connaissances psychologiques; elle acquiert de la moralité, elle devient spirituelle, et n'est plus un simple récit, c'est un enseignement philosophique.

Ces exemples, et d'autres qu'on y pourrait ajouter, montrent assez quel intérêt doit présenter la science qui a pour objet l'âme, ses facultés et ses rapports. Elle est le principe nécessaire, le centre et le lien naturel de toutes les sciences morales; elle faite, les autres peuvent se faire, elles ont leur fondement et leur raison; pour être, elles n'ont plus qu'à se développer, et, pour peu qu'elles le fassent avec méthode et raisonnement, elles forment des systèmes, qui, rayonnant de la psychologie vers toutes les vérités du domaine moral, portent ainsi sur chacune d'elles la lumière et la certitude. Si donc on veut avoir, s'il arrive qu'on ait un jour un corps complet de doctrines sur les grandes questions humaines, il est nécessaire au préalable qu'on en finisse avec la psychologie. Sans cela on manquera de fonds, et les meilleures tentatives n'aboutiront qu'à des hypothèses à bases étroites et défectueuses. Or, pour commencer par quelque chose, le mieux sera, pour le moment, d'aller avec les Ecossais, de procéder selon leur méthode, de profiter de leurs lumières, et de s'emparer de leur science; il n'y aura qu'à y gagner. Quand on les aura suivis jusqu'au bout, si l'on trouve qu'ils ne vont pas assez loin, et que leur philosophie, très positive, mais trop circonspecte, trop particulière, tenant plus du sens commun que de la science, a besoin de recevoir plus de généralité, plus de portée, de prendre plus de précision, d'être *théorisée* en un mot, rien n'empêchera que ce travail ne soit entrepris avec succès, et ne perfectionne heureusement l'œuvre de Reid et de Stewart. Mais, avant de faire mieux qu'eux, il faut d'abord faire comme eux, et, en attendant qu'on les dépasse, les joindre et les imiter. Il importe beaucoup, sous ce rapport, que Reid et Stewart, de plus en plus connus et répandus parmi nous, servent autant qu'ils le peuvent à cette éducation préparatoire dont a besoin notre philosophie. Qu'ils soient nos maîtres pour le présent, c'est leur moment et leur heure ; plus tard nous verrons ; quand il ne nous conviendra plus d'être à leur suite, il sera toujours temps de les quitter. Mais provisoirement ne craignons pas de nous mettre avec soin sur leurs traces : nous sommes au moins sûrs de ne pas nous perdre. S'ils ne sont pas profondément, ils sont certainement dans la vérité.

FIN.

ERRATUM.

Introduction, page xiv, ligne 14, au lieu de *imetant*, lisez *animant*.

EXTRAIT DU CATALOGUE.

ANNUAIRE NÉCROLOGIQUE, ou *Complément annuel et continuation de toutes les biographies et dictionnaires historiques, contenant la vie de tous les hommes remarquables par leurs actes ou par leurs productions, morts dans le cours de chaque année, à commencer de 1820, rédigé et publié par A. Mahul. In-8°, orné de portraits.*

1re année, pour 1820	5 fr.	» c.
2e année, pour 1821.	7 fr.	50 c.
3e année, pour 1822.	7 fr.	50 c.
4e année, pour 1823.	8 fr.	»
5e année, pour 1824.	8 fr.	»
6e année, pour 1825.	8 fr.	»

Le succès de cet ouvrage n'a fait qu'augmenter chaque année. Son utilité le recommande assez pour qu'il soit inutile de le louer. Toutes les personnes qui possèdent la *Biographie universelle* de M. Michaud ou toute autre biographie, même celle des contemporains, trouveront dans l'*Annuaire nécrologique* un complément indispensable. L'histoire de tous les hommes célèbres qui sont morts dans l'année y est écrite, de l'aveu de tous les journaux, avec autant de talent que d'impartialité. Les soins et les recherches que l'auteur a mis à la rédaction de cette biographie ont été justement appréciés, et jamais les éloges que les feuilles publiques ont donnés à un livre utile et curieux n'ont été plus mérités.

ANNALES BIOGRAPHIQUES, ou *Complément annuel et continuation de toutes les biographies ou dictionnaires historiques, contenant la vie de toutes les personnes remarquables en tous genres, mortes dans le cours de chaque année. Deux volumes in-8° par année* . . 12 fr.

Les *Annales biographiques* sont destinées à remplacer et à continuer l'*Annuaire nécrologique*, ou plutôt c'est le même ouvrage sous un titre différent et rédigé sur un plan plus étendu. Ainsi rien d'essentiel n'est changé, mais seulement les détails de l'exécution. L'auteur de l'*Annuaire nécrologique* s'est joint, pour le travail, de nouveaux collaborateurs, soit en France, soit à l'étranger, et ces talents réunis ne peuvent que donner aux *Annales biographiques* un mérite nouveau. Le premier volume en deux parties est en vente. Prix : 12 fr.

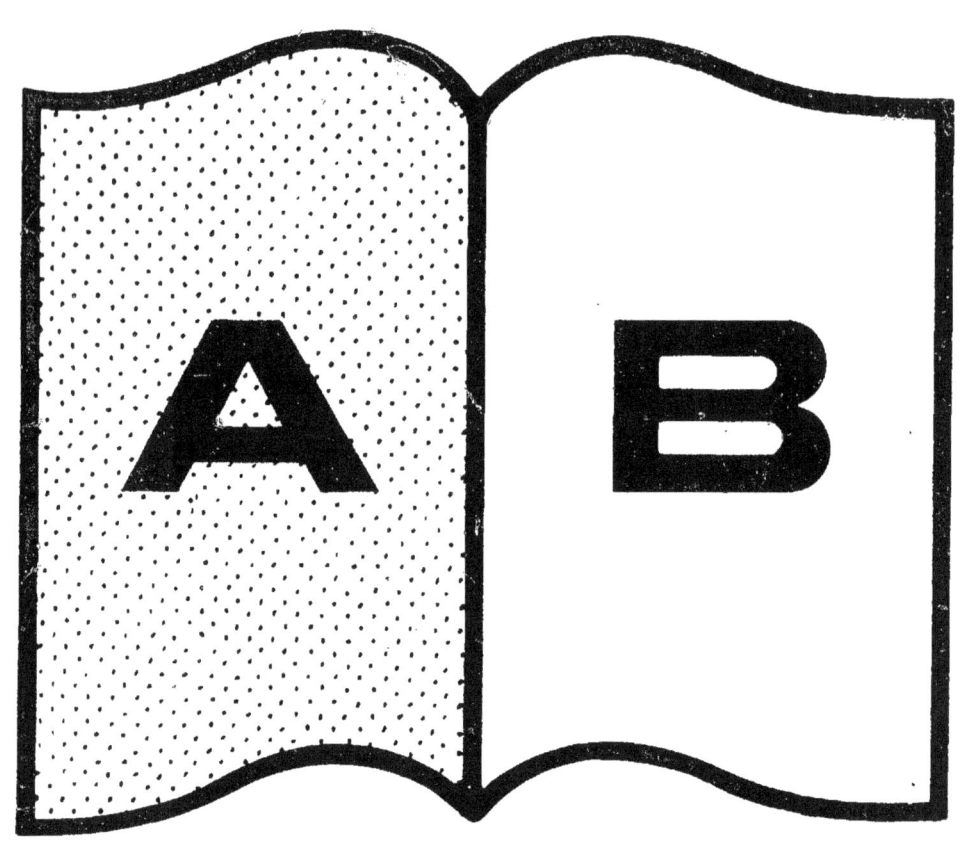

Contraste insuffisant

NF Z 43-120-14

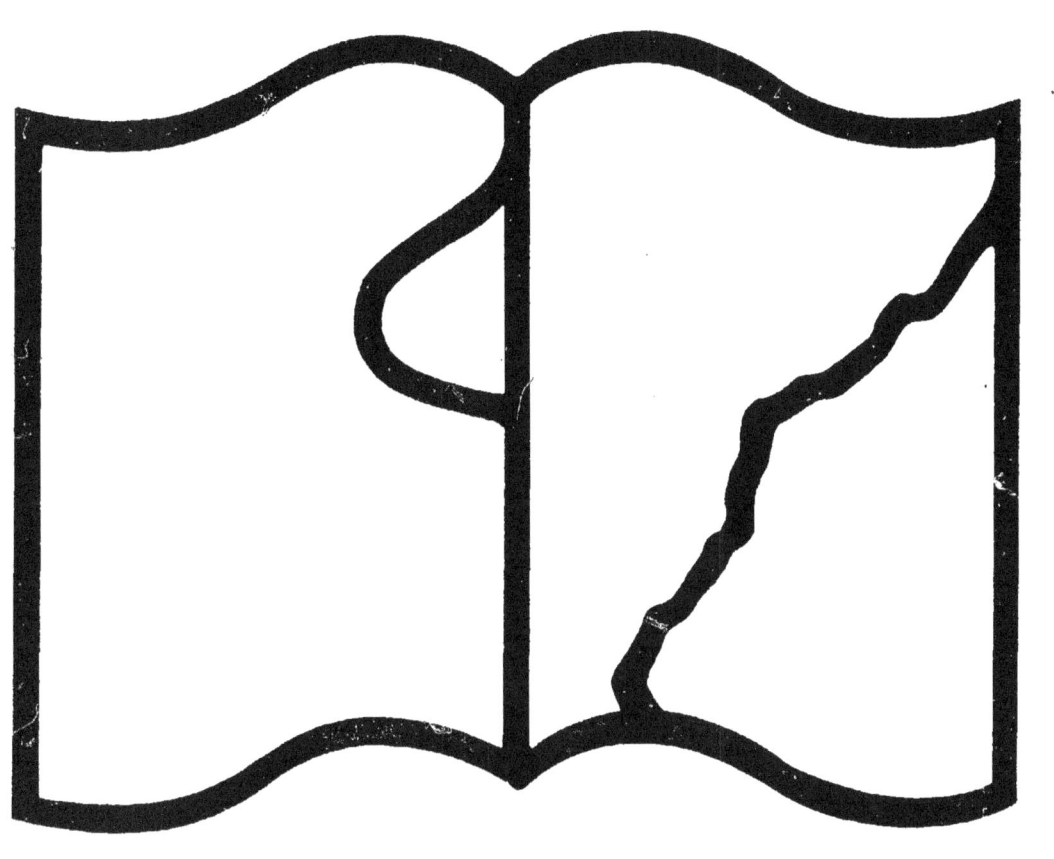

Texte détérioré — reliure défectueuse

NF Z 43-120-11

www.ingramcontent.com/pod-product-compliance
Lightning Source LLC
Chambersburg PA
CBHW060229230426
43664CB00011B/1588